中国農村の民間藝能

——太湖流域社会史口述記録集 2

佐藤仁史
太田　出
藤野真子　編著
緒方賢一
朱　火生

汲古書院

写真１　高黄驥氏による宣巻の上演風景（2004 年 9 月 6 日撮影）

写真２　宣巻の班子が上演で使用する前垂れ（卓囲）（2005 年 4 月 1 日撮影）

写真３　江仙麗氏による接仏儀式の風景（2010 年 3 月 25 日撮影）

写真４　接仏儀式に参加する宣巻の観衆（2004 年 9 月 6 日撮影）

写真５　宝巻が奉納された狐仙廟内の神々（2004 年 9 月 6 日撮影）

写真６　宣巻の際に準備された料理（2010 年 3 月 25 日撮影）

写真７　江仙麗氏の班子の上演風景（2006 年 3 月 29 日撮影）

写真８　宣巻がおこなれた東岳廟（2006 年 3 月 29 日撮影）

写真９　朱火生氏（左）と郷土史家張舫瀾氏（2004 年 12 月 26 日撮影）

写真 10　朱火生氏の上演風景（2006 年 3 月 28 日撮影）

写真 11　沈小林氏による賛神歌儀式の風景（2010 年 8 月 17 日撮影）

写真 12　漁民香頭の祠堂に祀られる神明と祖先（2009 年 12 月 21 日撮影）

目　　次

中国農村の民間藝能

——太湖流域社会史口述記録集 2

序　文

佐藤　仁史

調査・刊行の経緯

本書は、筆者が参加している太湖流域における現地調査班が進めてきた調査の成果のうち、宣巻という民間藝能に関する口述記録と藝人から提供された宝巻を中心とする資料をまとめたものである。兵庫県立大学経済学部の太田出氏（現広島大学大学院文学研究科）を代表とする2004年～2006年度科学研究費補助金基盤研究B「清末民国期、江南デルタ市鎮社会の構造的変動と地方文献に関する基礎的研究」、及び2008年度科学研究費補助金基盤研究B「解放前後、太湖流域農漁村の『郷土社会』とフィールドワーク」の一環として組織された現地調査班は、江南地方における市鎮—農村関係やその変容、民間信仰を取り巻く社会関係のあり方の変化（廟会組織・香会組織など）、民俗文化の復興の実態に関する調査を実施してきた(1)。前者による成果の一部は、太田出・佐藤仁史編『太湖流域社会の歴史学的研究——地方文献と現地調査からのアプローチ』（汲古書院、2007年）、佐藤仁史・太田出・稲田清一・呉滔編『中国農村の信仰と生活——太湖流域社会史口述記録集』（汲古書院、2008年）として既に世に問うているが、民間信仰や民俗生活と不可分の関係にある宣巻については十分に掘り下げることができなかった。その原因は、現地調査班のメンバーである太田・佐藤の両名がともに歴史学者であることから宣巻藝人や宝巻について専ら社会史から接近していたために、文学史、宗教史、藝能史など多角的な調査を展開できなかったことに因る。その後、緒方賢一・藤野真子両氏の助力を得て中国哲学・中国演劇研究の立場からの調査も進められたこと、呉江市八坼鎮の朱火生氏をはじめとする多くの宣巻藝人や呉江における宣巻保存活動の中心人物である張舫瀾氏から多くの協力を賜ったことから、関連諸分野において裨益すると思われる貴重な成果を得ることができた。本書は、前書における実証の不足を補充すると同時に、関連情報を公開することによって諸分野の研究者の参考に資することを期するものである。

宝巻の変遷

それでは、本書が対象とする宣巻に関する先行研究を概観しつつ、宣巻とは何かをみてみよう。宣巻とは、「宣唱宝巻」を略称したものであり、宝巻と呼ばれる様式の文学作品に演唱の伴う、一種の口誦の藝能のことを指す。文学様式としての宝巻については、鄭振鐸によって1920年代より学術研究が着手され(2)、その後、資料収集・整理や書誌目録の作成を中心として、俗文学研究や宗教史研究の分野において研究が進められてきた(3)。その中において、澤田瑞穂の『宝巻の研究』は宝巻が有する性質の変遷を総合的に捉えた画期的研究である。ここでは、宝巻の変遷に関する概括的な理解を、澤田による研究に即してみてみる(4)。唐代の仏教寺院の俗講を起源とするといわれる宝巻は嘉慶10年を一応の画期として古宝巻時代と新宝巻時代とに大別される。古宝巻時代は、羅祖が正徳4年に刊行した五部六冊以前の仏書に類する原初宝巻期、五部六冊とそれに影響を受けて編纂された「説理本意の宝巻、一宗の教典としての宝巻」が盛行したほぼ17世紀末から18世紀初頭にかけての教派宝巻期、清朝政府の邪教取り締まりと宗教活動の隠密化による教派宝巻沈衰期に細分されるという。新宝巻時代は嘉慶10年を転機として民国期までに至り、清末までの宣巻用・勧善用宝巻期と民国以降の新作読物化期に細分される(5)。

宝巻は以上のような変遷を経たことから、前期宝巻については、教派宝巻という性質から、馬西沙氏や秦宝琦氏、浅井紀氏など宗教史や中国哲学の研究者によって分析が進められてきた(6)。これに対して、宝巻の起源や後期宝巻については俗文学や藝能研究が対象とするところであり、代表的な研究者として澤田瑞穂や車錫倫氏があげられる(7)。

本書の内容と深く関わるのは新宝巻時代の宝巻である。新宝巻時代には通俗倫理を説く勧善懲悪調の色彩が濃厚になり、小説や戲劇、弾詞、民間伝説などで知られた物語が宝巻に取り込まれるようになった。かかる変化に伴い、宣唱者が僧尼から俗体の専門家に移行したことは、宣巻の藝能化・職業化の潮流と軌を一にしている。新編『呉江県志』は宣巻の上演形式や演目の変化について次のように端的に記している(8)。

> 宣巻　呉江県内における宣巻の伝播には百年近くの歴史があり、僧侶の講経を起源とする。上演時には、四角テーブル1卓に布を張り、正面に「××社文明宣巻」と記した。1人の宣唱者に対して、相方2人（2人以上の場合もある）が合わせ、宣唱者は「醒目」という木片で2つの木魚をたたき、宝巻の上に「経蓋」をかぶせた（ハンカチには仏像と社名を刺繡した）。当初は宣唱者が先ず木魚や磬をたたいてから宝巻を宣じた。内容の大多数は、例えば、『妙蓮』『雪山太子』『観音得道』『目蓮救母』『二十四孝』『孟姜女』『双奇冤』などの仏典であり、相方は「南無阿弥陀仏」と唱えた。後に、宣唱する内容は次第に民間の伝統的な故事や評弾、的篤班（越劇）の台本をとりいれ、宣じながら唱うようになった。民国に入ると宣巻は絲弦宣巻へと変貌を遂げた。始まりに木魚を用いず、胡琴や蛇皮線、琵琶、揚琴、笛などの絲竹楽器を用いて、6から7人で『梅花三弄』『龍虎闘』『快六』などの曲を演奏した。宣巻の節は一般的に七字句で構成されており、曲調には梅花調や彩字調、弥陀調、書派調、十字調などがあった。絲弦宣巻に発展した後、宣巻の基本的な節以外に、藝人は各自の特徴を発揮し、滬劇や錫劇、揚劇、越劇といった地方劇の曲調を取り入れたので、民衆は宣巻を「什景呉書」とも称した。

ここでは、仏典を中心とする木魚宣巻→戲劇や弾詞、民間故事を吸収→絲弦宣巻への発展という流れが清末民国期に顕著であったと捉えられている。もちろん、絲弦宣巻への流れは一様に進んだのではなく、市鎮では絲弦宣巻が好評を博していたのに対して、農村部では木魚宣巻が依然として根強い人気を誇っていたように、市鎮と農村間にあった嗜好の違いには十分に注意を払う必要がある[9]。

ところで、現在見られる上演形式は絲弦宣巻の形式である。一般的に宣唱者（上手）と相方（下手）に加え、演奏は胡弓に揚琴が加わった四人編成であり、まれに胡弓か琵琶の奏者がさらに加わることがある。一回の上演は約５時間であり、上演に先立ち神明を迎え入れる儀式（接仏儀式）が行われ、そこでは「接仏調」という曲調が用いられる。接仏儀式では、宣巻藝人以外に、宣巻活動を組織した主催者や一部の参加者が、神像を安置した小廟や宣巻上演地点に置かれた神像の前で、曲調にあわせて熱心に拝む姿を目撃することができる。5時間の上演の前後では、しばしば食事が振る舞われるため、宣巻会場では多くの八仙卓が並べられ、老婦女が忙しく料理の準備に追われる。宣巻の上演の後には神明を送り出す儀式（送仏儀式）が行われ、宣巻の活動は終了である（口絵写真１～６参照）。

宣巻の復活──民俗文化の〝復興〟現象

清末民初に隆盛を誇った宣巻は、1940年代に至っても呉江県において宣巻団体は20班あまり、藝人50人あまりが活発に活動していたと新編県志に記されている。解放初期には、宣巻藝人には宣伝活動に参加した者もいたが、大部分の藝人は農業に従事したようである。興味深いことに、民国期に活動経験のない宣巻藝人の何人かが、生産大隊が組織した毛沢東思想宣伝隊に参加したことが、宣巻の基礎を学ぶ機会になったと言及している点である[10]。なぜならば、内容は従来の宝巻から様板戲（模範劇）になっていても、曲調には地方劇や宣巻のものが使用されたからである。藝能・民俗としての宣巻が復興したのは改革開放政策が開始されてからであり、1980年代前半においては上演を行う場合には文化站に申請して上演許可を得る必要があった[11]。

筆者が実施した口述調査に拠れば、改革開放政策開始以降、専業・兼業の宣巻藝人による上演は徐々に増えていったが、新編『呉江県志』には「後に活動は次第に減少し、現在では絶滅の危機に瀕している」と記されている[12]。文献と現地調査の両面から宝巻研究を進める車錫倫氏もほぼ同様の結論を下している(13)。かかる記述がなされた背景として、民国期に宣巻を行い、改革開放期に入って活動を再開した老藝人の活動が少なくなっていたこと、宣巻と密接な関係にある民間信仰や民俗活動が依然として顕著に復興していなかったことなどが考えられよう。しかしながら、実際には1990年代から現在に至るまで呉江県における宣巻は伝統文化の復興とも表現できる活況を呈しており、民国期に活動した老藝人ばかりでなく、彼らから解放後に藝を習得した弟子の世代や、さらには弟子の世代から教えを受けた若手藝人へと継承されている(14)。

民俗文化"復興"の背景には、改革開放政策やグローバリゼーションが太湖流域農村にも浸透したことによって農村の工業化が進展し、一般に「老板」と呼ばれる個人事業主や企業家が多く誕生したこと、文革終結以前にみられた過激な文化政策が見られなくなったことから民俗生活が回復したことが挙げられる(15)。宣巻の上演場面と組織者（斎主）のあり方はこの潮流を端的に反映している。上演場面は、商売繁盛や病気治癒に関する願掛け・願ほどき、出産や結婚などに関する人生儀礼、農耕儀礼や廟会、神明の生誕日といった年中行事、家屋の造成が主要なものである。組織者についていえば、商売繁盛のために行う願掛け・願ほどきを行う「老板」や自らの奉じる神明のために宣巻を奉納する「仏娘」と呼称される宗教職能者の存在が顕著である(16)。詳細は第Ⅰ部解題論文に譲るが、「復興」した民間藝能をとりまく環境を観察・分析することは現代社会を理解するためばかりでなく、断片的な史料しか得ることのできない民国期以前の農村藝能を、比較的長期的な視野や比較の視点から理解するために裨益する点が大きいと思われる。現状分析を主要な専門としない編者が敢えて現地調査を中心とする手法を採り、藝人に対するインタビューや上演の参観、宝巻・個人的記録資料の収集に努めた所以である(17)。

無形文化遺産と宣巻

中国各地において顕著となっている民俗文化の"復興"現象は、近年すすめられている“非物質文化遺産”（無形文化遺産）の調査・認定によって、政府が公式に認定し保護せんとする新たな局面に至っている(18)。呉江市についていえば、無形文化遺産調査のために、2007年初に普査領導小組が組織され、文化広播電視管理局と文化館の関連人員によって構成された工作小組と在野の郷土志家による専家組が設けられた。同時に各鎮において文化服務中心を核とする普査小組が設置され、文化工作経験者、退職教員、鎮志編纂者などに基層の調査への参与を求めた。調査の結果、呉江市の非物質文化遺産として19項目が、代表的な伝承者として12人が認定された。その中には、国家級の無形文化遺産に認定された呉歌と蘇州評弾の一部をそれぞれ構成する蘆墟山歌と呉江評弾が含まれている(19)。

呉江市が単独で申請した無形文化遺産の目玉の一つが同里宣巻である。呉江一帯で上演される宣巻の中でも同里という地名が冠されたのは、かつて地主・富商といった富裕層や官僚予備軍、在地知識人などが居を構えた同里鎮は文化・藝術の中心地でもあったことから、宣巻の藝能化が著しく進んだからである。同里宣巻は江蘇省級、及び蘇州市級の非物質文化遺産に認定され、その成果は『中国・同里宣巻集』（中共呉江市委宣伝部等編、南京、鳳凰出版社）として2010年7月に刊行された。当該書は「口頭演唱記録本」と「手抄点校本」とに分かれ、それぞれ25種の宝巻が収録されている。前者は宣巻の上演現場において行った録音を文字に起こし、校注を加えたものであり、後者は主に老藝人が有していたり、老藝人から継承したりした宝巻に校訂を施したものである。200万字あまりにも及ぶ文字数もさることながら、俞前・張舫瀾「同里宣巻概述」に示された概説や、附録に収録された「同里宣巻藝術四大流派和班社伝承譜系表」、「宣巻藝人小伝」、「宣巻曲調」などの文章にもその充実ぶりが表れている。採録小組は2年半にわたる時間を費やして老藝人や現役藝人を逐一採訪し、呉江市における宣巻藝術の全貌を明らかにしたという点に置いてまことに重要な意義を有していると言えよう。

しかしながら、宣巻という存在を狭義の藝術や藝能に限定したままその保存や継承が進められているという限界があることもまた事実である。宣巻の上演環境と密接に関連する年中行事、民間信仰、通過儀礼という生活全体を視野に入れた上で（変化を含めた）保存や継承が目指されるべきであるという意味では、無形文化遺産ブーム全体が抱える問題を共有しているといえよう。管豊氏が指摘するように、無形文化遺産は人間・生活との関わり合いのなかで価値が生み出されるのであり、宣巻の場合、狭義の意味での藝術や藝能のみの保存を目指すことは総体として宣巻を継承していく際に少なからぬ困難に直面するように思われる[20]。本書の宣巻藝人に対するインタビューにおいては、宣巻藝人そのものの経歴や藝術観に加えて、上演環境や組織人の性質も調査している点は、宣巻の総体的な理解を目指すものでもある。

本書の構成

本書は、第Ⅰ部解題論文篇、第Ⅱ部口述記録篇、第Ⅲ部宝巻篇からなる。第Ⅰ部解題論文篇では、宣巻について必ずしも十分な専門知識をもたない読者が第Ⅱ部口述記録篇と第Ⅲ部宝巻篇を利用する基礎知識を提供することを目的とした４本の解題論文を収録するものである。藤野真子「中国江南における宣巻の上演状況」は、清末以来の潮流である宣巻の藝能化の側面を、越劇や錫劇、滬劇、評弾との関係や宣巻に導入された演劇技術との関連から考察する。緒方賢一「呉江宣巻のテクストについて——朱火生氏の宝巻を中心に」は、第Ⅲ部に収録された朱火生氏の宝巻に即してテキストの内容や形式に検討を加え、個々の藝人が自らの上演スタイルに合わせてどのように宝巻を改変しているかを分析する。佐藤仁史「江南農村における宣巻と民俗・生活——藝人とクライアントの関係に着目して」は藝人の上演記録と口述記録の分析を通して、宣巻藝人が呼ばれる上演場面や組織人の特徴から民間信仰の一側面を概観するものである。太田出「太湖流域漁民と劉猛将信仰——宣巻・賛神歌を事例として」は江南一帯で広く信仰を集める劉王信仰に着目し、漁民の香会組織の儀礼において用いられる“賛神歌”の角度から劉王信仰の実態に迫る。

第Ⅱ部口述資料篇は、編者が2004年９月から2010年３月にかけ、10人の宣巻藝人・賛神歌手に対して実施したインタビューを整理したものである。世代からみると、老藝人、中堅の藝人、最近活動を始めた若手藝人を網羅しているから、世代間における共通点や差異を考える上でも有用である。なお、民国期に活動経験のある3人の老藝人の口述記録は『中国農村の信仰と生活』に収録されているので、併せて参照されたい。

第Ⅲ部宝巻篇は、八坼の宣巻藝人朱火生氏から提供された宝巻9種と編者が収集した『劉王宝巻』2種を整理・収録したものである。当然のことながらこれらは口述記録ではないものの、口語文による宝巻は村落レヴェルの基層文化に関する貴重な一次資料であると判断したため、本書に収録した。宣巻研究そのものに貴重な情報を提供するばかりでなく、呉語の語彙や表現が多く用いられていることから方言研究にも有益であろう。

表　朱火生氏の宝巻名と上演頻度

宝巻名	回	宝巻名	回	宝巻名	回	宝巻名	回
姐妹花	146	還魄記	25	乱点鴛鴦	10	文状元	1
新郎産子	121	双貴図	21	双夫奪妻	10	梅花嫁	1
叔嫂風波	81	三線姻縁	19	風箏嫁	9	施紅菱	1
白鶴図	57	珍珠塔	17	雕龍扇	5	百寿図	1
姐妹調嫁	57	玉蜻蜓	16	金釵記	4	光棍買老婆	1
龍鳳鎖	56	姐妹封王	16	蓮花女	3	半把剪刀	1
双美縁	56	金殿奪子	15	顧鼎臣	3	婆媳風波	1
紅灯花轎	53	劉王巻	13	双富貴	2	張四姐下凡	1
珍珠衫	49	失帕記	13	公堂認母	2	子金釵	1
双玉菊	38	半夜贈銀	11	兄妹拝堂	1	賢母良母	1
三更天	35	魚龍記	11	懶婚記	1	代做菜	1
紅楼鏡	29	失金帕	11	双女封王	1	梅花戒	1

注：網掛けは本書第Ⅲ部に収録の宝巻を示す。『姐妹花』とは『玉蓮涙』の別名である。全1032回には、宝巻名が判明しないものが2回、「小調専場」と記録されていて宣巻を行っていない回1回が含まれている。

ところで、筆者が朱火生氏から提供された宝巻は全部で30種あまりにのぼる。しかし、紙幅の関係から本書では全部を収録することが適わなかったために、本書では、①民間信仰との関連を直接示すものも収録する、②宣巻固有の特徴を備える宝巻と地方劇の影響を強く受けた宝巻を共に収録する、③師匠から継承された宝巻と自編のものを共に収録する、④朱氏本人が得意であるか、宝巻の出来に満足しているものという基準を設け、異なる性質を有する宝巻を相互比較できることを目指した。上述の『中国・同里宣巻集』には宝巻 50 種が収録されているので、併せて参照されたい。なお、朱火生氏の 1999 年（月日不明）から 2007 年 1 月までの合計 1032 回の上演記録から判明する宝巻名と上演回数は表の如きである。

謝辞

筆者は、2004 年 9 月にはじめて宣巻の上演を参観したことを契機に宣巻と民間信仰との関係について関心を抱いたことから、現地調査の実施を構想するに至ったが、構想が現実のものとなったのは朱火生氏の協力に負うところが大きい。20 回に及ぶ訪問においてはいつも快く迎え入れてくれ、多くのご教示を賜った。失明して藝人生命を絶たれた後には、宝巻のすべてを筆者に閲覧させてくれた。宝巻は商売道具であることから、本来は容易に公開されることはないので、その全貌を知ることができた意義は大きい。ここに衷心の謝意を示す次第である。

また、多忙にもかかわらずインタビューを受け入れてくれた宣巻藝人や賛神歌歌手の各位にも謝意を申し上げたい。上演会場に押しかけていったことも少なくなかった。遠くからきこえてくる胡弓や揚琴の音色、廟の前や路地に設営された勃倒庁（臨時に上演会場に建てられたテント）、八仙卓に所狭しと並べられた料理の数々、盛んに焚かれた香や蝋燭が発する煙などが彼らにまつわる記憶である。

蘆墟鎮在住の民俗研究者張舫瀾氏からも多くのご助力をいただいた。多くの宣巻藝人と知り合いになり、インタビューを実施することができたのは、『中国・同里宣巻集』の実質的な編纂作業を担った張氏の信用があってのことである。調査当初においては北厙鎮在住の友人楊申亮氏が普通話と呉江方言との通訳を務めてくれた。調査に不慣れであった筆者に対する適切なアドバイスがあったことがその後の調査の進展に寄与している。また、中国中山大学歴史系の呉滔氏の手配のもと、夏一紅（香港科技大学博士課程学生）、潘弘斐（中国中山大学博士課程学生）、徐芳（同修士課程学生）の諸君には通訳を務めていただいた。録音の文字化には潘弘斐、徐芳、銭豊（中国中山大学修士課程学生）、伍珺涵（同学部生）、施莉華の諸君の手を煩わせた。また、宝巻の校訂には『海上花列伝』等の研究者范紫江氏（大阪市立大学非常勤講師）の多大なるご助力を賜った。記して感謝したい。

註

（1） 筆者が代表者を務める2006年～2008年度科学研究費補助金若手研究B「清末民国期、江南デルタ農村の地域統合と民間信仰に関する基礎的研究」においても関連調査を行った。

（2） 鄭振鐸『中国俗文学史』上海、上海書店、1984年、第11章「宝巻」。その後、現地調査を導入した李世瑜によって研究が深化している。李世瑜『宝巻論集』台北、蘭台網路出版社、2007年。

（3） 早期の代表的な研究成果として、胡士瑩『弾詞宝巻書目』<増訂本>上海、上海古籍出版社、1984年、がある。また、車錫倫編『中国宝巻総目』北京、北京燕山出版社、2000年、は国内外の所蔵機関・研究機関に所蔵される宝巻の最も網羅的な目録である。宝巻自体の蒐集・影印も進められている。例えば、王見川・林万伝編『明清民間宗教経巻文献』台北、新文豊出版、1999年。民間において所蔵されているものも少なくなく、今後の発掘・整理が期待される。宝巻に関する研究史については車錫倫『信仰・教化・娯楽――中国宝巻研究及其他』台北、学生書局、2002年、285-308頁、が参考になる。

（4） 澤田瑞穂『増補宝巻の研究』国書刊行会、1975年、34-38頁。

（5） 古宝巻時代の宣巻がどのようなものであったかを示す信憑性の高い史料はないと澤田は言うが、崇禎『嘉興県志』巻15政事志「里俗」には「また白蓮教を信ずる者がおり、一人を師とし、多くの人が弟子となっている。毎月会を実施し、車座になって宝巻を宣じる。みな仏の名を唱えながら宝巻を唱和するのである。これらは粗野ででたらめな内容であり、所謂九部六冊の教えは祖先を祀らず、儒礼も遵守しない。また、仏教・道道教にももとづかず、もっぱら無為を宗としている」、乾隆『烏程県志』巻28「風俗」の「近来、農村では俗化した勧世文を仏経に挿入したものを群相唱和することが流行っており、名を宣巻という。蓋し白蓮の名残である。郷村の老婦人が主であるが、多くは狡猾な僧に惑わされたのであり、大いに善俗の累となっている」という記述は、僧尼を中心とする古宝巻時代の姿を伝えているものと思われる。

（6） 浅井紀『明清時代民間宗教結社の研究』研文出版、1990年、馬西沙・韓秉方『中国民間宗教史』上海、上海人民出版社、1992年、秦宝琦『中国地下社会』北京、学苑出版社、1994年。

（7） 車錫倫『中国宝巻研究論集』台北、学海出版社、1997年、同『信仰・教化・娯楽』台北、学生書局、2002年。なお、上田望編著『紹興宝巻研究2　付「双英宝巻」校注影印』（平成20年度科学研究費補助金研究成果報告書）2009年は、N-gramを用いたアプローチからも宝巻に迫っている。

（8） 呉江市地方志編纂委員会編『呉江県志』南京、江蘇科学技術出版社、1994年、第21巻・文化、第3章・文学藝術、第4節・民間戯曲曲藝。江蘇南部の宣巻については、中国戯曲音楽集成編委会編『中国戯曲音楽集成・江蘇巻』1980年、1399-1401頁。

（9） このような嗜好の違いは個々の藝人の流派とも関連していたようである。しかし、多くの藝人は師匠の藝を「見て覚えた」と述べているように、細部まで厳密に伝承するのではなく、藝の大筋を習得した後は、個々の藝人のアレンジ能力に成否がかかっている。詳細は第Ⅰ部藤野論文を参照されたい。

（10） 本書106-107頁。

（11） 『中国農村の信仰と生活』376、399-400頁。

（12） 『呉江県志』第21巻・文化、第3章・文学藝術、第4節・民間戯曲曲藝。

（13） 車前掲『中国宝巻研究論集』30-32頁。その後、儀式の簡略化と娯楽性の増加や新世代の藝人の登場によって、宣巻は生存空間を見いだしたと見解を修正している。車前掲『信仰・教化・娯楽』147-150頁。

（14） 蘇州周辺以外の地域においても、現地調査を行った研究者によって民間藝能の復活が報告されている。磯部祐子「生き続ける宝巻（上）（下）」『東方』188・189号、1996年、同「浙江における灘簧系演劇の再興」『富山大学人文学部紀要』45号、2006年、

（15）　かかる現象については、個別の地域社会における微視的実証的な分析以外に、東アジアという枠組の中に位置づける必要があろう。三尾裕子は近代化や経済のグローバリゼーションの中で「中華文明」の伝統が民俗文化"復興"に及ぼしている影響の検討の必要性を説く。三尾裕子「東アジア沿海地域に『民俗文化』の意味――20世紀末における再生・創造」同編『民俗文化の再生と創造――東アジア沿海地域の人類学的研究』風響社、2005年、所収。

（16）　佐藤仁史「一宣巻藝人の活動からみる太湖流域農村と民間信仰――上演記録に基づく分析」太田・佐藤前掲『太湖流域社会の歴史学的研究』所収。ところで、宣巻の上演場面として地縁組織による廟会や青苗会も散見される。かつて「祈福祭祀」や「攘災祭祀」においては演劇が奉納されていたが、現在の太湖流域農村ではこれらの祭祀の運営方式が変化したばかりでなく、宣巻が奉納されている。これも民俗文化"復興"の地域的側面である。祭祀運営組織の類型については田仲一成『中国演劇史』東京大学出版会、1998年、427-434頁、文藝における都市性と農村性については田仲一成・小南一郎・斯波義信編『中国近世文藝論――農村祭祀から都市藝能へ』東方書店、2009年、3-23頁、参照。

（17）　ところで、編者による現地調査においては2つの地域性に着目した。1つは、市鎮―農村間における差異と両者の関係の変容である。すなわち、清末民国期には市鎮において絲弦宣巻が好評を博すようになったのに対して、農村部では依然として木魚宣巻が主要であったという対比や、藝能化の進展によって現在では絲弦宣巻のみが上演されている実態からみえてくる微視的な地域性である。もう1つは、一定の広がりを有する地域文化の特徴と比較である。宣巻はかつて上海・蘇州・無錫、紹興、寧波など江南農村一帯で上演されており、現在では蘇州・嘉興・紹興などにおいて復興している。では、現在宣巻が行われていない地域においては、願掛け・願ほどき、人生儀礼や年中行事においてどのような藝能や宗教儀礼が行われるのかが考察の対象となろう。本書で対象とする呉江における上演環境を民俗文化との関係で分析することは、他の地域における民俗文化の"復興"状況を追跡する比較の素材を提供するものでも

ある。

（18）近年の無形文化遺産ブームを反映して、国家級、省級、市級の様々なレヴェルでの無形文化遺産を紹介した書籍が陸続と刊行されている。浙江師範大学の『非物質文化遺産研究集刊』や中山大学『中国非物質文化遺産』などの刊行物では無形文化遺産に関する学術的考察も進められている。

（19）『江蘇省非物質文化遺産普査　呉江市史料匯編』第1巻、呉江市文化広播電視管理局、2009年。蘆墟山歌については既に、金煦等編著『中国・蘆墟山歌集』上海、上海文藝出版社、2004年、が刊行されているが、その続編を編纂中であるという。

（20）菅豊「何謂非物質文化遺産的価値」『文化遺産』2009年第2期。この問題について興味深いのは宣巻藝術の継承問題である。本書でも口述記録を収録した芮時龍氏は中国中央電視台のインタビューに答えて、近年の宣巻が観衆に迎合する内容になったり、30歳前後の女性が多く宣巻を行ったりしている現象に対して、宣巻藝術の継承という観点から「看不慣」（きにくわない）と述べている。

「郷音郷韵話宣巻」中国中央電視台

http://www.cctv.com/program/xy/20090525/102829.shtml（2011年4月25日閲覧）。

第Ⅰ部　解題論文篇

中国江南における宣巻の上演状況

藤野 真子

はじめに

一般に中国の伝統藝能は、歌唱と科白に加えて全身の所作を伴う「戯曲」、歌唱または語りのみの「曲藝」の２種類に大別される。我々は上演空間の規模や演出の複雑さから、「戯曲」を「曲藝」より上位の藝能と見なしがちだが、必ずしもそうではない。たとえば、江南を代表する伝統藝能であり、蘇州を中心に呉方言地区で盛んに演じられる評弾（蘇州弾詞）(1)は、都市部知識階層を対象として演じられ、上演テクストが文藝作品として出版される「高級」な部類の藝能である。

本書で扱う宣巻は「曲藝」にカテゴライズされ、歴史的に仏教や道教などと密接に関連して行われてきた、もともとは宗教色の強い説唱藝能である。宣巻が行われている呉江市は、古都蘇州とメトロポリス上海という歴史も文化も異なる２つの都市圏に挟まれており、現在も両地区の影響を受けつつ多種多様な伝統藝能が展開されている。中でも宣巻は、個人のクライアントが招聘して演じられる性質のもので、一般の商業演劇との単純な比較はできないが、評弾などに較べると、市鎮か農村かを問わず、幅広い層を対象とする藝能であると言えよう。

筆者は 1990 年代末、揚州に宝巻（宣巻のテクスト）研究の第一人者である車錫倫氏を尋ねたことがあるが、その際氏は宗教活動に慎重な共産党政権下において、宗教藝能を演じたり調査したりすることは困難であると語った。しかし、呉江市における藝人の活発な活動状況を見る限り、少なくとも現時点で宣巻上演に強い制限が加えられている可能性は低い。また、都市部の伝統藝能が、映画や TV、ビデオなどに視覚的娯楽としての地位を脅かされ、コアな愛好層以外の観客動員に苦慮している中、上演形態が異なるとはいえ人気藝人ともなれば年間200場以上の上演機会を持つ宣巻には、観客に歓迎されるだけの理由が存在するはずである。

では、実際に呉江市で行われている宣巻とは具体的に如何なるものなのか。以下、呉江の宣巻藝人への聴き取り調査を通じ、現代中国江南農村地域における宣巻の諸相について解説していく。

1　江南呉江市における宣巻上演概要

（1）宣巻の上演形式

呉江地区の宣巻は、比較的固定された上演スタイルを持っており、１つの班子は上手・下手（歌唱と科白、語りを担当）・楊琴・胡弓の計４名で構成されている。解放前に農村部を中心に受容されていた、上演内容も技術も素朴な段階にあった「木魚宣巻」において、宣講者は１名であったが、複数名で演じる評弾や灘簧系藝能の形式・内容双方の影響もあり、現在はいずれの班子も上手と下手の２名の演者が歌唱と科白を分担する。なお、クライアントからの「賑やかに演じて欲しい」といった意向により、６名ないしは８名で演じるケースも希にある。その際、楽隊とともに、もう１名の歌唱担当者が加わるのが一般的である[(2)]。

さて「上／下」という名称からもその関係性は明確であるが、上演にあたっては､上手が手元の木魚や磬（卓上に置いた本体をバチで叩くタイプの打楽器）でリズムを刻みつつ、歌唱、科白、および語りで全体をリードする。楽隊の開始と停止も上手が指示しており､京劇など戯曲の｢司鼓｣に相当する役割も担っている。他方、下手も歌唱や科白を担うが、どちらかというと会話の合いの手など補助的な役割に徹する。報酬の分け前も上手の方が多い。ただし、上手・下手の演技における分担比率はそれぞれの班子で異なると考えられる。たとえば現在現役で活動している多くの上手は、駆け出しの時期に他人の下手を経験している。将来的に上手として独立し、班子を率いることを目指すのであれば、観客の支持を得るべく、下手時代に一定の見せ場が設けられねばならないだろう。先行研究で夙に指摘されているように、評弾など他の藝能のように複数で演じることで、より多くの人物を演じ分け、複雑な物語を語ることができるようになったと考えられる。

さて実際のところ、呉江における宣巻の宗教性は民国期の時点ですでに希薄になり、現在も「接仏・送仏」といった儀式を除いては、上演内容も娯楽性の方が圧倒的に強い。こと近年は、宗教行事そのものとリンクしつつ、「堂会」のようなプライベートな場を利用した上演が多く、より娯楽性が強く求められるようになっている。現在、宣巻の班子はそれぞれ「××社」といった名前を持つが、やはり班子の「顔」は上手であり、彼らはローカル限定ながら明星（スター）に他ならない存在なのである。

（2）宣巻の楽曲と上演テクスト

中国伝統藝能においては、基本的に上演言語（方言）と楽曲が劇種を同定する。劇種の名称は異なっても、梆子系・灘簧系など、同系統に属する地方劇や曲藝で楽曲を共有するのは当然だが、宣巻の場合、事情はいささか異なる。「什景呉書」と称されることからも分かるように、宣巻には評弾をはじめ、呉方言地区で流行する地方劇や曲藝、あるいは民謡等で用いられるさまざまな楽曲が取り入れられている。基本となるのは伝統的な宣巻の曲調（宣調）であるが、こうした他劇種の楽曲が合間に挿入され、各藝人のアレンジにより、多彩なバリエーションが生み出されていく。整理され、規格化された体系が厳密に運用されているとは言い難い宣巻の楽曲のあり方は、例えば複数の地方劇が融合して成立した京劇の音楽体系とも異なる。少なくとも、京劇の場合は同一演目の同一歌詞を唱うにあたって、アドリブで異なる曲調を用いることは許されない。概して大衆的な戯曲・曲藝でよく見られる現象であるが、後述するように、藝人の藝能的バックグラウンド、物語中で演じる人物の身分や性格、さらにはどの地区で上演するのかによって、用いられる曲調が臨機応変に変更されるのもまた呉江地区宣巻の特徴である。

一方上演テクストについてであるが、呉江地区独自のものとして一部手抄本は残存するものの[3]、これも通俗藝能の常で、活字で出版されているものは限られる[4]。そもそも、こうした通俗的な藝能におけるテクストが仮に伝承されていたとしても、藝人個人のアドリブ性が重視される限り、一字一句正確に再現される性質のものではなく、ましてや評弾のように娯楽目的の閲読を想定して編まれたものでもないだろう[5]。

演目の具体的な伝承形式については、江仙麗氏の次の発言が参考になろう（本書 253 頁）。

問：多くの宝巻はあなたの師匠から学んだものですね。あなた自身が演じる時は完全に師匠を模倣するのでしょうか、その中にあなたがアレンジした部分はありますか。

答：あります。自分がアドリブで演じる時もあります。師匠は私にノートを 1 冊渡してくれました。主な内容、つまりこの物語はいつの時代に起こったことか、どの場所か、何という名前、つまり書中の登場人物の名前とか、おおよその内容を教えてくれたのです。中の物語は、みな自分で展開していかねばなりません。

地域で共有されている演目を演じる場合、時代や地名、人名といった固有名詞は、観衆にとって既知の事項であり、自由に変更することはできないが、おおよそのストーリーさえ把握しておけば、それを如何に語るかは演者の裁量に任される。聴き取りに際しては、多くの藝人が師匠から習った具体的な演目名を記憶していたが、そのままそっくりコピーして演じるわけではないと述べている。

2　宣巻藝人のバックグラウンド

（1）藝人の養成と藝の伝承

歴史的に伝統藝能における後継者養成は、一部の特殊な例を除き、師弟関係を結ぶことによる個人間での伝承形式を採ってきた。清末に京劇など大規模な劇種で「科班」と称する俳優養成組織が登場、民国期に入ると演劇関係の専門技術のみならず、一般教養を同時に身につける新しいタイプの演劇学校が登場した。伝統藝能に携わる人材をシステマティックに養成する流れは中華人民共和国成立後も受け継がれ、京劇をはじめとする戯曲、および一部の曲藝(6)においてプロを目指す者は、専門的な学校組織に所属し、所定の訓練プログラムを経ることを現在も要求されている。他方、民国期まで見られた、素人の愛好者が他の職業から演劇界に身を投じる、いわゆる「下海」によってプロの舞台に立つルートは、解放後は基本的に閉ざされ、残されたのは「票友」(アマチュア俳優)としての民間活動のみであった。

宣巻については、これまで組織的な藝人養成団体が存在した形跡はない。現在でも農民や労働者など他の職業から宣巻の世界へ「下海」するのが主流であり、いわば旧来の伝承スタイルを濃厚に残しているといえる(7)。年少時から宣巻へ興味を示したことを述べる藝人は多いが、自己流で学ぶには限界があり、将来的な人的ネットワーク確保(共演者、およびクライアントへの紹介)の必要性からも、当然先輩の藝人に弟子入りすることになる。

具体的な師弟関係および藝の伝承方法については、複数の藝人への聴き取り調査から、いくつかのパターンを見出すことができる。まず藝人を志す者の多くは、宣巻のみならず他の伝統藝能に慣れ親しんでいることが多いが、人生のどこかで宣巻と出会い、学び始める。その際、個人的な縁故をたどり、現役、または引退した宣巻藝人から手ほどきを受けるのが一般的である。例えば、高黄驥氏は宣巻藝人としての修行を始める前、金志祥と張宝龍の上演に魅せられて上演に通い詰めたのち、張氏に弟子入りしたと述べている(8)。また、趙華氏の場合は、姻族の中のある藝人に手ほどきを受けた後、現役の宣巻藝人として活躍していた芮時龍氏に弟子入りし、同時に近在の老藝人・袁宝庭氏の薫陶も受けている(9)。師匠に弟子入りする際は、本人より上の世代の藝人を選択することが一般的だが、趙氏のように親族・家族など身近に宣巻藝人がいた場合、彼らを「啓蒙老師(入門の手ほどきを行う師匠)」とし、後日、より格上で著名な藝人に弟子入りするケースもある。

なお、弟子入り以前にある程度伝統藝能の素養があった場合でも、いきなり上手としてデビューすることはない。多くは宣巻の基本的な曲調、接仏・送仏のような儀式関係の手続き、および『劉王宝巻』のような特定の祭祀に関わる宝巻など、比較的固定的な項目を学び、同時に師匠の下手として実践経験を積んでいく。その上で実力や人気が備わってはじめて上手としての独立が可能となる。

なお具体的な教授方法は、ほとんどの場合、師匠の上演に付き添って藝を「模倣する」形式をとる。芮時龍氏の場合、師匠から藝を学ぶ「秘訣」として「伝（口頭伝授）・幇（誤りがあった場合に指摘をしてもらう）・帯（先生の上演に帯同する）」の３点を挙げている[(10)]。

こうして上手として独立した藝人が、その早い段階で弟子を取り、後日下手に据えるパターンも多い。具体例を挙げると、朱火生氏の場合、何度か下手が交代した後、弟子として指導した陳鳳英氏を下手とし、長く共演している[(11)]。また適当な人材に巡り会わない場合、親族を形式的に弟子とするケースもあり、趙華氏の場合は越劇の愛好者であった実母を、高黄驥氏は配偶者を、それぞれ指導した後に下手としている。藝人自身の方向性に合わせて指導するため、このタイプの上手・下手は安定した関係を築いている。

さて師匠から弟子へと伝えられるのは、当然ながら歌唱などの演技術と上演レパートリーが中心となろうが、戯曲学校のような体系化されたカリキュラムを持つわけではないため、どの水準まで学んでから独立するかは師弟の関係性次第である。弟子入りしてから独立するまでの期間も本人の素養によってさまざまだが、早くに才能を現した藝人の場合、いずれも１～２年間と短い。また、厳密な藝の伝承が求められるわけではない宣巻の場合、京劇など大規模な劇種で役柄ごとに存在する「流派」の意識は希薄である[(12)]。

（２）藝人の演技術と個性

前述のように、現在人気を博している藝人の多くは、師匠や先輩（同門であるケースも多い）の下手を演じている時点で頭角を現し、のち上手として独立し自分の班子を率いる。TVやラジオ、出版メディア（新聞・雑誌）、テープやCD、DVDなどの音像メディアを通じ、コンスタントに名前や上演内容が紹介される機会を持たない宣巻藝人にとって、名声を得るためにはまず観客の支持を受ける必要があり、口コミで評判が広がるのを待つしかない。その過程の1つが名の売れた師匠や先輩と共演することであり、場合によっては彼らの技藝を凌ぐことによって、上手として独立するチャンスをつかむのである。

それでは、宣巻藝人として高く評価されるために必要なこととは何であろうか。「説唱」藝能である以上、当然ながら歌唱、科白、表情、（上半身の）所作、そして下手や楽隊とのアンサンブルといった点が挙げられよう。声質や容貌(13)など先天的な要素も重要であろうが、テクニカルな鍛錬である程度克服できる。まず、ほとんどの宣巻藝人の多数が挙げた「必須事項」は、「高いアドリブ性」である。繰り返しになるが、厳密な形式的伝承を求めず、歌詞、科白、楽曲がフレキシブルである宣巻上演において、即興性を持たない人間はそもそも藝人として身を立てることができない。これには藝人自身の藝的蓄積がものを言うが、後述するように、物語の筋や人物への深い理解、上演場所の観客の傾向に対する配慮の有無も、上演の成否を大きく左右する。

それらを踏まえた上で、あらためて各藝人の演技的特徴を本人に挙げてもらったところ、芮時龍氏は「通俗的でわかりやすいこと」「内容をよく咀嚼していること」、江仙麗氏は「明晰な科白まわし」、肖燕氏は専門家に薫陶を受けた上での「評弾の優雅さ」と、「活発さ、尊大ぶらない態度」(14)であるとそれぞれ述べている。また、張宝龍氏は「語りが第１、“噱頭”が第２」と述べるが、この「噱頭」、つまり合間に挿入するギャグ的要素や、擬音語の模倣技術(15)が演技的特徴として挙げられることがある。特に、若手藝人が自らの師匠について語る際、この点を長所として挙げるケースが多い(16)。こうした「お笑い」的要素は、近隣の上海で流行する滑稽に通じるところもある。戯曲とは異なり、１人で全ての行当（役柄）を演じねばならない宣巻藝人にとって、藝の引き出しは当然ながら多ければ多いほど良いということになろう。

（3）若手トップ藝人・趙華の演技的特徴

宣巻藝人として、パフォーマンス上必要なあらゆる要素を高水準で備えた特殊な例として、呉江外の出身者であり、浙江省において越劇学校の学生として卒業年次まで在籍した趙華氏について、以下詳しく述べてみたい。現在、越劇の愛好者が多いのは、揺籃の地である浙江北部（杭州、紹興等）、および民国期の都市演劇化に際して本拠地となった上海であるが、呉江においても人気の高さは同様であり、特に中高年の婦女層においては顕著であると思われる。まず、趙氏が元・越劇俳優であることと、現在宣巻藝人として高い人気を誇っていることには相応の関連性が見いだせよう。本人の弁によると、直近の年間上演回数は300場（回）に迫り、他の藝人に比しても格段に多い。

さて、宣巻藝人の中で上演時に越劇の節回しを導入する者は多数いるが、趙氏の場合、厳密な俳優養成メソッドに裏打ちされた歌唱、および表情・所作などの演技術が、藝人としての高い評価に直結していることは言を俟たない。趙氏自身の発言からも、彼女が呉江地区で人気を博しているさまざまな理由を見出すことができる。

問：あなたの演技の特徴はどういったものですか？

答：私の特徴は、演技が［他の藝人より］すぐれていることね。悲しい所に来たら私は涙を流すことができるけど、他の人はこすってもこすっても出ないでしょうね(17)。それから、宣巻の中には普通、小ずるい丑［道化］ややり手婆、とてもひどい悪人なんかが出てくるけれど、私はこういう人物像を把握するのに割合長けていると思うわ。喉の条件も悪くないし。

たった２名で演じる宣巻において、上手の歌唱力（声質）、登場人物の演じ分けは、上演の完成度を大きく左右する要素である。こと趙氏の場合、「器用貧乏で、越劇学校卒業までなかなか専攻する役柄が確定せず、あらゆる役柄をたらい回しにされた」(18)と述べる本人の資質が、逆に一人で多種多様な年齢・性別・階層の人物を演じなければならない宣巻藝人として、有利に働いたと見ることもできる。越劇の修行を終えた趙氏は尹（桂芳）派の小生(19)を専攻するに至るが、尹派小生は競争者も多く、且つ趙氏が配属された臨安越劇団はさほど格の高い劇団ではなかった。加えて趙氏自身のさまざまな身体的・環境的条件により、そのまま続けていてもおそらく越劇役者としての大成は望めなかったであろう。まさに宣巻という藝能に出会うことにより、彼女の本領が発揮されるに至ったのである。

聴き取り調査においても、自己の「模倣力」を最大の武器であると繰り返し強調した趙華氏であるが、越劇以外の地方劇の歌唱を模倣することにもその能力は応用されている。また、趙氏の所属していた越劇団に楽隊として客演したことがきっかけで夫となった金献武氏は、呉江歌舞団の楽隊や音楽教室でのドラム講師などを務める一方、趙氏の班子の一員として楊琴を担当している。趙氏は所属していた越劇団を辞め、夫の故郷である呉江に移住したが、夫の血縁や地元の人脈を通じ、宣巻藝人としての再スタートを切ったことは先に少し触れた。金氏はまた、『三言二拍』など古典をアレンジして上演テクストを編むなど、いわばブレインとして、妻をプロデュースしている。なお、趙氏の下手である彼女の実母は、若い頃アマチュアの越劇愛好者で、娘と共に呉江へ移住、先に宣巻を修得した娘に弟子入りしたのち、下手を務めていることも先に述べた[(20)]。このように伝統演劇（地方劇）や音楽の専門的素養がある身内同士（胡弓奏者は金氏の親族）で一座を組み、確かな上演技術を持つ趙華氏とその班子の快進撃は、今後もしばらく続くことであろう。

なお趙華氏への聴き取り調査で興味深かったのは、外地出身の彼女は夫に随って呉江に来て、現代中国にこれほど日常的に宗教的色彩が濃厚な社会があることをはじめて知ったという点である。趙氏自身浙江の農村地区出身ではあるものの、解放および文化大革命を経て、当地ではこうした日常における宗教的要素が希薄になっていたと述べている。いわば、宣巻藝人としての趙氏は宗教的信仰心とはほとんど無関係に上演活動を行っているのであり、同時に受容する側もその点について特に拘泥している様子はない。清末以降、「俗体」の宣講者が主流となってからすでに長い年月が過ぎているが、趙氏のようなケースを見聞きすると、宣巻の娯楽的側面が肥大していることを再認識させられる。

以上、様々な宣巻藝人のバックグラウンドを紹介してきたが、これ以外にも文化大革命前後の思想宣伝隊を経験したのち、宣巻界に身を投じた江仙麗氏の父・江恵康氏[21]や、朱火生氏のような藝人など、特定の世代にのみ見られる事情もまた看過できない。

3　宣巻藝人と地方劇

先に述べたように、呉江地区の宣巻において歌唱時に用いられるのは、宣巻としての基本的な曲調以外に、他の説唱藝能や伝統演劇の曲調である。具体的には、上海地区で1920年代以降、灘簧系説唱藝能が舞台藝能化した滬劇、蘇州地区では上述の評弾の他に、滬劇と同じ灘簧系地方劇である錫劇がそれぞれ挙げられる[22]。なお、そこには灘簧系藝能の下位要素としての「小調」や民歌も含まれる。呉方言を用いて演じられる滬劇と錫劇については、ほとんどの藝人が観客の支持を得るため大なり小なり歌唱に取り入れていると述べており、その際同時に特定の俳優や流派の名が挙げられることも多い[23]。地方劇の演目や楽曲体系に関する知識は藝人によってまちまちだが、自身が演じる演目の登場人物や場面に応じて特定の曲調を用いることにより、その演出効果を工夫していると述べる藝人が多い。また言語的・楽曲系統的にはやや遠いものだが、越劇も文革以降若手の演者によって積極的に採り入れられている[24]。前述の趙華氏のようなプロの俳優としての養成をうけておらずとも、文化大革命終結後、特に1980年代以降、各種メディアを通じ越劇が全国的な流行をみせた結果、有名な劇の一部や俳優の歌唱を真似たり諳んじたりすることができる人間はかなりの数にのぼったであろうことは容易に想像できる。周信芳など上海京劇も含めて宣巻で用いられる楽曲を見ると、それらがさながら呉方言圏藝能の坩堝といった体をなしていることがわかる。なお、呉江地区で行われている最も高級な劇種は言うまでもなく崑曲であるが、灘簧系の藝能とは異なり厳密な楽曲体系を備えていること、楽曲自体のテンポがゆったりしていて大衆好みではないことなどが理由で、宣巻の上演に取り入れられるケースは皆無だと考え

写真　趙華氏の上演風景（2008 年 8 月 28 日撮影）

られる。

また地方劇や小調を積極的に取り入れつつ、肖燕氏のように評弾を自身の藝のバックグラウンドの１つとして認識する藝人もいる。冒頭で述べたように、評弾は曲藝の中でも「高級」な部類に属し、その曲調を取り入れている藝人は多いものの、中には柳玉興氏のように不得意であることを明言したり、芮時龍氏のように客受けに配慮してあまり用いないと述べたりする藝人もいる。

その他あまり例は多くないが、蘇北系住民のコミュニティで上演を行うにあたって、揚劇（揚州戯）など同地の地方劇で用いられる曲調を取り入れる藝人もいる。なお余談であるが、揚劇、淮劇といった蘇北系の地方劇は、上海市区においては蘇北系住民以外にもよく受容されている。同様に非呉方言の地方劇として、安徽の黄梅戯を取り入れる藝人もいる(25)。黄梅戯はシンプルで覚えやすいメロディーが全国的に受け入れられ、文化大革命前には『天仙配』『女附馬』などが映像化され人気を博した。

こうした地方劇や曲藝の楽曲を効果的に用いる藝人として、先ほどから何度か名前を挙げている高黄驥氏について以下述べていきたい。高氏は愛好者からプロとなった典型的な藝人である。世代的に中堅の域に差し掛かっている高氏は弱視という肉体的ハンデを負っているが、学究肌ともいうべき上演内容・演技術に対する詳細な分析、およびその実践を通じ、呉江で最も成功した藝人の１人となっている。繰り返し述べてきたように、宣巻の歌唱で用いられる楽曲は、基本となる曲調の他に多種多様な伝統演劇から取り入れられており、多くの藝人が「臨場発揮」、つまり即興性を自己の藝風として挙げている。且つこうした臨機応変性が演者の才能やキャリアを測る物差しでもあるが、高氏の場合はその背景に膨大なデータ蓄積と緻密な計算を見出しうる。具体的には、どの劇種のどの曲調を如何なる場面で用いるのが表現上最も効果的か、その日に上演する場所で最も受容されている劇種は何かといった点を考慮し、緻密な上演設計を行っているのである。

上演上の効果について高氏は、合いの手を入れる下手の能力を考慮しつつ、以下のように語っている（本書 184-185 頁）。

・越劇を得意とする下手の場合、書生と小姐が愛情を語る場面で、抒情のシーンでは慢板を、初めて出会う場面では中板を適宜用いる。

・別れの場面などで、越劇を得意とする下手の場合は越劇の慢板を用いるが、錫劇を得意とする場合は錫劇の慢板簧調、あるいは中板大陸調を用いる。そうすれば情理に合う。

・登場人物の男女がわかりにくく、且つ下手が女性である場合、男女共演で、流派により歌唱方法に区別のある滬劇を用いて唱う。

・小人物を演じるときは、錫劇の南方調（銀絞絲、呉江調、娃娃調）を用いる。

ディテールは本書に収録したインタビューを参照されたいが、言及対象となっている戯曲や曲藝の種類、および曲調のバリエーションは、他の藝人に較べ相当豊富である。

また、上演場所による工夫については、次のように述べている。

問：あなたは上手になったあと、どうやって人気を得たのですか。

答：人気を得たのは歌唱のお陰でしょう。私が取り入れたものは[他人より]いささか多く、錫劇、滬劇、越劇を単一で唱うのではありません。時にはその地域に独特の、観客が好む芝居[の曲]を唱います。呉江の南厙[村]で演じるときは、蘇北人が割合多いので、蘇北の劇種を挿入するのがいいでしょう。蘇北には揚劇という劇種があり、私は『王瞎子算命』を唱ったことがあります。（中略）蘆墟ではまた異なり、（彼らは）京劇を聴くのが好きです。

以下、自身が得意とする京劇の花臉の歌唱を用いること、これに続けて評弾の曲調をやはり上演内容に合わせて唱い分けることが語られる。我々はここから観客の好みに地域ごとの差異があることを見出しうるが、趙華氏にも類似の発言が認められる（本書 242 頁）。

問：あなたの観客は様々で、農民も都市の人もいますね。観客の職業や好みに応じ、柔軟に上演内容を変えるのですか。

答：それはもちろんです。（中略）呉江の松陵鎮（呉江市街地）では、基本的に越劇を好むので、宣巻の曲調を唱った後、越劇［の曲調］を挿入します。（中略）屯村［鎮］や同里［鎮］での宣巻に、もし戯曲を用いるのなら、多くの場合錫劇を混ぜます。彼らは錫劇を好むからです。蘆墟や上海に近い地区、それから浦東といった場所では、宣巻の曲調を唱ったあと、基本的に彼らは滬劇や越劇を加えると喜びます。

高・趙両氏の藝人としてのポジションを鑑みると、このような演出上の工夫と人気とは当然比例するものだと断言できよう。中高年の藝人の中には、宣巻本来の曲調を重視すべきとの見解もあるが、近年はやはり娯楽性が重視される傾向にあり、地方劇の曲調を巧みに取り入れている藝人が観客から強く支持されていることは、上演回数や 1 回あたりの報酬などからも明らかである。

4 上演演目の多様化

現在、呉江でどれほどの演目が上演されているかについて、少なくとも先の趙華氏によると、呉江で上演活動を行っているいずれの藝人も40～60本ぐらいのレパートリーを持っており、ベテランでは数百本持っているのではないかとのことである(26)。趙氏自身は100本程度の上演可能演目を持っており、そのうち常演されるものは40余～50本程度であるという。年間300場近い上演回数を誇る趙氏の場合、同一地域における演目の重複を避けるためにも、この程度の数量を必要とするのであろう(27)。

内容的には、クライアントがどのような目的で藝人を招聘するかによって、ある程度上演演目に傾向が見られる。現在はほとんどの場合が慶事における上演であり、死人が出る物語は忌まれ、団円で終わる演目が好まれるとのことである(28)。より具体的に見ていくと、進学に関する願掛け・願解きにあたっては書生が科挙に合格する物語、婚姻に当たっては子孫繁栄に関わる物語が選ばれる。なお、複数の藝人に確認したところ、一般にクライアントから演目をリクエストすることは少なく、多くは藝人の方がクライアントの招聘目的から判断し演目を準備するのだという。

また、各宣巻藝人から聴き取った内容から演目の由来を大まかに分類すると、（１）老藝人から伝授された伝統的なもの（宗教色の強いものを含む）、（２）他の劇種から移植したもの、（３）書籍やラジオ、TVのドラマを藝人自身がアレンジしたもの（新編）に大別できる。なお、（２）で解放前に移植された演目の場合、オリジナルの劇種が判明していても実質的には伝統演目化しており、複数の藝人がレパートリーとして挙げている、つまり地域で共有されている場合も多い。（３）の新編については、趙華氏が夫によって十数本のテクストを編んでもらったことを述べたり、朱火生氏がラジオ放送に基づき『玉蓮泪』を自作したと述べたりするなど、現在でも盛んに行われていることがわかる。

本書にはこの朱火生氏手抄テクストの一部を収録しているが、彼のように、ト書きや改編部分の指摘を含む綿密なテクストを自身のために残している藝人は少ない。内容的な分析は本書収録の緒方論文に譲るが、朱火生氏テクストの存在により、呉江で同一演目がどのようなバリエーションをもって演じられているかを明らかにすることもできよう。また交流の一環として、同世代の藝人同士が演目を教え合うこともあるという[29]。一例として、『中国・同里宣巻』に収録された江仙麗氏版『姐妹封王』を挙げると、江氏自身、朱火生氏の下手時代に学習したと述べている。しかし、同テクストを朱氏の手抄本と比較すると、大幅な改編が施されていることがわかる。

伝統藝能がその生命力を長らえるためには、伝統演目の保存・蓄積と、良質の新編作成との両方が必須であると筆者は考えている。ただし伝統演目について、戯曲の場合、歌詞や科白における語句の大きな変更はあまり見られないが、何度も述べてきたように宣巻にはそもそも固定化したテクストは存在せず、時代性や観客の嗜好に応じフレキシブルなアレンジを行うことが可能である。辛うじて時代設定や物語の大まかな筋、登場人物などが保たれることで、これを伝統的な演目として見なし得よう。藝人同士はこうした伝統演目を如何に工夫して演じるかによって他者との差別化を図り、加えてオリジナルの演目を新たに打ち出すことにより、同一地域の中でしのぎを削っているのである。

観客の方が演者を招く宣巻の上演スタイルを鑑みるに、演者（上演団体）が上演場所において観客の来場を待つ商業演劇とは異なり、競合する娯楽によって存在が脅かされる可能性は今のところ低い。大規模な祭祀に関わる上演のみならず、願掛け・願ほどきといった民間信仰と連動して行われる限り、他の藝能に取って代わられることもないだろう。加えて、藝能としての生命力を保つために必要な演者や上演内容、楽曲などの新陳代謝が、呉江の宣巻においては十分なされているように見受けられる。この状況が続く限り、我々は江南の水辺に響く宣巻のうたごえをいつまでも聴くことができるのであろう。

註

（1） 蘇州方言を用い、1～3名で演じることが多い。主に琵琶と三弦を用いて弾き語りをする。明末から盛んに演じられ、中には南曲の作家によって編まれた作品も存在する。

（2）ただし、呉江地区で行われることは希であり、崑山など他地区で見られるという（江仙麗氏、江恵康氏への聴取調査による。2005年8月19日、同12月21日、2006年3月28日、2009年8月20日）。その際、第3の歌い手は宣巻の本編には参与せず、幕間の小唄のみを演じることもある。

（3）江恵康氏への聴き取り調査によると、江仙麗氏の師匠・胡畹峰氏が活躍した時期には伝えられていた多くのテクストが文化大革命中に焼かれたと言う（本書253頁）。他にも劉玉興氏への聴取（2009年8月20日、12月22日、本書152頁）からは、胡氏がテクストをまだ一部所蔵してことがうかがわれる。他方、本書に手抄テクストを収録した朱火生氏は、師匠の沈祥雲氏およびその師匠に当たる許維鈞氏の手によるテクストを数点所蔵していた。

（4）テクスト、つまり「宝巻」の刊行状況については澤田瑞穂『増補　寶巻の研究』（1995年、国書刊行会）に譲る。以下、宣巻の上演内容・形式の変遷についても、当該書に負うところが大きいことをあらかじめお断りしておく。

（5）口伝による教授が多いこともあり、文字化して記録する藝人は少ないが、本書に上演テクストを収録した朱火生氏のように、自己の記憶と下手への指示のため文字化した例もある。

（6）一例を挙げると、上海市戲曲学校では、評弾、滑稽を専攻するコースが設けられている。

（7）トップクラスの藝人は多くの場合専業化しているが、芮時龍氏のように、現在でも正業と宣巻とを兼業していると自認している藝人もいる（芮時龍氏への聴取調査による、2005年8月12日、2009年8月24日、本書98頁）。なお、藝人の教育水準については、小学校中退から高級中学進学まで多岐に渡っており、教養レベルも様々である。

（8）高黄驥氏への聴取調査による（2008年8月25日、2009年8月24日、本書174頁）。

（9）趙華氏への聴取調査による（2008年8月24日、2009年8月21日、本書228-229頁）。

（10） 芮時龍氏への聴取調査による。

（11） 朱火生氏への聴取調査による（2004年9月26日、2005年8月6日、2005年12月21日、2009年8月18日、8月19日、本書112-113頁）。

（12） それぞれの藝人は「誰に習ったか」ということを後々まで意識するようだが、師匠の藝風を忠実に伝承していると自認する藝人は少ない。なお風格上の相違は、各藝人の師承関係からある程度傾向性を見いだせよう。

（13） 高黄驥氏は、下手を務める自身の妻について、演技術は不十分であるものの、容貌によって観客に支持された側面があることを認めている（高黄驥氏への聴取調査による）。

（14） 肖燕氏への聴取調査による(2005年8月19日、2009年8月22日、本書217頁)。肖氏の啓蒙老師は評弾を善くする人物であり、また宣巻を学ぶ途中においても、評弾の演者でもある鄭天仙の薫陶を受けたと述べている。こうした経歴を踏まえ、肖氏は他の藝人とは異なり、評弾の影響が強いとされる「書派宣巻」を強く肯定するに至っている。

（15） 2008年8月に観た張宝龍氏の上演においては、機械や乗り物などの擬音語が多用されていた。

（16） 江仙麗氏は師匠の胡氏について、趙華氏は袁宝庭氏について、それぞれギャグや語りの落としどころの特徴について語っている。

（17） 実際には張宝龍をはじめ、上演時に感情移入して「泣く」と答えた藝人は他にもいる。

（18） 趙華への聴取調査による。

（19） この流派の伝承者として、現役の俳優には、趙華氏の在籍中に名誉団長となった茅威涛（女性）、男性の小生として上海で高い人気を誇る趙志剛などが挙げられる。

（20） 趙華氏への聴取調査による。

（21） 江恵康氏は、宣巻を学ぶにあたって特定の師匠にはつかなかったと述べている。

（22） 灘簧系地方劇の多くは民国初期までは宣巻と同じく説唱形式の藝能であったが、後に所作を加えて舞台演劇化した。

（23） 特に錫劇については、多くの藝人が王彬彬の名を挙げている。なお呉江市は錫劇団と越劇団を持っていたが、いずれもすでに解散している。

(24) 特に肖燕、江仙麗など女性の藝人は、尹派、徐(玉蘭)派など、小生の流派を挙げることが多い。また、趙華氏は宣巻上演終了後、アンコールとして越劇の一節を唱うことがあると述べている。

(25) 趙華氏は2008年8月に蘇州郊外の上方山の廟会において行った上演に際して、黄梅戯のメロディーを取り入れて唱ったと語っている(趙華氏への聴取調査による、本書244頁)。

(26) 趙華氏への聴取調査による。

(27) 年間200場を超える上演をこなす人気藝人の場合、同一地区での再演に際して演目が重複しないよう、記録を付けている者が多い。

(28) そもそも「悲劇」は上演レパートリーに入っていないと多くの藝人が証言している。

(29) 趙華氏への聴取調査によると、彼女の同世代の藝人である肖燕・江仙麗両氏に請われて教授したことがあるという。また、短期間下手を務めた自身より年配の朱火生氏へも、同様に教えたとのことである。

呉江宣巻のテクストについて
——朱火生氏の宝巻を中心に——

緒方　賢一

はじめに

本論はⅢ部に採録された朱火生氏所蔵の宝巻について若干の解説を行い、宝巻を読み解く際の補助となることを目指すものである。まず朱火生氏が文字に書き起こした宝巻自体のあり方、次いでテクストの内容・形式を検討し、最後に朱火生氏のテクストが持つ特異性について見ていくこととしたい。

1　朱火生氏所蔵の宝巻

澤田瑞穂の研究によれば、宝巻は明清代においては書肆によって営利的に刊行されるものではなく、有力な寺院で刊行されたり、大官や富豪が後援者となって刊行を助けたりするのが通例であったという(1)。台湾では現在でも寺院や道観において同様の刊行事業が実際に行われている。それは「善書」と呼ばれており、信者のお布施によって刊行され寺院や道観の中に置かれ、興味のある者はそれを自由に持ち帰ってよいことになっている。善書を持って帰ってもらうことは教えが広まることにつながり、お布施をした者にしてみればそれがすなわち功徳となるのである。

呉江において、宝巻の保存に関する事情はこれと異なっている。宣巻のテクストは、まず基本的に記録されたり、書物として所蔵されたりする性質のものではない。自分の師匠から口伝えによって弟子に直接に教え込まれるもの、あるいは師匠の上演を手伝いながら自分で覚えてゆくものとしてある。よって宝巻は演者から演者へと音声として伝わっていくだけであって、文字テクストとして残らないことが普通である。たとえテクストを伝えられることがあっても簡略なものでしかない（2）。そしてそのテクストは（「メシのタネ」だから）他人にまず見せることはない。

また宣巻藝人の江仙麗氏によれば、先代の師匠の時代に宝巻は沢山存在していたが、文革時にすべて焼かれてしまったという。

本書に収められた朱火生氏の宝巻は、本来なら弟子に伝えて自分が引退した時点で消滅する類のものであって、それが文字として残り、さらに活字となって我々が目にすることができるという事実は、まことに希有なことであるといえよう。事実、我々が朱火生氏からテクストを借りたということを伝え聞いた弟子筋の宣巻藝人は我々からそれを借り出そうとし、それを聞いた朱火生氏は我々に対してその藝人にはテクストを渡さないようクギをさしたということがあった。ここからも、藝人たちが各々のテクストをいかに重要視していたかが理解できるであろう。しかし彼はこれらのテクストを弟子達に伝えるために記録したのではない。彼に限って言えば、自分自身のために残したといってよい。

朱火生氏が宣巻をテクストとして記録し、保存していたことにはいくつかの理由が考えられる。まず1つ目として挙げられるのは、彼が人生の半ばを過ぎてから宣巻藝人になったという事実である（3）。彼は中学校卒業後、理髪業に就き、文革時は文藝宣伝隊に所属、文革後は孟宗竹の売買や魚の養殖などに携わり、1995年、45歳の時に宣巻藝人である沈祥雲氏に師事し、藝人としてのスタートを切った。しばらくは藝人の助手や楽器演奏を担当するなどの修行時代が続き、独り立ちできたのは更に年齢を重ねてから、具体的には1999年前後からである。他の宣巻藝人らは当然もっと若い頃から活動を始めているわけであり（4）、朱火生氏の場合は彼らに比べてかなり年齢的なハンデがあったといえる。普通なら毎日師匠の上演を手伝いつつ間近に見ながら何年もかけてゆっくりと覚えてゆくべき数多くの宝巻を、短期間に習得する必要があったのである。1995年前後は記録媒体がテープレコーダーからビデオカメラやICレコーダーに移っていく時代であったが、彼らは声、あるいは文字以外の記録方法を採らなかったのである。

第2の理由は朱火生氏自身の演出意図と深く関わっている。朱火生氏が行った宣巻は、一字一句を文字として残しておかねば到底再現できないほどの、複雑で緻密な構成を持っており、それは演者である朱氏自身でさえ、「[宝巻を]演じる時はいつも劇本が必要だ、劇本がないと演じるのが難しい」と、上演時にテクストを手元に置いておかねばうまく演じられなかったと語るほどである。このテクストの構成に関しては後に改めて検討する。

2　宝巻の形式

朱火生氏所蔵の宝巻は確認できるだけで約50種にのぼり、これらは市販のノート類に手書きで記録されている。朱火生氏から借り受けた膨大なノート類を開いてみると、1つの演目に複数のノートやメモがある場合が多く見受けられる。それらは大体が数頁だけの断片的な記述やメモである。おそらくメモやノートを書いていきながら完成形に近づけていったものと思われる。宝巻は師匠筋から代々受け継がれてきたもの(『白鶴図』)もあれば、朱火生氏がラジオを聞いてそこから劇本を書き起こしたもの(『玉蓮泪』)まで、その出自はさまざまである。

宝巻それぞれのボリュームは、1巻あたり大体13,000字前後、『三更天』だけが飛び抜けて多く33,581字となっている。この13,000字というボリュームは実際の上演によって次第に決まっていったのであろうと推測される。

朱火生氏所蔵の宝巻の体裁であるが、まず宝巻の題名が記された後に登場人物が列挙される。例えば『紅灯花轎』では次のように記されている(句読点及び括弧は原文のまま。以下の引用も同じ)。

李老太—50歳。南荘李門張氏(主人過世,欺貧愛富,勢利老太)。
李子清—20歳。大伲子(五官端正、知詩達理、孝順,読書人)。
李子明—18歳。小伲子、有些疙嘴(驍大得直爽,老実善良)。
王連英—20歳。(生性軟弱,忠厚善良,李老太大児媳,娘家貧窮)。
張三(張木匠)—40歳。(貧窮、勤懇,性格直爽)。

葉天柱（葉半仙）—郎中先生。有妻房。（四喜下人）。

蒋老太—北荘。

蒋苑珍— 17 歳。（善良、熱情、性格剛烈，知恩図報）。

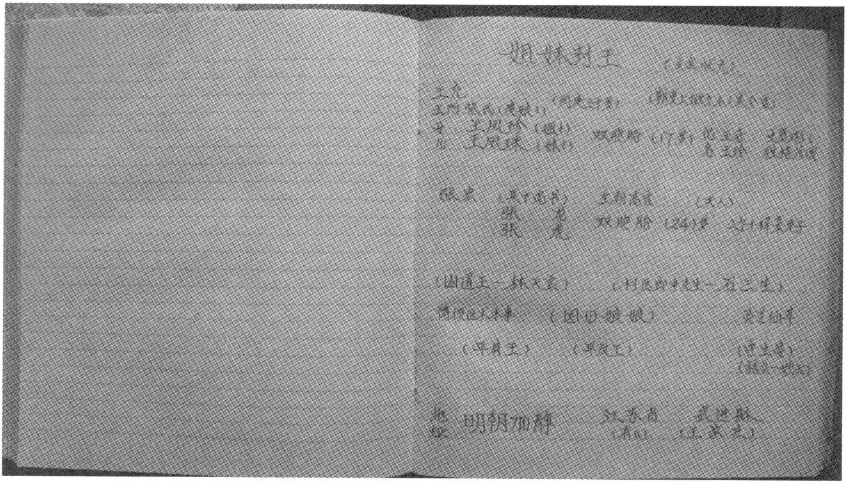

写真１　『姐妹封王』の冒頭部分

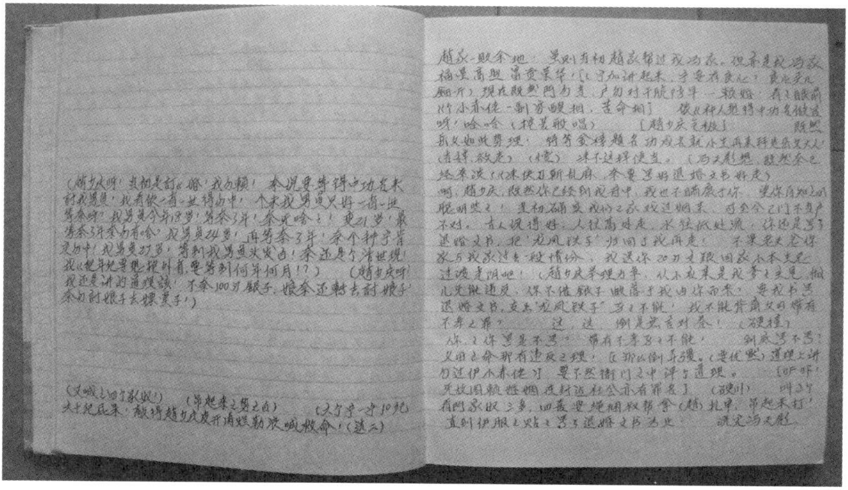

写真２　『三線姻縁』の一部（右側が本文、左側は後からの書き込み）

薛媒婆— 45 歳。

登場人物の名前、年齢が書かれ、次いでそのキャラクターの家族内における位置づけや性格などが記されている。これは朱氏の他の宝巻においてもほぼ共通している。『新郎産子』という宝巻では、さらにその後に「1）中秋賞月、2）別家上京、3）阿婆試探媳婦、4）…」といったように目次を記している。登場人物の人数は主役から脇役まで、平均 10 人前後となっている。宣巻 1 回の上演は数時間程度となっていて、登場人物が少なすぎると単調になるし、多すぎると演者は精妙に演じ分ける必要が生じるし、また聴衆も集中して聞いていないと話についていけなくなってしまう。主役が２—３人、悪役が２—３人、そして主役の援助役が数人、悪役側の脇役が数人となると、やはり合計は 10 人程度ということになる。その後から物語の記述が始まる。まず舞台となる時代と地名が記される。「明朝嘉靖年間、揚州府興化県」や「明朝天啓年間、福建泉州」といった具合である。「嘉靖」を「加静」と記していることも数回ある（5）。このあたりはやはり音声をそのまま文字にしているという宝巻の性格を表していよう。時代設定が明朝嘉靖前後のものが多いという点は、宝巻が製作され始めた時期と関係があるのかもしれない。

ストーリーの大きな流れはいくつかの例外を除いてほぼ一致している。極端に単純化すれば、主人公が何らかの危機に陥る→助かって大団円という流れである。主人公は科挙の受験生、善良な家族、兄弟か姉妹、性格の正反対な双子、役人などが多い。彼らが陥る危機のパターンは、親に無理矢理結婚させられる、貧しくて借金をしにいくが断られる、人買いに売り飛ばされる、悪人に命や財産をねらわれるなどがある。危機に陥った主人公たちは、逃げて放浪、そのまま苦難を堪え忍ぶ､自殺を試みるなどの対応をする。そしてそこに「何か」がやってきて主人公は危機を脱し､最後に大団円を迎えるのだが､主人公を救う「何か」のパターンは、超自然的な力、超人的なキャラクター、温情のある高官、高僧、皇帝などさまざまである。救われ方のパターンとしては、男であれば、状元及第あるいは高官を授けられる、女であれば、裕福な家、あるいは豪傑の家に嫁入りするというものが多い。また主人公ではなく、主人公の子孫が幸せになるというものも多い。

物語の基本となるテーマは因果応報や勧善懲悪である。これらのテーマは、民衆に対する道徳教化を目的とする他の善書や家訓などの訓戒とも共通している。背景にあるのは仏教・道教・儒教が混合した三教一致の思想である(6)。この三教一致の思想であるが、酒井忠夫の説明によれば、「唐末以後の新社会体制の展開に対応して、宋代以後に新儒教が発展し、民衆文化や古代以来の民間信仰を基礎とした三教一致的性格の民衆道教が発展した。…（中略）…明末清初にとくに陽明学左派の知識人の間で三教帰儒論をふまえながら三教一致の民衆文化運動が盛んとなった」(7) というものである。筆者も以前、家訓や善書を通して三教一致について検討したが、それは仏教的因果応報説を大きなバックボーンとして持ち、善を勧め悪を懲らすことを原則とし、それを守らないと仏教や道教の神々が罰を下すというものである。その善悪の判断基準となるのが、基本的に儒教の徳目である「忠孝、勤勉、清廉、倹約、安分（分に安んじること)」などである。ただし呉江宣巻のテクストに、一般的な三教一致とは異なる、例えば呉江宣巻に特有の思想的・宗教的特徴を見出せるかというと、それはいささか困難である。実際農村で行われる宣巻においても、上演の前後にシャーマンが神おろしの儀式を行うなど、民間信仰と深く結びついていることは確かであるが、上演自体はどちらかというと語り物藝能的要素の強いものとなっていることもまた事実である。

ストーリーやテーマだけに注目していては、呉江宣巻の、あるいは朱火生氏のテクストの価値は見出しがたいのはでないだろうか。おそらく大まかなストーリーは他の同名の宝巻とそれほど違わないと思われるからである。では呉江宣巻、そして朱火生氏のテクストの特徴とはどのようなものであろうか。

ここに２つの『白鶴図』がある。１つは朱火生氏のもの、もう１つは呉江市のすぐ東、上海蟹の産地として有名な陽澄湖の西にある同里鎮に伝えられる同里宣巻版の『白鶴図』である(8)。またこの『白鶴図』は澤田瑞穂の著書でも詳しく紹介されている有名な宝巻である(9)。現在でも民衆に人気のある演目であり、朱火生氏の上演記録においても上位から４番目に位置している(10)。

以下、両者を比較し、違いがあるかどうかを見てみたい。ただし、この呉江宣巻は朱火生氏所蔵のものなので、呉江の宣巻藝人みなが同じバージョンの『白鶴図』を演じているとは限らないことを付言しておきたい。

まず両宝巻の巻頭の登場人物を紹介する箇所を見てみたい。まず同里宣巻は以下のようなものである。

【原文】

且説大明嘉靖年間、江南鎮江府丹徒県、有一人姓王名玉安。在朝官至通政之職。只因奸臣当道、故而告辞納印、不願為官、告帰林下。夫人楊氏、已封誥命。与我同庚、所生二子。長子子琴、次子子連。長媳丁氏、十分賢恵、次子年交十六、尚未婚配。

【訳文】

明の嘉靖年間、江南鎮江府の丹徒県に、姓を王、名を玉安という人物がいた。朝廷では通政の職にまで至った。しかし奸臣が専横を極めていたので、辞職して引退し、故郷に帰った。夫人の楊氏はすでに命を受けていた。彼女は私 (王玉安) と同い年、彼女は 2 子を生んだ。長子は子琴、次子は子連。長男の嫁である丁氏は、非常に賢くおもいやりがあり、次子はまだ 16 歳で結婚していない。

続いて朱火生氏所蔵『白鶴図』の冒頭である。

【原文】

此巻出在大明天啓年間、在鎮江府丹徒県有一個叫太平庄。其中有一戸家，姓王，名玉安，叫王玉安，在朝為官，通政大堂之職，現已年近花甲，体弱多病，告老還郷，老家小姓楊，叫楊氏（老太）。老夫妻同庚六十一歳，勿曾養三男四女，所養二個伲子（長子）大伲子叫王子琴，今年 21 歳。（倒啥）上京赶考，一去三年，毫無音信！討箇（家小）叫丁氏大娘。（是本城丁茂慶，号称丁百万的囡圄）。丁氏大娘之生得漂亮非凡，而且性格温和，特別是対公公婆婆非常孝順。（次子）小伲子叫王子連，今年 17 歳、正在書房用功勤読，想到大比之年上京赶考，順便可以打聴打聴哥哥的信息。

【訳文】

このお話は大明の天啓年間、舞台は鎮江府は丹徒県の太平庄と呼ばれるところ。そこにある家がありました。姓を王、名を玉安といい、朝廷にあっては通政大堂の職にありました。歳すでに花甲（数えで60）に近く、体も弱り病気がちとなったため、老いを理由に故郷に帰りました。夫人の姓は楊氏と申します。夫妻の年齢はともに59歳です。3男4女があったが、実際に育ったのは2人の息子で、長子は王子琴といい、今年21歳。科挙の受験のために上京し、すでに3年経ったが、まったく音沙汰がない。嫁は丁氏の長女である。(丁氏は、丁百万と呼ばれている当県の丁茂慶の娘。) 丁氏の長女は非凡な美しさを持ち、しかも性格は温和で、舅姑に対し極めて孝順であった。次男は王子連といい、17歳で、書斎で学問に励んでいる。次に科挙が行われる年には上京して受験し、ついでに兄の消息を尋ねる予定である。

以上、同じ内容を語るのに両者が全く異なっていることがわかる。まず分量からして、同里宣巻は111文字、朱火生氏所蔵の方は253文字と2倍以上の差がある。登場人物の紹介の仕方は、同里宣巻は非常にあっさりとしているが、朱火生氏のテクストは人物の見た目や性格を丁寧に具体的に描写している。もとの台本に、朱火生氏がいかに手を加えて生き生きとした表現に変えたかが理解できる。

また歌唱部分も両者は全く異なっている。単に歌詞が違うだけではない。物語のどの部分を歌唱とするかの選択からして異なっているのである。他の宣巻藝人の上演と比較していないので断言は差し控えるが、朱火生氏所蔵の『白鶴図』は、伝えられた原形の『白鶴図』に朱氏がかなり手を加えていることがわかる。宣巻の場合、少なくとも朱火生氏の場合、原テクスト（あるいは師匠から受け継いだ音声テクスト）はあくまでたたき台に過ぎず、後はそれをいかに改編していくかが藝人としての腕の見せ所であったということができよう。

次に実際に上演される宣巻そのものを比較してみたい。『姐妹封王』という演目は『中国・同里宣巻』にも実際の宣巻を採録したものが収められているが、同時に朱火生氏が最も得意とする演目の１つでもある。朱火生氏の『姐妹封王』の冒頭を紹介しよう。

【原文】

故事発生在江蘇省武進県十里橋東南面有箇叫王家荘。有一家人家，夫妻両個儕是三十出頭年紀，夫妻間相互関愛。主人叫王充家里富有，而且勒朝堂之中做箇翰林官。官職雖小，応該説年軽有為，前途無量！家小、（王門）張氏大娘娘，如花似玉，知詩達理。一家人家，年紀軽，已経有財有勢！可惜美中不足，夫妻十幾年下来未有一男半女。王翰林今早勒浪庁堂之中悶悶不楽？

【訳文】

このお話は、江蘇省武進県は十里橋の東南にある王家荘と呼ばれる村で起こったこと。とある家の夫婦２人、年は30歳を越えたところ。夫婦は愛し合う者同士。夫は王充といいお金持ち、そして朝廷では翰林官となった。官職は高いとは言えないが、年も若いしその前途有望この上ない。夫人は望門張氏の娘、見目麗しく、学問にも通じている。この一家は年齢はまだ若いのに、財も成しているし、勢力もある。惜しむらくは、１つ不足しているのが夫婦となって十数年になるのにまだ子供がいないこと。王翰林は今朝も屋敷の部屋で鬱々としている。

次に『中国・同里宣巻』の『姐妹封王』を見てみる。こちらは江仙麗氏が演唱を務めているが、彼女は朱氏のもとで下手（助手）を務めたこともある藝人で、『中国・同里宣巻』に収められたものは、朱氏のものよりさらに新しいバージョンと見なしてよいであろう。

【原文】

（前説は省略）出勒山東蓬莱。城裏有一戸人家、姓王、単名叫王充、朝堂浪向做箇翰林、討好家小、王氏夫人同档年齢三十開外。屋裏該点銅銭銀子、夫妻倆恩恩愛愛、甜甜蜜蜜、様様事体全称心、就是一樁事情勿称心、做啥？拝堂成親幾年功夫、呒不一個男、呒不一個女、想想抱定終身匣呒靠哉、王充心裏急得不得了！

【訳文】

お話は山東の蓬莱から始まる。街にある家があった。姓は王、名は王充、朝廷では翰林となっている。嫁を娶った。王氏夫人は年齢は夫と同じ30歳くらい。家には銅銭銀子がざくざく、夫妻は相思相愛、幸せで、何もかもがうまくいっている。ただ一つ意のままにならないこと、それは何か。祠堂に拝して親になりたいと何年も願っているが、いまだ1人の息子、1人の娘も授からない。このままでは子孫が絶えると、王充は内心心配でたまらなかった。

主要な登場人物2人を説明する部分であるが、内容はほぼ同じだが文体（語り口）が朱氏のものと全く異なっている点に注目されたい。実際の上演でなく字面からの判断であるが、朱氏の劇本が、スパッスパッと小気味よいリズムで言葉を畳みかけているのに対し、江氏の方は丹念に、そして情感込めて夫婦2人の状況を描き出している。この場合、江氏は、朱氏から受け継いだものをアレンジしているのではなく、同里宣巻として伝わっているテクストをもとに自分なりに工夫をして演じていると見るべきであろう。いずれにしても同時代の、ほぼ同地域の宝巻が藝人によって大きく異なることがここから看取できる。では朱氏宣巻の特異性はどこにあるのか。

3　朱火生氏の演出

本節では朱火生氏が所蔵する宝巻テクストをさらに詳しく見ていき、氏がいかなる改編を加えていったのか、そこにどのような意図がこめられていたのかを検討したい。

冒頭でも述べたが、朱火生氏のデビューは45歳と決して早くなかった。呉江には現在でも数十人の宣巻藝人がしのぎを削っている。中でも売れっ子の藝人はそれぞれの持ち味があり、またそれを武器に成功を収めている。今現在人気のある藝人を例に取ると、趙華氏は越劇学校の出身で様々な役柄を巧みに演じ分けることが売りで人気者となっている。また張宝龍氏は道化役や老人を演じることを得意としており、顔の表情も非常に豊かで、悲劇では観客を泣かせたり喜劇で笑わせたりと、語りのうまさにも定評がある。では朱氏の「売り」は何であったのだろうか。彼の弟子であった陳鳳英氏が、朱氏の演技と歌を語るにあたり、「還可以」と述べるにとどまり、それ以上の評価をしていないところを見ると、朱氏は圧倒的な演技や歌で聴衆を魅了するタイプの藝人ではなかったように推測される。

繰り返しになるが、彼が他の藝人と明らかに異なっている点、それはテクストを丹念に書き残したという点であった。彼の残したテクストを実際に読んでいて第1に感じるのは、ストーリー展開の早さである。複数の物語が同時に並行して進んでいき、それを「さて一方の○○はと申しますと、…」というセリフで次々と場面転換をし、ラストに近づくに従ってそれがどんどん1点に収斂してゆくさまは、上質の小説を読んでいる感覚すら抱くほどである。平均して数時間という上演時間の長さから、宝巻の中には多くの登場人物が登場しストーリーも複雑なものが少なくない。朱火生氏は場面転換を多くすることで、さらに複雑な構成にしたと思われる。彼はインタビューの中で自分の編纂した宝巻について質問された時、「ストーリーの紆余曲折、ストーリーの複雑さ、ストーリーの起伏、ラストの一節に至るまで、それぞれの一節に特徴を持たせ、そしてラストで真相を説明する」と語っているが、ここから複雑な構成と起伏に富んだストーリー作りをかなり意識していたことがわかる。また聴衆が混乱しないように語るには、事前の準備が他の藝人よりも相当に必要となるはずである。その時、文字テクストは予習の大きな助けとなったはずである。

次に気づくのは、その情景が目の前に浮かんでくるような生き生きとした描写が随所でなされていることである。例えば『新郎産子』の一場面、主人公の母親が怒るところの記述を見てみたい。

【原文】

再説，李氏老太満腔怒火，汗流満面赶到張家屋里，親家公家婆非常客気，端来一杯糖湯茶，笑臉相迎。李氏老太怒火衝天，上前罵道，你、你、你這箇老不像，老発昏呀。

【訳文】

李氏の母親は、体中から怒りを放ち、顔中から汗を流し、張家に駆け込んでいった。舅と姑は非常に丁重に持てなし、砂糖入りのお茶を持ってこさせ、笑顔で迎えた。李氏の母親は怒りの炎が天を突く有様で、進み出て罵って言う、「お、お、お前このわからずやのボケ老人が！」

怒りの表情を「体中から怒りを放ち、顔中から汗を流し（満腔怒火、汗流満面）」と四字句で畳みかけ、「你、你、你」と、怒りの余りに言葉が出てこないところも、実際の宣巻ではさぞかし迫力があったであろう。またこのような、ついどもってしまうところまで文字にしてあるところが朱火生氏テクストの特徴である。先ほど言及した『中国・同里宣巻』には実際の宣巻を採録した原稿もあるが、朱火生氏のものよりもコンパクトですっきりとした表現がなされている。

人気のある演目というのは他の藝人も当然演じるわけだが、朱火生氏の場合は、構成の妙、複雑でスピーディーなストーリー展開、そして登場人物の精彩に溢れた描写がその持ち味だったといえる。

彼が残した膨大なメモとノートにはストーリーの断片がいくつも書き付けられていたが、それもこの複雑な物語を構築するための準備だったのである。さらに一旦完成した宝巻が、常に改編されて新しいバージョンへと作り替えられていったことも確認できる。『紅灯花轎』や『三線姻縁』、『双美縁』などでは物語が終わって「完」、「合家団円」と記された後に「修改頁」の文字が続き、物語の中で改編した方がよいと朱火生氏が感じた箇所が書き換えられているのである。例えば『紅灯花轎』の一場面、王連英が薬を買って家に戻り、それを煎じて夫の李子清に口移しで飲ませるところの描写であるが、改編前のテクストは以下のようになっている。

【原文】

王連英買薬回到屋裏。馬上煎湯熬薬之後端到房中，李子清拿“調羹”準備吃薬，只因応薬湯太烫難以服下！王連英見房内無有別人，譲丈夫快点吃下薬好転，又是夫妻之間！索性拿自家嘴巴一口一口“喂拔”丈夫吃！。

【訳文】

王連英は薬を買って家に戻ってきた。すぐに薬を煎じて部屋に運び、李子清はさじを手に取り薬を飲もうとしたが、薬湯が熱すぎて嚥下しにくそうであった。王連英は部屋の中に他の者がいないのを見て取ると、夫が速く薬を飲めるようにと、まさに夫婦ならでは！自分の口から急いで一口ずつ夫に飲ませた！

改編後は次のようになっている。

【原文】

王連英続薬而回！薬湯端到床前！大少爺小囡脾気！怨比薬湯又苦又燙！隔歇再服！家小見房内無啥別人，相勧嘴喂！。

【訳文】

王連英は薬を持って戻った。薬湯をベッドの脇に運んだ。夫は女の子みたいに、薬が苦くて熱いという。一番効き目のある熱さなのに。妻は部屋の中に誰もいないのを見てとると、自分の口から飲ませた。

改編前の描写はやや説明的で冗長な印象を受けるが、改編後は四字句を多用し、簡潔でスピーディーに展開するように書き換えられている。朱氏が、この箇所はこのような描写の方が効果的であると判断したのであろう。実際に演じてみて改編の必要を感じたので、追加したとも考えられる。

他の宝巻に関しても同様であり、劇本が完成した後も常に修正を行っている。彼のノートを実際に見ると、見開き２頁分の右側に劇本が書かれ、左側は空白にされていて、そこに後からの追加部分を書き込むようになっている。朱火生氏はこれについて「基本の劇本の上に、上演時に不断に改編を加えていく。新しいものが付け加わることがあれば、とっさに変えることもあるが、直せば直すほどよくなる。現在残っている劇本は何度も推敲を重ねた末のものである」と述べ、改編作業を絶え間なく行っていること、改編・推敲を重ねれば重ねるほどよいテクストになっていくことを強調している。それゆえ宝巻の内容によっては、朱氏が手を加えにくい演目も出てくることになる。例えば『盗金牌』という劇本は(11)、朱氏によれば事実に基づいた物語であって、彼が脚色をする余地が余りなく、自分の特長を生かし切れないという理由で不得意な演目だと語っている。また『劉王巻』という宝巻は、劇本が単調すぎて、自分の思うように演じられずこれも苦手だと語る。

ここで少し視点を変えて、朱火生氏が実際の演唱の際における自分自身への注意をも劇本のテクストに書き記していた点を見ておきたい。

まずは、歌やセリフについてであるが、ある歌が始まるところでは「ここでは錫劇風に唱う」と記され（『三線姻縁』）、主人公が自分の意見を訴えるシーンでは、「観客に向かって」とカッコに書かれている。また、失望を表すところには「涙をぬぐうしぐさ」、哀願の場面では「低く沈んだ声で」（以上『玉蓮泪』）、さらに老人が「わしも年老いたわい」とセリフを言ったあとに「せきこむ」（『白鶴図』）などと、非常に細かな指示が書かれている。『叔嫂風波』には２人の登場人物のやり取りの中に、某Ａ「（やや生硬な感じで）セリフ」、某Ｂ「（生硬な感じで）セリフ」、某Ａ「（更に生硬に）セリフ」とお互いの感情が高まっていく様子を演出している場面も見られる。

さらに劇の途中で朱火生氏が観客に直接話しかける時のセリフも劇本には記されている。『白鶴図』の「表（説明）」の部分に「飯桶」という単語が出てくると、朱氏は「今の若い人は飯桶なんて知らないだろうね。木でできていて丸くて上に蓋があるんだ。今はステンレスの鍋や炊飯器があるからね」とその後に続ける。『三線姻縁』では登場人物と役人が会話をかわすシーンで「私は１人２役を演じてます。（登場人物は呉語で）役人は江北語を話してるんですよ。まさに漫才式訓練ですよ」と述べ、その後皇帝が登場人物を救済して大団円となる場面では「わたくし朱火生が皇帝となる機会があったらそりゃ愉快でしょうなあ」と書き付けている。熱心に上演を見ている最中、あるいは物語の世界にちょっと疲れた時に、このような言葉が出てくると、確かにふとホッとして笑ってしまうような効果をもたらすであろう。しかしこのような上演の時にふいに思いついて語るような性質の言葉さえ、正式な劇本にきちんと書き残していることから、自らの宝巻の完成度を高めていくことへの執念のようなものさえ感じてしまう。

以上、上演の準備段階、上演の最中に想定されるあらゆる事柄をとにかく劇本に書き入れていくその姿勢は、朱火生氏独特のものだといえるかもしれない。

ここまで凝りに凝ったテクストを劇本として作ってしまうと、それが逆に足かせともなってしまう事態も生じる。1例を挙げると、下手の流動性という問題がある(12)。下手は固定して何年もその班子にいる場合もあるが、基本的に独立して自ら上手として稼ぎ頭となるべく努力している者が多い。よって下手が優秀であるほどその下積み期間は短くなる。朱火生氏のもとにも、後に売れっ子となる藝人が沢山下手としてやってきた。下手が最短で3ヶ月で替わったりすることもあったようである。上手と下手はセリフや歌を掛け合いでやり取りするが、朱氏の凝りに凝った劇本はそれに慣れてない下手には複雑すぎる。しかも劇本のどこを上手がやり、どこを下手がやるかは、固定しておらず、その時の演出によって異なる。下手が朱火生氏の思うような相づちを打たない場合は机をたたいて下手を黙らせ、上手である朱氏が話を進めていくというようなこともあったようだ。朱氏は劇本のテクストを下手にすべて与えたことはないと述べており、このような演出方法では練習及び本番の上演はかなり大変であったであろうことが容易に想像される。

以上、朱火生氏所蔵の宝巻をめぐる諸々の問題について、多方面から解説してきた。『中国・同里宣巻』に収録されている宝巻をはじめ、呉江の他の藝人の宝巻を広く参照することによって、本論で十分に検討できなかった論点をさらに掘り下げることができよう。

最後に、朱火生氏のインタビューには何度か参加させていただいたが、氏は時に的はずれなものになりがちなこちら側の質問にも1つ1つ誠実におだやかに、時には熱っぽく答えてくれた。宣巻の上演に際しての質問には実際に歌を歌って説明してもらったこともある。またある時は呉江の豊かな食材を使った豪勢な食事で我々をもてなしてくれたこともあった。筆者としては、呉江で人気を誇っていた盛時の朱氏の宣巻を見ることがかなわなかったことが悔やまれてならない。

註

（1）　澤田瑞穂『増補 寶巻の研究』国書刊行会、1975 年、70-71 頁。

（2）　江仙麗氏は本書所収のインタビューの中で、師匠の胡畹峰氏から手書きのノートをもらったが、それには物語の時代、地名、登場人物の名前と物語の内容は書かれていたが、歌唱部分は書かれていなかったそうである。以下、宣巻藝人の発言は、全て本書所収のインタビューから採っている。

（3）　彼の簡単な経歴は、本書所収のインタビュー及び、佐藤仁史「一宣巻藝人の活動から見る太湖流域農村と民間信仰」太田出・佐藤仁史編『太湖流域社会の歴史学的研究』汲古書院、2007 年、所収を参照。

（4）　例を挙げると、柳玉興氏は 16 歳から、江仙麗氏は 18 歳から、陳鳳英氏は 17、8 歳から、張宝龍氏は 28 歳から、芮時龍氏は 28 歳から、肖燕氏は 30 歳からそれぞれ宣巻藝人としての勉強や活動を始めている。

（5）『紅灯花轎』では、福建の「泉州」を「全州」と記している。

（6）　宝巻に三教一致が見える点に関しては澤田瑞穂も指摘している。前掲書、63 頁。

（7）『中国思想辞典』研文出版、1984 年、「三教一致」の項参照。

（8）　現在、地元の知識人である張舫瀾氏が中心となってまとめている『中国・同里宣巻集』に収録される予定。氏のご厚意によりゲラのコピーをいただいた。この同里宣巻版『白鶴図』は文字として残っていたものを活字に起こしたもので、これが実際に同里で宣巻としてそのまま演じられていたわけではない。

（9）　澤田前掲書、186-187 頁。

（10）　本書序文参照。

（11）　京劇や錫劇などで演じられる彭公案ものの『盗金牌』とは、同名であるが内容は異なる。

（12）　一般に宣巻の班子（劇団）は主な演唱者である上手とそれを手助けする下手、及び楽器奏者２人からなるが、上手は班子の主催者であることが多く、優秀な、あるいは気の合うスタッフの獲得・充実に熱心である。

江南農村における宣巻と民俗・生活
——藝人とクライアントとの関係に着目して——

佐藤　仁史

はじめに

他の解題論文においては、テクストとしての宝巻と、藝能の視点から民間藝能としての藝人の位置について解説した。前者においては、呉江の宝巻が有するテクストとしての特徴や神明に関する伝承に踏み込み、後者においては地方劇を取り込み藝能化が進む宣巻の一側面を照射できているように思われる。これに対して、本稿は、宝巻や宣巻藝人そのものというよりも、藝人を取り巻く種々の環境について、宣巻活動のクライアント（組織人・斎主などと称される宣巻藝人を呼ぶ人々を以下ではクライアントと呼称する）との関係や民俗生活における宣巻の位置を中心に基礎的な分析を加えるものである。その際、宣巻藝人から閲覧させて頂いた上演記録（「工作表」「生意表」などと呼称されている）と第Ⅱ部に収録された藝人に対する口述記録を中心資料として用いる。

宣巻藝人を取り巻く環境、とりわけクライアントの存在に着目することは、民俗文化がどのような人々に要請されて、どのように“復興”しているのか、宣巻のあり方にどのように影響しているのかという民俗文化“復興”の時代性を取り巻く問題群を考察する上での素材を提供するものとなろう。また、かかる課題を具体的な地域に即して考察することは、グローバリゼーションや改革開放政策が地域の民俗文化にもたらした影響の実態から地域性を浮き彫りにし、様々な地域の比較研究に素材を供するものと思われる[(1)]。

宣巻藝人とクライアントとの関係に着目したもう１つの理由に、近年ブームとなっている無形文化遺産をめぐる動きとそれが抱える問題点がある。呉江における宣巻も「同里宣巻」として江蘇省及び蘇州市における無形文化遺産に認定され、宣巻藝人に対する調査の成果は『中国・同里宣巻集』としてまとめられた(2)。呉江出身の宣巻藝人を精査し、代表的な藝人の宝巻や上演内容を文字化して収録した点に多大な貢献を見いだすことが出来る。しかしながら、狭義の意味での藝術や藝能のみの継承・保存が目指されており、そこに“生活”は不在であるかのようである。人間・生活との関わり合いの中でこそ無形文化遺産は価値を有するものであるから、宣巻と密接に関連する年中行事、民間信仰、人生儀礼という生活全体を広く視野に入れ、総体として保存や継承を目指されるべきであるように思われる(3)。かかる問題意識に基づいて、本稿では、宣巻と民俗・生活との関わりについて紹介したい。

1　宣巻の上演場面と民俗

宣巻が農村生活のどのような場面で行われるかについて、呉江市の無形文化遺産調査班による調査では、廟会、企業の開業、敬老院、新居の落成、長寿祝い、婚約・結婚などがあげられ、関連する民俗として「廟会などの場面における上演では専ら“賧仏”（神への奉納）のために用いられる」としている(4)。ここから概況を把握することは出来るが、それぞれの場面がどの程度の割合なのか、解放前と比して上演場面の内訳にどのような変化がみられるのかについては判明しない。そこで、本稿では朱火生氏と江仙麗氏の上演記録や藝人の口述記録から、宣巻の上演場面と民俗との関係についての手がかりを得たい。

本論に先立ち、上演記録の概要について解説しておきたい。宣巻藝人は商売上の必要性から、どのような形式であれ上演記録を記している(5)。上演記録には一般的に上演日、依頼者、上演場所、演目、報酬額などが記されている。上演記録をつける目的は、上演を依頼された日を記録し、重複して依頼を受けないようにするためである。また、過去の記録は、同じ依頼者から再び依頼を受けた場合に同じ演目を上演しないためにも重要な資料なのである。宣巻の上演場面についてより詳しく理解したいという目的から、朱火生と江仙麗の両氏にはそれぞれ上演の目的と依頼者の性質について記すことを依頼し、両氏の快諾を得た。以下の分析が可能になったのも両氏のご厚意に依る。

両氏の上演記録のうち、上演場面についての記録が開始された期間における上演回数は、朱火生氏が2006年3月から2007年1月までの358回、江仙麗氏が2005年1月から2007年12月までの622回である(6)。それを便宜的に5つの類型に分けて集計したものが表1と表2である。「Ⅰ年中行事」は廟会や春台戯をはじめとする年中行事に類するものを集計した。「Ⅱ人生儀礼」は結婚、嬰児の「満月」（生後1ヶ月のお祝い）、大学合格、長寿祝いなど人生儀礼に関わるものを含んでいる。「Ⅲ願掛け・願ほどき」は商売繁盛や病気治癒についての願掛けや願ほどきに際して行われる上演や、「待仏」と称される神明への奉納を含む。「Ⅳ娯楽活動など」は、Ⅲにおいて神明が招待され、接仏・送仏という儀式が行われるのに対して、宗教性をまったく帯びない純粋な文藝・娯楽活動として催されるものを集計している。「Ⅴ 詳細不明」は記録が全くないか、記してあっても戸主の名前があるのみで上演場面が判明しないものを指す。

表1　宣巻の上演場面（朱火生氏）

類型	内訳	内訳回数	回数
Ⅰ 年中行事	集団活動（廟会など）	60	61
	観世音誕生日	1	
Ⅱ 人生儀礼	誕生日・満月など	9	42
	長寿祝い	6	
	大学入学	4	
	新居の落成	18	
	結婚・婚約	5	
Ⅲ 願掛け・願ほどき	病気や事故	9	167
	発財	126	
	宗教	32	
Ⅳ その他	文芸・娯楽活動	7	14
	その他	7	
Ⅴ 詳細不明	詳細不明	74	74
			計358回

表２　宣巻の上演場面（江仙麗氏）

類型	内訳	上演記録に表れる呼称	内訳回数	回数
Ⅰ年中行事	廟会	廟会、廟上宣巻、廟会生日	133	133
Ⅱ人生儀礼	誕生日	生日、小孩生日、添孫子	21	68
	大学合格	孫女考上大学	6	
	結婚	結婚	6	
	新居の落成	進屋、送進屋	16	
	長寿祝い	做寿、八十大寿	15	
	慶事	喜慶	4	
Ⅲ 願掛け・願ほどき	太平祈願	太平宣巻、接太平	14	267
	願掛け・願ほどき	願信	33	
	待仏（神明への奉納）	待仏、待劉皇、待観音	119	
	集団での待仏	集体待仏	50	
	老板（事業主）による宣巻	老板待仏、老板宣巻	41	
	商売繁盛	発財宣巻	10	
Ⅳ 娯楽活動など	集団活動	集体活動	32	67
	老年活動	老年活動、集体老年活動	32	
	集会	集会	3	
Ⅴ 詳細不明	記録なし		87	87
				計 622 回

上演場面をどのように記録するのかについて両者の定義は異なるために、表の分類はあくまでも便宜的なものであり、言葉の解釈によっては別の類型に分類すべきものがあるかもしれない。この点を考慮しつつ、表から読み取れる上演場面の特徴の大まかな傾向についてみてみよう。

「Ⅰ 年中行事」は神明の生誕日を中心とする廟会が中心を占めている。朱火生氏は廟会を「[廟会とは] つまり、１～３つの村が聯合して地元の神明に感謝することだよ。もし１つの村では人が少なくて挙行できない場合があるからね。１～３つの村が合同で廟を建立し、日にちを定めて廟会を実施する。毎年同一の日にね。当日になったら、これらの村の人々は廟会に参加して焼香する」(7) と理解しており、村廟において固定されて開催される廟会のことを指している。これに対して、江仙麗氏の廟会の定義は、「[廟会は] 一般的に仏娘が組織したものである」「廟会とはつまり廟で行う [宣巻の] ことである。あるものは家で行う。病になり [治癒したあとで]、神明を家の中に招いて願ほどほどきを行い、自分の願いに区切りをつけるのである。ある仏娘は室内に仏台があるので、これは室内の廟会と言える。このように様々な状況がある。ある廟会は6月19日や2月19日のような神明の誕生日である。神明の誕生日にも廟会を行う。」[(8)] というものであり、「仏娘」と呼ばれる憑依型シャーマンの宗教職能者が自宅の一室を改造したり、簡素な廟を建てたりして奉じている神明に関わる活動も「廟会」とみなしている[(9)]。また張宝龍氏に対する調査でも「神明の誕生日がつまり廟会である」[(10)] と言及されており、村廟の廟会と仏娘の小廟における廟会の境界は曖昧である。したがって、本来ならばⅢに分類すべき性質のものも「廟会」と記されているため、朱火生氏や他の藝人の証言に比して割合が高く出ている可能性が高い。これらを考慮しても全体の2割弱をこの類型が占めると判断できよう。

「Ⅱ 人生儀礼」は行事として判別しやすいためか、結婚、嬰児の「満月」、大学合格、長寿祝いなど明確に記されており、両者とも上演全体の1割強を占めており、数値も殆ど一致している。変化という側面からこの数字を考えてみると2点の特徴が浮かび上がってくる。第1は、解放前にも短期間の活動歴を有する老藝人呉卯生氏が「長寿祝いや満月のような状況は [1980年以降] 比較的少なくなった」[(11)] と言及しているように、この類型は減少しており、人生儀礼の簡略化の趨勢を示している。第2は、一方で大学合格を祝う上演もあることは、農村部における進学率の上昇といった近年の変化を反映している。

「Ⅲ 願掛け・願ほどき」は上演場面の主要を占め、半数から6割に達している[(12)]。この類型については2藝人の記録方法が相当異なる。江仙麗氏は「待仏」という言葉を用い、それが廟会とは異なるとした上で次のように述べる[(13)]。

問：待仏とはどのようなものなのですか。

答：待仏とは、子供が大学に合格した時や、老板がその年の儲けがよかった時にする行事です。エビや魚の養殖に従事している老板が行うのも待仏です。

問：待仏を行う時にはどこから神明を招くのですか。

答：自分の村の神を招きます。村には小廟があり、そこには神明が安置されていますから。金家壩鎮では荘家圩劉王庙の神様を家に招くことが多いです。

問：待仏を行う時には必ず村の神明を招かなければならないのですか。

答：そうです。

問：仏娘の［家に安置されている］神を招くこともありますか。

答：あります。村には仏娘がいて、彼女の神明を招くことになっています。

商売繁盛などに対する願掛け・願ほどきなどの際に神像を迎え入れて奉納する上演が「待仏」と表現されているのである。また、「待菩薩」と表現されることも多い。注意しなければならないのは「待青苗」とよばれる年中行事も「待仏」に分類されてしまっている可能性があり、Ⅰに分類されている行事もⅢとの境界は曖昧である。これに対して朱火生氏の記録では「奉敬○○（神明名）」と記録されており、「戸主性質」（依頼人の性質）と組み合わせて考えると、多くが商売繁盛に関連するものか、仏娘が介在した活動であることがわかる。他の藝人についていえば、張宝龍氏は「待仏とは願掛け・願ほどきのことである」と述べ、芮時龍氏は「老板」による願掛け・願ほどきが「待仏」の大半を占めているとしていることから、藝人が「待仏」とよんでいるものの性質は明らかであろう。

「Ⅳ 娯楽活動など」は両者で割合がかなり異なることをどのように判断すればよいのであろうか。表２にある集団活動では神を招かずに行う活動であると述べられているが[14]、朱火生氏は「菩薩を招かない活動は、現在では基本的にはありません」と述べており[15]、上演の割合にこれだけの差があるのは両者のとらえ方の違いに起因すると思われる[16]。

「Ⅴ 詳細不明」の殆どが関連の記載がない場合であり、記入を忘れてしまったものと思われる。したがって、上演の性質はⅤをのぞいたⅠ～Ⅳの割合が全体の傾向を示していると考えて差し支えないだろう。

以上、両藝人の上演記録と数人の藝人の口述記録から近年における上演場面の特徴をまとめると次の３点である。①上演の半数を占めるのが「待仏」と総称される商売繁盛や病気治癒の願掛け・願ほどきに際して神明に奉納される宣巻である。②村廟や大廟で行われる廟会も数の上で多くないがある程度の数を占め、かつて行われていた村の共同祭祀が形を変えて復活したものも含まれる。③人生儀礼は全体として相対的に割合を減らしているが、大学合格祝いなどの上演場面には時代性が反映されている。総じて言えば、朱火生氏が「宣巻と菩薩（神明）とは千絲万縷の関係にある」と述べているように、民間信仰と密接不可分の関係にある。

ところで、宣巻の上演場面をクライアントに着目してみた場合、宣巻と民俗・信仰との関係がさらに鮮明に浮かび上がってくる。以下では、大廟や村廟を運営する組織、多くの「待仏」活動を主催する仏娘、商売繁盛の願掛け・願ほどきを行う「老板」に着目し、宣巻や民間信仰をとりまく社会関係の変化を一瞥する。

2　廟会・「村」の共同祭祀と宣巻

上演記録に記されているにせよ、宣巻藝人本人の口から語られるにせよ、廟会という言葉の中には幾つかの異なる定義が混在しているようである。先に見たように、朱火生氏は廟会を大廟や村の共同祭祀が実施される村廟に限定しているが、江仙麗氏は仏娘によって主催される小廟や金堂（家屋の一室を改造して神像を安置した部屋）で開催される活動も「廟会」としており、この点は何人かの藝人に共通してみられる傾向である（後述）。ここでは、大廟及び村の共同祭祀としての色彩を残した村廟における宣巻のことを「廟会」という上演場面として捉え、宣巻活動の主催者と民俗との関係をみる。

宣巻藝人が赴く廟会を信仰圏の広がりという見地から分類すると、①太湖流域一帯から多くの香客（参拝者）を集める大廟、②村の範囲を超出して周辺に香客を擁する著名な廟、③濱島敦俊氏が指摘する「社村」の廟[17]、乃至自然村の廟が再建されたもの——以下では「村廟」と呼称——となる。

①　太湖流域一帯から多くの香客（参拝者）を集める大廟

この類型に属する廟としてほぼ全ての宣巻藝人が言及した荘家圩廟が真っ先にあげられる。荘家圩廟は呉江市蘆墟鎮草里村にあり、一般的には駆蝗神・施米神として江南地方において広い信仰を集める劉猛将軍を祀る劉王廟として知られている[18]。荘家圩廟では、旧暦8月22日には盛大な廟会が催されることになっており、多くの藝人が廟会における上演に招かれる。朱火生氏の上演記録からは2003年、2004年、2006年の3回という高い頻度で上演を依頼されたことを確認できる。他の藝人の口碑に拠れば、ある年の廟会では4組の班子が招かれ、互いに藝と人気を競い合ったという。

荘家圩廟に安置されている劉王とその2人の弟の神像は、しばしば商売繁盛祈願のために「老板」によってかり出されるという風習があり、気前の良い者は1万元を寄付したという[19]。「請老爺」「待老爺」と呼ばれるこの風習は極端な例だとしても、廟会の日には太湖流域一帯から多くの農民や漁民が焼香に訪れる事実からその信仰圏の広がりと深さを知ることが出来よう。○○社、○○会と称する漁民の香会組織や香頭（リーダー）、仏娘は毎年特定の時期に「巡礼」する廟でもあり、かかる大廟として挙げられるのは、蘇州上方山楞伽寺（上方山老爺、上方山姆姆）、上海金沢鎮楊震廟（楊老爺）、嘉興王江涇鎮蓮泗蕩劉王廟（劉猛将軍）、湖州石淙鎮太君廟（太君神）などである。これらの大廟に特徴的なのが、仏教寺や公園という体裁を採っているにせよ、道教協会の管理下にあるにせよ、「制度化」されているという点である。関連部門が大廟に対する需要の大きさを認定することで信仰の制度への取り込みを図ったことと、「お墨付き」を得たことでより多くの参拝者が集まるようになったこととは相互依存関係にある。

②　村の範囲を超出して周辺に香客を擁する著名な廟

結論を先に言えば、この類型に属する廟の運営方式は3であげる仏娘によって主宰される小廟と酷似している場合が多く、仏娘個人（や彼女が奉じる神明）

に依存しており、制度による認定も組織的な背景も有さないという理由において、信仰圏としては不安定である。これ以外に顕著な廟として2つの事例を紹介したい。1つは金家壩鎮梅湾村茅山堂（茅山老爺）である。解放前、茅山堂の運営母体は「十八戸人家」と呼ばれる特定の家族がほぼ専業として行っており、近年再建された廟の運営も「十八戸人家」の家族が担っている。「十八戸人家」がそれぞれ200戸あまりの香客を擁していたという解放前の規模には遠く及ばないものの、近年再建された茅山堂も周辺から多くの香客を集め、宣巻藝人もしばしばここで上演を行っている(20)。もう1つは八坼鎮城隍廟である(21)。実のところ、他の鎮において城隍廟における上演は殆ど事例がないばかりか、青浦区朱家角鎮の城隍廟など観光地化された鎮においていわば観光資源として整備されている以外に、再建されている例はそれほど多くないように思われる。筆者の観察に拠れば、八坼鎮城隍廟も有志による運営の色彩が濃厚である印象を受けた。かつての市鎮には商店を中心とする地縁組織が廟運営を担っていたことと対照させれば明らかなように(22)、かつてのクライアントであった市鎮の旧式商店などが消滅し、運営組織が解体した結果であろう。

③　再建された村廟

かつて、一自然村乃至幾つかの自然村によって構成される「社村」の共同祭祀が実施された村廟が近年再建され、村の共同行事としての性格を色濃く残している廟がこれにあたる。上演記録には、「廟会」と表記されることもあるし、「待青苗」「待劉王」「待老爺」と表記されることもある。後者の場合には宣巻藝人の定義によって「待仏」との境界は曖昧である。藝人による「廟会」の定義は、「地方性菩薩に対するもの」(23)「1年に1回開催される」(24)「村全体」(25)「村が集団で費用を出し菩薩を祀る」(26)とあることを総合し、村全体が費用を分担して年に1回行う共同祭祀の如き活動として扱う。

この類型の村廟は枚挙にいとまがないが、以下では筆者が定点観測を行っている村落である呉江市大長港行政村大長浜村の事例から村廟運営の実態と変容について、①村廟の運営組織、②廟会の日時とその意味、③廟と藝能との関係について概観する(27)。解放前における①について顕著なのは、4つの「段」

という村落内の地縁組織が母体となり、毎年それぞれから会首を選出し、当番の「段」から選ばれた会首が大会首の任にあたり、大会首が村廟に関わる一切の手配を行うという慣行である。大会首は政治的経済的な立場を問わず戸主を務める村民全てから選ばれるという一種の平等性を有していた。②蓮花庵と呼ばれる村廟には劉猛将軍を主神とする神々が安置されており、年に２回廟会が開催された。１つは旧暦正月１日・２日に開催される「過年会」「水会」などと称される廟会で、ここでのハイライトは劉猛将軍の神像を担いで近隣の村落や村廟を巡回する「擡老爺」という行事である。もう１つは旧暦７月１日に開かれる「青苗会」という共同祭祀である。ここでは劉猛将軍の神像は自らが管轄する村の範囲を巡回する。それぞれ神明間の紐帯や神明の管轄範囲を通じて、村落と村落外とに張り巡らせた様々な関係や村落内部における一種の“帰属意識”を確認する意味があったといえよう。③については廟会当日ではなく、２・３月に春台戯が開催されたことが言及されている(28)。春台戯を主催する場合の母体も「段」であり、各「段」が輪番となり４年連続で開催されたという(29)。興味深いことに春台戯にせよ、「擡老爺」にせよ、村の政治的経済的な指導者である保長が必要な局面においては指導力を発揮していた。

1990年代に入って復興した大長浜村の廟会は一般的に「青苗会」「待青苗」と呼ばれている。上述の３点についてどのような変化があるかみてみよう。①村人達は運営方式について「老会規」に基づいているとしているが、村を挙げて大会首を選出する慣行は既に消滅しており、基本的には信仰に敬虔な老婦女を中心としつつ、藝人との連絡や費用の計算などには村の「名望家」があたっている。宣巻藝人から見た場合このような名望家は次のような人物であるという(30)。

問：廟を再建する際には［廟と関係する］数村の村民はみな寄付をするのですか。

答：みな寄付するね。［費用は］全て寄付に依存しているから。

問：村民が自主的に寄付するのですか。

答：自主的にするね。音頭を取るもの（帯頭人）は自ら責任者を買って出るので、彼に寄付金の収集を任せる。［寄付は］30元であったり、50元であったり、出す人の自由だよ。

問：どのような人が音頭取りになれるのですか。

答：音頭取りは必ずしも村民が選出しているわけではないのだよ。1つには自らが買って出ていること、もう1つはその者が正直で村民の信用を集めているという村内での威信が必要だね。それから、本人も神を信じていて、心からよいことをしたいと思っているという点も条件だね。

問：音頭取りは男性が多いですか、それとも女性が多いですか。

答：両方いる。私の印象では一般的に男性が多いね。

（中略）

問：どのような人が威信が高いと言えるのでしょうか。

答：先ず、弁舌が巧みでなくてはならず、口から出た言葉が皆の衆を失望させてはならない。有言実行でこそ皆の衆も信頼を置く。威信とは自分で作り上げなければならないのだよ。威信が高くて、皆の衆が信頼していれば、自分が音頭取りとなりたくなくとも、皆が依頼してくるだろうね。

ここで話題となっている「帯頭人」は往々にして信仰心の篤い老婦女の配偶者から選ばれることも多い。いずれにしても、宣巻を含む村廟の活動も村の共同祭祀から信仰心の篤い人々による自発性・任意性の強い活動へと性格を変えているのである。

②廟会は旧暦7月1日に年に1回開催されるのみになり、また、「擡老爺」は行わなくなった。③青苗会に宣巻藝人が呼ばれ、宣巻が神明に奉納されている。金銭的に余裕がある場合には退職した俳優による老年越劇団が呼ばれたこともあるようだが、少なからぬ費用が必要となること、劇団の数が激減しており招聘が容易でないことなどから、現在では宣巻が行われるようになっている。ある村民は、「［費用は］出すけれども、聴きには行かないよ。費用を集めに来れば付き合いで払うけれどね」(31)、また藝人の娘をもつ他村民も「今まで観に行ったことはない。［私は本物の］演劇に詳しいからね」と述べているように、

本来「堂名」という演劇が催されるべきで、宣巻は藝としてのレヴェルが低く、正統ではないと見なされてもいるようである(32)。

以上を総括すれば、観光・文化資源として制度化された大廟をのぞけば、組織・団体を裏付けとする廟は殆ど存在せず、仏娘や老婦女を中心とする敬虔な信者たちが自発的に運営する廟が大半を占めていると言える。村廟には共同祭祀としての色彩が色濃く残っていても、運営方式は解放前の状況と大きく異なっており、ここにも近年の江南地方における伝統文化の「復興」現象が示す特徴の一端が表れていよう。

3　有力なクライアントとしての“仏娘”“老板”

（1）仏娘・老婦女

1で分析したように、宣巻の多くの場面を占める「願掛け・願ほどき」においては、神意を問うために「仏娘」「師娘」の存在がかかせず、また、2でみたように、かつて「共同体」的儀礼の中心であった村廟も大きく性格を変えており、仏娘の主導によって再建される村廟も少なくなかった。以下では宣巻藝人のクライアントとしての仏娘について概観する。

仏娘とはいわゆる「巫」という憑依型シャーマンの宗教職能者である(33)。彼らはトランス状態になり、そこで鬼や神が憑依する。人々は病気や不幸の原因を問い、仏娘に憑依した鬼神からその原因を聞いて対策として法事をしてもらう。現地協力者の1人に拠れば、「大雑把に言ってどの村にも少なくとも1人仏娘がいる」とのことである。江南農村においては極めて普遍的な存在であり、近年における伝統文化の“復興”を担う主体であることがわかる。それでは、歴史的なパースペクティブからみた場合、近年における仏娘の存在をどのように位置づけることができるかを、濱島敦俊氏の議論に即して考えてみたい。

濱島氏に拠れば、これらの「巫」は自らを土神の子孫であると同定し、その職能は子孫に世襲されていく点と、その活動が営利活動である点に特徴を見いだしている。営利性という点について言えば、クライアントとの関係が重要である。明代において総管と総称される土神が漕運の神から施米神へと変質した背景には、農村指導層＝クライアントの変質と関連していた[34]。改革開放後の江南農村の場合、農村の工業化とその担い手が主要なクライアントとして登場してきたのである。詳細は後述する。

宣巻藝人の上演記録の中にどの程度の頻度で仏娘が現れるかをみてみよう。朱火生氏の上演記録のうち、「戸主性質」（斎主の性格）と記された欄は空白も含めて合計 194 回分の記録があり、確実に明記されているだけで 39 回について仏娘の存在を確認することが出来る（男仏娘、大仏娘と記されているものもある）。記録上では 2 割に過ぎないが、朱氏本人の印象では「［上演の］多くは仏娘が依頼してくるものである。おおよそ 6 割はある」というから、この差は何に由来するのであろうか[35]。「Ⅲ願掛け・願ほどき」に関わる上演も 6 割に上っていること、また神意を問うには一般的に仏娘に依頼することを考えると、斎主が「老板」と記されている上演の少なからぬ割合が、実際には仏娘と関係していたことが推測される。

それでは、宗教職能者としての仏娘の活動内容は如何なるものであるのか、彼らの生活は如何なるものであるのかをみた上で、仏娘が多く活動している現象は如何なる社会変化を反映したものであるのかを考えてみたい。

先ず、仏娘の活動内容についてであるが、「宣巻を催すときに香客に通知すること、3 月 16 日［の廟会の日］になったら通知をすること、体調の悪い香客がいたら看てみることなどですね。［劉王］大老爺は霊験あらたかで、真心があります。［大老爺が］看ればすぐによくなります。腰痛の類はちょっと揉めばよくなるのです」と仏娘本人が述べているように[36]、仏娘の奉じる神明を安置する小廟や金堂に関わる諸活動の手配、具体的に言えば、神明の誕生日に開催する宣巻などの活動、旧暦 1 日と 15 日の焼香、願掛け・願ほどきの際の神意を問う儀礼、病気の診断・治療などが主要である。どの活動にどの程度の重点を置くのかについては、個々の仏娘の知名度や彼らが奉じる神明の信仰圏の広がりと密接な関連にあるように思われる。評判が広く知れ渡った大仏娘の場合、クライアントである「老板」が商売繁盛祈願をしたり、工場のこけら落としに願掛けを行ったりするので、願掛け・願ほどきの際の神意を問う儀礼の比重が大きくなる。その際には一般的に宣巻が奉納される。ある仏娘は「今年（2005年）の2月19日に宣巻に参加して食事をしたものは30数卓にのぼりました。全て1人で費用を払ったのです」と述べ、活動の規模を誇らしげに語っている(37)。より盛大な活動を行うことができることを可視的に示すことは、仏娘の能力や神明の霊験を証明し、仏娘や神明の評判を高めるために重要なことである。

これに対して、一般的な仏娘、すなわちそれほど評判を獲得していない一般的な仏娘のクライアントは村内乃至近隣村落の老婦女を核としており、旧暦1日と15日の焼香が活動の中心を占め、神明の生誕日に開催する宣巻も小規模である。

病気の診断・治療は全く行えない仏娘も少なくないが、能力があると評判を集めるようであり、筆者が目撃したある金堂には、蘇州上方山姆姆に病気治癒を感謝する旗が多く奉納されていた。また、筆者が別の仏娘に実際に医療行為を行ってもらったところ、金小姐という神が憑依した状態で、体中をさすり患部と思われるところを平手で軽くたたくという行為を行った(38)。とはいえ、現在では近代的衛生観念も浸透しており、仏娘によるヒーリングと近代医療とは排他的に考えられていない(39)。

宣巻藝人の印象によれば、営利性の追求という観点から見て一部の悪い仏娘（ある藝人は「黒心」と描写している）と大多数の良い仏娘とに分けられるという。仏娘の性格と生活についての質問に朱火生氏は以下のように答えている(40)。

問：仏娘についてどう思いますか。仏娘とはどのような人だと思いますか。

答：一般的にいって、仏娘の8割は農家の婦女で、気立てはよく、善行を積み、人助けを楽しみにして、喜んで人々のために尽くしている。ごく少数の仏娘が、己のためにみなのことを考えず、神明を金儲けに利用し、もったいぶって自分の力を誇示する。これは私が数十年来の経験から会得した事実だね。

問：どのようにして見分けるのですか。

答：ああ、すぐに見分けられるよ。悪い仏娘の話し方はわざとらしいし、表情や動作、手真似、態度などからもみてとれる。彼らは思い上がっていて偉ぶっているから、動もすればもったいぶるしね。

問：善良な仏娘はどのような収入源に依って生活しているのですか。

答：よい仏娘は神明に頼って生活はしていない。子女や自分の労働に依って生活しており、神明［に関する活動］はただ皆の衆のために良いことをしているのに過ぎない。しかし、2割ほどの仏娘が金儲けのために神明を利用しており、1年で20数万元かせぐものもいる。

一般的な仏娘は自留地を耕して作った野菜を市鎮で販売したり、家政婦や清掃などの臨時的な仕事をしたりすることで生計を立てており、仏娘としての活動はボランティアに近い性質を持つようである(41)。であるならば、かかる仏娘を中心とする老婦女の繋がりがどのような社会変化を示すものなのかを考察する必要性が浮上してくる。改革開放以降の諸政策によって、基層社会に住む人々には経済面を中心として多くの活動空間が開かれることになった。才覚や人的関係のある者（多くは男性に限られる傾向にある）は商機をつかみ起業することが出来たが、殆ど読み書きの出来ない老婦女の場合、一部の例外を除いてかような機会を利用できたものはないようである。基本的に居住する村や周辺地域のみを活動範囲とする彼らにとって、民間信仰や民俗に関わる活動は主体的に参与することの出来る空間なのかもしれない。

（2）老板（個人事業主）

もう1つの主要なクライアントは「老板」「老板娘」などと呼ばれる個人事業主であり、彼らは同時に仏娘の奉じる神明のクライアントでもある。筆者は彼らが主宰した宣巻を参観し簡単な会話を交わしたことがあるが、現段階において、彼らに自身が民間信仰や宣巻をどのように捉えているかについての聞き取り調査を実施できてはいない。これらは今後の調査に委ね、ここでは専ら宣巻藝人との関係をみてみよう。

先ず、朱火生氏の上演記録の「戸主性質」「上演の性質」欄を集計すると、詳細が判明する194回の上演のうち、個人事業主や商売人自らが直接、乃至彼らの家族が斎主になっていたことが確認できる上演は110回もの多きにわたった。業種の内訳は多種多様にわたっており、製造業（「電子老板」「化工生意」「彩鋼老板」）や建築業（「承包建築」）、運輸業（「汽車運輸」）、養殖・畜産業（水産養殖」「養蝦老板」「養蟹老板」「養猪老板」）、小商業（「跑生意」）に進出した個人事業主であることが判明する。かかる傾向を端的に示す資料を1点あげたい。朱氏は、多くの宝巻以外にも、宣巻のはじめと終わりにおこなう接仏儀礼・送仏儀礼の際に唱う接仏歌・送仏歌や、幕間に歌う各種の「小調」（民間俗曲）などを記したノートをつけていた。その中に、送仏儀礼の後、宣巻の口火で話す挨拶の雛形も記してあった。その内容は次の通りである[42]。

史料　宣巻における挨拶の雛形（朱火生氏）[43]

老媽媽——拿我們宣巻聴，脱落牙子重省根，炒蚕豆好吃二三斤
老伯伯——頭髪白来像銀針，好似南海老寿星
大嫂嫂——一年四季手脚軽，今年三十挂的零，明年只有十八春
大小姐——保儂找個称々心々的好郎君
小伙子——様様事体交好運，前程如錦楽仁仁
小朋友——日々夜々長精神，読書越来越聡明
開廠老板——生意大来嚇殺人，一年四季財流進
養魚老板——年終落網緊屯々，尤是鯉魚跳龍門
養蝦老板——毎畝産量要有双千斤
養蟹老板——起碼毎只半斤重，大的八両到一斤
養猪老板——日々夜々熱只要張四五斤重，看它的条子（身体）尾巴好像粗毛竹上半身
養鶏養鵝老板——拿我們宣巻聴，日長夜大勿起病，好像財神菩薩帮儂本金銀
開車老板——保儂日々得安平，千頭佰頭帯進門
種田人——五谷豊登好收成，一年四季吃勿尽

運輸老板——空船出去満船進，票子尋来用勿尽

做生意人——百頭（棺材）本鈿（本銭）花出去，万頭千頭賺進門

若然搓麻将人——叫額骨頭上亮晶々，十転麻将九場云贏

ここでは、様々な宣巻の上演場面や斎主をほぼ網羅することが想定されているようであるが、中でも様々な事業を行っている老板が重要なクライアントであったことが端的に表れていよう。そして、商売繁盛に関わる願掛け・願ほどきを行う彼らは同時に仏娘の奉じる神明の主要クライアントでもある。中には、願掛け・願ほどきの儀式や宣巻を行う際、著名な廟にわざわざ赴き、そこに安置されている神像を借り出してくる者もいるという。

ところで、実際に江南農村に赴き宣巻の上演を参観した者は、観客として老婦女が多いことに強い印象を抱くと思われる。しかしながら、老板・老板娘と呼ばれるクライアントは必ずしもそうではないようである。例えば、ある藝人は次のように述べている(44)。

問：霊験あらたかな仏娘の場合、多くの人が彼らを尊重しているのではないですか。

答：一般に年齢のいった者は尊重しています。［全体的に］尊重する者は多くはなく、若い者は軽んじています。一般に年齢のいった者は［神明を］信じますが、若い者は信じておりません。若い者の中で唯一信じているのは老板だけです。例えば、ここ金家壩鎮のある老板は、1000万元〜2000万元の利益が出たので、今回、宣巻つまり発財宣巻を催し、神像を車で迎えに行って、家に招いたのです。とても深く信じています。このように老板は若い者でもとても深く信じております。

問：どうして彼らはそんなに信じているのでしょうか。

答：それは商売のためです。［請老爺は］1回1万元かかります。荘家圩廟で1万元を寄付すると、庙から劉猛将軍、つまり劉猛将軍の神像を家に招くことが出来るのです。車で迎え入れ、宣巻が終わると廟に送り届けます。（中略）［このような老板は］毎年1回、つまり1日宣巻を行うのです。

朱氏の記録や筆者の観察を総合的に検討すれば、老板・老板娘の多くはほぼ例外なく農村部や市鎮の出身者である。改革開放政策やグローバリゼーションの農村部への浸透に伴って起業した彼らであるが、成功を収めた者の多くは市鎮に建設された住宅を購入し、生活様式も急速に都市化しつつある。今後、都市化や世代交代が進む中で、宣巻の如き土俗性を強く残した民俗がどのように継承されうるのかは注視すべき問題であるように思われる。

おわりに――民俗“復興”の時代性――

本稿では、太湖流域農村において広く上演されている宣巻という民間藝能と民俗・生活との関係について、民俗文化の“復興”現状が有する時代性にもっぱら着目しつつ概観した。呉江の宣巻は無形文化遺産として近年その継承・保存に力が注がれているものの、狭義の意味での藝術や藝能のみの継承・保存が目指されている現状に対して、生活との関わり合いの中でこそ価値を有するものであるという視点から、宣巻と密接に関連する年中行事、民間信仰、人生儀礼という生活全体を理解する必要があると考えたからである。

2人の宣巻藝人の上演記録と数人の藝人の口述記録をもとに宣巻が上演される場面を分析すると、人生儀礼や年中行事が減少していること、商売繁盛や病気治癒などに関する願掛け・願ほどきを行う際における、「待仏」と呼ばれる神明への奉納が半数を占めることなどが判明した。時代性という観点からみてみると、人々の生活において人生儀礼が簡略化していることが前者の要因であり、村廟における宣巻が村の共同祭祀から信仰心の篤い人々による自発性・任意性の強い活動へと性格を変えたように、かつて多くの廟の運営を支えていた団体・組織が失われてしまったことが後者の要因であると指摘できる。また、本来廟会では堂名という民間藝能が行われていたのが宣巻に代用されている点も、一見伝統文化への回帰にもみえる民俗文化“復興”の一側面を示すものであろう。

「待仏」の盛行からは、宣巻の主要クライアントとしての老板と仏娘という存在や、彼らが出現する社会的経済的背景が浮かび上がってくる。改革開放政策やグローバリゼーションの太湖流域農村への浸透と農村の工業化の進展によって登場した老板は、宣巻藝人ばかりでなく、多くの仏娘の最も主要なクライアントでもある。仏娘の登場は、老板の登場と軌を一にするのと同時に、文革終結以前にみられた過激な文化政策が見られなくなったことから民俗生活が回復したこととも関係している。農村在住の多くの老婦女にとって、民間信仰や民俗に関わる活動は、主体的に参与することの出来る数少ない社会空間であり、その結節点に仏娘が存在しているのである。太湖流域農村では近年、村の集団移転や生活様式の都市化が急速に進展し、農村生活が根底から変容しつつある。かかる状況のもと無形文化遺産としての宣巻をどのように継承していくのか、宣巻をとりまく民俗はどのように保存されうるのかは目が離せない問題である。

註

(1) 三尾裕子「東アジア沿海地域に『民俗文化』の意味――20世紀末における再生・創造」同編『民俗文化の再生と創造――東アジア沿海地域の人類学的研究』風響社、2005年、所収。このような現象が顕著に現れている中国東南部の状況については、例えば宗族の復興を分析した潘文立『現代東南中国の漢族社会』風響社、2002年、や、近代化の進展と伝統文化とが共存している実態を地方劇を素材として論じた、加治敏之「福建沿海部の近代化と伝統文化の変容――莆仙戯の復興を中心に」『文化共生学研究』1号、2003年、があり、本稿と問題関心と共有している。

(2) 中共呉江市委宣伝部等編『中国・同里宣巻集』南京、鳳凰出版社、2010年。

(3) 菅豊「何謂非物質文化遺産的価値」『文化遺産』2009年第2期。

(4)『江蘇省非物質文化遺産普査　呉江市史料匯編』第1巻、呉江市文化広播電視管理局、2009年。『中国同里宣巻』でもほぼ類似した解説がなされている。

(5) 朱火生氏と江仙麗氏以外にも、張宝龍、趙華、芮時龍の各氏も類似した上演記録をつけており、訪問の際に閲覧させていただいた。記して感謝したい。

(6) 朱火生氏の上演記録は1999年から始まる合計1032回の上演について記されて

いるが、上演場面についての記録が開始されたのは2006年3月からである。また、表2は合計622回あるが、これは1回の上演について2種類の上演場面が記されていることもあったためである。

（7）　本書130頁。

（8）　本書267頁。

（9）　老藝人で多くの弟子を育てた呉卯生氏は廟会を「待仏」のことであるとしている。また、柳玉興氏は廟会と待仏を明確にわけているが、全体の上演のうち廟会は8割を示すと述べている。彼のいう廟会では、本稿で分析する廟会と「待仏」とをあわせた割合であると思われる。

（10）　本書148頁。

（11）　佐藤仁史・太田出・稲田清一・呉滔編『中国農村の信仰と生活――太湖流域社会史口述記録集』汲古書院、2008年、401頁。

（12）　陳鳳英氏は廟会と「待仏」が全体の7割を占め、そのうち、「待仏」が最も多いとしている。また、肖燕氏も廟会が7割を占めると言及しているのも「待仏」を含んでいる。

（13）　本書267頁。

（14）　本書248-249頁。

（15）　本書132頁。

（16）　江仙麗氏は「もう1つの活動は神を招かない活動です。例えば、神を奉じていない村において、村民達が興味を持っているので宣巻を行ったり、[祭日でなくとも宣巻を]行ったりするのは、村の集団活動です。神明がいないのはつまり文藝活動だといえます」と説明している。

（17）「社村」については、濱島敦俊『総管信仰――近世江南農村社会と民間信仰』研文出版、2001年、145-152頁。

（18）　劉猛将軍信仰については、車錫倫『中国宝巻研究論集』台北、学海出版社、1997年、199－233頁、を参照。郷土史家による現地調査の成果として、王水『江南民間信仰調査』上海、上海文藝出版社、2006年、46-72頁、張舫瀾（宮田義矢訳）「劉猛将伝説と呉江荘家圩猛将会調査」太田出・佐藤仁史編『太湖流域社会の歴史学的研究

――地方文献と現地調査からのアプローチ』汲古書院、2007年、所収がある。また、本書太田論文においても解説されているので参照されたい。

(19) 本書264-266頁。

(20) 前掲『中国農村の信仰と生活』349-352頁。

(21) 本書149頁。

(22) 道光『平望志』巻12「節序」に拠れば、平望鎮は二十四坊の地縁団体があり、輪番の坊が鎮城隍廟に関する行事を取り仕切ったという。

(23) 本書130頁。

(24) 本書105頁。

(25) 本書204頁。

(26) 本書157-158頁。

(27) 当該村廟の運営と村落社会との関係については、佐藤仁史「民国期江南の廟会組織と村落社会――呉江市における口述調査を中心に」『近きに在りて』55号、2009年、で詳細に分析した。

(28) 村落生活において春台戯は大きな位置をしめており、老農民たちの口からはしばしば言及がなされた。例えば、楊誠氏は運営方式にまで詳細な記憶を有していた。前掲『中国農村の信仰と生活信仰』146-148頁。1920年代にまで遡る口述調査においても同様である。濱島敦俊・片山剛・高橋正『華中・華南デルタ農村実地調査報告書』『大阪大学文学部紀要』34巻、1994年、124頁。なお、演劇学の立場から江南の社戯を研究したものとして、蔡豊明『江南民間社戯』上海、百家出版社、1995年、参照。

(29) 前掲『中国農村の信仰と生活』146-148頁。

(30) 本書130-132頁。

(31) 前掲『中国農村の信仰と生活』148頁。

(32) 陳連周氏口述記録(2005年9月2日採訪、於呉江市蘆墟鎮栄字村)。

(33) 「巫」は地方志や地方新聞などの文献史料にしばしば表れるが、これらにおいて「巫覡」は「呉俗信鬼」といった常套句によって描写されてきた。例えば,同治『蘇州府志』巻3「風俗」では「呉俗信鬼巫,好為迎神賽會」とあり、民国期に上海近郊農村において編纂された郷土教科書『陳行郷土志』第21課「風俗3迷信」は「男女巫覡、自稱重瞳、目能視鬼（俗称雙仙人)、……能召亡魂、憑附其身、而與生人問答者、名曰扎仙」と述べ、その非文明性を指弾している。

(34)　濱島前掲『総管信仰』97-103 頁。濱島は農村指導層の変容を、漕米輸送を担った明初の糧長層から、明末以降の小農・佃農層への変化として捉えている。

(35)　本書 132-133 頁。

(36)　前掲『中国農村の信仰と生活』359-361 頁。

(37)　前掲『中国農村の信仰と生活』366-368 頁。

(38)　また、筆者はある仏娘が神意を問う際、蝋燭や線香の煙をみて占う「看香頭」という風習をしばしば目撃した。清末の新聞においてこれらは「邪術」として糾弾されている。『図画日報』58 号「看香頭邪術之騙人」。

(39)　前掲『中国農村の信仰と生活』368 頁。

(40)　本書 133 頁。

(41)　本書 264 頁。

(42)　その他、このノートには、越劇、錫劇、滬劇の著名な劇目のうち、最も重要な一節が数多く収録されている。また、呉江調や五更調、小熱昏などの小調もある。これらが詳細に記されているのは、朱火生氏が藝人仲間の中では後発であったことに加え、本書緒方論文が指摘しているように、複雑な物語構成が特徴の「藝風」と密接に関連していると思われる。

(43)　この挨拶文には多くの当て字が用いられており、逐一括弧内に注記したのでは読者にとって繁雑になるので、明らかな当て字については修正を施した。

(44)　本書 265 頁。

太湖流域漁民と劉猛将信仰
――宣巻・賛神歌を事例として――

太田　出

はじめに

太湖流域に位置する浙江省嘉善県の新編地方志を繙くと次の一文が見られる。「[解放前、太湖流域漁民は］生活の保障が無いために神の御利益を求めて「老爺（ろうや）」を拝むしかなく、迷信が盛行していた」[(1)]。自然条件の影響を強く受け、経済的に不安定であった漁撈を生業とし、水上という生命の危険を伴う場所を生活の場としていた太湖流域漁民にとって頼れるものは「老爺」しかなかったことを看取するに十分である。

しかし「老爺」、すなわち太湖流域漁民が信仰する神々を文献史料に求めた場合、漁民の信仰対象として記載する事例は断片的なものを除いて極めて稀れである。文献史料のみに依拠しつつ歴史上の過去の一時期に立って漁民の信仰を丹念に検証することはほとんど放棄せざるを得ない。そこで 2004 年以来、筆者は太湖流域漁民の信仰に関する文献史料の不足を補うため、主に江蘇省呉江市、上海市青浦区、浙江省嘉善県の漁業（漁民、水産、捕撈）村に入って老漁民にヒアリングし様々な情報を収集してきた。成果の一部はすでに 2 冊の研究書として発表した[(2)]。呉江市の北厙（ほくしゃ）・蘆墟・黎里・八坼（はったく）・廟港など諸鎮所在の複数の漁業村で老漁民からヒアリングを実施した結果、太湖流域の河・蕩・漾・湾など内水面で生活する漁民の主要な信仰対象として劉猛将（劉王、大老爺）、楊爺、上方山大老爺・太太（姆姆）、太君神などの神々が浮かび上がってきた。これらは前掲書でも紹介したが、紙幅の制約もあって多くの問題が検討されぬまま残された。本稿では、最も熱心な信仰を集める劉猛将を取り上げて漁民との関わりを検討するとともに、両者の密接なつながりを表象するものとして、民間藝能の一種たる宝巻・賛神歌を俎上に乗せてみたいと思う。

1　劉猛将は如何なる神か

劉猛将は劉王（劉皇）、劉府上天王、大老爺（本方大老爺）とも呼ばれ、太湖流域では農漁民の信仰を最も広く集める神の1つである。澤田瑞穂、濱島敦俊、車錫倫・周正良、王水ら諸氏の研究によれば、江南デルタの劉姓神には雍正帝の勅諭により国家から祀典を与えられ正統の神とされた劉承忠のほか、所謂「淫祠」の範疇に属する①劉錡、②劉鋭、③劉宰、④劉軩、⑤劉章、⑥劉信瞻など複数の神が存在し、特に兄弟説話を有する①劉錡と②劉鋭が拮抗する状況にあったが、他を圧倒できるほどではなかったとされている(3)。

劉猛将を祀る廟宇のうち現在漁民が参拝に赴くものは、蓮泗蕩（浙江省嘉興市王江涇鎮）と荘家圩（江蘇省呉江市蘆墟鎮）の2つにほぼ限定される(4)。他にも太湖流域には劉猛将の廟宇は無数に見られるが、漁民が拝むことはまずない。また漁民は陸上定居（陸上がり）して日が浅いため、漁業村に廟宇を設けて劉猛将を祀る事例を見たことがない（個人宅に祀る事例はある）。漁民は農暦清明節前後の網船会、農暦8月12日の劉猛将の生誕日に蓮泗蕩・荘家圩に赴いて焼香拝仏する。しかし農民が参拝する日とは微妙に異なる。

蓮泗蕩劉王廟をめぐる文献史料は皆無に等しく、これまで紹介されたのは宣統3年（1911）『聞川志稿』巻2、祠廟の「江浙の漁船は咸な蓮泗蕩に集まって数万隻にも達する。……2、3月の交になると、船の集まりは尤も多い。これを網船会と曰う」という記事に限定され、少なくとも清極末までに漁民の信仰を集めるに至ったことがわかるにすぎない。筆者も文献に記載を求めた結果、民国期の地方紙『蘇州明報』民国23年（1934）4月12日の記事に、蓮泗蕩劉王廟で多数の死傷者が出る大惨事が発生していたことを発見した。

> ［江蘇省］盛沢鎮から6､7里にある浙江省王江涇鎮は､嘉興県の管轄に属し、人口・商業ともに繁栄している。居民の多くは織綢（絹織物）を生業とし、盛沢鎮との往来は頻繁で、水陸の交通は皆な甚だ便利である。蘇嘉路が開

通して以来、10分で到達できるので、盛沢と王江涇は1つのブロックを形成し、あたかも唇歯の間柄のようである。王江涇鎮の蓮泗蕩には劉王廟があり、郷愚の頗る信仰する所となり、霊験があるとされている。毎年旧暦の2月26・27両日に挙行する迎神賽会には、外地からの参集が甚だ多く、その人数は20万人にも達し、なかでも網船が最も多い。故に俗に網船会と称し、由来はすでに久しく、遠近に知れわたっている。本年［西暦］4月8・9両日も例年どおり挙行されたが、往年に較べてさらに熱気を帯び、呉江県黎里鎮・盛沢鎮・平望鎮の人士で盛会に赴いて参加した者は数万人あり、その盛況ぶりは言わずとも知れたところであった。料(はか)らずや9日午後1時頃、本鎮の長虹橋(5)上で観衆が多すぎたために互いに押し合って［将棋倒しとなり］空前の大惨事を起こすに至った。［王江涇鎮側では］圧死者13人、負傷者40人ほど、盛沢鎮側では死亡者3人、負傷者6、7人にものぼった(6)。

ここには蓮泗蕩劉王廟が「郷愚」、特に漁民の熱心な信仰を確認できること、民国期にも網船会は盛大に挙行され、黎里鎮・盛沢鎮・平望鎮など近隣諸鎮や農村から20万人にも及ぶ参拝者が訪れたこと、その結果、王江涇鎮の長虹橋で将棋倒しが発生、多数の死傷者が出たことが記されている。この事件を報じた記者はさらに独自の調査を行って、翌日に次のような記事を掲載した。

蓮泗蕩の劉王廟は何時始まったかわからない。ただしこの神は名は劉猛といい、駆蝗に霊験を著したため、人々がこれを祀っているのである。父老の言に拠れば、迎会は約8、90年前に始まり、光緒中葉に至って全盛期を迎えた。その頃はまだ汽車・輪船は無かったから、会に赴く者は皆な舟を鼓(こ)いで向かい、停泊する船はおよそ7、8万艘にものぼった。今年は大惨事が発生したとはいえ、船は僅かに1万艘前後に過ぎない。廟会に熱心で誠実に参加する者は船戸であり、同業の会議なども皆なこの日に行われる。大惨事発生後、劉王老爺は［長虹橋の傍らの］関帝廟内に迎えられたが、その晩1人の30歳ほどの婦人が、両眼をむいて天を向いた状態となり、神が憑依した。そこで或る人が尋ねてきくに「汝老爺、かくの如く霊験を著したからには、今日なぜ善男信女が会に赴いて惨死することになったか」と。彼女は答えた。「家火が野火を起こし、火橋が爆発するところだった」と。というのは大惨事の前日、劉王廟が火災に遭って平屋３間を焼失する火事が起きていたからである。これが彼女のいう家火である。彼女の解釈によれば「長虹橋は１つの火橋である。家火があると野火を惹き起こす。ゆえに長虹橋はすぐさま爆発するところであった。ただ余が哀願したことで橋は爆発を免れ、僅かに 12 人が死亡するに止まったのである。余の力によるものだ、云云」と。誠に出鱈目であり笑止の至りである[7]。

記事には蓮泗蕩劉王廟の主神＝劉猛将を劉猛と誤る初歩的なミスもあるが、興味深い内容も見られる。第１に、古老の言を信ずれば、網船会は道光年間（1821 ～ 1850 年）に始まり、光緒（1875 ～ 1908 年）中葉に全盛を迎えた。太平天国による記憶の断絶など、真偽に関しては検証の必要があるが、当時古老の間にそのように語り継がれていたことは、史料の少ない網船会の起源を知るうえで１つの重要な手がかりを提供する。

第２に、劉猛将が憑依する女性の宗教職能者（巫師）が存在した。憑依型シャーマンであろう[8]。ただし記事では特に彼女が劉姓つまり神の子孫であるか否かにふれていない。近年、汾湖地域調査中、筆者は多数の宗教職能者にヒアリングする機会を得た。勿論、劉猛将が憑依する職能者も多く、ほとんどは女性の職能者＝女巫であり（男性の職能者＝太保は極少である）、世襲でないうえ、不治の病と焼香・祈祷による完治というすぐれて個人的な体験を契機に女巫となった。劉姓の子孫を名乗るわけでもない[9]。かかる現状がどこまで遡りうるか、戦後共産党の対宗教政策の影響を如何に読みとるかはさらなる検討の余地があろう。

第３に、記者の取材する姿勢に民間信仰を迷信と決めつける態度が明瞭に看取される。それはタイトル「王江涇［迎神］賽会の惨劇、劉王爺は人に憑依して神話を説（はな）し、敬虔な庸夫・愚婦は怪談を信ずる、可笑しいことだ」に表現されている。その報道姿勢は単なる事実の報道でなく、一定の価値観すなわち宗教職能者の言説を信仰の名の下に無批判に受け入れる宗教を迷信として切り捨てる反迷信思想に彩られていた。

最後に「廟会に熱心で誠実に参加する者は船戸」(10) とされる。なぜ漁民はかくも熱心に劉猛将を信仰したか。劉猛将と漁民の結びつきの検討は史料上の制約から甚だ難しいが、濱島敦俊氏は南宋時代の判牘『清明集』および明末浙江嘉興県の郷紳李日華の日記『味水軒日記』を引用しつつ、劉姓神が「救護網」＝水運保護説話を獲得していたこととの関連性を指摘した (11)。王水氏は近年「復活」した網船会に参集する漁民から「赤脚劉王」伝説を採取した。「赤脚劉王」とは「保佑水上平安」と「治病消災」に霊異説話を有するもので、2 種類の説話の獲得が漁民・水運業者の信仰心につながったとする (12)。前者は船上生活漁民の切実な願望に応えたもの、後者は必ずしも漁民に限定されぬが、日常生活に身近な問題であり、史料上にもかかる霊異を見出せる。『聞川志稿』巻 2、祠廟、正陽廟に「珍字圩、[王江涇] 鎮の東約 2 里に在って俗に石橋頭と称する。廟には劉王が祀られる。神は素より霊異を著した。……病人の祈祷する者は[廟内の]柏の木の枝を煎じて服用する。毎年網船会前後に 3 日間賽会を挙行する」とあり、劉猛将と「治病」説話とを結びつけている。

2　太湖流域漁民との関わり——蓮泗蕩劉王廟を中心に——

上述の如く、劉猛将と漁民をつなぐものとして水運保護と治病消災の 2 つの説話を想定でき、基本的には同意しうるものの、これをもって十分とは言い切れぬきらいがある。筆者も明確な解答を持ち合わせていないが、民間説話を収集した『嘉善文史資料』第 10 輯、「嘉善風俗小志」には次のようにある。「聞くところでは、劉王老爺は劉承忠といい、元朝末年に江浙一帯で蝗害が発生し、農作物が被害に遭って、農民たちが手を束ねて何もできずにいたとき、江淮指揮官の職務に着任した。貼り出された「賢を招いて蝗を滅する」という告示を見るとそれを取って、嘉興・嘉善一帯へ赴き、百姓を率いて日夜蝗を撲滅した結果、蝗害を除くことに成功した。しかし百姓の手元には 1 粒の収穫も無く、生活の当ても無かったので、劉承忠は百姓を救うために、当地が水郷であるという特色に鑑みて、百姓を率いて湖面に漕ぎ出し魚・蟹・蝦・田螺などを捕まえて飢饉を切り抜けようとしたものの、過度の疲労と水上での活動に不慣れであったせいで、不幸にも嘉善と嘉興の交界にある蓮泗蕩で溺死してしまった。百姓は劉承忠将軍の恩徳に感謝して祀り、蓮泗蕩に廟を建てて神像をつくり、劉王老爺と尊称した」(13)。ここに劉猛将と蓮泗蕩がなぜ結びつけられたか、漁民はなぜ劉猛将を信仰するかの手がかりが得られる。すなわち国家が承認する駆蝗説話を基礎としつつも、太湖流域と連関するものとして、劉承忠が蓮泗蕩を含む水面で捕魚・捉蟹を行ったこと、不幸にして蓮泗蕩で溺死したことの２点が付加されている。説話が歴史的に何時まで遡及しうるか問題であるが、これで劉猛将と蓮泗蕩・漁民の関係は一応説明がつくようである。説話と現在蓮泗蕩劉王廟内に奉納された絵図（写真）は対応関係にあると考えられ、説話がかなりの程度で普遍性を有することが推測される。ただしこの記述は漁民にとって取り込みやすい立場から書かれたものであることに注意しておきたい。

ところが、同じく劉猛将を祀る荘家圩廟については、光緒『周荘鎮志』巻6、雑記にこれと全く性格の異なる説話が見える。「最近の10、20年間また荘家圩神なる者あり。［周荘］鎮西南の三白蕩畔の荘家圩村に在って水に瀕して立廟し、なかに神像を奉ずるが、神の姓名は判明せず、遠近に霊異が伝えられている。聞けば、夜に火光があって廟祝は敢えて廟中で寝なかった。うたた寝し目覚めると、身はすでに廟外に在って水際に臥し、1たび転がればまさに溺死するところであったという。そのため嗣子を求める者、利益を求める者、医薬を求める者、甚しきは士人で科名を求める者までやって来て、香火・賽銭・供物の盛んなこと、絶える日が無いほどである。御利益を得れば、神を迎えて［家に］帰り、終日鼓楽・酒食を供して祀り、敬神の意を示した。初めは僅かに1つの神像であったが、多数の人々の迎神の意を満足させられず、遂に神像を増やした。ゆえに今では6、7個の似た神像があるが、廟中はなお時として［個々の家に迎えられ］神像の無い日があるほどである。廟祝は皆な村民が輪番で当たり厚い利益を得ている。これらは皆な淫祠で五通神の後を継いで誕生してきた者である」。ここでは神の姓名を不明としながらも――現状から推定すれば

写真 劉王廟内の「生産自救」図

劉猛将であろう——、霊験は遠近に鳴り響いていたとする。興味深いのは説話の中心が御利益に直結せず、廟祝があわや溺死するという奇怪な出来事に置かれていることである。それは「厲鬼（祟りをなす霊的存在）」による祟りであるかのようにも見える(14)。荘家圩廟の劉猛将についてはかかる点にも注目しておきたい。

3　宣巻（宝巻）・賛神歌と漁民

少ない文献史料から漁民と劉猛将信仰の関係を検討してきたが、制約を補うために、宗教的表現の１つである民間藝能の側面から捉えなおしてみたい[(15)]。ここにいう民間藝能とは宣巻（宝巻）・賛神歌をさし、近年中国政府が積極的に調査を進めている非物質文化遺産（無形文化財）に含まれ、各種調査報告書が続々と編纂されつつある。同じく太湖流域の民間藝能である宣巻と宣巻藝人については、すでに佐藤仁史の専論があり[(16)]、かつ劉王宝巻は多数宣唱される宝巻の１つにすぎぬため、ここでは簡単に紹介するに留める。劉王宝巻・宝懺には筆者が知るかぎり、①「猛将宝巻」（民国36年、首都図書館所蔵）、②「猛将伝」（旧抄本、北京図書館）、③「劉王巻（劉王老爺出世）」（呉江市八坼鎮龍津村朱火生所蔵、太田出・佐藤仁史採訪、以上本書採録）、④「劉皇宝懺」（嘉興市楊廟鎮、張舫瀾・王水採訪、王水『江南民間信仰調査』114-137頁所載）、⑤「劉皇宝懺」（嘉興市楊廟鎮、太田出・佐藤仁史採訪）の５種があることを指摘しておきたい。これらのうち①には以下のような興味深い記載が見られる。

喫了娘近多少気　罰在網船做児孫
（外公の息子の嫁は何度も〔劉王を〕虐めたため、罰として子孫は漁船で生を受けた）
夜間無不床来睏　上岸蓬頭赤脚行
（夜は眠るのにベッドも無く、岸に上がってもボサボサの頭に裸足だ）
臭街臭衕来行走　口喊鮮魚無数声
（臭い街道を歩き回り、「鮮魚だよ」と何度も叫ぶ）
身上衣衫多襤褸　脚上蒲鞋無不跟
（身につけた衣服はほとんどボロボロで、脚の蒲鞋（くつ）はかかとが無い）

ここには劉王と漁民との関係について、劉王を虐めた者の子孫が漁民へと落ちぶれていったことが強調されている。かかる言いまわしは漁民でなく、農民ないし都市民といった陸上の人々の立場からなされたものであろう。ともあれ、漁民は劉王を虐めた者の末路であり、現在でも救いを求めて、懺悔としての劉王信仰を行っていると解釈できるかもしれない。

次に賛神歌について調査報告書の記載を見てみよう。なお現在、ヒアリングによって賛神歌が一般に漁民の伝統文化と見なされていること、特に劉王神歌が重要な位置を占めることを確認しておきたい[(17)]。呉江市文化広播電視管理局編「江蘇省非物質文化遺産普査／呉江市資料匯編」第1巻（以下頁数を示す）によれば「賛神歌は明末に起源を有し、抗日戦争勝利～解放前夜に最盛期を迎えた。解放後も活動を続けたが、文革期に停頓し、文革の収束と同時に活動を再開した」（165頁）とある。他にも「汾湖流域の神歌は賛神歌と俗称する。隋代に始まり、歴代王朝を通じ口頭伝承されて現在に至るという。“陸上派”と“水上派”に分類される」（167頁)、「神歌は2大流派に分けられる。1つは“岸上派”“陸上派”“本土派”と称され、私塾の先生、道士、農村の小知識分子を神歌の先生とする。もう1つは“水上派”“網船派”と称し、漁民を主に神歌先生とする。“公子社”は“水上派”の神歌に属す。“水上派”と“陸上派”には神歌の演唱・表演に異同がある」[(18)]、「賛神歌は民間信仰文化であり、民間における各類の神明を祭祀する賛歌であり、叙述する内容は皆な各神明が人から神へと至る伝説故事であり、ゆえに強い文学性を帯びている。それは汾湖流域で以前から各種の廟会の敬神活動中で発展してきた主要な形式である。賛神歌の歴史は悠久で、早くは隋唐の詩中にも記録されている。呉江の蘆墟・松陵・平望・同里・七都等では賛神歌の活動が見られる。蘆墟の賛神歌活動は突出しており、3名の賛神歌歌手がいる。なかでも沈瑞生（毛頭）を班主とする“旗傘社”は清代咸豊末の成立以来代々伝承され、すでに10代にも及んでいる」（169頁)、「現在は民間信仰活動及び各種の民俗活動がかなり活発で、賛神歌を演ずる活動が比較的多いため、古い民間信仰文化はよく継承・発展されてきた」（170頁)、「神歌の歴史は悠久で、隋朝から伝承されている。呉江の神歌は明朝の時によく流行したものである。清朝・民国・解放初期には活発であったが、文革期に停頓し、四人組が打倒された後再び演唱を開始した」（171頁）と説明される。

これらの記載から、第１に、賛神歌が隋代以来の歴史を有すると考えられていること、第２に、明清時代～解放初期に盛んに行われ、抗日戦争勝利～解放前夜に最盛期を迎えたが、文革期に停頓、改革開放後復活しつつあると認識されていること、第３に、賛神歌の内容が神々の伝説故事にかかわり、廟会等を通じて口頭伝承されてきたこと、第４に、少なくとも現在では“陸上派”と“水上派”に区別され、農民の賛神歌歌手も存在するが、後者の漁民を中心とした賛神歌が積極的な活動を展開していること、などが判明する。

最後に、筆者らがヒアリングしえた賛神歌歌手について簡単に紹介し、今後一歩深めた研究を行うための整理を試みることにしたい。

①沈小林（呉江市同里鎮浩浪村）：2009 年 12 月 20 日・21 日・28 日採訪

漁民、1955 年 8 月 8 日生まれ、男性。太親社の香頭。ただし太親社を称するのは北朝上方山に参拝するときのみで、蓮泗蕩網船会・金沢楊爺廟では白茅槍社、石淙太君廟では公子社、北雪涇城隍廟では太爺社をそれぞれ名乗って参拝している。対象の神明によって「社」名を変更する興味深い組織であり、筆者が知るかぎり唯一の事例である。

②張福妹（崑山市周荘鎮）：2009 年 8 月 24 日・12 月 25 日採訪

漁民、1944 年生まれ、女性。筆者らが知りえた唯一の女性歌手。賛神歌の演唱方法にはすでに紹介した他の歌手のそれと相違点が多く、むしろ宣巻に近いものと判断される。

③沈全弟（呉江市松陵鎮龎山湖富漁村、公子社）：2010 年 4 月 1 日採訪 (19)

漁民、1969 年 2 月生まれ、男性。1989 年に賛神歌活動を開始、当地では一定の声望あり。活動範囲は江蘇・浙江・上海の交界地帯におよぶ。沈氏堂門祠の神歌はすでに 10 数代をへており、沈全弟の 1 支派のみでもすでに 5 代をへている。その祖籍は金家壩鎮の雪巷村である。世世代代、船を以て家と為し、捕魚で生計を為していた。後に龎山湖の沈氏堂門祠の旁らに上岸居住した。沈全弟は父親沈阿大の死後“公子社”神歌班の班主を継ぎ、5 名の徒弟を受け入れ、神歌の技藝を伝授している。「劉王神歌」のほか「唐陸相公神歌」「太姆神歌」「十二親伯神歌」「売魚娘子神歌」「喝潮王神歌」「請神」など 10 種類以上の賛神歌を唱う。伴奏には大鑼・銅鼓・鏺が用いられる。主要な神明としては劉王・蘇州府城隍・史家厙小公子・上方山太太・沈氏堂門先鋒がある。また沈氏の賛神歌は高祖沈玉祥（道光・咸豊）→曾祖沈洪高（咸豊・同治）→祖父沈富財（光緒・民国）→父親沈阿大（民国・解放後）→沈全弟（現班主）・宋馬英・周梅英・樊小菊と伝承されてきた。沈氏堂門祠は同里葉沢湖辺施家漾金家浜（俗称網船浜）にあったが、文革期に破壊された。現在では沈全弟が定居する龐山湖湖畔に重建されている。

④倪春宝（呉江市平望鎮漁業村、七生社）：2010 年 4 月 1 日採訪 [20]

漁民、1947 年 7 月生まれ、男性。1989 年に賛神歌の歌唱を開始、活動範囲は平望鎮一帯である。「劉王神歌」のほか「唐陸相公」「太姆神歌」「戚子江神歌」「売魚娘子神歌」「成親神歌」「太爺神歌」など 20 種類の賛神歌を唱う。鑼鼓一套で行う（口絵写真 11）。各菩薩の生誕日を祝うのみならず、喜慶の時には個人的に唱ってもらうこともある（宣巻の場合に同じ）。舅舅の楊二宝のところで賛神歌を学びとり、その後、自らの研鑽と他の賛神歌を唱う者の精華を吸収することで、次第に自己の風格を形成していった。倪春宝を班主とする“七生社”は活動が頻繁である。民間の俗神を信仰する。

⑤沈根生（呉江市汾湖鎮南漁小区）：2004 年 9 月 6 日採訪

漁民、1949 年 8 月生まれ、男性。1960 年から父親沈小弟に就いて賛神歌を学ぶ。文革期には停止したが、その後復活し現在に至る。「劉王神歌」のほか「十二親伯神歌」「売魚娘子神歌」「唐陸相公神歌」「太姆神歌」を唱う。民間の俗神を信仰し、20 余りの小型の神像を保存している。

沈金生（呉江市汾湖鎮野猫圩漁船上）、漁民、1953 年生まれ、男性。1960 年以降、父親沈小弟から学ぶ。

沈瑞生（毛頭、呉江市汾湖鎮蘆墟漁業新村）、漁民、1946 年生まれ、男性。1946 年以降、父親沈小弟から学ぶ。活動範囲は広く呉江市東南部、江蘇・浙江・上海の交界地帯に達する。

⑥李金生・趙偉芳（呉江市松陵鎮）

李金生　漁民、1932 年 6 月生まれ、男性。18 歳で徐発財に賛神歌を学ぶ。

当地では一定の影響力がある。

趙偉芳　漁民、1974年9月生まれ、女性。19歳で伯父李金生に賛神歌を学ぶ。現在、各地の廟会で活躍。徐永錫→徐発財→李金生→趙偉芳と継承されてきた。太湖興隆社徐氏堂門[(21)]の神歌班は主に廟会で演唱するが（「做社」と称する）、脚本は無く、口頭伝承されてきた。李・趙は主に「劉王神歌」「十二親伯神歌」「唐陸相公神歌」「北雪涇神歌」を唱う。楽器一副を用いる。劉猛将を信仰する。

本書では、ややヒアリングが進んでいる①沈小林のみ「Ⅱ口述記録篇」に取り上げたが、今後は②沈全弟、④倪春宝、⑤沈根生を中心に賛神歌とその歌手、そして神歌班（社）についてより深く掘り下げたヒアリング・検討を行ってみたい。我々の賛神歌に関する調査は始まったばかりである。今後の進展に期待していただくと同時に、こうした漁民の民間信仰・民間藝能に興味をもってくれる読者が出てきてくれることを希望したい。

おわりに

筆者が調査対象地とする汾湖流域では劉王信仰が最も普遍的に見られるといっても過言でない。無論、これらの背景には改革開放以後、中央・地方を問わず、政府が民間信仰を黙認し、民間藝能を非物質文化遺産（無形文化財）として積極的に承認・継承させていこうとする姿勢が見られる。インフォーマント自身も自らが行っている信仰活動や藝能活動を「迷信」という言葉で表現することはあるが、少なくとも非物質文化遺産に指定された藝能とその担い手は伝統藝能とその継承者と見なされ、農漁民の尊敬の対象となっている。とはいえ一方で、実際にはいまだに「封建迷信」のレッテルはぬぐい去られてはいない。今後、彼らの信仰・藝能活動に対する政府・社会の理解が少しでも進むことを心より期待しつつ、「封建迷信」のヴェールで覆い隠されてきた農漁民の心理世界の一端を明らかにできたらと考えている。

註

（1）『嘉善県志』（嘉善県志編纂委員会、三聯書店、1995年）第5編経済綜合、第5章人民生活、第3節。

（2） 太田出・佐藤仁史編『太湖流域社会の歴史学的研究――地方文献と現地調査からのアプローチ』（汲古書院、2007年）、佐藤仁史・太田出他編『中国農村の信仰と生活』（汲古書院、2008年）

（3） 澤田瑞穂「駆蝗神」『中国の民間信仰』工作舎、1981年、車錫倫・周正良「駆蝗神劉猛将的来歴和流変」『中国民間文化』第5集、1992年、濱島敦俊『総管信仰』研文出版、2001年、王水「従田神向水神転変的劉猛将――嘉興蓮泗蕩劉王廟会調査」同著『江南民間信仰調査』上海文藝出版社、2006年。

（4） 蓮泗蕩劉王廟については王水、前掲論文を、荘家圩劉王廟については太田・佐藤、前掲書所収の呉滔（吉田建一郎訳）「荘家圩劉王廟と村落社会」を参照。

（5） 筆者らは2005年4月5日、実際に王江涇鎮を訪れて長虹橋を調査した。江南デルタ特有の3つのアーチをもつ壮麗な石橋である。しかし現在その傍らにあるのは後掲の記事に見えるような関帝廟でなく城隍廟となっている。かつて関帝廟であったものが、何らかの理由で鎮城隍を祀るようになったのであろう。

（6） 『蘇州明報』民国23（1934）年4月12日付「本報記者実地調査、劉王廟賽会慘劇、人堆如山―死者数十人」。

（7）『蘇州明報』民国23（1934）年4月13日付「王江涇賽会慘劇、劉王爺附人説神話、庸夫愚婦虔誠即祷怪談可笑」。

（8） 濱島、前掲書、97-100頁。

（9） ただし現地の人々の話によれば、熱心な信仰者のなかには信仰対象の神と同姓で呼ばれたり、実際に改姓する者もあるという。

（10） ここにいう「船戸」には捕撈する漁民のほか、水運業者も含まれるであろう。

（11） 濱島、前掲書、62-65頁。

（12） 王水、前掲論文、52頁。

（13） 嘉善県政協文史委員会・嘉善県志辦公室編『嘉善文史資料』第10輯、嘉善風俗小志、

1995年、131-132頁。

(14)　太湖流域漁民の祟り神信仰については別稿で取り上げることにしたい。

(15)　例えば、長沼さやか「『咸水歌』の変遷と『水郷文化』の創出」同著『広東の水上居民』風響社、2010年、199-237頁、所収、が参考になる。

(16)　佐藤仁史「一宣巻藝人の活動からみる太湖流域農村と民間信仰——上演記録に基づく分析——」前掲『太湖流域社会の歴史学的研究』237-279頁、所収。

(17)　沈全弟氏口述記録（2010年4月1日採訪）。

(18)　これのみ「呉江市非物質文化遺産代表作申報書」による。

(19)　呉江市文化広播電視管理局編「江蘇省非物質文化遺産普査　呉江市資料匯編」第1巻、「呉江市級非物質文化遺産項目代表性伝承人申報表」、「呉江市非物質文化遺産代表作申報書」も参照した。

(20)　以下、⑤⑥とともに呉江市文化広播電視管理局編「江蘇省非物質文化遺産普査　呉江市資料匯編」第1巻をも参照。

(21)　ここにいう太湖興隆社徐氏堂門と、筆者がかつて「太湖流域漁民の「社」「会」とその共同性」（前掲書、2007年、185-236頁）で紹介した太湖興隆社徐家公門とが如何なる関係にあるか、現在のところ皆目不明である。記して今後の課題としたい。

第Ⅱ部　口述記録篇

第Ⅱ部　口述記録篇　説明

作为科学研究费课题《清末民初江南三角洲市镇社会的结构变动和地方文献的基础研究》（研究代表太田出，基盘研究 B，2004 ～ 2006 年，课题编号 16320098）、《解放前后，太湖流域农渔村的“乡土社会”与田野调查》（研究代表太田出，基盘研究 B，2008 ～ 2010 年，课题编号 20401028）、以及《关于清末民国时期，江南三角洲农村的地域整合与民间信仰的基础研究》（研究代表佐藤仁史，若手研究 B，2006 ～ 2008 年，课题编号 18720189）的一部分，我们组织田野调查团队，并且对于江南市镇与农村之间的关系和其变化、如庙会组织和香会组织等，围绕民间信仰的社会关系和其变化、以及民俗文化复兴的实际情况等问题，进行了口述历史的访谈工作。其成果的一部分，作为太田出・佐藤仁史主编的《太湖流域社会的历史学研究；以地方文献结合田野调查的分析》（汲古书院、2007 年）、佐藤仁史・太田出・稻田清一・吴滔主编的《中国农村的信仰与生活：太湖流域社会史口述记录集》（汲古書院、2008 年）已经问世。尽管如此，对于与民间信仰和民俗生活息息相关的宣卷，未能充分深入分析。其原因是，田野调查团队成员的太田出和佐藤仁是皆为历史学者，主要从社会史的角度来调查宣卷艺人和宝卷的情况，相反，未能充分地调查其文学史、宗教史和曲艺史的侧面。后来，在绪方贤一和藤野真子两位专家的合作下，从中国哲学和中国戏剧研究的角度也作了一些调查。与此同时，以吴江市八坼镇的朱火生先生为首的十几位宣卷艺人给予我们很大的帮助。经过这样的过程，我们得到了在有益于相关的研究领域里的珍贵信息。刊行本书的目的是希望能将我们微薄的访谈成果与研究同仁们分享。

以下就收录在第Ⅲ部的口述记录，在转换成文字稿（transcription）时的若干原则做简单的说明。我们的访谈每一回都由复数采访人共同参与，采访人的姓名都留在纪录的概要部分。但是在每篇纪录文里，除非有特殊的需要，否则采访人的姓名一概省略，仅以「问」字代替。这是因为采访人用普通话的提问，都是经过中间翻译者转换成吴江方言后，再传达给讲述人的。从讲述人的立场来看，他们听到就只是居间的翻译者所发出的提问。另一方面，讲述人基本上都是使用吴江方言，在这种情况下，要求把这些访谈内容一字不漏地转换成精确的普通话文本，困难度是非常高的。因此，在转换成普通话（从这点来看，口述访谈录音资料的保存和公开就显得格外重要）的过程中，一些记述会有出现白字的情形。

本书口述资料的纪录方式如下：（一）讲述人在叙述时所省略的部分，为了帮助阅读者掌握脉络，在［ ］内，插入辅助性的词句。（二）在（ ）里，为编者、翻译人所自行添加的说明、解释和注释。（三）……是表示提问人和讲述人在谈话过程中，出现片刻的沉默或中断等状况。（四）为了增进阅读者的理解，我们把访谈内容再切成几个标题来铺陈，并根据需要，调整若干谈话内容的顺序。在处理访问稿时，我们尽可能做到维持口述文本的原貌。为了让原音重现，我们也考虑在适当的时机，公布这批录音资料。（五）在牵涉到一些敏感的政治事件、个人隐私、或特定人物的评价和传言时：①讲述人不愿意公开的部分一律不刊登；②虽然有些讲述人并不避讳，但当地的有识之士认为不宜公布的部分也同样的不刊登。

我们在每一位讲述人底下，建立采访日期、采访地点、讲述人、采访人、翻译人、简历、家庭等项目来整理访谈所得的资料。在讲述人的简历中所出现的年龄，是以第一次接受采访时的年龄为准。至于家庭一项，是根据讲述人的家庭成员整理而成的。

口述资料的转录是在中山大学历史系吴滔教授的安排下，委托潘弘斐、徐芳、钱丰三位同学，以及施莉华女士完成的。中文文本的1-5、7、8、11由佐藤仁史；6、10由藤野真子和绪方贤一；12是由太田出分别负责整稿。词句与书写格式的一致性、口述内容的核对等由佐藤仁史和太田出、藤野真子、绪方贤一担任。另外，名古屋商科大学林淑美教授帮助口述记录的最后润稿部分，谨此致谢。

（佐藤仁史、太田出）

口述记录目录

1　芮时龙

采访日期：① 2005 年 8 月 12 日，② 2009 年 8 月 24 日

采访地点：①同里镇小橋村芮时龙家，②同里镇叶泽湖公园芮时龙家

讲述人　：芮时龙（1940 年农历 10 月 6 日出生，六十六岁）

采访人　：①稻田清一、太田出、佐藤仁史、吴滔、张舫澜，②太田出、佐藤仁史

翻译人　：①杨申亮，②徐芳

简　历　：同里镇小橋村二組（錢家橋村）人。小学念到四年级后，十四岁开始务农。十九岁时担任生产队队长。四十九岁承包庞山湖湖田，承包两年。五十一岁开始做专业的宣卷艺人。师傅是许素珍。

家族情况

问：你父母叫什么名字？

答：父母啊，父母去世了。我父亲叫芮阿大，母亲叫溪秀娣。

问：他们是什么地方人？

答：他们啊，我母亲是常州人。

问：父亲是什么地方的人？

答：父亲啊，在这里（本村）的。到常州去做工人，认识我妈妈带来了。

问：你父母是几岁的时候生你的？

答：我父亲是我五十七岁死的。这个算得出来。

问：你父亲去世的时候几岁？

答：死的时候，我父亲九十三岁了，我母亲死得早，只有六十岁就死了。

问：你父亲去世几年了？

答：[去世] 七年 [了]，1998 年死的。

问：你兄弟姐妹还有吗？

答：没有，兄弟没有。姐妹有的，有两个妹妹。

问：你父亲解放以前有土地吗？

答：没有的，他一向是做工人。

问：土地一点都没有，只有房子？

答：房子也没有，解放后我都是租房子，租房子自己住的样子。

问：你父亲做的是什么工？

答：做漆匠的。

问：你父亲解放后划分为什么成份的？

答：我是贫农。我父亲他是工人啊。他是工人，农村评的成份我是贫农。我父亲是工人，一直做工人。

问：你是贫农，你种田吗？

答：是的，种田的。

问：你解放前有土地吗？

答：没有，这里都是土改以后给下来的。

问：分到几亩呢？

答：分到二十亩零八分。

问：这算很多的嘛。

答：我们田多的，分的时候［一个人］要三亩八分多了，我土改的时候要五口人了。

问：按人口来分的？

答：父亲没有的。

问：工人是没有的？

答：是的。土改的时候是按照人口来分土地的，是五口人，我、我母亲、两个妹妹、还有一个领来的姐姐。

个人经历（种田）

问：你念过书吗？

答：念过书，念过小学四年级。

问：小学在什么地方？

答：小学在本地（同里镇钱家桥）。

问：你几岁开始念小学的？

答：十岁。十四岁就干活了，十四岁分了土地就开始务农了，失学了。

问：你种田的时候还做其它工作吗？

答：种田的时候啊，种田就种田了。

问：种了多久，种到几岁？

答：种么就种到现在，现在还在种田。

问：你在村里当过干部吗？

答：做了十五年生产队队长，就是生产小队队长。

问：什么时候开始当生产队队长的？

答：我十九岁的时候。

问：是脱产干部吗？

答：不是，是种田的。

问：后来呢？

答：后来么到大队里管那个农器，农业器械，管管拖拉机。

问：几岁开始的？

答：这个时候大概是，生产队队长调下来，就去搞农器了。大队里的。这个时候已经是四十岁了吧。农机管理。大队里搞水利，到外面搞水利都要我去的。

问：你这个工作做到什么时候？

答：做到我自己不要做了，就是还没有联产到户。联产到户么，有的庞山湖田的，都是分开排里的，那么他们队里面呢，有十亩田呢，我去包下来了。

问：那个时候你几岁？

答：四十九岁了，四十九岁开始包的。庞山湖，游湖的呀，围垦湖的呀。

问：这个土地现在也在包吗？

答：包了两年。包了两年么他们都分下来了，这个田。那么这个湖田呢收回公社里头去了。包了两年呢，大面积的湖田都给这个生产队都已经包下来了。

问：两年后不包了你又做什么工作？

答：过了两年么，自己找农田分配，分到点田，那么就到生产队。

问：田收回去了以后呢？

答：田收到村里以后都是开池塘了。

问：后来你做些什么工作？

答：我么是，那么这时候文艺开放了，文艺开放了么就宣卷。

学艺、从艺简历

问：五十一岁的时候开始做宣卷的，是吗？

答：做宣卷我很早的。

问：五十一岁开始就专门以宣卷为主，是吗？

答：对。

问：一直到现在吗？

答：是的。

问：你几岁的时候开始学宣卷的？

答：学啊，［开始］学是二十八岁。

问：二十八岁的时候是开始学，还是学会？

答：开始学。

问：学了几年以后就开始从艺呢？

答：学一年，一年就可以了。

问：跟哪位先生学的？

答：跟许素珍（许维钧的妹妹）。

问：你知道许素珍是哪一年出生的吗？

答：不知道了。

问：你拜她为师的时候她几岁？

答：她已经要四十多岁了，噢，快五十岁了，四十几岁大概。四十几了，中年了。拜一拜她以后呢，她还出去，还出去唱唱评弹，参加评弹团。

问：你二十八岁拜她为师的时候吗？

答：拜她以后，后来呢她还去［演出］。宣卷不行了，不行么，她就参加常熟评弹团。回来了之后又同她一起的。

问：这是什么时候的事情？

答：文化大革命之前，都不景气了。

问：你听说过徐维钧、闵培传、徐云桥，这些先生吗？

答：知道的，徐云桥是闵培传的先生。

问：你听到过他们的名字吗？

答：这个闵培传我熟悉的，闵培传和我一起做过的。

问：徐维钧你听到过吗？

答：徐维钧不认识。

问：徐云桥听说过吗？

答：徐云桥听说过，人不认识。

问：你先生的宣卷有什么特点吗？

答：我的先生啊，我先生她的苦悲出生么，她的主要特点么，唱起来韵巧。有腔有调，有腔调，台风又好。

问：你拿手的宣卷是什么？

答：我啊，我最拿手的么《洛阳桥》，就是《蔡状元上洛阳桥》、《水泼红袍》，还有么《公堂认母》、《红楼镜》，《红楼镜》又名《金枝玉叶》，《白鼠告状》又名《云中落绣鞋》。多了，说书是多了。还有个《失帕记》。

学艺经历

问：你的先生是怎么教你宣卷的？有没有给你看宝卷？

答：宝卷是很少的，都记在肚子里的。

问：就是口头教你的，对吧？

答：哎，原来的宣卷是怎么学的呢，同现在是不一样的。原来的宣卷是师傅对着一个人教的，没有其他人在场的。一人一回的，先生唱这本卷，你就要听好的。先生先唱一回，你呢就靠自己听，自己思考的。学宣卷有三个字秘诀，靠先生“传、帮、带”，这样子学出来的。

问：传是什么意思？

答：口头传授啊。

问：帮呢？

答：有什么错误帮你指出来。

问：带呢？

答：先生去宣卷的时候带你一起去。先生带你去宣卷呢，就是教你宣卷；如果不带你出去，就在他自己房里教你。这样子就是“传、帮、带”。

问：你几岁开始学宣卷？

答：正式开始学，是二十三岁。启蒙老师是杨昆荣。

问：跟这个老师学了几年？

答：学了一年多点。后来我还有别的老师的呀。杨昆荣呢他是老式宣卷，不出名的。后来呢，我为了自己的艺术呢进一步，我又拜顾计人为师。顾计人呢，他除了宣卷，评弹也会的，是老艺人。顾计人唱不动了么，我又跟了许老师（许素珍）学。

问：跟顾计人学了几年？

答：三年多了。顾计人下来，就是许老师，她从评弹团退休后，就来找我，我就拜她为师。后来许老师生病了，我就挑重担了。

问：跟许老师唱了几年？

答：一直唱到她病亡之后，有三年多。我真正宣卷时间不长的，刚出道不久没得唱了，破四旧，文革什么的。文革以后才又出来唱的。

问：你刚开始宣卷时，你的师傅也是经常到乡下去宣卷吗？

答：是的，到乡下的。

从艺经历（文革前）

问：都是些什么情况要你去宣卷的？

答：为菩萨啊，菩萨生日什么的。现在的老板要我们宣卷，也是称为了菩萨的，待菩萨（翻译：现在跟文革前都差不多的，都离不开菩萨）。

问：文革以前为菩萨宣卷，具体有哪些情况呢？有没有比如庙会啊、新房造好请菩萨啊这些的？

答：也有的，文革以前房子造好了也要请菩萨的。

问：哪种情况下请菩萨比较多？

答：庙里菩萨生日，比如二月十九、六月十九，观音生日，这种菩萨生日宣卷的特别多。过去呢，有个“待青苗”

的，现在称“待菩萨”。什么是“待青苗”呢，就是村子里在七月的时候，请请老爷，待待菩萨，希望收成能够好一点，所以都是离不开菩萨的。

问：你刚开始宣卷时，种田吧？

答：种的。

问：以种田为主吗？

答：这个农忙时候种田，农闲就去宣卷。现在还是这样子。

问：我想确认一下，你出生在哪个村子？

答：钱家桥［村］。

问：你种的田也在钱家桥村吗？

答：是的。现在是拆迁到这里的。

问：那个时候种田是记工分的吗？

答：种田记工分的。

问：待青苗记工分吗？

答：待青苗出去宣卷是赚钱的，不记工分的。改革开放后第一次宣卷，是文化站要我去每个大队做巡回演出，这是文化站安排的，晚上去宣卷也不记工分的。文化站有收入的，他们付我工资的。

问：解放到文革前，出去宣卷能赚多少钱？

答：解放后，出去宣卷，三十元钱一天一晚。六个人分七份，唱的人拿两份。那时候只有一个人唱的。

问：做学生的时候拿多少钱呢？

答：先生给我多少就是多少。

问：先生唱的时候，你是在旁边看吗？

答：不是，我帮他拉胡琴。

问：文革期间，你没有出去宣卷吗？

答：有的，都是私人请的，偷偷出去的。

问：唱的宝卷是不是跟文革以前一样呢？

答：改革了，唱样板戏的，不能唱老剧了。

问：出去唱样板戏，还要偷偷摸摸吗？

答：不能破坏生产，这个毛泽东指示过的。那时候出去呢，不能为了菩萨了。出去为啥呢，结婚。到吴县，结婚呢还是用宣卷。那我们就偷偷摸摸去吴县宣卷。

问：结婚唱的是样板戏还是老剧？

答：还是样板戏。有一次，郭巷公社（现为郭巷镇）一个大队会计叫我唱老戏，跟我说不要紧的，唱《合同记》。后来触动公社副书记了，那个会计就站出来帮我说话，说“不是他要唱的，是我叫他唱的”。哎，这个干部好啊。那么后来副书记就叫我以后不要唱老剧了，要唱新的，就走了。

从艺经历（改革开放后）

问：改革开放以后是不是经常有人请你去宣卷了？

答：改革开放以后，先是公社里面的文化站组织下乡巡回演出。

问：单独演出是什么时候？

答：单独出去是后来了。

问：大概是哪一年的样子？

答：大概是［19］87 年以后了。

问：出去的机会多么？

答：慢慢慢慢就多起来了。

问：大概到哪一年比较多了呢？

答：［19］九几年就兴盛了，大概是［19］92 年开始兴盛了。刚改革开放后，还不怎么确定政策是否允许，就没出去宣卷。那么后来文化站组织我们一个大队去演出，这样子的。那么后来逐步的，待佛什么的都可以了。在巡回演出的时候指定只能唱《十五贯》的，别的不能唱的。后来么《红楼梦》什么的都可以唱了。

问：［1992 年以后］一年大概有多少场演出呢？

答：这个不记得了。反正那时候还是晚上演出，白天没有的。那时候田还是集体的，白天出去演出就是妨碍生产，是不允许的，对吧？

问：嗯。你什么时候开始做专业的宣卷艺人呢？

答：到现在都不是专业的艺人，因为宣卷是零星的。有人请就去宣卷，无人请就是失业。

问：到什么时候你白天也出去宣卷呢？

答：白天也出去宣卷要等到包田到户之后。没有分田到户，白天没有的，都是晚上。分田到户之后呢，白天也出去的，有人请的，这个时候自由了呀，地上做不做无所谓的呀，没人来管我了呀。集体的时候，队长要管劳动生产的啊。

问：宣卷最兴盛的时候，一年有多少场演出？

答：200 天。

问：最兴盛是在哪一年的样子？

答：［19］98 年后，最盛。

芮时龙的表演特色

问：你宣卷同别人不一样的地方在哪里？

答：我的宣卷同别人不一样的，我的宣卷是通俗易懂。唱起来大家都听得懂的，那大家都来听。如果大家听都听不明白，谁来听啊，对不对。所以宣卷一定要唱得明白，要有吸引力就必须通俗易懂，大家才喜欢。有一次我去莘塔［镇］，一边唱戏一边宣卷，我宣卷场上的人比唱戏那边的人多，人家不要看戏，宣卷的话人家听得懂。

问：这是你最大的特色吗？

答：哎，通俗易懂，大家都爱听。

问：还有别的特色吗？

答：那么一个做宣卷的人，你要唱这本卷，一定要对这本卷很熟悉，对书里面的来龙去脉很清楚。如果自己都搞不清楚，那听的人都要逃走的。

问：刚才你说在莘塔［镇］演出，是老板请你去表演还是庙会？

答：老板也有的，老板请不是一天的，都是三天、五天连起来的。在家里开心开心，待待菩萨。

问：除了《洛阳桥》外，还有什么拿手的宝卷？

答：有。《三拜堂》、《文武状元》、《水泼红袍》、《半夜夫妻》，还有很多的，几十本书，起码有八十本书，不用说太多，说几部有代表性的就可以了。我们宣卷就是要书多，今天唱这本了，明天就不能再唱这个了，所以书一定要多。

问：《三拜堂》、《文武状元》、《水泼红袍》、《半夜夫妻》这几个戏都是从你先生那里学来的吗？

答：先生传下来的有一部分，《洛阳桥》就是先生传下来的。自己编的也有一部分，《文武状元》、《半夜夫妻》都是自己编的。

问：《三拜堂》、《水泼红袍》是从先生那里学来的，是吗？

答：哎，先生传下来的。这个《洛阳桥》人家不会唱的，我独一无二的，就是我师傅传下来的，别人是学不好的。

问：你自己编的宝卷，有没有参考别人的表演的？

答：没有的，我都是自己编的，不去参考别人家的。

问：故事情节有没有参考的？

答：情节有的，有书参考的。

问：你参考的书是宝卷还是小说？

答：是小说。

关于地方戏（戏剧、越剧、沪剧等）

问：除了宣卷之外，你还喜欢哪些别的地方戏？

答：锡、越、沪为主。

问：这三种地方戏中，最喜欢哪一种？

答：差不多，都喜欢的。

问：你喜欢锡剧中哪个流派、哪位演员？

答：流派啊？流派么我喜欢许派，宣卷的许派。我先生就是许派。我有简历的，我去拿出来，你们看一看。

问：在锡剧中，你喜欢哪位演员？

答：我喜欢王彬彬唱的。

问：喜欢他唱的哪个剧目？

答：王彬彬唱的《珍珠塔》。

问：除了王彬彬还喜欢哪个演员？

答：现在还没有。

问：在越剧中，你喜欢哪个演员呢？

答：王文娟。

问：喜欢哪部戏呢？

答：《红楼梦》。

问：《红楼梦》中，你最喜欢的，对你帮助最大的一段戏是哪一段？

答：就是那个《天上掉下个林妹妹》那一段，呵呵。还有《金玉良缘》，蛮开心的，对不对？

问：还有沪剧里面呢？

答：沪剧么，演员中么就是杨菲菲。

问：哪个戏呢？

答：杨菲菲的戏多了。

问：你说几个代表性的片段。

答：我跟你讲，喜欢他们的戏，不是照搬照套，是用他们的调，用到自己的宣卷中去的（注：借鉴这些地方戏中某个流派的唱腔、曲调，应用到宣卷中，并没有特别喜欢听、唱哪一个剧目的）。

问：这些地方戏的调子，是怎么运用到宣卷中去的？

答：怎么用么，根据剧情。剧情中是悲的就用悲的调，开心的就用开心的调。

问：你最拿手的宝卷是哪一部？

答：《洛阳桥》。

问：这是不是在收录在《中国同里宣卷集》里的？

答：对。

问：在《洛阳桥》中，就是运用了地方戏的调吗？

答：以宣调为主，根据情节插入锡、越、沪的调，这样比较热闹。以前宣卷只有宣调，现在为了热闹就加入锡、越、沪调，但还是以宣调为主，否则就不是宣卷了，脱离宣卷了。

问：你能不能给我们唱一段，宣卷里面加入锡剧、越剧、沪剧的。

答：这个宣卷里面加入地方戏的，都是一段段的，不是连在一起的。

问：你给我们唱两段好了，可以吗？

答：可以是可以的。

表演：八仙过海么老趟啊趟，噔噔哩噔噔哩噔，噔噔哩噔噔。

王母么娘娘下蟠桃。噔噔哩噔噔哩噔，噔哏滴噔，噔噔哏滴噔哏滴噔，噔哩当哏滴噔，当啦哩噔，噔哩噔，噔。

答：这就是宣卷调。

问：再给我们唱一段地方戏的，可以吗？

答：可以的，那唱一段越剧，蔡昌生病的时候唱的一段。

表演：老妻啊 ~~ 自从与你夫妻成，夫妻和睦（……）。为愿得天上神啊神家女，和和睦睦过一生。追知道天有不测起整云，老丈我生上个毛病。看来是夫妻乃以阴阳分啊，不久命要归去矣，啊 ~~~。

问：这段名字是什么？

答：名字有的，叫《蔡昌病重嘱妻》（查不到该剧目，可能是戏剧中的一段）。

问：刚才唱的宣调叫什么名字？

答：那个是开场白。

问：没名字，就叫开场白？

答：是的。

问：评弹你会唱吗？

答：苏州评弹乡下不唱的。乡下人不喜欢听评弹，就喜欢锡、越、沪、宣卷调，所以我也不学的。

宣卷的上演情况

问：一般在什么情况下［人家］请你去宣卷？

答：这种么，我是只做婚不做丧。宣卷那时候是乱七八糟的，丧事［宣卷也］有，但是我不做。只做喜［事］不做白［事］。

问：有哪些红事呢？

答：红事啊，　我们同里比任何一个地方多，人家没有的。我们这里呢，生小孩，生小孩又要庆祝一番，或者是结婚，还有做寿，还有么上大学，这些都是喜事。

问：生小孩是满月还是什么？

答：生小孩么，差不多，我们这里叫望姆（姆是母亲的意思）。什么叫望姆呢，生了小孩，我们家亲亲戚戚都要来望望生小孩的娘，叫望姆。姆就是生小孩叫姆娘。姆娘就是产娘，产妇，望产妇。

问：望产妇是刚刚生好小孩还是满月的时候？

答：生好小孩后，亲亲戚戚都要来望的。现在都要捡一个好日子，产后挑个好日子，亲亲戚戚来的。三朝（三天）肯定过的，过了三朝，捡个好日子，来庆祝。

问：还有什么喜事？

答：还有那个做寿。还有那大老板，要庆祝一番，生意做得好了，也要吃点饭庆祝庆祝。还有那个开厂老板，还有那个进屋，砌新房子，砌了新房子进屋一般要庆祝的。新屋落成。

问：菩萨生日，请神的时候宣卷吗？

答：菩萨么，宣的。

问：庙会呢？

答：庙会。还有一年一度，以前叫待青苗（青苗会）。叫待青苗，就要请菩萨，村上要办的。

问：许愿、还愿的时候请吗？

答：许愿这个东西也有的。许愿，有些么结了婚生不出［孩子］，那么求求菩萨，倒正好了，就要还愿。蛮多的，成了婚生小孩生不出，那么菩萨那里烧烧香，然后生了男女么。

问：宣卷前后有没有接菩萨，送菩萨的这种活动？

答：接佛送佛，菩萨么接做的。

问：每次都有吗？

答：不一定，我们结婚［的时候］没有［接佛送佛］的。

问：几时有的呢？

答：几时有的，许愿的人家要请的老爷的。本来全部［给］菩萨［看的］。庙会，庙会肯定要的，待青苗也要的。

问：大老板开厂、造新房子的时候有没有？

答：造新房子时候没有的。

问：大老板开厂也需要接佛送佛吗？

答：这个要的要的，他本来就是许愿的。

问：生小孩的时候要吗？

答：生小孩有些做，有些不做。

问：许愿的时候唱些什么样的宝卷呢？

答：许愿啊，不管的。许愿的宝卷都好唱的。因为喜庆里的呢，造房啊，望姆啊，这种人呢都要唱好一点的，这个词里么没有死人，要吉利点。要选吉利的宝卷，［如果］这宝卷里面都是死人，这个东家不开心的 。

问：具体是什么宝卷？

答：《双富贵》，戏剧性点的么像《王五买母》。

问：庙会上唱的宝卷和许愿时唱的宝卷差不多吗？

答：许愿的时候都可以，《刘王出世》啊什么，像这个《代皇进瓜》倒应该的。他送的北瓜，所以这个瓜呢只能看不能吃的。进瓜就是送瓜。本来是皇帝亲自去的，那么他们代皇帝去进瓜。他们的瓜不是西瓜，都是北瓜。

问：庙会的时候唱些什么宣卷？

答：庙会都可以唱，或者里面的，只要神秘的，神秘点好听点的，就像是根深蒂固，好像蛮相信神话这种。像《代皇进瓜》么要弄到阴间去了，到阴间去么，夫妻在孟婆这儿碰头的。

问：《刘王卷》是不是经常在庙会上唱的？

答：要唱的，《刘王卷》呢，是刘王庙会［的时候唱的］，有菩萨的。如果这个菩萨不是刘王，不唱的。还有《红罗赞》。

问：你是不是经常在庙会上唱宣卷的？

答：不一定，人家（别的艺人）唱得多。

问：是不是经常在庙里宣卷？

答：不是。庙会呢，那个庙里一年或者一次、两次抬抬老爷，有庙会做宣卷。

宣卷的组织人

问：宣卷有很多演出情况，那……。

答：我们宣卷，信天主教、信耶稣教［的人］，他们不宣卷的，所以我们都是靠菩萨。

问：跟菩萨有关系的情况很多，有些是庙会的，有些是造房子，有些是结婚的，有些是考上大学的，这么多情况中，哪种情况最多？

答：那么结婚呢不请菩萨的，结婚是为了喜庆。

问：别的情况中哪种最多呢？

答：除了结婚不请菩萨，别的都离不开菩萨。有些人做寿是先请菩萨再做寿的，有些人做寿就不请菩萨只做寿的。我们去宣卷，如果他们不请佛的话，就不是为菩萨了。

问：哪种情况最多呢？

答：最多么，像老板待菩萨，开厂效益好什么的，都要请菩萨的。而且他不是一天的，都是三天五天的，起码两天以上。还有养水产的，做生意的，盈利好，都要待老爷。

问：除了结婚，别的都要请菩萨的，对吗？

答：对。像新房进屋，请菩萨求太平。结婚为了喜庆，不请菩萨的。

问：你刚才说的老板都是农村人吗？

答：是的。有住在镇上的。

问：有城里的老板请宣卷吗？

答：有的。城里的老板到佛娘那里给点钱，在佛娘那里宣卷。佛娘自己不宣卷的，都是老板出钱宣卷的，所以也是两天三天这样子的。

问：这样说的话，待菩萨的宣卷一般跟佛娘有关，对吧？

答：哎，所以佛娘来请宣卷的情况特别多。我是不去求佛娘的，有些会做生意的［宣卷艺人］跑去拍佛娘马屁的，我不去的。你相信我就来找我，不相信就不来好了。这个求人我是不会的，我是靠技艺吃饭的。有些人会拍马屁的。真的，他们去送钱送东西，我不去的。

问：你觉得佛娘是怎样的人？

答：佛娘么就是佛娘，她么会看看病的，有些人身体不适意，就去求求老爷，会给他看看的。

问：佛娘是靠菩萨挣钱吃饭的嘛，你觉得这种人好吗？

答：难讲的，这是一个迷，迷信中的迷。有些人去医院都看不好，到佛娘那里居然看好了，这样的情况多的，所以这是个迷。

问：佛娘的钱主要是靠种田还是靠菩萨？

答：这个我不清楚的。

问：佛娘种田吗？

答：种田的呀。看病么也看的。有些佛娘黑心一点，就多拿一点。有些佛娘做好事也有的，她不争多少［钱］，你能拿出多少就多少。有些人病看好了，过去捐一点钱，这样也可以的。凭良心付钱的也有，黑心［的佛娘］要很多钱的也有。在我看到的，黑心的占少数，一般佛娘都还是比较善良的。一般讲起来，做佛娘也是行善积德，是救人的。

问：你去不去渔业村表演的？

答：渔业村也有的。

问：去得多吗？

答：蛮多的。

问：你去过哪几个渔业村？

答：同里渔业村经常去的。

问：唱赞神歌的渔民，你认识吗？

答：多了。

问：你自己会唱赞神歌吗？

答：我不会的。

2　朱火生 1

采访日期：①2004 年 9 月 26 日，② 2005 年 8 月 6 日，③ 2005 年 12 月 21 日

采访地点：①芦墟镇西栅村，②北厍镇大长港村大长浜，③朱火生家

讲述人　：朱火生（1948 年农历 7 月 3 日出生，五十七岁）

采访人　：①稻田清一、太田出、佐藤仁史、吴滔、张舫澜，②稻田清一、太田出、佐藤仁史、吴滔，③太田出、佐藤仁史

翻译人　：①施莉华，②③杨申亮

简　历　：八坼镇龙津村龙津人。初中毕业。十七岁开始从事理发业，从事到三十岁。文革时期，在大队里担任毛泽东思想宣传队文艺委员。后来从事过买卖毛竹、养鱼等生意，大约从事十五年。从四十五岁开始做专业的宣卷艺人。2007 年，因失明而退休。

家　庭　：妻子叫朱彩英，同岁，服装厂上班。曾经参加过毛泽东思想宣传队。有一男一女。

家族情况

问：你父亲叫什么？有几岁？

答：朱其林。七十九岁了，退休了，还在。

问：你父亲以前在哪里工作？

答：吴江公安局，是个老干部。

问：母亲叫什么名字？

答：朱林宝。母亲么，七十八［岁］。现在休息了。老农民，不识字的。

问：你父母亲都是本地人吗？

答：都是本地的，祖祖辈辈都是本地的。

个人经历（做宣卷艺人之前）

问：你的文化程度是……？

答：初中毕业。

问：在哪里念初中的？

答：［在八坼］镇上。

问：初中毕业后首先从事什么工作？

答：这个多了，先是理发。理发回来么做

生意。

问：哪个方面的生意？

答：方方面面，反正都做过。能做的都做，比较杂。

问：后来呢？

答：做生意做到后来么，看鱼池（养鱼）。

问：理发是到什么时候？

答：理发是从十七、八岁到三十岁。

问：做生意是什么时候？

答：做生意总归到四十五岁。

问：四十五岁过后呢？

答：过后就宣卷了。

问：看鱼池呢？

答：看鱼池都在这里面（做生意期间）了。

问：听说文化大革命的时候你参加过宣传队，它叫什么名字？

答：毛泽东思想文艺宣传队。

问：你是哪一年参加这个宣传队的？

答：这是长了，要几十年，要三十二、三年之前，至少三十年之前。我二十二、三岁就在宣传队里了，要三十几年了。

问：你在宣传队里面具体从事什么样的任务呢？

答：我从事也是唱的，都是主角。

问：在文艺队是唱宣卷吗？

答：不是宣卷，这个形式和宣卷一样的，一个就是在台上表演。

问：唱戏剧，是吗？

答：唱不是宣卷的内容，唱毛泽东思想。

问：这个工作算是文艺工作吗？

答：哎，这个就算是文艺工作。

问：那是属于什么机构？

答：是归大队的，归我们大队的，公社领导的。

问：工作的职位是什么？

答：文艺委员。主要做演员。

问：唱了几年？

答：唱要七、八年了。

问：在二十二岁之前呢？

答：之前我是种田的。

问：文艺委员做到几岁？

答：做到几岁么，总共八、九年，[做到]三十岁左右。

问：到一九几几年？

答：做到到文化大革命结束，宣传队没有了么，不做了。

问：文艺委员的工作内容是什么呢？

答：专门出去宣传毛泽东思想，和宣卷一样的。

问：你现在还记不记得唱的具体内容啊？

答：唱的内容知道。不是现在这样，才子佳人、帝皇将相之类的，都是样板戏。

问：是怎么样的内容呢？

答：唱的内容是《好人好事》，当时唱的。还有八个样板戏。

问：当时的书手里有吗？

答：书么八拆［文化站那边］有的。《智取威虎山》、《红灯记》，我背都背得出。《红灯记》、《白毛女》、《红色娘子军》都是样板戏。

问：这些是唱的还是演的？

答：演的。因为当初参加宣传队，所以我有基础了好宣卷，否则你没有基础怎么宣卷，就是这个意思。打下了这个文艺的基础，所以现在可以好宣卷，否则你没有办法宣卷，你哪来这么多的本事宣卷。

问：宣传队有多少成员？

答：宣传队人总要有二、三十个了。有几个现在还在。

问：当时做文艺委员的人当中后来做戏曲工作的人还有吗？

答：没有，只有我一个。

问：现在他们都种田吗？

答：他们有些么种田，有些么做生意。

问：文艺委员当中有没有做干部的？

答：做干部的也有。做发财的干部的也有，做发财老板的也有，多了。当时宣传队么都是很能干的人，就是这个意思。都嘴巴能说。

问：文革结束后你不做文艺委员了，又做什么？

答：我做生意，我做生意去了。

问：是三十岁左右，是吗？

答：哎，我做毛竹生意。山上的毛竹去弄来，浙江去运来的毛竹到这里卖掉，做毛竹生意。

问：毛竹生意做了几年？

答：毛竹做了五年。

问：毛竹生意以后做什么？

答：多了，毛竹生意、养鱼，养鱼也养过。养鱼结束就宣卷。

问：养鱼作了几年呢？

答：养鱼么也五年。过来养鱼结束马上就宣卷，养鱼养到 [19] 95 年结束。好，然后开始宣卷。

学宣卷和开始做专业艺人时的情况

问：你大约有十年开始宣卷是专业的吗？

答：正式登上说书舞台，大约是在十一、十二年前，但是之前，我也蛮喜欢文艺方面说说唱唱的。

问：你正式学宣卷是大约什么时候？

答：正式学的是，说说唱唱学的时间蛮长的，二十四、二十五岁左右。

问：二十四、二十五岁之前没有学过宣卷，还是和宣卷有接触？

答：因为这个宣卷，比如说舞台上，戏曲里啊基本上形式都是一样的。总之说你是会说说唱唱的，会各种曲调，那么接下去再去从事现在宣卷这个行当。那么就是更加认真。

问：就是说你开始是说说唱唱，后来年之前才开始学宣卷。

答：对的，是这样。

问：你的宣卷是从迫那里学来的呢。

答：宣卷的这个老先生，现在不做了，叫沈祥云。沈祥云现在还在，八十四岁。

问：他住在哪里？

答：也在龙津大队的。

问：跟着你的先生学了几年？

答：断断续续的，经常去的，我们不讲年数的。你要讲年数，不得了年数了，不是天天去学的。

问：什么时候学完了，不去学了？

答：这个是无止境的。

问：你学宣卷的时候这些老先生（採訪人指的是许维钧、徐火桥、闵培传）都知道吗？

答：这种呢，像我的老先生比较熟悉，像我就不太熟悉。他们都认识的。

问：有听过这几位老先生的宣卷吗？

答：徐先生（徐维钧）的听过，其他两个听得少机会，听也不过听过一两次。

问：你听过迫的？

答：听过已经去世的顾茂丰。

问：这些老先生的宣卷特点是什么？他们是丝弦宣卷还是木鱼宣卷？

答：这个时候，你听我说，像我的先生沈祥云，在解放之前，他是木鱼宣卷，解放后之后呢，因为丝弦宣卷比较吃香（受欢迎），那么就转移到丝弦宣卷去的。顾茂丰历来都是丝弦宣卷。

问：后来，和沈祥云先生合作的时候，你做他的下手，是吗？

答：对对。沈祥云的时候我还在学，做下手。

问：你刚开始的时候演出不是很多，收入也不是很多吧？

答：不是很多么，主要还很没有进入，还没有知名度，人家看起来还是有点欠缺的。

问：开始时如果收入不多的话，你靠什么收入来源呢？

答：收入不多么我也过去了，其他么再生意做做。

问：就是边做边唱？

答：哎。

问：从哪一年开始专门做这个宣卷呢？

答：你听我说，从［19］90 年开始养鱼，我也赚到点钱，赚了差不多十万。那么当时我宣卷么知名度还不高，也好过去，越宣越好，那么生意越多，越宣越多。

问：哪一年开始专门做宣卷的？

答：专心做是从［19］95 年开始，就集中心思弄宣卷，不去弄其他。

关于搭档

问：你刚开始的时候下手和搭档经常换。这是为什么呢？

答：对对，经常换。经常换么，换换这个不灵那个不灵。

问：以前做过你的下手的赵华，现在也是上手吗？

答：哎，上手。

问：江仙丽也做过你的下手，是吗？

答：嗯，做我的下手。

问：肖燕呢？

答：肖燕也是下手。

问：肖燕现在自己做？

答：她现在也自己做了，她现在做上手了，和我做的时候是下手。

问：汪秀玲是？

答：汪秀玲在苏州，和我也做过下手的。

问：李明华现在也自己做上手吗？

答：她现在基本上不太做。

问：金兰芳呢？

答：金兰芳也和我做过的，现在也做上手了，现在也出班了，做上手了。

问：朱爱金呢？

答：朱爱金也和我做过的。

问：现在做上手吗？

答：做下手。现在做吴根华的下手。吴根华也做过我的下手。

问：吴根华是女的吗？

答：女的女的，吴根华同陈凤英（现在的下手）是一个队的，没有多少路。

问：你和金兰芳合作的时间比较长？

答：比较长，要十五个月。

问：和其他下手的合作时间呢？

答：吴根华不长，只有三个多月。赵华半年。朱凤珍也一起做过的。最长是陈凤英（现在的下手）。

问：你打算和陈凤英一直合作下去？

答：打算合作下去。为什么这么想，一个生意蛮好，一个两个人的性格都合得来，两个人的性格和不来不行的。

问：2002 年前你经常换下手，是不是觉得生意不太稳定？

答：不不，这个过程中呢，不得心连心。他和下手两个人不心联相通，就没有配合得好。

问：你演出的范围是不是和下手有关系？

答：没有关系。

问：比如说你在陈凤英的娘家或者跟陈凤英有关系的人的村庄里面演出吗？

答：这个也有的，这个只要靠自己，单单靠亲戚朋友、陈凤英的娘自己人去拉生意，这个还不可靠，只要靠自己人家，一百个人来自己人不来的。人际关系当然也要好一点的，但是这不是主要因素，最主要的因素是什么，要靠自身的实力，你自己有生意。

问：你们现在唱宣卷的有几个人。

答：一般四个到五个，以四个人为主，最多的六个人，六个人也有。两个人唱，两、三个琴师。

问：四、五个人是固定的吗？

答：固定的。

问：你们是怎么认识的呢？

答：宣卷班子的人一般都是认识的。比如说，和里面的人，在各方面的艺术水平，包括脾气、各种风格、特色、性格都合得来的。还有我倒也蛮喜欢，对这个人也蛮称心，艺术上又是较相仿的，那么就组成一个班子。到时候，可能一定的时候，大家对调来调去也是可以的，你到那边去，他到这边去了。

问：你们这个班子叫什么？

答：八坼丝弦宣卷。我们这个班子就是属于……，因为我们是八坼［镇］的，称八坼丝弦宣卷。

班子成员的介绍

问：这位先生你贵姓。

答（刘）：我姓刘，叫刘金荣。

问：刘先生是苏州人吗？

答（刘）：是的。原来是吴江锡剧团的。

问：你是唱什么的？

答（刘）：我不是唱的，我是搞锡剧的。

因为剧团么现在不是基本上全都散掉了，那么现在到民间来了。

问：越剧团还是锡剧团？

答（刘）：锡剧团，吴江的锡剧团。文化大革命的时候插队到吴江，下乡知识青年。后来是由锡剧团调上来，在锡剧团里搞后台工作。以后呢，加盟到朱先生的班子。

问：你们是怎么认识的？

答（刘）：我们就是，因为我们剧团解散以后，民间有［宣卷］这么一种艺术形式啊，那么我们有这么一个特长，他们也需要这个琴师演奏员。那么我们就，一般就通过朋友的介绍，就融入到这个里面去了。

问：做了多少年？

答（刘）：大约四、五年吧。

问：这位先生呢？

答（芮）：我姓芮，芮玉娥（张舫澜：我们吴江有一个先生很有名的，叫芮时龙，是她的伯父）。

问：你会唱吗？

答（芮）：我不会唱。

问：你的伯父会唱［宝卷］吗？

答（芮）：他会唱的。

问：你参加宣卷班子是不是受你伯父的影响？

答（芮）：是的，他启发我的。

问：这位老先生负责什么任务？

答：他叫石木官。他也会唱宣卷的，也是唱戏的演员。原来是屯村宣卷的。这位老先生宣卷也是相当好的。

答（石）：宣卷，有佛的叫宣卷，没有佛的叫堂会。就是不请老爷的就只好叫堂会，不能叫宣卷。一定要请佛才能叫宣卷。什么叫堂会呢，就是人家家里有喜事了，老人做寿，小孩满周岁，请个宣卷来唱个堂会。宣卷最大的特点就是要请佛。那么现在基本上大家讲的宣卷其实不是的，做寿什么只能算是唱堂会，堂会的形势用宣卷唱。最早的宣卷就是宣读经书，相当于念经，那么这种文艺形式是相当让年纪大的人接受。这个要发展的，现在的丝弦宣卷肯定是当时的宣卷的一种衍生繁华。这有多种人的信息，有情节有故事的。现在多为三言惊世。最早的主要是佛教的道教的，或者民间神的。

宣卷演出情况

问：一年里宣卷一般唱多少时间？

答：一般是一年里的正月、二月唱，一年大概 200 多场，220 场左右。

问：除了一年 200 多场唱宣卷之外，你还做什么呢？

答：除了 200 多场以外的时间，主要是休息，那么自己补充点营养。去戏馆，看看书，也就是说，还有点时间就是，一则自己整顿整顿，或者去学学戏讨个经验，自己自学，就往这个方向。

问：你主要也就是唱宣卷，别的就不唱？

答：是的，这个是专职的。

问：平时是在庙会或者仪式的时候唱，在别的场合也唱吗？像茶馆这种的地方不唱吗？

答：宣卷一般就是，这个人家奉请菩萨啊，还有就是儿子结婚，女儿出嫁，这是一种形式。那么还有一种就是老年人做寿，现在生活水平提高了，儿子小辈都尊重长辈。那么做寿这一天，请神啊、宣卷班子都来热闹热闹。蛮多的。

问：就是说，请菩萨做寿，还有就是红白喜事，是吗。

答：对，请菩萨做寿，红白喜事也可以的。还有一种比如说是，人家小孩考上名牌大学，觉得蛮开心的，那么就请些亲戚朋友来吃顿饭，请宣卷班子来闹闹。

问：我看过你在黎里［镇的一个村子里］“做五七”，就是说白喜事。

答：做过的。

问：听说一般宣卷艺人不太做白喜事，都是红喜事。

答：在黎里那家做五七的时候宣卷，是吗？这种是极个别的，一共接到现在只接到过一个，一般人家都是［红］喜事的。白的［喜事］有的，少。

问：每年有固定的庙去宣卷吗？

答：每年固定的么像这种［一个村子］包的，这种少的。黎里［镇］方联村（陈凤英家）那边的大庙［也是固定的］。

问：你刚才说的大庙叫什么名字？

答：就是本方大庙。

问：庙里供的是什么老爷？

答：刘王老爷，还有其他观音菩萨，都有的。

问：什么时候有庙会呢？

答：七月十三，正月十三也是。

问：除了宣卷之外还有其他什么活动吗？

答：其他活动么和尚拜忏。和尚拜忏么，不是真的和尚，也是我们土和尚，这个不是正规的。

问：除了黎里［镇方联村］的大庙以外，还经常去哪些庙？

答：庄家圩［刘王庙］，这个庙么最有名气了。八月二十二我们经常去［宣卷］的。八月二十二你去庄家圩，人很多，就是农历。

问：谁请你去庄家圩庙呢？

答：各个地方都请的。我们么，芦墟（芦墟的一些有钱的老板）请我们去的。

问：也是个人请的吗？

答：哎，也是个人的。我们送戏，送卷（庄家圩庙里面宣卷）。

问：每年都去吗？

答：每年都去，都去了好几年了。到现在连续去了三年。

问：有没有在镇上去演出？

答：有的，芦墟镇上，黎里［镇］，还有吴江（松陵镇）。

问：镇上演出和村上的演出一样吗？

答：没有区别的，一样的。

问：有没有在镇上茶馆里演出过？

答：茶馆里没有。

关于宝卷

问：你最拿手的宝卷是哪些？

答：最拿手的么，我现在这几本卷都蛮拿手的。《姐妹花》、《双玉菊》，我觉得，这两本么都可以的。还有《白鹤图》、《玉蜻蜓》、《珍珠衫》，还有《龙凤锁》、《双贵图》。

问：一般的红白喜事、请财神，宣的是什么卷？

答：这个一般都是，请财神，希望发财都是唱《双富贵》。比如喜事的时候呢《红灯花轿》。

问：丧事呢？

答：丧事一般我们不去宣的。

问：你会不会刘猛将的宝卷？

答：也会的。《刘王宝卷》呢，基本上在刘王老爷出世的过程当中，在这个期间那么唱得比较多。还在正月里面唱，因为刘王在这个时候出生的。

问：中秋的时候（指网船会）不唱，是吗？

答：一般地说呢，像《刘王卷》呢，都是在正月里的范围之内，即迎接像刘王出世的宝卷，为了纪念刘王老爷出世。像刘王老爷丰功伟绩人家全知道。

问：《刘王宝卷》，你有没有这个剧本（宝卷）？

答：有的，剧本有的。

问：是现成的剧本，还是你们自己编的？

答：这个是我们老先生的剧本。

问：刘猛将的剧本（《刘王宝卷》），除了你师傅写的之外，别的还有什么吗？

答：这种都有剧本的。像我所讲的都有剧本的。

答：剧本是现在写的还是以前写的？

答：以前就写好的，手抄的。

问：你的剧本大约是什么年代的。

答：这个年代呢，都是，我的先生（指太师傅）已经死了。就是我的［太］师傅的。

问：［你太师傅的宝卷］就没被抄走？

答：嗯，烧掉了一部分，还有一部分是留下的。

问：留下来的剧本有哪些呢？

答：（一边把宝卷给采访者看）就这些。都留下来了。我们要唱么总是要有剧本的，没有剧本不好唱的。在有剧本的基础上，在不断宣的时候不断改变，有新的出来，临时会变的，越变越好。现在的保留节目经过千锤百炼。

问：一般要唱几个小时，完整的要唱多久？

答：完整的，一本曲么就是，最起码要六个小时。

问：这个剧本和别的剧本有什么不同吗？

答：你的意思就是说，各种班子的刘王卷，主要的内容是不是一样？基本上套路是一样的。比如说，像刘王老爷在小的时候就到地主家做长工，他的重点主要的关键是一样的。大路数是一样的，这个不好说的。但是具体有些，或者小节小路数啊，是根据各个班子的特点，各个班子的艺术的发挥的。有些两样，艺术高工。

问：这个宝卷是手抄本，是不是一代一代传下来的，从你的师傅传下来的？

答：是的。是的。传到这一代加一点。

问：就是说有的时候唱哪部比较长，有的时候唱哪部短的话，你可以从中选择几个段数，是吧？

答：是的。

吴江的宣卷艺人

问：你有看过别的宣卷艺人的演出吗？

答：看过的。

问：看过哪些人？

答：屯村的江会罗（江伟龙）。还有么叫金志祥，同里的。还有一个么叫严其林，也是屯村的。

问：看别的艺人演出是不是从他们那儿吸取自己没有的东西？

答：对对，取长补短，每个人宣卷肯定每个人都有每个人的长处，那么你就吸收他们的长处。

问：据你所知，吴江范围有多少艺人在活动？

答：十几个。差的好的都在了，有五、六个比较好的。

问：哪五、六个是好的？

答：五、六个好的么，蛮难讲的，要看生意，现在的生意是属于最最……。生意好的么像芮时龙、肖美芳（肖燕）。肖美芳同里的，芮时龙也是同里的。

问：芮时龙有几岁？

答：芮时龙总归要七十二。肖美芳估计么三十五岁左右。那么还有个么张宝龙，比我小三岁。那么，还有么，江会罗，屯村的，比我大一岁，五十九。那么还有个么，赵华，吴江的，三十岁左右。

问：和其他的宣卷艺人之间有联系吗？

答：没有联系的，都靠电话，他们相信你会打电话来的。一般的吃这碗饭的一般都没有什么联系的。介绍给别人的也是有的，很少。

问：你有徒弟吗，有几个？

答：徒弟现在讲起来，只有一个。

问：有没有年纪轻的人在学宣卷？

答：基本上没有。刚才说的那些艺人都已经在说唱了，很年轻的没有，这几个年纪轻的已经出师了，他们在做了。

问：如果现在年纪轻的人不学，老艺人之后就没人唱了？

答：这种永远没有绝种的，虽然没有人学，但是你比如像现在在吴江市范围内，不管好坏说起来只有十个班子。十个班子只有几个人，只有二十个人。那么就是在演出之时，有些人二十几个人会轮流，也不可能集中的。比如说，我到老了，我不宣了，他还在宣，那么他也是吃这碗饭的，也必须也要拖些人，这个不会断的。就是这个道理，这个不会绝种。

关于 1950 年代艺人登记

问：你的老先生有没有谈到过解放前宣卷的情况？

答：我也都知道的。解放以前啊，解放以前都是用船的，不像现在用车子。

问：解放前你先生去宣卷是怎么宣的？

答：宣么大概有谁指定的（摇船到指定的地方去宣卷）。

问：老先生经常到庙会、茶馆去吗？

答：都是乡下，和我这个情况一样的。

问：老先生在茶馆里面有没有演出过？

答：茶馆好像不去的，一般都是乡下。茶馆里也有的，极个别的。

问：老先生在吴江县城演出过吗？

答：吴江县城里啊，也去过的。

问：当时五十年代的“艺人登记”，你的老先生登记过的？

答：艺人登记，估计大概登记过的，他人还在的，我估计登记过的。

问：老先生登记过后，是专职的艺人还是兼职的？

答：他是以专职为主的。

问：登记好的艺人要不要参加政府的宣传活动？

答：登记好的艺人，第一，政府有活动了，他肯定要去参加。第二，到年终了，他要出些管理费什么的。

问：登记以后政府有没有发给他艺人证？

答：有什么艺人证啊，这个我要去问我先生的。

问：登记以后他的演出内容有没有变化，就是政府不允许的？

答：这种艺人，这种一般吃这碗饭的都同意的，他是根据当时的形势，那么说唱当时的情况。

问：没有登记的艺人是不是很多人都改行了？

答：一般说如果他没有好的行当呢，打个比方，他宣宣卷也是可以的，或者维持自己的生活，或者挣点钱他也是要宣卷的。如果说有一部分人，这是肯定有的，如果说有人比宣卷的生意好，或者钱挣得多，他肯定要改行，就是这样的。

问：五十年代登记的艺人，文化大革命的时候宣卷吗？

答：文化大革命的时候不好宣卷的。在文革期间，文化大革命期间停止，这种都停止了。

问：什么时候不允许的？

答：在文化大革命，总归 [19]60 年到 [19]65 年这个时候，取消才子佳人、帝王将相［之类的戏］。也就是改革开放开始了，新出来了（指 1980 年代的艺人登记）。

问：改革开放什么时候呢？八十年代前期还是后期？

答：后期，后期。

问：八十年代开始宣卷的有名气的艺人是哪些？

答：这个要问我先生了，这个时候我也没有宣卷。

演出的地理范围和主要地点

问：吴江、苏州、嘉善一带的农村好像都很喜欢宣卷，是吗？

答：现在宣卷弄到整个吴江市，包括现在扩展开像浙江，像常熟那边的昆山都在扩展开，就是这个道理。东边么周庄啊，所以挑挑我们宣卷生意都蛮好。

问：你的活动是多大的范围，是从哪里唱到哪里？

答：一般地说起来是，属于吴江地区一到十是属于最流行的。那么现在呢，因为由于生活水平提高了，现在扩展到，像吴江东边过去呢像昆山，南边过去呢就是浙江，对吧。西边边过去呢像七都［镇］、八都［镇］啦，都不是在吴江范围里的，都伸展出去。因为宣卷这个呢，群众容易接受，班子里只有四个人左右，那么他们认为方便么群众就蛮多。比如说，一般么就时间可以当日就可以回去。所以人家一般都蛮接受的，蛮欢迎来演戏。

问：你唱最多的地方是哪里？

答：宣卷啊。影响最广的，比如说吴江市范围内啊，向八坼［镇］、同里［镇］、金家坝［镇］、黎里［镇］、芦墟［镇］、还有屯村［镇］。这些是最最厉害的。那么还有么，大概基本上都讲了。一般的宣卷呢，主要形式分为六位卷，实际上也就是六个小节。那么一般来说，白天从下午吃过午饭一点钟开场，到四点大约这点时间结束。那么晚上呢像现在这个，七点钟开始总归大约到十点钟结束。那么它这个形式呢，或者有一家人家，有一个单位，比如说请一场丝弦宣卷，班子到现场以后先喝茶，休息一下，那么就开始请佛。这是一种形式。

问：先要请佛。

答：先请佛，把佛请来，对吧。把佛请来了说明这个地方也蛮开心，一上来听丝弦宣卷。那么回来吃过午饭么宣卷，那么临了下卷了，然后我们要回去。但是回去之前，要把佛请到各种庙堂里面，要送回去，这个形式就叫送佛。

问：像这种红喜事，做寿什么，唱的都不一样的，是吗？请神的时候唱什么呢？

答：对。请神的时候一般都唱请佛调。

问：你去过莲泗荡的庙会吗？

答：去过了。

问：在那边宣过卷吗？

答：宣过的。像现在，八月二十二（网船会），就是这个。庄家圩庙（刘王庙）的那个规模也蛮大的。

问：莲泗荡的呢？

答：现在不去了，以前去过。这一天是非常的热闹，人山人海，四面八方的，都纪念一个节日。

关于宣卷的组织人的概况

问：有没有固定的组织人请你宣卷？

答：这种情况蛮多的。

问：每年固定的演出在整个演出当中占百分之几？

答：像我现在影响还可以，作为正式的比例，固定的要占百分之四十。人家看得好了，他也要请他也要请，所以零散的也要占百分之六十。

问：每到一个地方宣卷一般有几天？

答：我到现在为止做了这些年，最少的一天，就是一个生意，最多的八天，连续八天。

问：连续八天的是什么时候？

答：四月初一吧。今年（2005 年）四月初一到四月初八，连续八天。去年（2004 年）九月份在［北库镇］潘水港［村］连续作了七天。

问：请你宣卷的潘水港［村］的人是怎么样的人？

答：都是每一个老板来请的，送的，那边属于富裕村。都在同一个庙上。在塘桥那儿有关爷庙。

问：每次都是一样的老板吗？

答：不是一样的老板。今年你请，明年我请。

问：这些老板为什么都在潘水港［村］的关爷庙请呢？

答：他们都在附近的。他们基本上都是潘水港[村]的本村人。因为潘水港[村]这个村呢比较富裕。

问：像你们今天到这儿来唱，你是怎么和他们联系的呢？

答：像我们唱宣卷的都有名片的。那么在宣卷过程当中，比如说显得蛮有兴趣的，那么就主动给人家。那么四面八方各个地方也就有我的名片，一般的要听宣卷了么就打电话，现在么全是手机。

问：不是你们和他们联系，是他们要听，了他们和你们联系。

答：是的。

问：既然没有固定的关系，要是有人想听你们的宣卷的时候，通过别人的介绍跟你们联系，是吗？

答：通过别人的介绍也有，他们一般就直接打我们的手机，打到我这里。他们要我们今天来宣卷啊，人家要做了，就是跟我们讲一声，也可以的。那么要是下次要请我们的，就是名片上的电话、手机打过来。

问：这次是为什么请你们呢？是不是因为中秋节？

答：不是，这是……。像现在呢时间比较空闲，一般在［阴历］七、八月里比较空闲的，那么他们就请我们来唱宣卷。

问：（采访人一边看朱火生的演出记录问）你是怎么认识［组织宣卷的］这些佛娘或者喜欢听宣卷的人的？

答：怎么认识他们，他们怎么知道我，就是我有点名气了，他们看看我的演出，这种么都是自然行的。

问：介绍的人本身是怎么知道的，是看过

演出？

答：哎，就是他们都看过演出。发出去的名片，都发出去。发掉几千张名片，发出去。这种到场子上去宣卷名片都要发出去的，这种名片，那么人家就知道了。

问：你认为佛娘和宣卷组织人在村庄里有怎么样的立场和作用？

答：这个么要看各有的名气。像阿大（太保）这种就比较大点，有些么就在村上办办。像阿大就好像一个芦墟镇的范围的人都蛮相信的，就这回事。

问：在你的印象中，这些佛娘和庙会组织者在村民中的地位怎样？

答：在我自己的心目当中看他们，他们这个圈里的村庄上的村民，对他们村上的佛娘的这种信仰信任这种意思是吗？一般都蛮大的。

问：为什么很多的村民都相信佛娘的话呢？

答：因为佛娘呢，甚至于帮他们请菩萨，这种受信任的。有些地方小毛病看得好。有些地方有做生意的，就求那个菩萨，要他帮忙。打个比方我去看菩萨，请菩萨帮帮忙我儿子今年么第二家厂，生意好点么我也总不会忘记你，一年下来厂的生意倒是蛮好的。那么就去谢谢菩萨，那么这个佛娘不就是提高知名度啦。

问：你认识的熟悉的佛娘平时有什么样活动呢？

答：我认识的佛娘从我眼睛里看，就是范围最大，你认识的人家都来，说明你面子大本事大，你的菩萨灵，说明人家都相信你。

3　朱火生 2

时　间：① 2009 年 8 月 18 日，② 2009 年 8 月 19 日

地　点：①②八坼镇龙津村朱火生家

讲述人：朱火生（1948 年农历 7 月 3 日出生，六十二岁）

采访人：①②太田出、绪方贤一、藤野真子、佐藤仁史

翻译人：①②徐芳

简　历：八坼镇龙津村龙津人。初中毕业。十七岁开始从事理发业，从事到三十岁。文革时期，在大队里担任毛泽东思想宣传队文艺委员。后来从事过买卖毛竹、养鱼等生意，大约从事十五年。从四十五岁开始做专业的宣卷艺人。2007 年，因失明而退休。

家　庭：妻子叫朱彩英，同岁，服装厂上班。曾经参加过毛泽东思想宣传队。有一男一女，儿子在吴江经营房地产业和服装业的公司，女儿在盛泽镇经营服装业公司。

关于自己编的宝卷

问：你写的故事，一般跟那些传统意义上的剧本不一样的，那么你自己的特色在什么地方？就是你写的剧本跟别人有什么区别？

答：我写的剧本就是这样，一般讲起来就是劝人为善，一般讲起来我这个故事大体意思最终就是劝人为善，一般么就是私定终身游花园，落难公子中状元啊，一般是写这个东西的。首先要交代清楚，然后回来讲故事。这个故事么或者有多少人，什么事情，就是这个样子，通过情节的曲折，情节的复杂，情节的起伏，到最后解决这个情节，每个情节要有声有色，最后说明真相。

问：剧本里面怎么分下手和上手唱的部分呢？

答：一般宣卷呢，宣卷就是讲故事，故事

呢只有一个人，只有上手，没有下手。现在呢随着形势的发展，如果一个人说就是变单调了，自己一个人说也是吃力，所以呢还有一个下手一起来搭。那每说一本书，像我是一个上手，他是一个下手，下手有下手的难处，你不要说下手，我是上手，我是先生，不，分工的不同，你懂不懂啊？那么下手有下手的难，那么这本书下手他不懂的，他不懂这本书是什么内容，那么你作为上手，作为先生，你一定要排书。这个书要排的，这个戏也要排的嘛，不排戏这个戏怎么走呢？那么宣卷也同样如此，你一定要把这个宣卷排好。怎么排呢，比如说这本书出在什么年代，这个老人生活也蛮开心，家里有一个儿子，一个女儿，儿子叫什么名字，懂我的意思吗？儿子叫什么名字，女儿叫什么名字，两个人今年几岁，都要交代清楚。那么这个老人物质上、精神上都蛮开心，跟个老伴出来商量商量，商量什么呢？为着明天儿子要上京赶考，心里想想很开心，那么“哎呀呀，老夫人…”那么情节就出来了，可以唱了。

问：在你的宝卷里面，怎么分出哪部分是上手唱，哪部分是下手唱？

答：这个要看临场发挥的。

问：我们去看宝卷的时候，怎么看出来哪部分是上手唱，哪部分是下手唱呢？

答：这个只有上手知道。比如我做上手，你做下手，我就会说：“哎呀，老夫人，今天是八月中秋，月亮当空，心情也很好。那么儿子明天要去赶考，你么也要对儿子交代几声”，那么下手就要演老太太；如果是吃饭的时候，我说：“哎呀，小丫头，快点把饭菜准备上来”，那么下手就要演小丫头了，说：“晓得了，老爷。”或者唱或者讲，这都要根据临场发挥的。（注：剧本里面是看不出上下手分别唱哪部分的，在演戏的时候，什么是上手的部分，什么是下手的部分，都是临场发挥的。只要上手要下手演什么角色，下手就必须接上来演。）

问：我们看你的剧本的时候，怎么看出来呢？

答：这个你们看不出来的。总之是临场发挥，上手有问，下手必答。下手答不上来，就是工作不认真，怎么可以做下手呢？下手怎么样才能一定答上来呢，这就需要排书。在没有演出之前，我已经交代给你了，所以上台的时候做下手的人心里已经有一个轮廓了。剧本中的故事是死的，演出的时候是活的，要灵活应用。那么在演的时候还有一件重要的事情，就是我叫你演一个角色，如果你在演的时候脱离了我整本书的主题思想，我就会拍一下桌子提醒你，你就要停下，让我来讲。这个事情观众是看不出来的，只有我们两个人知道。你要从剧本里面找出来哪一部分是上手的，哪一部分是下手的，你永远不知道，只有我肚里知道。

问：我们下面根据具体的剧本来问一下，比如这本是《叔嫂风波》，最前面是角色的介绍，这个我们知道。“介绍官家之陈府”，这是你宣卷的时候要唱的部分，还是剧本的说明？

答：我同你讲，这个剧本里头每个角色的性格，你一定要交代清楚的。上手一定要知晓，交代下手，在排戏的时候一定要说明，老大生性刚烈，老二生性懦弱的，这个性格一定要交代清楚。如果性格不交代清楚，那演的时候表情、动作都相反了，那就不行了。

问：你给我们唱《叔嫂风波》最开始的部分，可以吗？

答：你要我唱也可以，讲也可以。“今早宣本卷，名字叫《叔嫂风波》，故事发生在什么朝代，具体我记不清了，苏州陈府，这个人家家财万贯，名气很大。家里头老爷已经过世，只有一个老太太。老太太有两个儿子，大儿子叫陈文龙，是个武状元，喜欢舞刀弄枪。小儿子喜欢读书，生性懦弱的。今早大儿子上京赶考得中武状元，心里头开心的嘞”，下面就开始唱了，要不要再唱给你听？

问：马上就接着唱“出了明朝年间……”，是吗？

答：哎。

问：在“出了明朝年间”这一段前，还有“介绍官家之陈府”这一段，这个需要唱吗？

答：这个不需要唱的，这个自己要晓得。因为书多呀，自己会忘记的，所以要提醒自己，这本是陈府的，弟兄性格怎么样的，那么在表演的时候我就知道怎么演了。

问：《观世音传奇》这个剧本，前面的角色介绍完之后，从哪里开始唱？

答：这个灵活运用，可唱可不唱。这个故事写完之后，整个的意思知道了，下手也排过戏了，哪个地方是唱的，哪个地方是讲的，这个是灵活的，并不是固定的，全靠自己临场发挥的。

问：“数千年之前…”这一段不唱也可以，是吗？

答：对，不唱也可以的。但是一定不能离开主题思想，只要符合主题思想，唱的变讲的，讲的变唱的，都是没有关系的。

问：“数千年之前……”这一段如果不唱，就一定要讲的，对吗？

答：哎，不唱么就一定要讲清楚，让听众知道究竟发生了什么事。

问：你剧本里面有“（选二）”这个符号，是什么意思？

答：就是宣卷的选调，这个地方最好唱选调。宣卷有很多种调，选调是其中一种，那么（选二）说明这个地方最好用选调唱。你不唱选调也可以，就是不适合这个情节，不深入，人家听了也觉得不生动。

问：选调是宣卷里面其中一种调？

答：宣卷呀，最主要就是选调，另外还有越剧越调，锡剧锡调。

问：为什么要加一个“二”？

答：（宣二）就表示宣调，我自己知道的，那个“调”字写起来很麻烦，我就直接用“二”代替“调”字。（宣二）么就是要用宣调唱两句，多了不要的，关照过自己的。比如说先讲“陈文龙告别娘亲，等到明早里，天空万里无云，”，接着宣调“一路匆匆上京啊城，欢天喜地路上行”，打住，接下来必须要讲了，不能再唱了，不然听众听不懂的。

从事理发的经历

问：你十七岁开始从事理发业，做到几岁？

答：我原来理发，做到三十岁。那个时候苦啊。

问：你初中毕业后就直接从事理发业嘛，那你是不是理发的同时还参加毛泽东思想宣传队？

答：参加毛泽东思想宣传队是在文革期间，那个时候已经在理发了，大约在［19］68年到［19］69年之间。

问：你参加毛泽东思想宣传队大概是几岁的样子？

答：总有十八到十九岁的样子吧。

问：也就是理发和参加毛泽东思想宣传队是同时的？

答：对。

问：你是不是在八坼镇上理发啊？

答：不是，我是跑的，到下乡的，拿一个包，叫“理发啊理发”。

问：理发怎么计工分呢？

答：不计工分的，我是算钱的。大人两毛，小人一毛五。

问：男女的理吗？

答：当时女人不理的，女人自己拿把剪刀自己剪一下。当时很苦的，四十到五十天才理个头发。

关于地方戏（越剧、锡剧、沪剧等）

问：你除了宣卷之外，还有什么别的地方戏也是比较喜欢的？

答：比如越剧、锡剧我也喜欢的。

问：还有别的吗？

答：越剧、锡剧、沪剧。那么锡剧里面有几种调头的，各色各样都有的，比如说簧调……。

问：在越剧、锡剧、沪剧中，有没有特别喜欢的？

答：特别喜欢锡剧。比如说《珍珠塔》、《双推磨》。

问：有没有特别喜欢的演员呢？

答：就是像电视台里面的那种名演员是吧？比如锡剧么王彬彬、梅兰珍。那么越剧么像徐玉兰、王文娟，上海的。

问：你喜欢评弹吗？

答：评弹也蛮喜欢，苏州评弹嘛。

问：有没有比较喜欢的剧目？

答：最最喜欢的，比如像《闹严府》、《筱丹桂之死》。

问：喜欢哪个演员？

答：论唱腔，我最喜欢上海的徐惠新，这个唱得好得不得了。赵开生，这个我也听的。

问：越剧、锡剧、沪剧、评弹，这些地方戏你会不会唱？

答：会唱的。

问：都会唱吗？

答：会。不会唱就不能宣卷的，宣卷需要多种曲调，要能发挥的呀。有些情节呢要唱锡剧的簧调的，有些呢要唱越剧的，有些开心起来要唱沪剧的。情节不同呢调头也要不同的，搭配进去呢五花八门，五颜六色，听上去就很好听。会宣卷的人必须要都会唱这些调的，是必须会的。你要宣一本书，只会一种调或者两种调，听上去就显得很单调。

问：你刚才说把各种地方戏的调引入到宣卷中，你可以给我们表演一下吗？

答：可以的。

问：你要唱的剧目是什么？

答：《叔嫂风波》里面的。

表演：（割爱）

问：刚才的表演是加入了什么地方戏的腔调？

答：起先是锡剧，再是选调，最后是越剧。这个是临场发挥的，开始唱越剧也是可以的。

问：你还在宣卷的时候，你去不去看别人的表演的？

答：外面别人的表演我也要去看，好的表演要吸收过来，丰富自己啊，学无止境呀。去看看别人什么地方好，什么地方不好，记在心里。有些人好的做法，比如表情啊，形容词啊，自己生疏的，自己没有的，就去学过来。主要的是收音机、录音机，特别是电视机。评弹特别要多听，可以丰富宣卷。为什么要宣卷呢，一个呢是自己小时候嗓子还可以，再则自己调头也好，最主要自己喜欢。

问：文革结束后，你有没有看拍成电视剧的《红楼梦》？

答：要看要看，要看得不得了。拍成电视的有《红楼梦》、《梁山伯与祝英台》，是有的呀。

问：你自己表演节目的时候有没有模仿别人？

答：要模仿的呀。

问：有没有特别喜欢模仿的人？

答：特别喜欢模仿的，宣卷呢最好模仿评弹，坐要有坐相，立要有立相。主要是学习评弹的姿势、表情、动作。因为宣卷同评弹蛮相似的。

问：你有没有特别喜欢模仿某一个演员呢？

答：是赵开生。赵开生，他风趣幽默，吐

字清楚，台风又好。

问：你在表演的时候，你是有什么特色可以来吸引观众看你表演的？

答：这个有的。角色要扮演得像，用词要风趣幽默，让人家能笑，自己不能笑，到这个程度也不容易的。

问：是不是别人的宣卷也是这样的特色呢？

答：不是的。比如人家要学我也学不像的，我要去学别人，也不可能百分之百学得一样的呀，没意思的。

问：你刚开始宣卷这个行当，是不是大家都蛮喜欢的？

答：起先一年毕竟生疏，有些观众听到一半就逃走了，这种也是正常的。一年过后么，慢慢红起来了。从 2001 年开始红了，2001 年做了 178 场，2002 年就有 200 多场了，之后就一直 200 多场。

问：刚开始做宣卷，你也还生疏，观众不喜欢你的宣卷，你是怎么办的呢？

答：一个我知道这是正常现象，是需要一个过程的。第二，要多学习，一个人对着镜子，慢慢学，学熟练。自己一门心思，专心致志学这个名堂，加上自己又有点基础，喜欢学，那么就慢慢得熟练起来了。我是［19］97 年开始做的，［19］97 年做七十多场，［19］98 年做 100 多场，是边做边学的。还有刚开始，怕难为情，到了春天，地里开了油菜花，那么就对着油菜花唱，把油菜花当成人，就这样子。唱得累了么，就回到家里，对着镜子唱。

拿手的宝卷

问：在你的宝卷中，你最拿手的宝卷是哪些？

答：最最拿手的，最最得心应手的，人家听众听起来最喜欢的，比如说《新郎产子》，那么《珍珠衫》、《金殿夺子》，还有叫做《姐妹花》又叫《兄妹拜堂》。

问：这些都是最拿手的吗？

答：最拿手，宣卷的时候效果好得不得了。很多的，有些已经忘记了，总归十几本书，本本都是好得不得了。

问：前几年你把你的宝卷中的十几种借给我，我想一本一本问，是否拿手，对剧本是否满意，可以吗？

答：可以。《盗金牌》不拿手，实事求是讲。对剧本比较满意，但是根据情节蛮难做，不适合我的特长。《双美缘》不拿手。剧本蛮满意的。《红灯花轿》说得蛮拿手，剧本也满意。《玉莲泪》就是《姐妹花》，因为里面有兄妹拜堂的情节。为什么要改名呢，是因为泪听起来苦，所以改成《姐妹花》。《玉莲泪》拿手的。这个是真正自己编出来的，在收音机里面听了一些故事，然后自己编出来的。情节相当丰富。剧本也满意的。《白鹤图》拿手的。这个真正是老剧本，老先生传下来的。剧本也是满意的。《叔嫂风波》满意的。拿手的。《刘王卷》剧本蛮单调，并不是自己得心应手的。对剧本不太满意。《三更天》这个自己编的，相当满意。《三更天》别的宣卷班子都不会的，只有我会宣。拿手。《观世音传奇》蛮满意，比较拿手。《三线姻缘》剧本满意，说书也蛮得心应手的。《姐妹封王》这个我从一开始宣卷就是唱《姐妹封王》的，所以也蛮得心应手。因为它情节简单，比较容易表演。最拿手的。剧本最最满意了。包括《三更天》，最最满意了。《白鹤图》最最满意，最最得心应手了。《姐妹调嫁》最最满意，最最得心应手。因为我的特长是做那种曲折的、复杂的，是我的拿手好戏。这个戏就是这种情节。《新郎产子》最最突出。《玉蜻蜓》蛮拿手，蛮满意。《鱼龙记》比较拿手的。剧本满意的。

关于青苗会

问：你有没有听说过青苗会，或者待青苗？

答：听说过的。

问：青苗会是怎么一回事？

答：青苗会就是一只庵，要去烧香的。七月半，青苗庵附近有水灾，那么靠一个菩萨逢凶化吉，所以后来就造一只青苗庵。这一天呢，要宣宣卷，不宣卷么也要烧香点蜡烛，感谢菩萨。

问：你知道菩萨的名字吗？

答：叫罗氏大老爷。

问：不是刘王老爷？

答：不是刘王老爷。正月十三是刘王老爷生日。

问：罗氏大老爷现在有庙么？

答：没有庙了。

问：北厍的大长浜［村］那里，也有青苗会，但是好像那边青苗会的时候，菩萨是刘王老爷，为什么？

答：哦，大长浜［村］是吧，那是他们是这个菩萨呀。这个不一定的呀，有些人相信关公，那就拜关公。这种不一定的呀。

问：所以青苗会的时候拜的菩萨是根据人们［供的菩萨］的？

答：对对。

问：吴江范围内，是不是拜刘王的最多？

答：这个好算算了，比较多。吴江范围内，哪几个菩萨最有名气，我告诉你，玉皇大帝、观世音、刘王老爷。这三种是最大的菩萨，最普及，拜的人最多。

问：你是不是经常在青苗会上宣卷呢？

答：经常去的。

问：在吴江范围内，是不是每个村子都会有青苗会？

答：这样理解不可以。

问：什么样的村子会办青苗会？

答：这种是地方性的菩萨，比如说像罗氏菩萨，茅山老爷，这种菩萨没有刘王、观音、玉皇大帝来的面积大。像罗氏菩萨、茅山老爷是地方性的菩萨，保一方平安的。有些村子认为这些菩萨是救苦救难的，对它的信任程度超过刘王、观音、玉皇。不是千篇一律的，是根据农民的信仰的。

问：是不是每个村子都有青苗会呢？不是问你每个村子都拜同一个菩萨。

答：不是每个村子都有青苗会的。

问：就是有些村子有，有些村子没有，对吧？

答：对。

问：七月半的时候是不是每个村子都拜自己村子的菩萨的？

答：并不是每个村子都拜菩萨，拜的话就是拜自己村子相信的那个菩萨。

问：在农历七月的时候，办青苗会的村子多吧？

答：以我十几年来，并不是个个村子都办的。

问：办青苗会的村子多不多呢？

答：也并不是很多。最最突出的是正月十三（刘王生日）、二月十九、六月十九（观音生日），到处都要我宣卷。

问：除了大长浜［村］以外，你还知道哪些村子做青苗会的？

答：除了大长浜［村］以外，还有现在已经拆迁了的八圻友谊村，这两个地方比较有名。别的地方不清楚。

问：你知道解放前有没有青苗会的？

答：解放前我还小啊，不清楚。

问：有没有年纪大的人说起？

答：也不曾听说过。

问：青苗会最近几年是不是没那么流行了？

答：据我所知，并不是很突出。

村庙和其管理人的情况

问：你是不是经常在庙会上宣卷？

答：宣的呀。

问：是不是到庙里去烧香，听宣卷，对吧？

答：对。

问：庙会一般是怎么一个情况？

答：就是说一两个、两三个村子，合起来去感谢地方性的菩萨。如果是一个村的话，人少，办不起来的呀。一两个、两三个村子，造一个庙，定一个日子赶庙会，每年都是这个日子。到了这一天，这几个村子的村民就要去赶庙会，烧香、点蜡烛。要宣卷的类型很多的，结婚、造新房、考上大学，类型很多的。

问：这一带有没有几个村子合起来造一个庙？

答：这一带比较少。合起来造一个庙，老百姓最最信仰的，是南厍［村］的财神庙。还有同里的张搭［村］的一个大庙，也是几个村子一起造的。

问：同里［镇］的庙叫什么名字？

答：他们叫是叫“大庙”。

问：这些几个村子合建的庙是解放前就有的，还是新造的？

答：新造的少，都是从前传下来的。

问：破四旧、文革的时候没有被拆掉吗？

答：破四旧的时候就被拆掉的呀，那么文革结束后么又在原来的地方重新造过，不会无缘无故新造一个庙出来的。

问：重建一个庙，是几个村子的村民都捐款吗？

答：要捐的呀，全靠捐款的呀。

问：是村民主动捐吗？

答：主动的呀。那么有些带头人愿意来负责，就叫他负责收钱。三十元或者五十元，随便你的。

问：怎样的人可以做带头人呢？

答：带头人呢，也不是群众推选的，一个呢要他自愿，一个呢要他在村子里有威望，蛮正直的，群众信得过的。人呢要相信菩萨，一心一意想做好事。

问：这个带头人男的多还是女的多？

答：都有。我的印象中一般好像男的多。

问：大长浜［村］也有个庙，叫莲花庵，他们的庙重建的时候，我朋友的父亲做过带头人。

答：他很有名气的，有威望。

问：你跟他认识么？

答：我跟他以前不要太好，他也称我是朱先生，那么后来我眼睛瞎掉了，就不再联系了。

问：你知道他为什么威望高呢？

答：会得说话。

问：什么样的人威望高呢？

答：首先嘴巴要灵活，说出来的话要不能让群众失望，说一套做一套群众就信不过你了。威望要自己创造出来的。那么威望高，群众信得过的人，他不愿意做带头人，群众都要来求你做的。

问：龙津村或者附近有庙吗？

答：没有庙的。以前也有的，龙津港［村］以前也有一只庵的，老早就拆掉了。

问：什么时候拆掉的？

答：文革刚开始那几年就拆了。拆掉的时候我十几岁。

问：你比较熟的庙有哪些？

答：那多了。像黎里［镇］也有一只茅山堂，八坼［镇］城隍庙。

问：我想知道是几个村合建的庙。

答：几个村合建的庙，现在基本上都拆掉了，为什么呢，因为很多地方都是拆迁了啊。

问：解放前就有，文革拆掉了，文革后又造起来的庙，你还知道有哪些？

答：那蛮多的，讲不完了。

问：最有名的有哪些？

答：像湖滨［镇］与八坼［镇］交界的青苗庵，也是蛮有名气的。现在拆迁了。

问：在哪个村子？

答：湖滨［镇］与友谊［村］交界的地方。

问：里面供什么菩萨？

答：里面菩萨众多，讲不清楚了，有茅山老爷，城隍老爷、观世音菩萨，多了。

问：以前采访一个宣卷艺人的时候，他们是在一个庙前面的空地上宣卷，而且菩萨也都抬过来了。但是我问他今天是庙会吗？他回答说不是，是集体请菩萨。他说集体活动跟庙会是两回事。你是怎么看的呢？你同意他的看法吗？

答：对对，是这样说的。

问：同样是在庙前面做的活动，怎样区分庙会和集体活动呢？

答：庙会是固定的，在一个庙里，定好日子，每年都是这个日子，要到庙里烧香点蜡烛，赶庙会。还有些，去请一个菩萨到一个庙里，与住这个庙里的菩萨蛮要好的，等到宣卷完了以后，就敲锣、放鞭炮送菩萨回去，这种就不算庙会了。

问：为什么自己村子的庙里有菩萨，还要再去请一个菩萨过来？

答：因为村里人也知道请来的菩萨灵得不得了，是心里发出来的感情，觉得这个菩萨能治好病，能保佑地方风调雨顺，就去把它请过来，沾点光。

问：一个村民想要看宣卷，又不请菩萨过来，这个算文艺活动吗？

答：这个不算文艺活动，一般这种情况没有的，基本上没有的。宣卷跟菩萨有千丝万缕的联系，所以宣卷前要请佛的呀，请佛的调头很好听的。单单想看宣卷，不请菩萨，现在基本上没有的。

关于庙会的定义

问：庙会和佛娘的庙是不同的，对吧？

答：不一样的。

问：佛娘的庙，和几个村子合建的庙，有什么区别？

答：佛娘是家里金堂里有个菩萨，到六月十九的时候是在家里请菩萨的呀，跟庙是没有关系的。她主要是歌颂、赞扬自己金堂里面的菩萨，是这样的。所有的开支是佛娘一个人拿出来的。而庙会的开销是群众出钱的，买小菜啊，宣卷啊，都是群众拿钱出来办的。

问：请你做宣卷的人，是不是佛娘比较多？

答：都是佛娘请的，总要占百分之六十。

问：其余百分之四十的情况是怎样的？

答：比如说房子造好，想宣卷，这个跟佛娘没关系的，他如果相信我，就打电话给我，要我宣卷。有些儿子结婚，这个跟佛娘没关系，也会打电话来宣卷。

问：百分之四十中庙会和集体活动各占多少？

答：哦，庙会占百分之十一到十三，集体活动很少的，其余属于个人。

问：佛娘请的百分之六十当中，有些老板很相信佛娘家的菩萨，一个老板想请佛娘的菩萨而做宣卷，那这种情况算不算在佛娘请的宣卷中？

答：如果那个老板喜欢哪个班子宣卷，他就会告诉佛娘，要佛娘打电话过来叫。如果那个班子没空，佛娘就会告诉老板，然后老板自己想办法，自己打电话找人。至于在这场宣卷，因为是老板来感谢菩萨，所以一切的开销都是老板出钱的。

问：佛娘自己有放菩萨的地方，那这个菩萨生日的时候也有活动吗？这种活动不算庙会，那称什么？

答：这种不算庙会，是自己请菩萨的。

问：有没有专门的称呼？

答：没有的。

问：好像相信佛娘的菩萨的人，月初、月半要去烧香，对吧？

答：凡是称得上佛娘的，家里的金堂是有菩萨的。一个村子里不止一个佛娘的，不是每个佛娘都要去烧香的啊，你相信哪个佛娘，就去哪个那里烧就可以了。一般都是初一、月半去。

对于佛娘的看法、维持生活的方式

问：你宣卷的时候是不是认识很多佛娘？

答：多得不得了。

问：你对佛娘有什么看法呢？你觉得佛娘是怎么样的人？

答：一般来讲，佛娘中百分之八十是农家妇女，心地善良、行善积德、助人为乐，甘心情愿给老百姓服务。极少数是利用菩萨赚钱，以小舍大，装腔作势，自认为自己很灵通。这些都是事实，是我几十年来的心得体会。

问：你怎么分得出来呢？

答：哎呀，一看就看得出呀，他们讲的话很装，还有表情、动作、手势、态度都看得出来的，认为自己自高自大，难免就会装腔作势。

问：善良的佛娘靠什么生活啊？

答：好的佛娘不靠菩萨生活的，靠子女，靠自己劳动，菩萨只是为群众做好事的。总有百分之二十的佛娘，是利用菩萨赚钱的，一年二十几万［元］也有的。

问：你说好的佛娘一般是靠自己劳动生活，那她们一般做什么工作呢？

答：靠自己劳动，种点蔬菜出去卖，有些么附近有工厂，就去工厂做做清洁工，这是大部分。一般么家里条件也不错，大概都在五十到六十岁，七十岁的也有。

问：那些不好的佛娘怎么能够赚到二十几万呢？

答：一般是看病，自己定价格的，300元，或者500元，随便定的。也有些是去看地基，1000元-5000元都有的。还真的有人会相信的。有些么，到家里的菩萨生日的时候，叫人到家里来，摆个二十几桌，每个人都要出点钱，至少200元。那么平常日子，天天有的呀。有些要面子的人到佛娘那里烧香，至少给100元。有些人去老爷那里许愿，愿望达成后，佛娘会老爷上身，以老爷的名义要求办酒或者给钱。为什么有些佛娘能赚二十万［元］一年，主要原因就是每天都有人来找他们看病，天天都收钱。

问：你看到老爷上身的情况，很多吧？

答：多啊，我有些不要看的。我这个人啊，性格很爽也善良，喜欢看一本正经的人，喜欢一个佛娘真正为人民服务的，收钱也至少少收点的。一般装腔作势，发财得不得了的，我不喜欢跟他们打交道的。

问：好的佛娘也给人看病、看地基、许愿还愿吗？

答：坏的好的，做的事都是一样的。

问：好坏的差别就是他们收不收钱么？坏的佛娘会收很多钱，好的佛娘不会收很多钱？

答：好的佛娘，在老百姓达到目的后，只不过象征性得收点钱，其余的都会退回去的。

问：你以前宣卷的时候经常参加佛娘组织的宣卷活动，那时候好像每场400元。而且宣卷的时候他们同时办饭桌，这种费用那个佛娘好像还要收钱的，这样如果有多余的钱，佛娘怎么处理，退还给群众吗？

答：佛娘有几种做法，有些想要赚钱的佛娘，在你达到目的后，就会要求宣卷，所有的费用都要你包了，比如总共2000块。有些佛娘名气蛮大的，就会有几户人家拼起来做，如果五户人家，每家出2000元，就有10000元，然后连续做五天，轮到哪一户人家，那户人家当天来到一到就好了，钱怎么在花是佛娘说了算。那么佛娘这里省一点，那里省一点，除了给我的宣卷钱400［元］外，吃的花的基本只要800元，这样每户人家就可以赚800块，这种做法是不好的。但是一般人在家里宣卷的话，佛娘是不收钱的，只是到他们家去到一下，吃个饭，主人家把宣卷的钱400［元］给我就好了。佛娘不收钱，最多就拿个红包。

问：佛娘在自己家里宣卷，多出来的钱怎么办呢？

答：多出来的钱么，是佛娘自己的了，看她自己怎么用，怎么自由发挥了。

问：如果一个老板还愿，是不是一定通过许愿的那个佛娘，这是老规矩吗？

答：比如说你是个大老板，到我这里来看病，病看好后，一定会去感谢我呀，因为是在我这个菩萨里看好的呀，不是在另外哪个菩萨看的呀。

问：刚解放到改革开放应该没有这个规矩吧？

答：也有的，所以叫老规矩。解放前流传到文革过后，一直就有这个老规矩。只是还愿的方式越来越多了，原来还愿只是弄几个小菜在菩萨面前还愿，出个一元、两元钱。那么现在发展到不得了，甚至于几千块都有了，所以有些佛娘才会有那么多收入。

问：但是文革的时候应该是不允许的吧？

答：只是文革以前呢，还愿是偷偷摸摸的，现在么就公开了。路上有人问："张三，你今天上哪里去？"张三会回答："到菩萨面上还愿去。"开心得不得了，因为达到目的了。

佛娘传代与继承的情况

问：许愿还愿也一定要在金堂里面吗？

答：对。

问：如果一个老板开工厂，会不会把菩萨请到工地上，然后许愿还愿呢？

答：这种情况也有的。我要开工厂要造厂房，希望生意好，那么就在工地上搭几个勃倒厅，把老爷请过来，然后宣卷。这是他们心理上的安慰，心诚了，希望菩萨能够灵。这种例子，金家坝［镇］、北厍［镇］我去得多了。

问：为什么村民就相信某个佛娘呢？

答：这个人认为那个菩萨神通广大，名气大，就相信那个佛娘了。有些人么也看那个佛娘信得人多，办的事多，就相信那个佛娘。

问：一般村民中，相信佛娘的以老妇女占大部分，有没有这种情况？

答：这个不一定的。怎么辨别一个佛娘本事大不大，这个看不出的。那如果真的有相当一部分人的目的达到了，才会有人去还愿，否则怎么会有人去还愿呢。哪个佛娘看病看得多，就到哪个佛娘那里去看病。

问：好的佛娘威望高不高？

答：威望高，人缘好得不得了。

问：为什么呢？

答：一个是会做人，一个呢人家都知道她能给人看病，而且病看得好，钱么也是象征性得拿一点。而且心地善良，说的做的都是符合心地善良的，所以威望高。

问：好的佛娘是不是口才也好呢？

答：不一定要口才好，但是非常重要的因素。如果口才好，就可以起相当好的作用，比别的好的佛娘更有威望。

问：佛娘会像道士那样给人写符吗？

答：一般很少的，我看过的佛娘很少很少给人写符的。

问：如果要符，该找谁呢？

答：如果要符的话，就找道士、和尚这种。道士、和尚跟佛娘是两回事。

问：佛娘传代吗？

答：这种情况蛮多的，一般来讲，佛娘都是传代的。那么娘传给女儿，女儿再传给自己的女儿，传代的要占百分之八十。

问：传代的占百分之八十那么多，是不是一般的人如果母亲或者更上一代不是佛娘，她就很难学到那些看病啊、老爷上身这样的技术？

答：一般呢，佛娘是传代的，那么新的佛娘呢也是有的。比如你是个女的，一般的佛娘女的多男的少，女的占百分之八十。有些呢，不管男女，你去一个佛娘那里看病，病看好后，佛娘的菩萨就看中你了，要你做继承人。那么你也没办法，不能不做的，因为把你的病看好了呀，防止旧病复发啊。那这个人从哪里学呢，就从佛娘那里学过来。一个新佛娘肯定不是无缘无故就能做佛娘的呀，肯定有人教她的呀，教的那个人就是师傅。新佛娘就到师傅那里去学一切特长，所以没有无缘无故的有新佛娘的。学成以后，就自己做佛娘了。所以现在老佛娘传代传下来，新佛娘又在出现，所以佛娘越来越多了。

问：佛娘一般是传代的，如果有两个女儿，是不是两个都要做佛娘呢？

答：不是的。其中挑一个。

问：如果两个都想做佛娘呢？

答：那也可以两个都做的。

问：香客怎么分呢？

答：根据人家相信哪个就去哪个了，这个没有强制性的。靠自己本事，自己威望的。

宣卷的顾客（老板、佛娘）

问：很多老板是通过佛娘来请宣卷的，那在你印象中，这种老板是怎么样的人呢？

答：是地方上有钱的人，有办厂的，在外面开店的，养鱼塘的，在外面开厂的，在外面做生意的，小商小贩都有的。其中有一部分人，在没有佛娘前就是相信菩萨的，那么在发财之后，很开心，花点钱也无所谓。那么不相信的也有的，也就不会去办宣卷了。

问：你说的开厂的、养鱼塘的老板，在[19]80 到［19］90 年代，叫个体户吗？

答：这种基本上是个体户。

问：现在也叫个体户吗？

答：现在实质上也是个体户呀。一般就是个体户呀，与集体有分别的呀。

问：现在开厂的老板，厂的规模是不是蛮小的？

答：这个规模大小不同，有些规模大的吓死了的，像北厍三元织造厂，这个规模大了，单工人就要 1000 个人做。老板很有名的，叫陈顺荣。

问：这个老板是不是以前请你宣卷过？

答：哎呀，一直宣卷，一直请我的。基本都是叫我的。

问：他是通过哪个佛娘请你去宣卷呢？

答：他不是通过佛娘的，他是通过地方上的那种小佛娘。他是相信自己村的本村大老爷的，在三元织造厂旁边有一只小庙，他相信的。

问：叫什么名字？

答：叫陆妹，她其中一个儿子是开皮鞋厂的，也是个老板，但是没陈顺荣大。她的老公叫陈川生。

问：他们村子叫什么名字？

答：叫潘水港。

问：陈顺荣是通过这个佛娘联系你吗？

答：他先通过佛娘来叫我去，后来熟了么就直接联系我了。从［20］03 年开始，到陈顺荣家宣卷以后就一直宣，他们村很多人家都要请我宣卷，所以每到他们村子宣卷，要从四月初一到四月初八。陈顺荣带头先做，别的人家也要我做，就这样的。

问：潘水港的人家宣卷的时候，一定要把老爷请过来吗？

答：不，就是在庙的前面宣卷的，八家人家一家家轮流的。

问：宣卷的时候，陆妹一定要过来吗？

答：要来的。凡是八家人家轮到哪一家，他们一定要过来的。

问：在请佛送佛的时候，佛娘参与吗？如果参与，当天宣卷的人家是不是要给她一个小红包？

答：潘水港从［20］03 年开始连续四年，每年八次，从四月初二开始到初九。八家人家一户户做，陆妹只不过起一个跟我接头的作用。那么当天轮到哪家人家宣卷，所有的开销就由这户人家出。那宣卷过程中，请佛送佛八户人家都是要到场的，陆妹也会来。

问：请佛接佛的时候，陆妹会参与吗？

答：会来的。

问：她会收到小红包吗？

答：不收红包的。

问：她去干什么的？

答：她知道这几家人家信菩萨，那么就去赶赶热闹的，她人很热情，不收红包的。那补充一句啊，像潘水港这种情况是个别的，一般讲起来不管是不是老板，到佛娘那里去宣卷，是要给佛娘一点钱的，至少一个红包。

问：宣卷的中间要吃饭嘛，吃饭的费用是不是由老板出？

答：是的。如果是佛娘自己家里要宣卷的，相信这个佛娘的人，一般要到佛娘那里出点钱的。凡是一般老板自己要宣卷，所有开销都要老板出，他相信哪个佛娘就把佛娘请过来，这种的话要包一个红包给佛娘的。

问：一般老板家请宣卷，所有的开销加起来，大概要多少钱？

答：老板也有大小，有的大老板家产 100-200 万，有的家产 7-8 万也算老板的。一般的老板总要 3000-5000 元，老百姓总也要头 2000 元，有些很大的老板会花几万都有的，比如同里的一个老板叫董来根（音），他宣一次要花十几万，这个不一定的。不是大老板就大开销，小老板就小开销。像董来根（音）资产远不及陈顺荣多，陈顺荣只是普通地办一个宣卷，董来根（音）场面就弄得很大，他要面子要风光，这个不一定的。

问：我们昨天借的宝卷中，有一本是专门记小调的，在后面包括接佛调、送佛调的笔记，你宣卷前会跟观众以及办宣卷的主人打招呼，在笔记中按照行业有不同的打招呼，讲的内容都不一样，你还记得吗？

答：记得，比如说有一个服装老板，今天请我来宣卷，有很多观众，观众中也会有别的老板，比如养鸭的、办厂的。所以打招呼的时候，以服装老板为主，也会说祝养鸭的发财、开厂的发财等等好话，博取各个观众喜欢。

观众都高兴么，以后就会叫我去宣卷，那我生意也就多了。这种不过是捧场话呀，如果单单只说好话给服装厂老板，别人会嫉妒的呀，所以给每个行业的老板都说几句好话，大家才都开心的。

问：在你的印象中，开厂的老板，都开什么厂？

答：服装厂、皮鞋厂、钢板厂，另外也有，忘记了。

问：养殖业的老板，都养什么？

答：养鱼、养黄鳝、虾、螃蟹，都是水产养殖，可以总包括稿去的。养鸡、养鸭也有，但是少。

问：这些老板你碰到的比较多？

答：对。

问：你的笔记本上有个词“佛姐妹”，是指佛娘吗？

答：我跟你讲，比如说你也是佛娘，我也是佛娘，那么碰到一起就互相称呼“佛姐妹”。男女佛娘碰到一起都称“佛姐妹”的。

渔民与民间文艺

问：你认识的宣卷艺人中，有没有是渔民的？

答：一个都没有的。

问：有没有渔民请你去宣卷的？

答：有的。

问：他们喜欢听什么宝卷？

答：他们不懂的，就是叫我唱得好一点，要发财宝卷、开心宝卷。

问：有没有渔民的要求跟一般农民不一样的呢？

答：也有的。大部分要发财宝卷，有些渔民知道老板不是天生就来的，都是要艰苦奋斗才得来的，所以有一小部分渔民只要求生动、情节吸引人，幽默的就好，并没有发财的目的，这种毕竟是少数，只占百分之二三十。

问：渔民都请你到哪里地方宣卷？

答：就是他捕鱼的水边，搭个棚子，就宣卷了。

问：就是到他住的地方吗？

答：哎，是的。这个渔民的规矩很多的，如果渔民要请你宣卷，必须到他们的场地去宣卷。

问：渔民会请菩萨来听宣卷吗？

答：请菩萨过来的，也有的。

问：都请什么菩萨？

答：就是地方上的大老爷。

问：有没有渔民请你唱《刘王宝卷》？

答：有的。

问：请你唱《刘王宝卷》的渔民多吗？

答：多，相当一部分都要我唱《刘王宝卷》。

问：你有听说过赞神歌？

答：请佛送佛的时候唱的就是赞神歌。如果一定要唱赞神歌，我可以编的呀。

问：我以前在莲泗荡［刘王庙］，很多渔民来拜刘王，他们好像有个人专门在唱赞神歌。

答：哎，渔民他们自己会编赞神歌的。

问：好像渔民的赞神歌跟你说的赞神歌不一样的，是吗？

答：主题思想一样的，形式是两样的。

问：我以为只有渔民会唱赞神歌啊。

答：渔民会唱的赞神歌，只是许多赞神歌中的一种。那么一般农民也会要我们唱赞神歌的，也要我们赞美菩萨的，也是赞神歌呀。所以只不过是形式两样，主题思想是一样的呀，内容也是一样的。

问：调子不一样吗？

答：不一样的，有些喜欢越剧，有些喜欢锡剧，扭秧歌也有的，有些么喜欢地方小调的，但是具体内容是一样的。

问：你会唱渔民的调子吗？

答：一般的，我也不曾唱过。因为渔民也没有形成一种渔民特色的赞神歌，只要你唱的内容符合渔民的心情，那也可以称为赞神歌的呀。

问：你宣卷最主要唱什么调子？

答：我最主要是选调、锡剧、越剧，因为这三种，不论是渔民、老板、老百姓，都喜欢听。如果你唱京剧、河北梆子，就算你唱，人家也听不懂。不敢唱，你唱得再好都没有用，没人要听的。这里是江南嘛，这里的人喜欢江南的曲调。

问：如果唱赞神歌，一般唱一段要多少时间？

答：如果人家喜欢，一般唱十到二十分钟，如果要求长一点么，半个多小时也可以。

问：最短的话呢？

答：那就几分钟。

问：你给我们唱一段最短的赞神歌呢？

答：现在想出来也蛮困难的呀。

问：那这个赞神歌有剧本么？

答：没有剧本的呀。

渔民与民间信仰

问：你给农民宣卷跟给渔民宣卷，有没有不同的地方？

答：开场打招呼不一样，里面的内容都是一样的。

问：腔调有没有区别？

答：有变化的。如果渔民喜欢听选调，你就多唱一点选调。像芦墟一带渔民，喜欢听选调，那你就多唱选调。

问：渔民有没有佛娘？

答：有的。

问：如果渔民要宣卷，是通过佛娘找你，还是直接来找你？

答：一般通过佛娘来找我的。

问：你有认识渔民佛娘吗？

答：渔民宣最多的是芦墟渔业大队，也有佛娘，名字不记得了。北厍也有一个，叫福生，他是最相信我的，老渔民了，他不是佛娘，是渔民，世世代代是捉鱼的，一直都是叫我去宣卷的。

问：有没有渔民跟你关系特别好的。

答：关系都很好，那么特别要好的算福生。

问：福生多大年纪？

答：总有七十二到七十五岁的样子。

问：我们去北厍渔业村能找到他吗？

答：你去那里打听，经常叫朱先生宣卷的那个老人，七十五岁左右，人家知道的。

问：农民佛娘与渔民佛娘的工作内容一样吗？

答：都一样。

问：都有仙方吗？

答：有的。

问：在吴江有宣卷这样的民间曲艺，但是我们到湖州、海宁这些地方，他们不宣卷。我想问，这些不宣卷的地方，如果要请菩萨，一般是什么文艺活动呢？

答：宣卷在吴江范围内事最流行的一种民间艺术，也是一种赞神歌。整个吴江市，并不是每个地方都宣卷的，但是宣卷的地方占百分之八十，所以宣卷的范围越来越大，扩大到吴县、车坊［镇］、昆山［县］，南面过去到了浙江了，常熟过去到了嘉兴了，西面过去，原来不相信宣卷的，现在慢慢也相信了。

问：有些地方不相信宣卷，用什么方式呢？

答：那就换一个方式，比如打莲响，舞龙。

问：你有没有听说过湖州一带的一个民间曲艺，叫拜忏，像念经一样的。

答：拜忏也是菩萨面前的一种形式，用佛经赞扬菩萨。浙江我去过的，拜忏有的。他们既请拜忏，又要请宣卷。

问：具体是怎么做的？

答：比宣卷人要多了，六个人，有本书，不是临场发挥，要有底子的，念得很整齐也不容易的。他们的本子叫《拜忏经》。

问：拜忏的人是专门做这个行业的吗？

答：专业的。

问：是道士还是和尚？

答：不是的。是专门做这行的。

问：跟专业艺人一样吗？

答：一样的。拜忏跟宣卷都是菩萨面前的一种活动，是一种感谢、赞美菩萨的活动。拜忏是赞美菩萨为主，我们宣卷既是赞美菩萨，又是捧场。

艺人生活的回忆

问：你现在回想以前艺人的生活，有什么感想吗？

答：我想想我这个人太苦闷了，没有福气。在我事业最红，最受人家欢迎的时候，我的眼神经萎缩，看不好了。本来我老夫妻两人是多幸福的，一儿一女，他们事业也蒸蒸日上。我现在只有六十二岁，现在算年纪轻了么。现在我一个人在家里，多么得苦。我一生中，做理发的，做生意的，到山上去买毛竹的，都不是我的特长，我最主要的特长，最最喜欢的，就是说说唱唱，就是宣卷。我这个人，到外边你们去打听好了，一般的佛娘、观众，都同我蛮亲近的，我这个人还是有一定的名气的。但是现在我眼睛瞎了，他们打电话来，我先祝他们保重身体、把家庭搞好，自己要幸福生活，家庭和睦、夫妻要团结。经常有打电话来的，甚至有些人要来我家看望我，我不要他们来。为什么呢，我现在眼睛瞎了，好像低人三分了。他们那么远的路程来看我，有什么意思呢。我心里想，你们打电话来，我已经很高兴了。只有我一个双目失明的人去劝他们的，这是我的性格。我现在想起离开了宣卷，心里苦闷得不得了，也感谢你们来看望我，陪了我两天。我知道我是世界上最幸福的一个人，论经济，虽然不是老板，也是蛮富裕的。现在犯这个病，最幸福的人变成了最痛苦的一个人。我的儿女、我的老婆都是关心我的，我心里过意不去。这样伤心的事情我不说了。你们休息一下，吃了饭再走。

4 张宝龙

采访日期：① 2005 年 8 月 12 日，② 2008 年 8 月 26 日

采访地点：①金家坝镇石铁村，②北厍镇叶周村东小巷

讲述人：张宝龙（1950 年农历 10 月 4 日出生，五十六岁）

采访人：①稻田清一、太田出、佐藤仁史、吴滔、张舫澜，②绪方贤一、藤野真子、张舫澜

翻译人：①杨申亮、张舫澜，②张舫澜

简　历：八坼镇联盟村姜阿港人。小学毕业。十六岁开始务农。二十八岁开始学宣卷，拜闵培传、顾计人、沈祥云为师。后来组织自己的宣卷班子，上演到现在。

家族情况

问：父母叫什么名字？

答：父亲叫张顺传，母亲叫张阿七。都是姜阿港人。

问：你父亲解放前做什么工作的？

答：我父母都是农民。

问：解放前有多少土地？

答：解放之前只有十几亩田。

问：是租田还是自田？

答：这个都是租田。

问：租田的地主是谁？

答：地主啊，地主我也记不清了，是本村的。

问：土改的时候你父亲是什么成份？

答：贫农。

个人经历

问：你的文化程度是什么？

答：小学毕业。

问：小学在哪里？

答：就在我们本村上的，就在姜阿港本村上的。

问：当时的小学念了几年？

答：小学六年。

问：宣卷是专职的还是兼职的？

答：我一直是农民，等到开放政策以后，因为我读书已经到这个时候了，不好读了，那么现在呢就在田里做，一直就是农民，出校门六年十四岁参加田里跟父母田里做农民。宣卷有是有的，我还小了。

问：宣卷是什么时候开始做的？

答：宣卷么我自己的一个爱好，自己村上有一个先生专门说书的，那么我跟着他学的。那么正式开始么开放政策以后，三中全会以后，在［19］80 年。［改革开放］以前的先生叫李成林，启蒙老师李成林。

问：你是边务农边宣卷吗？

答：那么我参加了同里的一个曲艺队，我们吴江有个同里镇，同里镇的曲艺队的队长叫金恩官，参加他们这儿。他是文化站长，他开证明可以下乡巡回演出，搞宣卷。等到农忙的时候回到家里帮忙务农做掉点农活。下乡巡回演出。启蒙的先生李成林，真正的先生叫闵培传。

问：在农村里面有没有当过干部？

答：没有，都是农民，我的父亲年纪太大了，我十八岁［时］我父亲已经六十岁了，这个生产队里没有干部好吃的（生产队里没有脱产干部）。所以我们家就专门听李成林讲这个戏，那么作为我自己的爱好。真正的先生、宣卷的先生，我是拜闵培传。

师承经历

问：第一次学宣卷是几岁的时候？

答：二十八岁，最早学时［19］八零年都没有到，［19]77 年［的时候］。我就是跟闵培传先生已经在学了，正式［19］80 年春天呢我一个人已经单独了。

问：跟闵培传先生学了几年？

答：学了一年多点。我到［19］89 年么参加吴江市的艺术节。这个节目很大，我们全吴江会唱的人统统到场。我得到艺术节的一个牌，得过奖的，优秀奖。［19］90 年么参加吴江市港澳台胞丝绸旅游节，宣卷呢就叫我去，就去我一个，演出《螳螂讨新娘》。

问：具体跟先生学些什么呢？

答：很多的，《黄金印》、《合同记》、《蜜蜂记》、《白兔记》、《剪石记》、《配弓带》、《丝罗带》、《红罗帐》、《刘王卷》。今天我说的就是《刘王卷》。有一百多本［宝卷］。

问：1977 年你开始学宣卷时的老师是哪一位？

答：第一个老师啊，第一个老师姓杨，叫杨贵福……第二个老师 TI YU CHENG。

问：第一位那个杨贵福老师，跟他学了几年？

答：跟他有多少年？一年吧。第二个老师跟他十八天。第三个老师就是顾计人，［跟］顾计人半年、六个月。第四个老师就是沈祥云，跟他一个月。最后的老师，真正的老师就是闵培传（讲述人答的很慢，中间有较长时间停顿）。

问：跟闵培传多长时间？

答：闵培传啊？十一年吧。以后就是自己一个人。一个人带两个琴师，带两个乐队。那么在最近的十二年嘛就是两个人。她（指下手）是苏州来的，我做上仙道，她做小仙，跟了我十二年。

问：跟她合作十二年？

答：嗯。

问：宣卷的方法各种各样吧，你的老师怎么教给你唱法呀，念法呀，比如说你常常看老师的演出，还是直接记住老师讲一个一个……？

答：跟牢他们的演出，我就是看，就是看好的，抄好的我用上去。这个样子。

问：除了你的先生，你听说过徐银桥和许维钧吗？

答：徐银桥是我的师爷（先生的先生），但是我不认识的。许维钧的宣卷我听过的，那么徐银桥么我不认识，面也没有见过。

问：许维钧先生的宣卷有什么特点？

答：许维钧都是木鱼宣卷，都是敲木鱼的，一个大木鱼两个小木鱼。许维钧呢开场敲大木鱼宣，那么那边两个小木鱼呢，就跟他合卷。

问：你先生的宣卷有什么特点？

答：特点，说功，面部表情很好，说功的艺术很高，说功就是说的表情好，他说哭就哭，说笑就笑，很受观众欢迎。他的文字也写得很好，他文采很高的。他就是唱什锦书，从木鱼宣卷到丝弦宣卷到什锦书。就是这些特点。什锦书么各种调都要唱的。

问：闵培传是什么文化？

答：他读私塾。

问：什锦书和丝弦宣卷有什么不同？

答：什锦书就是各种小调、锡剧、沪剧、越剧、京剧都插进去，[还有]评弹、地方小调，还有江南小调。

问：滩簧也唱吗？

答：滩簧有的有的，滩簧就是宣卷，沪剧就是浦东滩簧，锡剧么就是无锡滩簧。

演出的特点

问：你最拿手的宝卷是什么？

答：我说出来的都拿手的，我最喜欢说的么是《文武香球》，还有《黄金印》。我很多很多的书，我随便叫得出，我一便都不要看的，我二十多年的工龄，离开先生二十多年了。自己觉得特别的，《施红菱》，还有《水泼大红袍》。

问：观众最喜欢你的什么书，什么东西，观众看了最开心？

答（下手）：悲剧，观众最喜欢，就是那个眼泪掉下来。感情都一起去了。……还有就是那个喜剧的，就是小丑啊，调戏良家民女啊，这个观众也挺喜欢看的。

问：他（张宝龙）最拿手的就是小丑？

答（下手）：小丑他拿手的，他还拿手的演八十几岁、九十几岁的老太婆啊，老公公啊，他这个演出的很像很像，走路啊，说话啊，观众蛮吃他[那一套的]。张先生还有一个，就是演出的时候……这个脸皮会一动一动，这个动，这个不动，这个动，这个不动，观众也喜欢，就是演技。……他师傅演技好得不得了。闵培传演技好的，他得到了师傅的真传。

问：他这个演出方法是闵老师教给他的？

答（下手）：对，闵老师他精心的培养这个学生。先生肚里的东西他基本上都教给他了。

张：[张] 宝龙先生有一个社，演吟社。闵培传的学生 [当中] 他是最好的一个。

答：闵培传真正 [传] 的就是我，[跟他学的] 人么很多的，但真正 [传承的] 就是我。

答（下手）：闵培传待他好的不得了……闵培传照片多的。闵培传的宣卷好的，最好的。

问：你在演出中是注重唱腔，还是注重表情，还是注重说白？

答：我是说第一，噱第二。

问：你喜欢其他戏曲吗？其他艺人跟我说喜欢沪剧、越剧、锡剧的人比较多，你也喜欢这些戏吗？

答：宣卷就是说起来要唱丝弦调，宣卷调。

问：然后地方戏曲当中哪个欢喜？

答：锡剧。还有越剧这种……。

张：其次是越剧及个地方小调，双扣香（音）啊……地方小曲小调，吴江调啊……。

宣卷班子的成员

问：你们两位合作了已经十二年了，其他班子的人也是一直做工作吗？已经过了十二年了吧？没有啊？

答：只有这一位先生姓周，跟牢我七年，这位叫三点水一个 ni 字，叫 shi 先生跟牢我三年。

问：现在的宣卷，大多数是上手、下手、二胡、扬琴四个人合作吧？

答：开堂么笛子。

问：笛子是哪一位？

答：就是他吹笛子，我拉二胡，他拉扬琴。

张：以前多了，五个、六个，七个、八个都有，现在清减了。小分队了。

（大家回忆了以前有锣鼓有其他的时候的情景。——“堂名，堂名都唱的，敲锣鼓……都做的，宣卷堂名嘛，现在堂名比较少了，一只只台的。”）

问：除你们外，其他班子的人是怎样找人的？怎样招募？

答：招的来么个个邀请的。我呢……。

问：你打听一下，或者有没有你听说过的？。

答：他会打扬琴嘛，我就去请他，同他商量他能不能和我合作，格末慢慢来，到了时间嘛跟了我，这一位琴师他是我邀请来的。没有琴师跑上来 ao（土话，指自己送上门），说自己给你做（琴师）。有是也有，ao 上来我不一定要，张老师，自己请的好。

问：你有徒弟吗？

答：我没有徒弟。

问：有没有培养下一代艺人的打算？

答：没有，我不想收徒弟。

问：为什么？

答：为什么么，我想来想去不要去害人，学得出来是最好，学不出来怎么办。

问：如果碰到好的呢？

答：到时候再说吧。要看到诚心来叫我先生的，那么还有，我不会主动去教他们的，总归要他们主动上来，那这个人学得出来学不出来。

上演环境

问：现在一年有多少演出？

答：280［场］（下手：280、90［场］，不一定的）。

问：工作最忙的时候是什么时候呢？

答：新春开始，正月初一开始（下手：四个半月，连续的不休息的）。

问：四个半月要到五月啦？

答： 五 月 二 十 过 了（ 下 手： 连 续一百四十五天左右）。

问：到农历的五月，要到五月二十后？

答（下手）：下半年就是农历八月份开始，就是忙了，八［月］、九［月］、十［月］，三个月。

答：不是八月，七月十五开始。要做到十月底。十一月份、十二月份这里稍微清淡点。

问：这样嘛，上半年，六月到七月上头清淡，淡季。下半年呢，农历十一月十二月，是淡季。淡季很短的。

答（下手）：张老师，你们要看我们最最热闹的这天就是农历八月二十二号，就是庄家圩［刘王庙］那个庙会，他们是大老爷的生日，这里的百姓都要挤进那儿，挤的不得了，我们宣卷的棚一个一个搭了很多，这是最热闹的，你们有机会来，有穿龙啊……。［八月］二十二，我们要一家唱一场，这个老板唱那个老板唱，挣得薪水比平时多。

问：平常的演出一场多长时间？

答（下手）：五个钟点，下午三个钟点，晚上两个钟点。前几年都要六个钟点，下午三个钟点，晚上三个钟点，我们就不回去，睡在人家家里，那么现在都是回去睡觉了不睡在老百姓家里，就是五个钟点。

答：以前都是做八位，起码要六位，现在都是做五位了（指宣卷班子的成员）。

问：一场有多少收入，现在标准是多少？

答：一场500块（下手：今年500［元］，以前，360［元］也有，400［元］也有）。

张：本来少一点，现在慢慢高起来了，起码了这点。原来450［元］，480［元］，现在统一了，500［元］了。

答：这个不一定的，这个地方呢卖这个钱，再大一点卖大一点的，像这个老朋友了都是这个钱，自己村上是这样，不一定的。

（讨论采访多久合适，因为他们等一下要表演）。

问：收入呢是班里面的人怎样分配呢？上手、下手、乐队的人怎样分配的？

答：五股，我们两人（上手和下手）三股，乐队（两人）都是一股。

张：都这样，每个班子都这样。

问：现在的观众的大部分都是老年人？

答：年纪轻的都要上班，没有时间来听的，都是老年，有个中年。

问：青年人有没？

答：有时候有，很少的。

问：有演出的记录吗？有生意表那种。

答：有的。[20] 03 年开始。还有，[19] 九几年都有。

问：你演出的时候是书都记住的，是吗？

答：哎，台面上不放书的。书不放的。

张：演出的宣卷台上不放本子，都记在脑里，心里的。因为他们都是先生教了以后口流心传，都是老师，师傅口流心传。

问：是不是通过演出不断改进？

答：哎。

张：多少年以来么自己慢慢的丰富起来，越来越好，越来越完善。

演出场合

问：什么情况下人家来请你宣卷的？

答：做寿、新建房屋、考取大学、庙会、小孩满月叫汤宾之喜。还有菩萨生日、许愿还愿，结婚办喜事。

问：白喜事葬礼去不去？

答：不去不去，我只做喜事。

问：你们出去演出碰到什么情况为多？是待佛多还是造房子多，小孩满月多还是做寿多，还是娱乐多？

答：待佛多，都是待佛（旁人：菩萨的生日就是庙会）。

问：要是这样的话，演出的地方寺庙最多，是吗？

答：现在我们这里，有的人到庙里去的，但是有的庙比较小，蹲不下，都是搭个棚，这个棚要倒就倒了所以叫“勃倒厅”。……现在不用“倒”，用到哪里的“到”，像外面的帐篷一样。大部分在家里，把老爷请的来，但是呢今天有的地方不请，但是呢真先生（？）口头出了，他们都会来的，他不来也没关系。

问：待佛中，你做得最多的是哪一种情况呢？

答：最多的就是发财，做生意发财了，老板生意发财了，开厂发财了。那么许愿了。

问：如果用百分比来说占宣卷的多少？

答：宣卷我每一年做 246 场，平均我就靠这些。

问：开厂发财的时候也有接佛送佛的仪式吗？

答：有的。发财了么就是请个菩萨，那么我们就可以去做生意了。

问：菩萨生日、许愿、做生意发财，这些的宣卷内容都一样吗？

答：做生意发财么就是[选择]开心点的[宝卷]，许愿的么都要吉利点的 [宝卷]。

问：开心点的具体的唱哪些宝卷呢？

答：《沉香扇》，那么还有《周学文上堂楼》，这个都是开心的，还有《三线姻缘》、《双富贵》。

问：许愿的时候有什么［宝卷］？

答：许愿的时候都会带上老爷的，因为可以看好你的毛病的。有菩萨的，好像观音啊。宣卷里面有观音的，你求过观音的，观音好像外修里补的郎中，观音都给你一起看的，吉利的。戏么就是我们讲的《花杀神》，《刘王卷》么也可以的，《红罗帐》也可以。

问：刘王老爷生日的时候就唱《刘王卷》吗？

答：唱过的么我们不唱了，比如说没有唱的，他们都没有唱过的，他们叫我唱《刘王卷》么我就唱《刘王卷》。有时候人家点的，我们唱也可以，有时候人家点的，不是每家都点的。

演出地点

问：你经常去哪几个村的哪几个庙？

答：哪几个庙啊，浙江嘉兴的田乐［镇］广洋村，叫广洋庙。这个广洋庙名望蛮大的，那么［还有］一个南汇［镇］莲泗荡［刘王庙］。

问：广洋庙有什么菩萨呢？

答：这个庙是金大菩萨，金大老爷。莲泗荡么就是大老爷，也算南汇［镇］的。芦墟［镇］么就是庄家圩［刘王庙］，庄家圩大老爷。还有［青浦］金泽［镇杨震苗的］杨老爷，那么八坼城隍庙。黎里的城隍庙也去的。

问：这儿（指石铁村）你每年来吗？

答：我不一定的，我去年也没有来，今年他们请我来的。

问：每年都去的村，都去的庙有吗？

答：芦墟［镇］庄家圩［庙］年年要去的。

问：规模比较小的，你每年都去的地方有吗？

答：有。叫横扇［镇］云斗庙，这个里面是千手观音。

问：村的名字叫什么？

答：村的名字我不知道。

问：在哪里呢？

答：在平望过去，横扇［镇］西南方向。

问：你在镇的茶馆演出过吗？

答：茶馆里没有去过，我就是到敬老院里去过的，镇上的敬老院。敬老院我们年年要去的。金家坝［镇］的敬老院，北厍［镇］敬老院，芦墟［镇］敬老院。

问：你经常去哪些地方宣卷？

答：去［的地方］么都有的，吴江松陵［镇］、平望［镇］、横扇［镇］、庙港［镇］、芦墟［镇］、莘塔［镇］、北厍［镇］、屯村［镇］、同里［镇］、昆山［市］、［苏州市］角直［镇］、［嘉兴市］陶庄［镇］、汾玉［镇］、大舜［镇］、［青浦］金泽［镇］、西岑［镇］、商榻［镇］、上海纪王庙［镇］。浙江我们经常去的，嘉兴么就是［嘉兴市］南汇［镇］、田乐［镇］、无欢［镇］。

吴江的宣卷班子

问：跟其他的宣卷艺人有什么联系吗？

答：我们都是各归各的，各归各的。

问：看过其他宣卷艺人的演出吗？

答：我没有看过其他人的演出，现在的宣卷我没有去看过，他们都要来看我，我不去看他们。因为我呢没有去看过他们，他们么尊敬我来看看我。

问：你知道的现在吴江一共有几位宣卷艺人？

答：现在会宣卷多了，十多个班子了，十三个班子。

问：你知道这十三个班子的宣卷艺人的名字吗？

答：我知道的，刘玉兴、芮时龙，还有赵华，这个人年纪轻的，是浙江富阳人，那么她嫁到吴江，她以前是越剧团的小花脸。那么还有吴根华，黎里［镇］人。刘玉兴是金家坝［镇］人，芮时龙是同里［镇］人。赵华也是同里［镇］人，她的家在同里［镇］，是文化站长的媳妇。有江伟龙，屯村［镇］人。还有江仙丽，也是屯村［镇］的。朱火生，八坼［镇］人。还有么高黄骥，同里［镇］人，还有一个金兰芳也是同里［镇］人。肖燕，同里［镇］人。杨福桂，吴江松陵［镇］人。还有左桂芳，吴江松陵［镇］人。那么还有一个张萤萤（音），也是松陵［镇］人。他们都算领班的。

师傅的上演情况

问：你的先生有没有跟你说过他解放前的宣卷活动的事情？

答：讲是讲过的，他一直在［嘉兴市］陶庄［镇］逢月（音），芦墟［镇］、莘塔［镇演出］。

问：他解放前在茶馆里演出过吗？

答：唱过的，他茶馆里唱过的，在苏州盘门茶楼、芦墟茶楼。

问：在茶楼宣卷怎么收钱？

答：三七分，茶楼拿三成，他拿七成。都是这样子分的，到茶楼里去唱都是这样子。

问：“牌话”听说过吗？

答：听说过，“牌话”就是茶楼里的介绍人，给你挂牌，把你的名字的挂在这里，乡下有人用得到了，就安排你去做。那么这“牌话”要拿去百分之十，一百元要拿到十元。在茶馆里面么，这个黎里［镇］里面么叫葛蜢阿四（音），这个老板叫葛蜢阿四。

问：他平时在茶馆里吗？

答：茶馆里的，茶馆里的头头就是茶馆里的老板。黎里就是葛蜢阿四茶馆。

问：中介费怎么分？

答：他这个就是扣掉，十块钱扣到一块，百分之十。像八坼［镇］么王兰芳，八坼茶馆的老板。我只认识这两个老板，其他老板我不认识。

问：你先生解放前在县城演出过吗？

答：松陵［镇］演出过的。

改革开放后的上演情况

问：解放后艺人要登记的，你先生和你都登记过吗？

答：登记过的。他是同里［镇］文化站［登记的］。我们都有演唱证的，这个江苏省文化局［发的］。我也登记过，我就是在同里［镇］登记，演唱证是江苏省文化局［发的］（采访人问的是刚解放时的情况，而讲述人回答的却是改革开放后的情况）。

问：登记过后宣卷的内容有什么变化吗？

答：这个基本上要经过审查的，经过审查。

问：登记后有没有参加过政府的宣传活动？

答：参加过的。

问：具体参加哪些活动？

答：具体么就好像是我们要去参加会演的，什么会演呢，就是几个宣卷班子碰头，你唱十分钟，我演出十分钟，大家有个交流。这个交流当中么主要是文化站站长要来看我们的，看这个人有没有资格。年年都要有一次的。

问：文革的时候有没有宣卷？

答：文化大革命前面有的，那么文化大革命时没有，一直到三中全会以后。文革以前有的，解放后到文革，那么文革过来没有了，到三中全会以后再开始。

问：你还记得三中全会是哪一年？

答：［19］78 年三中全会。

问：什么时候恢复宣卷活动的？

答：活动要根据三中全会以后开放政策，［19］78 年恢复宣卷的。

问：［19］80 年代刚开始恢复宣卷的时候一年有几场？

答：平均一年啊，这个时候比较少，这个时候呢总归有 180 场。

问：那么［19］90 年代呢？

答：［19］90 年代可以达到 200 场。

5 柳玉兴

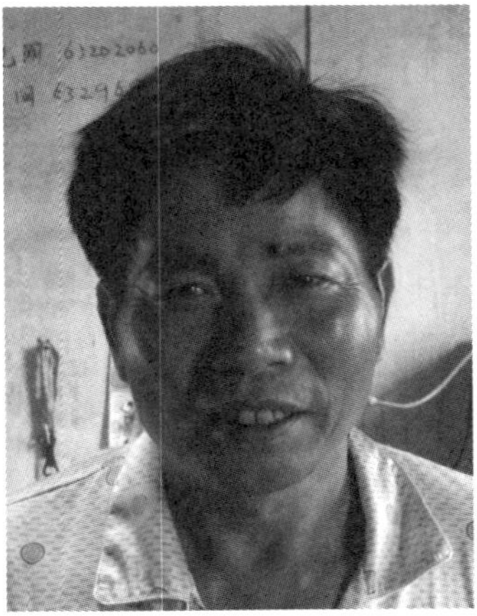

采访日期：① 2009 年 8 月 20 日，② 2009 年 12 月 22 日

采访地点：①②金家坝长巨村柳玉兴家

讲述人 ：柳玉兴（1958 年农历 8 月 29 日出生，五十二岁）

采访人 ：①太田出、绪方贤一、藤野真子、佐藤仁史，②太田出、佐藤仁史

翻译人 ：①②徐芳

简 历 ：出生于金家坝长巨村。小学读到两年级。十四岁都开始务农。务农时期，十六岁开始学宣卷。他的师傅是胡畹峰和李玉华。从二十二岁开始，和朋友一起做挑泥、蚌壳购买等生意。三十八岁时组成自己的宣卷班子，上演到现在。

家族情况

问：你父亲、母亲有没有唱宣卷？

答：不会的。

问：他们是做什么的？

答：种田的。我爸爸已经过世了，我妈妈现在已经八十二［岁］了。

问：父亲什么时候过世的？

答：要有十六年了。

问：他们在土改的时候成分是什么？

答：贫苦啊，贫农。

问：父亲叫什么名字？

答：柳连云，是南浜人。

问：母亲也是南浜人吗？

答：母亲是中段人。

问：叫什么？

答：张二宝。哥哥有病，现在五十二岁，我一直照顾他。

问：什么时候开始有病？

答：二十五岁开始。我赚点钱要去照顾他，不然他过不下去的。

问：父亲比母亲大几岁？

答：我爸爸属老虎，妈妈属龙。

问：除了哥哥，还有别的兄弟姐妹吗？

答：还有一个小弟。

问：他唱宣卷吗？

答：不唱的，小弟么脚有病。

问：他种田吗？

答：他是在老板的厂里打工的。

个人经历（开始学宣卷的时候）

问：你几岁开始学宣卷？

答：几岁开始学啊，真实是，大概十六岁开始唱，唱的不像，然后去学。

问：十六岁开始学宣卷还是学唱戏？

答：宣卷。

问：十六岁，也就是［19］74 年，是在文革期间，那个时候也可以宣卷吗？

答：我告诉你，十六岁开始出去唱宣卷，跟随人家先生（师傅）出去，先生不给我钞票（工资）的，我义务劳动，后来再过，大概二十几岁了，就自己唱了。自己独立出去宣卷后，就开始自己赚钱了。

问：你十六、七岁出去唱，不是［19］7 几年嘛，那时候不是刚好文革么，也可以宣卷吗？

答：可以。不是唱民间的，唱现代的，唱宣传毛泽东思想作用的。

问：你们去宣卷，不是毛泽东思想宣传队里面的吧？是独立的吧？

答：对，是独立的。

问：你们宣卷的内容是宣传毛泽东思想，但你们跟毛泽东思想宣传队不是一起的，是吗？

答：对。

问：因为你是学徒，所以是义务劳动？

答：对，没有钞票的。

问：你和你师傅出去宣卷的时候，你吃的喝的是由你师傅付钞票吗？

答：不是的。人家待我们吃的。

问：就是说，哪个人家请你们宣卷，就由哪个人家待你们吃喝，对吗？

答：以前不是人家的。每个村庄、每个大队、每个生产队的队长叫我们去唱戏的，没有单独的人家请我们的。现在都是单独的人家了。现在都是私人人家了，也有村子里大的庙宇，就会集体请，大小人家都出点钱，那么叫我们去唱戏。当时出去宣卷没多少钱的，一天只有十八块。一下午，晚上到十二点，只有十八块。几个人十八块，我没有钱的，都是先生拿的啦。

问：十八块是指你做徒弟的时候吗？

答：对，六个人分。

关于师傅（胡畹峰）

问：你师傅叫什么名字？

答：胡畹峰。

问：你师傅又叫胡阿根是吧？

答：对的。我师傅以前不让我跟他出去，我实在欢喜。现在呢，我缺少的材料要去请教［胡畹峰］先生的，他会给我的。我经常去看望他，买点东西给他吃。

问：现在师傅年纪很大了？

答：八十六岁了。他老婆过世后，盼望我去，那么我去去，买点礼物。

问：你师傅教你的曲目有哪些？

答：《胡文仙》、《白兔记》、《张四姐》、《白鹤图》、《方玉娘》、《冰娘川水》，有些个不是先生传给我的。

问：哪几部是先生传给你的？

答：《白兔记》不是先生传的。基本上先生有是有的，但是先生做的也不周到，我听上去不适应，我后来去请教别人的。有上海的李玉华先生，女的。

问：《冰娘川水》呢？

答：《冰娘川水》是吴江的，吴卯生老先生的。

问：你有几个师傅呢？

答：吴卯生老先生，我没有跟他去做。吴卯生的学生，苏州人，是李明华，同我来唱戏。

问：李明华是女的吗？

答：是。她现在也出来在宣卷的。

问：请确认一下列举的宝卷，哪几个是从师傅那学的，哪几个是和李明华合作的。

答：师傅教的有还是有几个的（由柳玉兴用手指出师傅教的曲目）。《胡文仙》、《张四姐》、《白鹤图》、《方玉娘》是师傅教的。

问：你有没有自己编的宝卷？

答：没有，都在脑子里。宝卷么，胡先生给我的宝卷，没有多少的。

关于师傅（李玉华）

问：《白兔记》呢？

答：上海的李玉华。我基础呢有一点，然后两个人就合作起来。她有这个事，我没有；我有这个事，她没有，那么两个人结合起来（两个人原本的《白兔记》故事情节不同，结合后形成新的《白兔记》）。

问：李玉华是上海哪里人？

答：上海浦东。这个先生唱功好，样样都行。老生、花旦、小生、彩旦，都会。

问：这位老先生几岁了？

答：大概七十岁。

问：她还活着吗？

答：人还在，身体不大好。本来蛮称心同我一道合作。我有一条船，因为年纪大了走不动，就开船去。一般跟我同道的先生都蛮好。我没见过什么世面，这些先生都见过世面，都会指教我。

问：这样说，在上海浦东也流行宣卷吗？

答：上海地方不流行宣卷。是同里、吴江这边宣卷的人多。她是出来唱戏的。她对戏文熟得不得了。

问：她是唱戏的，也会宣卷吗？

答：［现在］宣卷不大唱，戏文也不大唱，年纪大了吃不消。

问：她是来宣卷呢还是唱戏？

答：最初是来唱戏不宣卷，后来感觉宣卷很好，也开始宣卷了。人很聪明，胡畹峰、吴卯生这些［先生都］及不了她的。

问：李玉华先生原来唱什么戏？

答：越剧。唱戏有名的，没有李玉华的戏

班子，人家不要别人做戏的，在芦墟一带名声很大。这人唱戏好，肚子里墨水多的。

关于胡畹峰的表演特点

问：你认为你真正的师傅是谁？

答：胡阿根。

问：胡阿根的表演有什么特点？就是跟别人不一样的地方有哪些？

答：悲戏演得很好，哭的地方就会哭。一般胡阿根老先生的戏都是悲戏，都是悲伤的啦。这种戏啊都要靠脑子的，要善于临场发挥的。

问：有没有另外的特点？

答：他的戏文啊？另外的特点啊？他的动作、面部表情很好，噱头很足，扮演的角色乡下人很喜欢。

问：吴卯生先生的宣卷你有看过吗？

答：他宣卷我没有看过，他本人我见过一次面，在吴江，［因为］我们宣卷班都到吴江去玩。

问：你有没有听说过吴卯生的表演有什么特色？

答：表演没见过，但他的文化程度是高的……那么，胡阿根接菩萨的时候的唱腔（指的是接佛调）很好听。当我出去唱的时候，人们都说："啊，真像你的先生的唱腔！"

问：你是跟在师傅旁边，听师傅唱，自己学的呢还是由师傅一段段来教你唱的？

答：师傅不教的。师傅唱的，我记在脑子里（追随师傅表演，在旁边观察，用心记，自学成才）。

问：你师傅的宝卷有给你看过吗？

答：以前不给我看的。去年到现在，我有几本宝卷忘记了，就去问他，他会拿出宝卷给我看了。现在他自己也记不得了，年纪大了，所以就直接拿宝卷给我看。胡先生以前在我们这里名气很好的，我看他宣卷很好，就跟他。他还不让我跟他，叫我回去。我问他："你今天哪里？"他不肯说的。后来他的琴师很好的，就告诉我在哪里叫我去。我呢蛮喜欢唱戏文，就记在心里。

独立以后的演出环境

问：你是十六岁开始学宣卷，到二十多岁独立出来，这五、六年间有没有做过胡阿根的下手？

答：独立出来后生意很少的，因为［我老婆］不允许做了。

问：几几年的时候不允许你们做？

答：以前呢，靠劳动吃饭，我老婆不允许我做。后来就可以做了。我呢喜欢唱戏，白天去看先生唱，晚上回到家里，脑子发动去想，把宝卷都写了下来，有好几本书，后来都给我老婆烧掉了。

问：你跟先生学了几年？

答：没几年，时间很短。实足不到一年。［先生］今天到东，我就到东，唱什么戏我知道了，［先生］明天到西，我去听一听，我知道了。他知道我聪明，不让我去，材料不给我看，我就记在脑子里，回到家里都抄好。后来允许庙会、烧香拜佛，到处地方都可以了，那么我还想唱唱戏了。去昆山［演出］一次。

问：你十六岁去学宣卷，是不是刚好不读书了？

答：我没读多少书，两年级都没读完。在学校里就跟老师吵闹的。唱戏文我欢喜的，学校里唱歌我也喜欢的。

问：两年级是指小学还是初中？

答：小学二年级都没读完。

问：你一直就是住在长巨村的，是吗？

答：一直住在长巨村的。我讲给你听，我为什么能够出来唱宣卷呢，其中有个原因。胡先生不让我跟出去，我去做别的生意。［当时］我装蚌壳到昆山去卖，有一天也是这么热的天，我在昆山锦溪镇北管泾村的一个桥洞里休息的时候，唱了一段。就有一个老头子过来问我："你唱的这个是宣卷吗？"我说："是的"。他又问我："如果要你宣卷你也会吗？"我说："要不要宣，今天哪里要的话我就给你宣。"他就叫我到他家里去，跟他的一个儿子，两个舅佬（舅舅），还有一个……几个人一起开始宣卷，村上有人听到就走过来听。原来是这个老先生年纪大了，不能唱了，就叫我跟他的儿子、舅佬一起去唱。所以我在昆山是有名的。

问：那个老头子叫什么名字？

答：王金文。儿子王伟男。伟男的两个舅舅帮我一道做，两个都过世了。还有一个王四生，吹笛的。

问：去昆山宣卷时大概几岁？

答：三十四、三十五岁的样子。

问：之后是不是做专业的宣卷艺人了？

答：基本上是。

问：除了宣卷外，还种地或者做生意吗？

答：做的，收蚌壳。蚌壳可以做工艺品，生意好的时候我不乐意去宣卷。

问：刚开始宣卷时，生意多吗？

答：一年 100 天。

近年的演出环境

问：现在呢？

答：100 多，200 不到。去年还多点，今年是淡季。为什么呢，很多庙会都不搞了，房子搞拆迁，房子差不多也不造了。现在生意么，有些生小孩子，考上大学，开厂老板等。庙会有事有的，今年要到十月份，金家坝梅湾那个庙（茅山堂）宇盖好了，更大了。

问：待佛这种生意多不多？

答：基本上是待佛，生孩子这种也是待佛。做寿、养鱼、养虾的产量高也要待佛。

问：去年你有 200 多场演出嘛，那这 200 场中，哪种情况比较多？

答：庙会多。

问：占百分之多少？

答：百分之八十。村庄上待佛都算庙会。就是村子里集体出钱到庙里供菩萨，就叫庙会。私人出钱叫我去，那叫喜事，不是庙会。

问：哪些情况叫庙会呢？

答：菩萨生日，比如［农历］六月十九。如果这一天约不到，那么再换个日子办生日，那也算庙会。

问：佛娘家里办的也算庙会吗？

答：佛娘家的也算。

问：佛娘家的庙会多还是去庙里的庙会多？

答：差不多。浙江那边以去庙里的庙会居多，黎里这边去佛娘家里的居多。

问：为什么黎里这边佛娘多？

答：呵呵……（没有正面回答）。

问：一次宣卷大概要几小时？

答：以前是起码六小时不止，现在是四、五个小时。以前做六回卷，现在做五回卷，你懂了吧？

问：你的宣卷班子有几个人？

答：四个。下手是朱海英，吴江人，女的，四十三岁。拉二胡的是朱海英的老公，周兵，吴江人，老家浙江，四十二岁。还有一个敲扬琴的是，田文忠屯村三友人，男，六十二岁。

问：一般每一场收入是多少？

答：四个人，450［元］也有，500［元］也有，380［元］也有，有些人我们不要钱也有，奉献给菩萨。

问：四个人怎么分呢？

答：二胡、扬琴一样，我和那个女下手的一样。比如 500［元］一场，二胡、扬琴每人 100［元］，上手、下手每人 150［元］。我的班子上、下手是一样的，别的班子上手多一点的。

问：别的班子是不是上手拿的多，下手、扬琴、二胡拿的一样的。

答：不是的，500［元］一场，二胡、扬琴每人 100［元］，上手 170［元］，下手 130［元］；有的下手 120［元］，上手 180［元］，有规矩的。

关于《刘王宝卷》

问：你最拿手的宝卷是什么？

答：最拿手的宝卷啊？《白兔记》、《白鹤图》，这两个戏文我蛮喜欢唱的。《方玉娘》我也喜欢。

问：你会唱《刘王宝卷》吗？

答：《刘王宝卷》唱是会唱的。

问：《刘王宝卷》你拿手吗？

答：不拿手的。

问：为什么不拿手？

答：每个人都有每个人的缺点，哦，嗯，个人各做啦。

问：在吴江这里供刘王老爷的小庙特别多，那么有时候宣卷，是不是有观众想听《刘王宝卷》呢？如果他们要听《刘王宝卷》，你是不是要唱？

答：是的，要做的。

问：一般你一年唱几次《刘王宝卷》？

答：额，一年啊，两、三次。为什么呢，有的地方不喜欢听《刘王宝卷》。为什么呢，那些老年人都懂的，刘王的一切经历，老年人都懂的。

问：你的意思是老年人都知道这个宝卷的内容，所以不喜欢听，是这个意思吗？

答：对。……我们到浙江省嘉兴市田乐公社东全村，这个地方，年年我要去唱戏，正月里，第一次，都要你唱刘王卷的。哈哈哈……哎，每年做一次，这个村庄啊。

问：哪个县？

答：额……王江泾［镇那边的］，我一时也记不得，不晓得是不是，反正在黎里南面一点点路，有个村，在芥字港村西面的村，叫东全村，我这个地方也去唱戏，年年都去，每年正月二十，年年要做《刘王卷》的。

问：那里是不是有刘王庙啊？

答：有。

问：所以他们喜欢听《刘王卷》？

答：哎……。

地方戏和地方小调

问：除了宣卷外，本地还有很多地方戏，你喜欢哪些地方戏？

答：地方戏，是地方的唱腔的各种调吧？

问：对，差不多。

答：像你们（指的是翻译）浙江的么越剧，上海市么锡剧、沪剧，昆山么要听锡剧。

问：你都喜欢吗？

答：喜欢的。

问：你最喜欢哪一种？

答：最喜欢选调，锡剧、越剧我也喜欢的。

问：你说的选调是什么？

答：宣卷就是选调，选调是关键啊。

问：在越剧中，哪个演员你最喜欢听？

答：我没有特别在意哪个流派的，我喜欢自己唱，也没有特别留意哪个演员好。唱越剧我喜欢唱悲的。

问：有没有哪个演员或者曲目比较喜欢的？

答：我一般唱慢板的比较多（柳玉兴哼了一段调，没有歌词）。像我去昆山，那一带都要你唱宣卷调，别的都不喜欢听。像浙江田乐［镇］一带也喜欢听宣卷调，别的不要你唱的。

问：你在宣卷的时候有没有引入越剧、锡剧的表演？

答：哦，有的。沪剧、越剧、锡剧、黄梅戏。还有扬州调。（柳玉兴哼了一段调，没有歌词）。

问：你能不能给我们表演一段宣卷里面有引入锡剧、越剧那种的？

答：就这么唱吗？

问：对，就这么唱好了。

答：没有乐队唱得不好啊。

问：没关系，唱一个简短的就好了。

答：好的。

表演：奉母命，从河南到襄阳来投亲。一路之上把信问，适才老丈指点我，说此地就是陈府的大墙门。为什么人来人往多热闹，莫非是姑爹大人把寿庆。

问：刚才唱的是哪一段？

答：锡剧，《方卿投亲》。(此段为《珍珠塔》片段)。

问：你喜欢苏州评弹吗？

答：评弹我不喜欢，我唱的也不好。评弹一般呢，这边用的很少。一般大人出场，有人来告状，“闻听！”那么丝乐器具配上去，没有丝乐器具不行。

问：这种越剧、锡剧你是怎么学的？

答：自学的。

问：你是从哪里去学呢？电视上看呢，还是有在做戏你去看的？

答：做戏的地方看啊。

问：电视上看不看？

答：电视上我不看。做戏文呢，那也是大陆货，不是那么定版定腔的。电视里呢是定版定腔的。我做宣卷是靠脑子自由发挥的，那个字眼（歌词）是补来补去，补少补多的。一般……。

问：一年会去看几次戏文？

答：戏文啊，没机会看，因为做戏跟我做宣卷总是同时的，村里有在做戏，我往往在外面宣卷，没得看。我喜欢戏文呢，是喜欢它的剧情。看戏呢，我们只能看它的表演、服装，不像我们宣卷，这个表情要反映出不同的人出场。而那个戏呢出场都是乱糟糟的，看不懂，我不喜欢。我就是喜欢宣卷，有宣卷，我天天去听。不过时间上也总是冲突，我宣卷，他也宣卷，看不到。

问：以前有没有看过别人宣卷？

答：看过，老先生死了。

问：老先生什么名字？

答：许素珍、许素英姐妹，他们在同里一带很有名。

问：哦，是许维钧的妹妹。

答：对，许维钧妹妹。

问：有没有还活着的老先生，你也听过他表演的？

答：听是听过，不过不记得了。

问：张宝龙有没有看过？

答：张宝龙看过，两个小时。

问：朱火生呢？

答：没有。

问：高黄骥，知道吗，看过吗？

答：看过，额……看过一次。

问：赵华呢？

答：赵华啊，他同我来做过一天时间。一天，同我合作。肖燕来帮我做过。他们的戏文同我的戏文是不一样的。因为我的戏文是老先生传下来的，人家的戏文是从电视上看来的。我的戏文拿出去老先生都听得懂的，像肖燕、江仙丽的戏文拿出去，有些老年人听啊没听过，不懂的。是这个道理的。戏文呢，张宝龙的我听过，不错的。一般我们出去宣卷，以前的老调都要懂得唱，像弥陀调、海花调，叫我们唱，是老调。

问：你自己的宣卷有没有跟别人不同的地方。

答：主要是唱腔。像弥陀调、海花调，别人不懂唱的。

问：你可以给我们唱一段弥陀调和海花调吗？

表演：一寸光阴一寸金啊～弥阿，寸金难买寸啊光阴啊～弥陀南无佛，南无阿弥，忽听得附近一声响～啊弥，听得美声么一一从头唱开场啊～弥陀南无佛，南无阿弥。

答：这个叫海花调。

问：弥陀调呢？

答：弥陀调不一样的。

问：给我们来一个弥陀调吧。

表演：一寸光阴一寸金，寸啊金呀难买寸啊光阴啊，弥陀南无阿南无阿弥。失落黄金有啊分量诶呀，咿呀南无。错过的光阴呀没处寻啊，弥陀南无阿南无阿弥。

答：要有丝乐器具么，唱起来惬意了。没有丝乐器具么……一般这种调头拿出去，观众会欢喜的。那么有机会来梅湾［村的茅山堂］……

问：梅湾，是吧？

答：哎，梅湾［村的茅山堂］。有机会来梅湾么，有乐队配合。

关于宣卷的组织人的概况

问：每年有没有固定的地方来找你宣卷的？

答：莘塔陆家桥渔业村比较多，这个民间喜欢的。

问：有没有哪些庙每年都来找你宣卷？这种情况多不多？

答：这种情况蛮多的。像浙江田乐［镇］芥字港［村］、上海市商埸［镇］、金家坝［镇］梅湾［村］年年我做的。

问：商埸［镇］是哪个庙？

答：庙不多，都是村上的人家。

问：梅湾［村］是不是茅山堂？

答：对，茅山堂。还有庄家圩。

问：刘王庙吗？

答：不是刘王庙，庄家圩这个大脚嫂，房子拆掉了，这个庙没拆掉，年年我去的，三天。叫娘舅庙。刘王的舅舅。

问：莘塔陆家桥渔业村有没有庙的？

答：庙没有的，人家里面有菩萨。

问：渔民家里吗？

答：哎，有三户人家。

问：这几个菩萨中有没有［祭］刘王的？

答：有个刘王，有个是杨亲伯（杨老爷）。

问：还有一个呢？

答：还有一个也是刘王。一个村庄有刘王不得了了。

问：那个村子里有三个佛娘是吧？他们的名字你知道么？

答：名字我倒也不大记得了。

问：除了莘塔的渔业村，还去过别的渔业村去宣卷吗？

答：金泽［镇］去过，要送宣卷送到庙里。

问：杨爷庙，是吧？

答：哎，对，杨爷庙里去。人家许愿的。

问：渔民许愿吗？

答：哎，对。

问：还去过别的渔业村吗？

答：没了。

问：是金泽的渔民要许愿，请你去庙里宣卷吗？

答：对，庙里。

问：金泽的渔业村你去过吗？

答：没有。

问：你会唱赞神歌吗？

答：不会。

问：你认识会唱赞神歌的人吗？

答：认识的。

问：你认识沈毛头吗？

答：差不多，肯定是这个人。

问：叫你宣卷的佛娘多吗？

答：不多的。

问：在庙里宣卷，佛娘来不来的？

答：有的来，有的不来。

问：佛娘来不来组织这个宣卷的？

答：有的组织，有的么只是到场而已。

问：小庙是不是由佛娘管的？

答：不一定的，像村上的庙也是小庙，村庙比较多。……你们今年［这里的］菩萨生日你们来不来？

问：什么时候？

答：［农历］八月十八。上方山太太生日，热闹的不得了了。

问：在哪里，在这里吗？

答：对，在家里。［把］菩萨［用］轿子［抬］出去的啊。

问：哦，到哪里？

答：到莘塔。这里对过去，人有几百人头的，蛮漂亮啦。

问：什么菩萨？

答：家里的几尊菩萨。以前旧社会，这个菩萨生日是坐轿子出去的，蛮漂亮啦。

问：八月十八，家里的老爷是抬到莘塔吗？

答：哎，抬到村上去，前面的村上。

问：是不是家里的菩萨出去的，有几个？

答：三尊菩萨。人也有几百呢。

问：是哪几个菩萨？

答：一个是观世音菩萨，一个是四相公，一个是上峰山太太。抬到村上去。可漂亮了，你要回家了，不回家可以来看看，这个真是民间了，一身打扮，我们都要出去了。

问：菩萨抬到莘塔的话，要多长时间？

答：总共要两个多小时，我们这里村庄都要聚起来。

个人经历（学艺前后）

问：你是十六岁开始学宣卷的，那十六岁之前没有学过宣卷？

答：十六岁之前没有的。只是跟胡畹峰出去。

问：十六岁之前有没有读书？

答：读过，不多。

问：读了几年？

答：两年级也不到。

问：是几岁开始读书的？

答：总有七、八岁吧。读不进书啊，读是

读好几年的，读不进书，两年级也没读到。

问：不读书以后去做什么了？

答：不读书么干活呀。

问：做什么活？种田吗？

答：哎，种田。种了好多年，一直种田的。

问：几岁开始种田的？

答：大概十五岁都不到就开始种田了。

问：十六岁开始学宣卷，一边种田一边学宣卷，是这样吗？

答：对，一边种田一边学宣卷。

问：十六岁的时候是 1973 年，刚好是文革的时候啊。

答：哎，那个时候都是文艺宣传队唱戏的，不好给你唱现在的［这种宝卷］。

问：你学宣卷是在文艺宣传队吗？

答：这个时候还读书，唱歌我好的，老师蛮看得重的。别的我不会，唱歌我好的，到别的学校去唱戏，比赛去，有铅笔、橡皮、本子送给我的。

问：你读书的时候谁教你唱歌的？

答：［学校］老师啊，多了。

问：你不读书以后就种田，种到十六岁以后就去学宣卷，是吧？

答：哎，跟先生出去，也不是一直出去。以前不像现在，宣卷不多。先生唱这个戏，都是宣传毛泽东思想的。

问：你说的先生是指胡阿根（胡畹峰）先生吗？

答：唱宣卷是胡阿根，还有一个先生，过世了，昆山锦溪［镇］的。胡阿根先生的［宝卷］，我会点，但是没有机会出去唱戏。后来呢，我一个人出去做生意。晚上睡觉我睡不着，就唱戏，他们听到了，老先生听到了，就叫我上去到他家里。他们家里都是儿子啊，舅兄啊，都会拉胡琴的，那么我去唱了唱，他们都说好的好的。到了第二天，叫我到他们的一个庙里去，人好多啊。那么后来我就去唱戏了。我在昆山唱戏，这里不知道的。别人家问我在干什么，我告诉他们在做生意，不好说唱戏的。后来锦溪的人到我家里来，叫我去唱戏，于是我们这边的人都知道我在唱宣卷了。后来我昆山那边就不去了，我们江浙两省、上海市都知道了，我就在这边唱。

问：刚开始学宣卷是跟着胡阿根，当时除了唱毛泽东思想以外，还有没有唱传统的宣卷？

答：以前是不像现在，现在呢是任何戏都唱，以前那个时候是不允许唱，要抓进去的。以前是要看生产的。邓小平一上台，就允许了，开放了，不管黑猫白猫，会抓老鼠就是好猫。

问：宣传毛泽东思想，唱的时候是不是用宣卷的调子？

答：嗯，宣卷的调子。

问：所以你唱的是毛泽东思想的内容，但是可以学到宣卷的调子？

答：对对对。

问：所以你一到改革开放，只要换内容就可以了？

答：对啊。

个人经历（做生意）

问：你什么时候开始做生意？

答：做生意我要二十多岁了，大概二十二岁。

问：你做什么生意？

答：我们这里做工艺品贝雕啊，蚌壳去采购来，送到浙江湖州的厂里啊，他们是去做纽扣的。

问：这个生意是你一个人做还是跟朋友合伙做？

答：和朋友一起做的。我们这个村庄都是搞这个生意的。

问：你们一个村子都做这个生意啊？

答：嗯，前面那个村子，这边这个村子不多的。我老家是前面那个村的。

问：哪个村子？叫什么名字？

答：长巨村。这边叫中段，北面叫弯里，南边叫南浜。

问：长巨是行政村，里面分三个自然村？

答：哎。

问：你老家是南浜的，是跟南浜的朋友一起做？

答：哎，对。

问：大概几个人一起做？

答：两个。摇船的。

问：蚌壳是从哪里买来的，是当地买吗？

答：蚌壳啊，到处都要去，现在不做了。

问：最远到哪里？

答：吴县、上海嘉定、浙江嘉兴。

问：你开始蚌壳生意的时候，本钱哪里来的？

答：在生产队做事么，到年底要分红的，挣一点钱么去搞生意。还有在家里养点猪、鸡，卖掉赚点钱。

问：生意好不好？

答：生意啊，蚌壳以前蛮好的。现在没有了，［假如］现在［还］有蚌壳，我宣卷都不要做了。

问：一年可以赚多少钱？

答：不一定的。

问：最好的时候赚多少？

答：最好一次都有1000块。

问：需要本钱多少呢？

答：本钱不多的，大概500［元］。有时候不挣钱，亏本的也有的，买来价格大，卖出价格低。我大概二十五岁的时候，我一个人，卖土，挑泥，一天卖三船泥，苦啊。

问：卖到哪里去？

答：人家烧砖那里，很苦啊，［做了］几年呢。一天挑上挑下有十五吨，船摇来摇去要几个小时呢。

问：当时的船不是机动的？

答：不是机动的。天没有亮就要出去做。

问：是先做蚌壳生意再卖泥吗？

答：先挑泥的。

问：你刚才说二十二岁左右开始做蚌壳生意的呀？

答：额……大概二十五岁模样做蚌壳生意的。

问：挑泥是几岁呢？

答：是这样的，挑泥也做做，蚌壳也做做，不是一段一段的。二十五岁开始挑泥，三十岁不到一点去做蚌壳生意，哪个生意好么就去做哪个，具体哪一年我也忘掉了。

问：二十五岁之前一直种田吗？

答：哎，一直种田。

从艺情况（文化站登记等）

问：你是几岁开始去宣卷的？

答：组成班子啊，现在讲起来总有十四年了。

问：你的班子有没有名字的？

答：叫吴江金家坝文艺曲艺队。

问：成立宣卷班子后，是做专业宣卷艺人还是一边宣卷一边生意或者种田什么的？

答：对，有宣卷就去宣卷，没宣卷就去田里做做，不做生意。

问：十四年前，是怎么想到要成立一个宣卷班子的？

答：觉得唱戏很开心，没有钱也喜欢唱，人家要我去义务唱，我也愿意的。我到昆山那里，你们去问好了，说小柳，他们都知道的。

问：跟胡阿根先生出去的时候，要不要去文化局登记？

答：不用的。以前呢，村里人都喜欢宣卷，所以不要紧的。不到浙江，不出省就不用登记的。

问：到哪里登记？

答：到浙江那边，胡阿根好像有张纸的。当时我跟他出去，我是没有钱（份儿）的，当时只有二十几块钱［一场］，几个人分，我是没有钱（份儿）的。我宁可义务，当时胡阿根不让我跟去的，所以我现在凭自己的良心去拜访拜访他。胡阿根认为如果我会宣卷了，他要没饭吃的，所以不让我跟的。我刚开始自己做宣卷，要到金家坝文化站登记的。我到别的地方去唱戏，有的地方要问我拿证件，我就可以说文化站批准过的。

问：你宣卷的歌词是怎么记住的？

答：都在脑子里。胡阿根唱的时候我在一边听，都记到脑子里了。

问：你以前宣卷，是要先到金家坝文化站登记，然后到宣卷的地方再登记，是这样吗？

答：不用的，我们出去唱戏，从来没有人找我登记的。

问：你自己独立宣卷后，是要到金家坝文化站登记的？

答：对，以防到了浙江那边，有人来找我们拿证件，我们可以拿出来给他们看。但是从来没有遇到过问我们拿证件的情况。

问：不是每次去演出都要登记一次了，而是成立宣卷班子的时候登记一下，领一个证件就可以了？

答：是的，就是这样子。

问：到别的地方宣卷，有没有人捣乱过？

答：没有，从来没有，我们出去宣卷他们

都喜欢，连干部都欢迎，书记都给我红包的。有一次出去唱戏，唱《白兔记》这本戏，人家都给我钱。我表演动作都出来，眼泪留下来，看的人都给我钱，五块、六块、十块，都给我钱。所以我们出去唱戏他们都欢迎的。

上演情况（青苗会、春台戏）

问：有没有听说过青苗会？

答：听说过。

问：这里有没有的？

答：这里没有的，浙江省有的。

问：据你所知，青苗会是怎么一回事？

答：青苗会，浙江省有一个规矩啊，到阴历七月，要到庙里拜菩萨，然后要念佛“阿弥陀佛、阿弥陀佛”这样子。金家坝［镇］这边没有的。浙江省称为“青苗会”，江苏省称为“待青苗”，一样的。

问：待青苗的时候，生意多不多？

答：不多，天气太热。今年生意都不多，前两年还好一点。今年几个班子都不行，我们有时候还电话联系一下，问问他们生意怎么样，他们都说不多。今年生意都不行，有的班子一年才 100 多场。

问：哪几个月份生意比较好？

答：农历二月、三月。

问：为什么这两个月份生意好？

答：我们这里有个风气，开春了，叫“春台戏”，不唱戏么就宣卷，是老规矩。

问：办“春台戏”时，是什么人跟你联系呢？

答：一般不是村里的干部联系的，是庙里的负责人，像佛娘什么的，联系我的。七月里的戏呢，都是浙江省，我们这边不多的。

问：庙的负责人，男的多还是女的多？

答：女的多。男的，有些是退休干部，就叫他管管庙。

发财宣卷、许愿还愿宣卷的概况

问：除了春台戏和待青苗以外，什么情况叫你去宣卷的比较多？

答：老板发财宣卷比较多，叫我们去唱戏。春节里都是老板宣卷。

问：那是老板直接联系你，还是通过佛娘？

答：老板自己打电话联系的。

问：发财宣卷要不要请老爷过来的？

答：有的要请过来，有的不请的。不请的呢，就用一张红纸做一个模，代表佛。有的老板大，就到庄家圩［刘王庙］把老爷请过来。

问：老板请发财宣卷的时候，佛娘去不去的？

答：一般不去的。有些会去，大部分是不去的。

问：我们去看宣卷表演的时候，经常看到佛娘在场的。

答：要看地方的，有些地方喜欢请佛娘，热闹一点，有些地方是不喜欢的。

问：哪些地方喜欢请佛娘的比较多？

答：浙江。[其它地方] 一般是不请的。

问：许愿还愿的宣卷多不多？

答：不多的。

问：许愿还愿的宣卷，佛娘参加吗？

答：很少的。人家献到庙里的呀。

问：庙不是有负责人吗？

答：有的呀。

问：负责人是佛娘吗？

答：是啊。

问：佛娘不是会参加吗？

答：有的庙没有佛娘的，有的是有佛娘的。有的庙归集体的，没有佛娘的。

问：庙总归是有个负责人的，负责人会参加吗？

答：负责人么总会参加的，统计下有几个人到庙里吃饭，叫人做几个人的饭。

问：有没有人把老爷请到家里去许愿还愿的？

答：有的。

问：这种情况有没有佛娘到家里去的？

答：也不去的。我比个例子，要许愿，把老爷请过来，那么自己亲戚过来玩玩。

一般庙会、菩萨生日的情况

问：庙会的宣卷多不多？

答：还好。一般大庙会也不多，小庙会比较多。人家村方里，大家出一点钱，去唱个宣卷。大庙会像庄家圩 [刘王庙]，一年一次；梅湾 [村] 茅山 [堂]，一年一次。有些村子不搞的，有些搞的。现在宣卷都是私人宣卷比较多，在自己家里。像同里开发区的地方，新造房子进屋，这种情况比较多。还有人生意好，就做发财宣卷。

问：做寿的多吗？

答：做寿没有。前几年我到吴县，人家做寿，我还是去的。现在人家做寿，叫是叫我的，我都不去了，路太远，一天才 100 块钱，还要开船过去，要烧油的，不划算了。

问：你 [2009 年] 八月份的时候告诉我们，庙会宣卷占了百分之八十，那什么情况算是庙会呢？

答：庙会，以前是多的，现在不多了。

问：你指的以前是去年、前年的情况吗？

答：哎，是的。

问：佛娘家里办的算庙会吗？

答：不算的。

问：你八月份跟我们说佛娘家的不算庙会。

答：哎，有的是庙会啊。

问：佛娘家里的老爷过生日算不算庙会？

答：过生日啊，菩萨生日只有 [普佑] 上天王（刘猛将）生日比较多，[普佑] 上天王生日么正月里。

问：佛娘家里的菩萨呢？

答：佛娘家里的啊，像我这里的么，八月十八。

问：这种算庙会吗？

答：这种不算，算生日。庙会像庄家圩

［刘王庙］、莲泗荡［刘王庙］，这种算庙会。地方多了。有的地方叫庙会，有的地方叫生日的。

问：你说的菩萨生日，有一些是在佛娘家的，有一些是在小庙里的？

答：这个也不算是庙会，这个属于是菩萨的生日。这个不用去搞清楚了，反正我们也不懂，他们叫我们去唱我们就去了，不管他生日还是庙会。庙会庙会么人多啊，生日人不多的。像金泽［镇］（有可能指杨震庙），这个叫庙会，人多啊。

对于佛娘的看法

问：吴江范围内，佛娘多不多？

答：一般，不大多。有的呢，没有名气也算佛娘，有的做做佛娘，老公都死了，这个不好了。

问：老公死了，就不可以做佛娘吗？

答：哎，被菩萨知道不好的，家里魂都有了。

问：不管好的，不好的佛娘，都包括进去，多不多呢？

答：那蛮多的。有的佛娘没有名气的。像芦墟阿大，老公都死了，哎，他们心太黑了，这个不好的。

问：为什么老公死了就不能做佛娘？

答：呵呵呵，他们没有本事。杨阿大当初是好的，老公我们也认识的，后来做了佛娘后老公都死了，所以这个事情不能随便做，不能马马虎虎做的。

问：就是说她不能做佛娘的人，去做了佛娘，结果把老公克死了，是这样吗？

答：哎。

问：但是你刚才说老公死了，家里有鬼魂了。

答：鬼魂么当然有的咯。

问：听你刚才的意思是老公死了，家里有鬼魂才不可以做佛娘的，对吧？

答：我跟你讲，菩萨的事情不是随随便便可以做的，你做得随随便便，菩萨看了要不高兴的。听得懂了吗？

关于“五圣堂”

问：那里（指隔壁的庙）算是庙吗？

答：这个以前是庙。这里叫“五圣堂”，一般叫“圣堂庙”。

问：五圣是有五个神的意思吗？

答：是的。

问：都是什么神呢？

答：这里以前菩萨多了，文化大革命都拿掉了。

问：现在有什么神？

答：上方山［姆姆］、观音菩萨、三官菩萨、四相公。

问：还有吗？

答：没有了。

问：现在这个庙叫什么名字？

答：还叫圣堂庙。

问：文革以前就有这个庙吗？

答：对。文革的时候，佛像都拆掉了。

问：文革以前，这个庙算不算村庙？

答：是的。

问：现在还算村庙吗？

答：现在不是。这个房子（指他的房子）我买下来了。我们大队里照顾我，我家里没房子，卖给我的。

问：文革前，谁管理这个庙（五圣堂）的？

答：以前还有和尚的，由和尚管的。都死了。

问：长巨村有南浜、弯里、中段嘛，这边是中段，对吧？那五圣堂是中段的村庙，还是整个长巨村的庙？

答：整个长巨村都来烧香拜佛的呀。到处地方都有得来的。

问：长巨村以外的人也来烧香吗？

答：来的，到处地方都来的。

问：五圣堂是什么时候重新盖的呢？

答：十多年了。

问：怎么会想要重建这个庙呢？

答：这里本来就有菩萨的。

问：是不是村里把房子卖给你，你接手的？

答：哎，我们不能住，这是菩萨住的。我们不能住在庙里的。

问：这个房子是什么时候买的呢？

答：到现在十五年了。

问：你接手前这里就有菩萨的吗？是什么菩萨？

答：是的。上方山［姆姆］。

问：这个庙平时由谁管理，是你管还是你太太管。

答：我们一起管的，我不在家么她拜菩萨，我在家么我拜菩萨。每天都要拜拜菩萨。

问：平时香客多不多？

答：平常不多的，就是村子里的人来烧烧。

问：菩萨生日的时候人多不多？

答：蛮多的。大概有 300 多［人］。来烧香，烧了就走的。

问：菩萨生日的时候有没有宣卷？

答：有的。我自己唱的。

问：有串龙吗？

答：有，舞狮子、秧歌、打莲香，都有啊。别的地方都要来。

问：有没有提香？

答：今年没有，去年有的。

问：300 多［人］的香客中，大部分是哪里人？

答：本村的。

问：还有别的地方人吗？

答：有，青浦［区］、昆山［市］、周庄［镇］、金泽［镇］，不得了。

问：从这些地方来的人，是不是老板？

答：不是，就是一般农民百姓、老太太。

问：这么远的人，怎么知道你这里菩萨生日？

答：知道啊，有名气的，上方山都知道的。

问：上方山姆姆［灵验］很大，那他们怎么知道长巨村这边有上方山姆姆呢？

答：我老婆是昆山人（昆山锦溪）啊，他们知道在这里，金家坝［镇］的嘛。

问：香客中如果有人要许愿还愿，是叫你们夫妻到他家里去做的吗？

答：没有的。

问：那是到这个庙里来的吗？

答：都是自己来的。有的人，在这里吃饭，

出个五元、十元的。钱多一点的人么，搞一个宣卷。

问：也在这里宣卷吗？

答：对的。

问：钱少的人许愿还愿后就走了吗？

答：烧烧香，饭是要吃的。

问：如果人多的话，比如 300 个人来的时候，做菜很麻烦吧？

答：很麻烦。

问：去年有几场宣卷演出？

答：总 200 场吧，今年 200 场不到。今年宣卷班子生意都少。

问：去年 200 场中，在自己家里做的宣卷占多少？

答：自己家里的不算的，都是在外面做的。八月十八么是在自己家里做的，别的全都在外头的。

问：明天不是有一个人要在这里宣卷吗？

答：明天那个人是我自己人。

问：有钱赚吗？

答：当然有钱的，别人叫我唱当然要给钱，没有钱唱什么唱。自己人也要收钱，不收钱我吃西北风了。

问：明天后天都是同一个人来宣卷吗？

答：是的。亲戚。

问：像这种情况多不多？

答：不多的。没几次的，今年第一次呢。

问：他为什么要宣卷？

答：发财［宣卷］。

在五圣堂的许愿还愿活动

问：到这里来许愿还愿的人多不多的？

答：不多的。

问：一年大概几次？

答：极少的。

问：八月十八之外，来这里烧香的人并不多？

答：不多的。

问：你挂在墙上的这些旗是什么意思？

答：都是人家来感谢上方山的，说有本领。

问：就是上方山［姆姆］给人家看病，看好了，来感谢的？

答：哎，来挂旗的。

问：不是来许愿挂上去的了？

答：不是的。那么我这里的上方山比较近，就挂到我这里来。

问：我想问一下，如果我想发财，在这里许愿，回去后我真的发财了，是不是要来这里还愿？

答：对的。

问：是一定要来还愿的吗？

答：一般是的。一般有良心的，到这里来许愿，愿望成真了，都要来这里还愿。

妻：盛泽［镇］有个老板，一直来的，做戏都来送了几台了。

问：那是到这里来还愿，还是请你们夫妻到他们家里去？

答：不到他家去的。到这里都是做给菩萨看的。

问：宣卷是请到家里宣卷还是在这里宣卷？

答：在这里。

问：还愿是一定要来这里的吗？

答：这里多，家里也有的。

问：在家里的话，你和你老婆一起去吗？

答：对，一起去的。

问：在家里还愿，宣卷的情况多不多？

答：多的。家里么可以留留客人，玩一玩。病看好了么，大家高兴高兴。那像杭州灵隐寺，我把香客们奉献上来的钱，给送过去，也有的。

6　高黄骥

采访日期：① 2008 年 8 月 25 日，② 2009 年 8 月 21 日

采访地点：①吴江平望镇迪欧咖啡，②平望镇瑞奇咖啡

讲述人　：高黄骥（1964 年 12 月 22 日出生，四十六岁）

采访人　：①②绪方贤一、藤野真子

简　历　：出生于吴江市同里镇竹巷街。近几年到平望镇。学宣卷以前在化工厂工作。从小喜欢戏曲、曲艺。1991 年跟顾计人开始学宣卷。拜前辈艺人为老师后独立演出。

家　庭　：妻子周建英，1969 年 8 月 12 日出生，四十一岁，平望新城社区人（原是渔业村）。结婚后跟丈夫学宣卷，现在当下手。

家族概况

问：父亲的名字叫什么？几几年在哪里出生？

答：我父亲已经去世多年了，高日升。1928 年 10 月 10 号在同里镇上出生。他如果说健在的话，他是属龙的，今年是七十九岁。

问：母亲还在吗？

答：母亲叫庞思毛。她还在，属龙的，六十九岁了。大概 1940 年的阴历的八月初八出生。也是同里镇竹巷街的。

问：你父母的工作是什么？

答：父亲是做糕点与小吃。糕点，现在是西餐，我们中国是中餐。母亲是做装卸工的。

问：夫人的父亲叫什么名字？几几年在哪里出生？

答：父亲叫周六金。已经过世了。1941 年在平望渔业村，就是新城社区出生，他这个日期好像没有。

问：母亲呢？

答：陶巧英。1946 年 10 月 29 日出生，六十三岁。出生在庙港渔业村。吴江市有个庙港，就是现在的太湖七都，就是大闸蟹大会的地方。中国有个费孝通，他就是庙港人。

问：夫人的父亲做什么工作？

答：打鱼的。

个人经历

问：你们上学情况呢？

答：我上学上得比较晚，1972 年。到 78 年就退学了，小学毕业初中没有学。我妻子她上两年学，那个时候要干活要紧没办法念书。她是 1975 年上的学，76 年就退了学。不是重男轻女，有种原因的，讲起来父母要出去［工作］小孩没人带，不像现在要接送，现在出去一个人读书四个人去接什么的。

问：开始宣卷之前做其他工作吗？

答：在学宣卷以前我是在化工厂工作。

问：开始学宣卷之前一直做工作的？

答：我是半工半学，因为我白天在上班，晚上可以听他们的宣卷。在工作的时候就迷上了张宝龙先生和金志祥先生。

问：听宣卷的机会很多吗？

答：也不是怎么多的。要听一回宣卷有的时候也是很困难的。因为当时宣卷太少。我们恢复宣卷是在 1982 年，那个时候我只不过听人家说起过宣卷，但是我也不知道什么叫宣卷，我没去研究过。中国的地方戏，如越剧、沪剧、锡剧、评弹，包括中国的国剧（京剧），这些我都喜欢去研究，喜欢学喜欢唱。后来顾计人先生和我讲起过这个宣卷的，因为他年纪大了他不到外边去宣卷，他也是在空闲的时候跟我们聚在一起，把宣卷里面的要领慢慢的传授给我们。这样我开始认识了宣卷。

问：周老师在学宣卷之前是做什么工作的？

答：开斧店的。

问：原来就喜欢听戏曲、曲艺吗？

答：是的，我从小喜欢听。

问：你现在研究戏曲的情况呢？

答：因为我都记在脑子里的，我也不知道研究到什么程度，总之现在我。

学宣卷

问：什么开始学宣卷的？学了几年？

答：我的学宣卷的日期，我如果在我的印象中，是上世纪的 91 年就开始，跟那个已故的顾计人先生。学了 1 年。

问：还有没有其他老师呢？跟他学了几年？

答：后来我就跟张宝龙先生。总归要 93 年了。学了半年多吧。春天。七、八个月。

问：那以后独立了？

答：以后我跟其他的兄弟的宣卷班子一块合作过，比如说已故的金志祥，绰号金白皮。

问：夫人什么时候开始学宣卷的？

答：结婚还没有学的，实际上要到生孩子以后开始学的，应该在 2002 年。

问：老师是谁？

答：她就是跟我学的宣卷。生小孩后也没有学，后来学的，总归五年到六年。

边做边学。

前辈宣卷艺人的艺术特点

问：你怎样理解顾计人、张宝龙、金志祥他们三位老师的宣卷艺术特点？

答：先谈一下顾计人先生。他是一个实实在在的宣卷艺术家。他不仅会宣卷，还会唱评弹。他的三弦弹得挺不错的，在评弹界中也有一定的声誉。由于嗓音问题，没有涉入评弹界，最终选择了宣卷。但他的说表艺术真的不错。年纪轻的时候，张舫澜先生曾经请他去录过几次音的，具体的情况我也不太了解。他跟我介绍宣卷的时候，他也跟我讲过一些问题。宣卷的演唱，首先要注意的就是押韵。具体演唱的宣调，他也跟我介绍过，但是当时我因为属于刚刚介入的时候没有学会。没有学会之后，就听他的说表。他有一个特点是对古装的宣卷的朝代的服饰非常地讲究。他说的书另有一功，也就是说宋朝的人穿什么服装，做官的人戴什么帽子，皇帝对手下的人、他的夫人用什么称呼。他全部都非常熟悉。到我们现在这一代人，对古代人物出场的服装已经非常地缺乏了。反正做官的就是头戴纱帽，身穿红袍。如果是入阁拜相的就是紫色的蟒袍。就是这样的类型，完全是统一的，唐宋元明清都是一样的，可是按照他的规格来说都是很严格的。由于他过分地严格，在乡下就不太受欢迎了。因为他们都要通俗易懂，表演性要丰富。人家看了接受，看得懂，看得高兴就对了，没有其他一些什么讲究。包括服装、身份什么的，他们都不太讲究的。所以，我在他那边学了后发现了一个问题，就是难度挺高的。虽然说受他的启蒙，其实真谛是没有学到什么的。后来跟张宝龙先生，也是一个很偶然的机会。张宝龙先生原来有个合作者，是越剧团里面出来的，叫张慧芳（音），今年大概要七十多岁左右了，跟她一起合作。她有两种选择，有的时候唱宣卷，有的时候她去演戏。春节的时候，她要演戏，走不开，分身不开。怎么办呢？张宝龙先生就想到了我。他跟他的乐队的师傅说"你能不能去找他（指高黄骥）来帮我几天忙"。当时找到我，正月初二的时候，大概是[19]92年还是91年，记不太清了。当时叫我去帮十天忙，跟他一块去宣卷。我就说宣卷听是听说过的，但是不会宣。他说你会唱很多戏。他们很了解我。什么越剧啊、沪剧啊、锡剧啊，这种名家名段，我基本上都能唱几段。所以他说你只要在我说书以后，一回书下来你帮我点缀一下，这样就行了。这样就不冷场，农村里面这样相信的。他演了三部戏，一部是《黄金印》，还有一部是《千金一笑》，还有一部是《小彩凤》（音）。《小彩凤》我印象已经不深了，《黄金印》、《千金一笑》我都经常要表演的。我听他说书的时候就发现了一个问题，这个说书跟评弹一样的。评弹自弹自唱，但是宣卷有乐队的，这个是扬琴，那个是二胡，我就坐在这儿，下手就坐在那儿，就是这样一个格式。当时张宝龙先生是单人，当然是站在中间。我就琢磨，毕竟因为我平时积累地比较多，所以在我的印象中出现宣卷是很简单的。只要了解剧情，了解环境，比方说这部书的环境、地点、主要的人物。配角是次要的，丫鬟、书童、过路人、斧店的小二、客房的老板。主要的都是主角。比如《千金一笑》，主要有三个主角，男女主人公，一个是黄英文（音），一个是杨岸英（音），还有就是陆教莺（音）。这个杨岸英和陆教莺最后都嫁给了黄英文。只要把这三个原理搞清楚了，你就可以到书台上去表演了，灵活机动。这个跟电视剧一样，几个中心人物处理就好了，其他人物都是次要，但是缺他们不行。我觉得张宝龙先生带我出去的十天是受益匪浅的。我就认为把这个技巧掌握好之后就能表演了。完了之后，我又回到单位上班了。上班以后，金志祥来找我，因为他那边缺人，让我一起去表演。张宝龙和金志祥两个人表演的特点是什么呢？张宝龙他也不善唱。他擅长的是表情。生、旦、净、末、丑的表情他都能表演得淋漓尽致。尤其在农村，他适合农村的这种表演形式。他表演主角还是次要的，对周边的人物表演的非常多，比如侍奉小姐的丫鬟、走街串巷的媒婆、或者是老太太、生孩子的接生婆。张先生还有一个最大的特点，就是阴噱。我在跟你讲话的时候突然之间把这句话说了出来，然后在后面拖一个包袱。比方说我跟你两个人：

说：“你今天请我吃满汉全席！”

答：“一句话，我掏钱。”说完马上接“这是不可能的！”“这是不可能的”就是一句笑料。满汉全席要多少钱？但是他说“一句话，我掏钱”，回头就是“这是不可能的”。这就是阴噱。张宝龙先生表演宣卷最大的特点就是要环境好。要有人去听，有人去欣赏，那么他表演的风格才能够完全地施展。但是农村里面有时候环境是挺乱的。香客么要来烧香了，户上了么要发东西了，还有找座位、找人的，还有老太太领着孩子的。张先生就没有办法去适应了。他的唱也是一般，不是怎么理想。再说说金志祥。金志祥的先生叫褚凤梅，也是不擅演唱的。那么金志祥的表演整格就更差一些了。这三个老一辈的演员中，他的演技是最差的一个。他的角色没有分当的，都是统一的白话。什么叫白话呢？比方说，我们要塑造一个人物，在我们南方来讲，如果正面人物，主角像生旦，都总是要用中州韵的，跟京剧差不多。如果说三姑六婆当要用一些白话，也就是我们通常说的苏州话么苏州话，吴江话么吴江话。或者演知县或者山里面的毛贼、梁上君子，我们都用国语就是普通话。他这点没有。唱的时候因为他嗓子的问题，在听众中的印象也不太好。所以，他叫我去帮他帮场子。那个时候，基本上大的分量都是我扛的，他给我点缀上。那么在某种程度上，他能够替一回书，效果也是蛮好的，但是如果要他长期表演，比方说这部书通通要在他的口里完成，观众接受就有一点点问题。我就根据他们三个的特点和对南腔北调的熟悉，把它融合一下，根据剧情来处理这部书这段故事的情节。

宣卷演出情况

问：一般来说一年有几天演出？

答：如果没有特殊情况的话，就是在 180 本左右，这是平均所以我们整个的宣卷圈里面来说，我们平均也只不过这点天数。我们这个戏都是要送到乡下的，乡下有几个忙日，比方说夏忙还有秋忙，这个时候他们是没有时间来请宣卷的。除了这个以外，宣卷比较丰富一些。如果有种特殊的情况，宣卷的场次有所增加，这个可能性也是有的，但是我们从现在的角度来算就是 180 天。

问：在什么情况下他们请你们去演出？

答：这里边有几种需要的。通常我们这个宣卷是跟佛教道教有关联的，在农村里的乡亲他们都信奉那个老爷，信奉佛。所以他们庙会什么，总的来说就是庙会。而且那个忌日，比方说大老爷的生日，简单的来说像观世音生日，八月十九日他们都要叫宣卷的。那么有的像，叫到宣卷的总归要连着几台，所以这是一种。还有一种就办喜事，要结婚了请宣卷班子去闹一闹。还有我们房屋盖好了，中国有这个传统就是送进屋也要闹一闹，请那个亲朋好友来吃一顿饭聚一聚，觉得冷清了叫一个宣卷班子去演出。还有小的做生日，老的做寿，还有生孩子做满月，有的是做周岁，有的是生下孩子就要宣卷。还有那个在庙里边喊愿心。比方说，我今天碰到点难事了，请你这个大老爷帮忙，如果你要是能够保佑我这个事情过关的话，我就宣一趟卷来谢谢你老爷。如果这个愿心喊下去以后，他们也要请宣卷班子去宣卷的，在这种情况之下要叫宣卷。造好新房了，盖好新房了，乔迁之喜。总的来说佛事比较多。

问：佛事和其他红事的比例是怎么样的？

答：那当然佛是比较多一些。我们土话叫“贷”，普通话叫“敬”，我们吴江话叫贷佛。就敬佛的意思。

问：演出的地方寺庙比较多吗？

答：因为我们宗教的发展比较缓慢一些，所以现在寺庙也不是怎么多，都在户上就是在人家家里，庙里比较少。庙里么就是户上送过去的，像我们现在比较有影响的就是我们芦墟的庄稼圩，就是那个泗洲寺，还有那个我们平望小九华寺。这个地方一般都是佛门清净之所没有受宣卷之去的，都是在家里边自己请宣卷班子的。

问：每家宣卷的时间一般来说多长时间？

答：按照原来的老传统要六个小时，下午一点到下午四点结束，晚上的六点半到九点半结束。请佛送佛除外的。

问：上午没有演出吗？

答：现在都改良到四个半小时左右。原来中国的大戏都是要三个小时以上，现在都改到了两个小时。你有没有注意到，现在的电视连续剧，原来是四十五分钟足的，现在变成了四十分钟，而且两头两脑还有主题歌的话，你其实上看到的这个电视连续剧只有半个小时。现在都是日场了，那么有的时候我们在某些地方是安排日场的，比方上午两回下午三回，也有的。

问：每场的收入是多少？

答：收入要看比例了。唱的人比较多一些，乐队相对来说要少些。现在我们一堂宣卷，一天就是500块。要按照我们的，我们两个都是主唱的，稍微多一些，每人就可以直接收入到150块，乐队就是100块。所有的宣卷班子基本上都是差不多，你可能采访到其他的宣卷班子里都是一样的。上手怎么会多一股呢，因为上手的任务很多，他包括了和客户的联系，还有那个开书捡书。其实这个担子是很重的，说这部书的主要的内容，他要从开始开，放出去了以后，开出这个头然后要把它收尾。说书人兼导演，整个的那部书的内容都要在上手的手里面结束，而且每一回书，比方说四十分钟左右的，这个时间都是上手控制的。那么下手他是不管这些的，在这种情况之下呢，上手比下手多净赚十五块钱左右。多一成不是一股，比方说五股开拆的话，两个人就是一股半，一股五。一股五就是五成，五成当中再提一成给上手，那么上手就是一六，下手就是一四。

问：一股是多少钱？

答：一股100块，五股开拆，开口人是三股。我刚才所介绍的属于，宣卷当中的收入最高的分配法。但是现在新秀出来的时候，有某种原因他可能没有这个含金量这么高。就是我们现在来讲的金银铜牌，他没有达到银牌的这个程度他只能享受铜牌。

下手与乐队

问：你们班子的组合是怎么样的？

答：我们班的组合式，我是上手，建英是我下手。乐队是竹胡，扬琴。

问：基本上四个人一个班子吗？

答：对，四个人一个组合，原来在最早时候八个人一个组合。其实你采访吴卯生先生也好，包括采访我也好，包括张宝龙先生也好，基本上宣卷的大体的内容都差不多的。我们这个从老一辈的人宣卷。

问：与乐队如何组合在一起的？

答：这个也是一种特殊的环境，因为我们有时候你不认识我我不认识你，然后通过互相在交流的时候，慢慢的在一起就慢慢的熟悉了，然后双方协商了以后如果同意一起合作的，那么我们就一起合作。也有个网络的，是无影的市场。

问：你乐队的人名字叫什么？是固定的吗？

答：现在我们的乐队是基本上固定的。但是有的时候也免不了，因为我们这个扬琴师年纪还很轻，有可能要参加其他的工作，现在属于过渡阶段，让他和我们在这里共事。他叫周文光，今年二十岁。他是我爱人的内侄。另一个叫钱丙根（音）。他今年五十八岁，是八坼的。我们演出的时候是电话联系的。什么时候有演出了，我通知他一声到什么地方。任何一副宣卷班子都是这样的。

问：刚开始演出时候的下手是什么人？他们之中，现在有名气的人也有吗？

答：我刚学的时候下手很多的。他们都是老一辈的宣卷演员。我第一次合作的也是两个剧团里面的演员。其中一个叫方明雅（音），原来在苏州越剧团。因为她的眼睛不适宜上舞台了，所以她后来跟我一块做宣卷了。在书台上，稍微有点影响，还行。我们搞演出的最好就是这双眼睛。眼睛不行，眼神没有了。所以她吃亏在这双眼睛。而且她专攻小生，所以她的戏路子挺宽，跟我合作也有一年多。

问：还有吗？

答：方明尧之后，我就跟李明华合作。李明华今年六十四岁，现在还活跃在舞台上。她是苏州人，原来是在苏州轮运公司工作。她确实是个业余爱好者。她擅长唱评弹、京剧的老旦和锡剧。

问：还有吗？

答：后来就跟王宝珠（音）女士。王宝珠这个人挺出名的。她从来没演过戏，只不过喜欢。但是她有个最大的缺点就是她的嗓音，音域不宽。她演唱的东西，不管南腔北调，各地方的戏都能惟妙惟肖。当我唱沪剧的时候，她就能用沪剧跟我对；当我唱锡剧的时候，她就能用锡剧跟我对；当我唱越剧的时候，她就能用越剧跟我对。而且她能够适应每一个细节。我们只不过简单地把戏的内容讲一讲，以后她就能够适应，表演，非常地活。除了我爱人之外，我跟她合作是最长的。我们一直要合作到她差不多唱不动为止，另外一个她要去带孩子（她女儿的）。我们合作得很愉快，在演出场地的反响也是不错的。

问：跟她合作了多久？

答：三年。她的年纪大了，属兔子的，今年五十九［岁］了吧。

问：她是哪里的人？

答：她是苏州人。原来她住着横塘，唐寅墓那个地方，后来拆迁了，到现在都没有联系过了，已经十年了。［现在的情况］不清楚。很可惜。我结婚的时候她还来吃我的喜酒。我跟外边人合作，跟她是最愉快的。

问：以后的下手呢？

答：也有一些吧，都做得不长。金兰芳女士，她今年三十九［岁］了。她原籍是北厍，后来嫁到了我们同里，应该属于双庙村。

问：跟她合作的时间很短吗？

答：很短。连头带尾最多半年吧。她擅长锡剧，唱得挺不错的。她的先生是顾建华（音），原来是江苏锡剧学校的导演。他能唱，擅拉，还能说。当时他带金兰芳去演戏，由于她身材有点缺乏，总是演不了。但是她吸收能力比较好，她的先生就把她送到金志祥那里，叫她跟他一起合作。那个时候，金志祥经常叫我帮忙的，所以我们在这个情况下一起合作过。她的越剧唱得也可以，跟锡剧比起来，锡剧就来得更拿手一些。她的演出特点有点像倪同芳，我也很喜欢倪同芳，所以就叫她“小倪同芳”。我给她取的，别人没有叫过。这也是一个人才呀，年轻人当中，我对她比较赏识。后来因为王先生（王宝珠）她不演了，差不多也是现在这个时候，基本上是休息的时候多，演出的时候少，要到阴历的八月份才开始正式演出。那个时候我就跟金兰芳联系了一下，我们就合作了两个多月，到年底结束。连来带去合作期限大概半年吧。

问：之后就是你的爱人了吧。合作得怎么样？有什么样的优点？

答：我的爱人周建英戏路子比较窄一些，她擅长越剧。她原来不打算跟我出来宣卷的。一个是找下手难。有的时候同行也有竞争的。其他班子看这个下手跟我演得不错，就想办法把他挖出去，也就是评弹里面的“牵角”。“牵角”有两种，一种是书坛上，今天这场书有多少个听客，行话叫“牵角”，还有种“牵角”就是把你这个角色牵掉，挖掉。所以有的时候也有点不愉快的事情发生。我曾经想过放弃宣卷表演，打算改行。我的爱人就跟我说："改行就不要改了。我会唱点越剧，你再教我点其他的曲调。我们两个人一起来合作，试试看。"某种程度上，她的表现力确实不错，说表、角色搭配都能得心应手。演唱的时候，在沪剧、锡剧方面有点问题，唱锡剧，她的嗓音高度达不到要求。沪剧，韵腔缺乏点韵味。越剧再加上春调、迷魂调、简单的锡剧曲调、再加上火高丝（音）、南方调。我们现在基本上唱这种曲调。王宝珠的曲调就是全的，要《卖红菱》的话就要跟她一起合作，跟我爱人就有点难度了。她的沪剧就是不太理想。她接触的时候少，像她们这个年龄段的人不可能去听戏的，最多是流行歌曲。她还喜欢听越剧，其他的就接触地就比较少。

问：她是经过锻炼后才上台的吗？

答：我们在 2000 年开始，正好孩子有和没有的时候，空闲的时候我在家里，我会拉二胡的，有的时候我这样拉，她这样唱。我到外边去演出回来的情况，我也会跟她讲。刚认识我的时候，她也跟我去听过几趟宣卷。一来她平时也有点积累，二来她从小喜欢听评弹，跟我一样，第三她的口才比我好。有这三点，我们在简单练了一下之后就开始正式地演出。正式演出的时候，我们为了保持演出质量，叫了金家坝一个也会唱一些南腔北调的女士，叫单莲英（音）。她现在也能说书了，跟我一块学了三个月，她只会唱不会说，能搭几下，处理不了重要的角色。我三个人一起演，一起大概三个月。到了 2003 年的九月我们开始正式合作。

问：你独立之后，什么时候开始受欢迎？

答：独立之后我们的生意倒红。说实在的，当时我爱人的台整和形象确实非常靓丽，在当时农村里面印象很好。还有一个方面就是，很多人都好奇，高黄骥的爱人怎么都去说书了，我们不妨去看看他的爱人说得怎么样。所以那个时候我们的业务量倒是非常多，只不过局限在黎里、北厍一带。之后，我们到了芦墟的西面演出的时候发现我的爱人不错，就把我们叫到芦墟的南面去演出。那个时候的盛况非常好，也是一阵风的时候。他们欣赏了以后，也开始慢慢地……好听点叫回复正常，难听点就是到了回落的现象出现。物以稀为贵，他们不是来欣赏艺术的，他们是来了解我们演出的时候，会不会出洋相。当时我们的业务量超越范围，这个阶段非常短，大概一两年左右。之后，我们的业务量就在我们预期的业务范围，在很正常环境下做。

京剧、地方戏的影响

问：你有机会去剧场听戏吗？

答：没有时间，我基本上都是在电视里面看的。

问：你自己研究［宣卷、戏曲］的记录有吗？

答：因为我才疏学浅所以从来没有动过笔，没有记录。

问：以后有机会请你将相关书籍介绍给我？

答：好可以。我们现在正和张舫澜先生合作两个剧本，一个是《叔嫂风波》，还有一个是《双富贵》。《双富贵》这本书原来在老一辈艺术家的演出过程当中，好像缺少一点什么，所以这个剧本我已经经过两代人的改动，当然第二代人跟我的夫人一起改了一下。现在《双富贵》在各大的场次去演出都受到了较大的反响，很受到观众的欢迎。张舫澜先生的妹夫叫金云凌，两个人做笔录的时候，还请两个苏州的越剧一起来。完成了这部作品真的不简单。

问：其他剧种对你的影响？

答：沪剧，越剧，锡剧，还有我们的苏州评弹，京剧是后来学的，都会唱几段。

问：哪个剧种是最拿手的？

答：应该算是越剧吧，因为我学越剧学得最长。第一本戏就是《红楼梦》，我到现在为止，就是我们的越剧剧本，不是说《红楼梦》里的原著。越剧的剧本就是老一辈越剧剧本，我可以从第一个字背到最后一个字，从音乐到台词，我都可以背出来，除了这本戏之外其他的可能就没这个记忆了。不论在哪一场次出现的什么音乐，包括哪一场次出现的什么台词，我都可以一字不差得可以背出来。

问：最喜欢的越剧演员是谁？

答：王文娟，徐玉兰。那个时候的《红楼梦》，她们剧本的印象最深。王文娟和徐玉兰的那个《红楼梦》呢，它当时红遍全国。

问：沪剧唱得怎么样？

答：我唱沪剧，最喜欢唱的就是沪剧当中难度比较高的，叫赋子板。石筱英的〈杨淑英告状〉（《杨乃武与小白菜》中的一段），杨飞飞的反阴阳，这是沪剧当中的一种曲调，这种难度比较高一些。有机会的话你能够看到我的《叔嫂整波》在第六回里边，就是有一段长篇磊段，大约要七十多句的赋子板唱词。

问：京剧你喜欢什么角色？

答：京剧我喜欢，花脸，裘盛戎先生。他的戏我基本上都听过，比方说《铡美案》、《赤桑镇》、《锁五龙》、《御果园》、《姚期》、《盗御马》、《赵氏孤儿》什么的。但是我学没有学得这么多，只有学了几段，因为花脸这个很累的。

问：你喜欢的戏剧腔调有没有引入宣卷演

出？

答：有的，在那个宣卷的过程当中，经常要用到的。比方说，像《叔嫂整波》第六回我就用了石筱英〈杨淑英告状〉的赋子板，就是沪剧。在《双富贵》里边第二回的要结尾快了就是母亲唱的一段，我用了越剧的两个流派，一个是戚雅仙的戚派，还有一个是王文娟的王派。《双富贵》第三回里边我用了徐玉兰的徐派。在《双美园》里边第四回我用的，就是越剧当中毕春芳的毕派。还有《张四姐闹东京》里边有个包拯，我就用京剧花脸的。还有《刘王出师》第一回里边如来佛祖，我也用了裘盛戎的花脸的西皮流水。

问：[上海京剧的] 周信芳对其他戏剧影响比较大吧？

答：比较大，像那个高拔子一类的东西。高拔子在任何的剧种里边都够出现。比方说，袁雪芬的《秋瑾》，她就用了高拔子。还有徐玉兰的《哭祖庙》(《北地王》) 也用了高拨子。

自己的演出特点（一）

问：你宣卷演出的特点是什么？

答：我们的特长就是唱各种各样的流派，以戏曲流派为主。包括评弹什么的，都要揉合在一起。其实我的宣卷的发展，包括认识这么许多的朋友，跟张舫澜先生是分不开的，他是正中的伯乐，可惜我不是千里马。

问：你刚当上手之后怎样当红的？

答：当红主要是以唱为主。我吸收的东西比较多一点，我不是单一地唱锡剧、沪剧、越剧。我有的时候唱的地方的特点，唱一些他们喜欢的戏。比方说，我们在吴江的南厍，他们这个地方苏北人比较多，可以适当插一段苏北的剧种。苏北有个剧种叫扬剧，当时我唱过一段《王瞎子算命》。他最后在给那个小姑娘添好话，小姑娘听了之后就高兴。农村里听了挺满意的。我还学了一些绍兴莲花落。还有那个小调，就要拿一些比较吃功夫的东西。像我们评弹有个《旧货摊》，难度比较高，它是一口气就要把这个东西唱完，中间不能停的。还有我们南方的上海说唱，袁一灵的《金陵塔》，还有杨华生老先生的《小菜场》。这些东西都是一般宣卷的人不会唱的。如果你唱什么《新旧婚姻》啊、《螳螂做亲》啊，这种东西宣卷都会唱，“八月中秋桂花香，清整明月乘乘凉。清九院里的小螳螂，一心想要做新郎。看中南瓜棚里的纺织娘，要他舅舅去做媒。”这种东西喜闻乐见了，我这些东西他们都没有的。有很多人都要到我这里来学。当时我就交给了张宝龙先生，他跟我要唱片。他教了我一个东西，演出之前的接佛。把什么什么老爷请来，然后送回去。这个地方不能搞错的。搞错了么，迷信的人说起来麻烦了。接佛，我从张宝龙先生那里学过来的时候就发现缺了一点。我就把它补足了，就根据乡村里面的特点。我们剧本里面是这样的，到乡村里面有乡村的老爷。要先问一下，你这个台子是什么老爷。假设它是摆观世音台子的，它是芦墟某一个村的。我到它的经台上去宣卷，要把它接来，那么它就高兴了，认为你这个宣卷是有质量的。我现在的接佛和送佛到每一个地方评价都很高的。人家都说我这个比一般的人要上手一些，甚至于有人说我要超过张宝龙先生。但是我不这么认为，毕竟他是我的师父。像芦墟又不同了，芦墟喜欢听京剧。我就适当地学一点京剧。我学京剧的时候也没打算要唱。我也挺喜欢的，我喜欢花脸，像《秦香莲》中的〈铡美案〉、《赤桑镇》的〈铡包勉〉、《锁五龙》的〈号令一声〉，《赵氏孤儿》里面的“汉调 · 转二黄”。那些老生、花旦不适合我的嗓子，而且我也不太喜欢听老生。我喜欢听老旦、花脸，从乐队到演唱都是如火纯清的。完了之后，我也加一些评弹，也有各种各样的流派，蒋调、张调、沈调……农村里面我可以使用一些铿锵有力的，张调，悲伤型的。激动的时候，我就可以用一些沈俭安的快板，看起来有劲有力，观众喜欢听。还有一种就是沪剧里面经常使用的“赋子板”。举例子来说就是（《杨乃武与小白菜》的）〈杨淑英告状〉。这种东西难度比较高，一直要自己编句子。这样的表演是自己的特色，不是自己简单地能唱几句就行。我的表演就追求这样的叙事型的。如果在浙江，进嘉兴了，我可以加一些绍兴莲花落，用叙事型的演唱，连篇累牍的长段。这些观众都能接受的，如果你单一的去唱越剧的中板啊、慢板啊，全是千篇一律的，那么就淡而无味了。要丰富一些。

问：这样灵活运用。

答：对，灵活运用。做我的乐队必须要做到这一点。

问：你一开始唱沪剧、锡剧，你的乐队就能配合吗？

答：这个里边我有一个窍门的。比方说，当我要唱越剧慢板的时候，我有一个拖腔。乐队就知道了你要唱慢板了，他不可能给你加中板了。如果我要唱中板的时候，比方说这个小生开口“小姐啊……”这个乐队就知道了。现在有的演员都这样，“越剧中板”（提醒乐队，采访现场有演示），很多都这样的。如果说我要小角色，要给我拉一段火高丝，用什么办法呢？也是用叫板，“你听好了”，这个乐队就知道了要用银高丝了。我们演出的时候结构是非常丰满的。人家一看说他们这个剧本打得不错，其实不然。如果说要唱沪剧了，我们这个过门是简单的，不用什么长腔、中板的过门。比方说我有不得以的苦衷，你听了以后就会原谅我了，用句上海话“侬听我讲啊”。这个人就知道了，开始拉沪剧的调。慢板、快板就要靠我的手势来操作了。如果唱评弹就没办法了，我的下手不会唱，就靠我自己口里面出来。论理，先要有一个过门，然后再唱。但是我没办法，先唱一句评弹的词，乐队就知道了要开始唱评弹了。如果唱锡剧，我们本身唱得比较少，所以我们演出之前，比方说要唱一段“慢大陆”[调]，跟乐队演出之前打一个招呼“这段唱篇是要拉大陆[调]的慢板的”。因为这个剧情的需要，两个人在花园里面谈恋爱了，那么叫板起唱的就是大陆调的慢板。如果要用大陆调的中板的时候，就用句子强硬的声音出来。

问：当你的乐队，他们应该是很聪明的。

答：一般的规律摸透了之后，他们就知道了。我们演出的时候，老的角色出来的时候，他要唱几句，先是沪剧的阳血，再转沪剧的中板。如果小生出来，就要看地方了。如果地方槁浙江了，我就要用越剧的方式出来了。如果说金家坝、北厍、黎里，我就可以适当考虑一些锡剧的簧调，就是我起板的，然后乐队他就知道了。这个也就是宣卷一般的演出规律，也不算什么内部。像吴江调、娃娃调，我爱人不会唱，都是我先其调，然后乐队跟我来。

自己的演出特点（二）

答：我跟我爱人演出，跟其他下手演出的时候，根据他们的特长。如果这个演员他擅长唱越剧的，我在唱重头戏的时候就用越剧跟他一起表演。比方说楼台上，书生和小姐两个人在那里谈情说爱的时候，可以多用一下越剧。越剧有两种，一种是慢板，一种是中板。抒情的时候用慢板，在初次见面的时候就适当地用中板。比方说，《白马告状》，里边有两段作情的情节。第一个作情情节就是陆金莲把刘文英叫到楼上。因为他被陆金莲的父亲绑起来了。当时她的父亲被另外一座山上的强盗约得去参加寿宴，把山上什么的东西都交给了他的女儿陆金莲。陆金莲在巡山的时候就发现有人在叫救命，就叫丫头去找。丫头就跟她说一个读书人，长得挺不错的。小姐就叫丫鬟把那个人叫到楼上来问问看，这个时候小姐看到那个书生属于初恋，一见钟情，觉得这个书生挺不错的，父亲为什么要把他绑起来？这个时候两个人的谈话我就设计了一段中板。因为初见面么谈话，用现在的话还没有上“轨道”。谈好话后，陆金莲觉得这个书生将来有希望能够出人投地，我们做强盗不是长久之计，将来也要出人投地。所以在这种情况下，她就把终身许配给他，甚至做了一夜夫妻。临走的时候，陆金莲送给刘文英三样宝贝。她送刘文英下山的时候，有一种依依不舍的感觉。这种情况之下，陆金莲的内心是很沉重的，就考虑要设计一段越剧的慢板。心里面很痛的，因为相处在一起，不舍得离开。这个时候读书人也不舍得分开这个女的，所以也必须用一段慢板来符合剧情需要。如果这个演员擅长锡剧，我也可以用锡剧的慢板簧调、或者中板大陆调，这样就起到合情合理的作用。如果我要是放单道（一个人唱），我们刚出来宣卷的时候女下手并不多，我不可能用两种越剧流派来唱，观众们听不懂，没办法接受，这两个人物究竟哪一个是女的哪一个是男的。这种情况下我就可以用沪剧表演。沪剧是男女合演，必须要求演员在舞台上将男女的声音有个区分。小生，我选择王盘声，抒情的；花旦选择杨飞飞，跟我的嗓音比较接近。所以我到现在为止有的时候在卷台上唱杨飞飞和赵春芳的《卖红菱》，我从来不跟别人合作，我喜欢一个人唱。我认为必须要到位。因为很多演员唱杨飞飞的杨派都不到位，所以我就一个人唱。基本上我表演的特点就是这样的。在处理一般的小角色的时候，如果说对唱的，我们用锡剧的南方调像火高丝。小人物一个人唱，用吴江调或者娃娃调。娃娃调在评弹上经常出现，跟吴江调有点雷同，有点接近。小人物像丫鬟，书童，有什么事要报告老爷，或者三姑六婆，“你给我介绍的是哪一家的小姐啊？”这个媒婆就连做带唱，夸张的。宣卷没有剧情的，这样可以知道这个人是什么角色。比如《三拜花堂》，“小生，因家庭贫寒，父母双亡。”这样一来观众听得懂。宣卷、评弹就是这样。

宣卷观客

问：观客一般来说老年人多吗？

答：基本上老年人很多。也有中年的。年轻人也有但是不多。在那个黎里的东面一带，比方说芦墟，北厍，金家坝什么的，年轻人还有一些。

问：你们的两位年轻弟子（采访时高黄骥带两个女弟子来）原来也是你们的观众吗？

答：对，她们原来也是观众，都是一个社区的，她们虽然说学宣卷，但是不可能白唱宣卷，因为她们属于爱好。喜欢听喜欢学。但是我就是在这么想，如果说要是能够保证宣卷后继有人的话，确实也是一桩好事，不一定学了以后非要去宣，因为如果没有介绍谁知道这位女士会宣卷，怎么联系呢，也就是要靠我们的人去介绍去推荐的。那么她们的工作本身也是很忙的，所以在空闲的时候她们来学学宣卷，也是一种业余爱好，尤其像她学习扬琴啊，现在无事打扬琴也挺不错。

问：你们演出的时候可以点戏吗？

答：一般有两种，这个可以点的。一种为喜事，可以点的；还有一种就是比较熟悉的。经常我们在书台上表演的，我们是接受的。因为我们现在观众的，客户他们请我们去宣卷，他们都要讨一个吉利，所以点的剧本都要好一些的，当然我们也可以接受的。那么一般的情况之下我们是不接受点戏的。

吴江地区宣卷的特点

问：吴江地区宣卷艺术的特点是什么？

答：吴江的宣卷特点就是以同里宣卷为主的，所以必须要有我们同里的方言再带上一点些苏州方言。在演唱过程中必须要以宣调为主，然后根据这个剧情的需要，可以加上一些戏曲的不同的流派，这就是我们现今吴江的特点。

问：同里方言和苏州方言的差别比较大吗？

答：不太怎么大，也就是几个字可以概括一下。比方说，你，同里人叫“闹”(nao)，苏州人叫“倷”(ne)。我，同里话是“我”(ngou)，苏州话呢叫“我”(ngu)。他，我们同里话叫“伊”(yi)，苏州话叫“俚”(li)。

问：其他基本的词汇没有这么大的区别呢？

答：哎，没有什么区别，因为我们说表的艺术就跟评弹有点关联。但是评弹的表演方式是三弦、琵琶，他们都是唱评弹的调子，没有什么大的变化。宣卷就不同，因为它来源于乡村，就要根据乡村的观众的欣赏层次，所以要夹杂一些各地方的地方戏。如果说我们要是送戏到这个社区或到书场的话，必须要全部用宣调来表演，这是规格。换句话说，我们如果要是到日本的话，我们就要全部用宣调来唱，是不可以加越剧啊，沪剧啊，锡剧啊，这就不行了，但是京剧可以。为什么呢，京剧可以加到任何的地方戏里边，都能用。比方说评弹现在的传人，吴狄君先生，他在演唱评弹的过程当中就喜欢用周信芳的高拔子。他是赵丽芳和徐丽仙的高徒。

与其他宣卷艺人的交流

问：与其他宣卷艺人的交流有吗？

答：基本上交流的时间比较少，因为各自

都很忙的。说实在的我做为宣卷的人，曾经想过要去听其他人的宣卷，也要去观摩一下。兄弟班子的，老一辈的班子的，他们都有一些长处，都有一些营养便于我吸收的。因为我宣卷不仅仅是唱还要说，有的时候还要搞笑的东西。这个东西我在这里比较少一些，如果要是有机会听我的书的话，你可以发现我搞笑比较少，因为我不喜欢这些搞笑的东西，除了我们江南的这个滑稽和北方的相声比较喜欢看，一般的像港台的或者国内的电视剧的搞笑作品我基本上不太喜欢看。

宣卷与民间信仰

问：宣卷原来就带着宗教色彩吧？

答：宣卷跟道教和佛教都有一定的关联。所谓的宣卷，最早的时候出现的就是佛家讲经，也就是我们看到的《西游记》，这个唐僧坐坛讲经，其实是最初的。但是这样的讲经作为一些，我们老百姓来听觉得乏味，跟现在中国来讲就听报告似的，没有味道，他们就要想办法改良。改良了以后，就改成了木鱼宣卷。木鱼宣卷就是稍微带点点唱的，那个时候是没有乐器的。比方我在敲木鱼，你就在旁边打铃，我就这么一唱你就这么一合，这叫合卷。然后怎么会改为丝弦宣卷，我也没有跟老一辈的宣卷艺人，包括顾计人先生也没跟我讲过。我就是在这么想，可能因为是道教音乐的传入，所以才能够引起那个丝弦宣卷。江南宣卷有一个叫江南丝竹，这个江南丝竹其实从佛道音乐当中演变过来的，它和道教音乐有所不同。其实能够听得懂道教音乐的人非常少，包括现在我们来一曲欣赏古琴也很少，就这种音乐是非常高雅的，没有办法去理解。然后通过宣卷，道教和佛教的两种音乐把它揉合在一起，把它溶化到了民间，让老百姓能够理解。到了解放以后，也就是80年代初期了，这个宣卷跟戏曲联系了，因为它要更加的贴近大众。

关于庙会

问：你的演出中庙会占多少？

答：基本上都是庙会。庙会要占去60%。

问：你自己认为怎么样的演出叫做庙会？

答：佛事都属于庙会。现在户上不可能存在庙的。我还是打刚才那个比方，他家里有个桌子的，就是佛堂。佛堂每一个季度他们都有一个生日，为大老爷做生日。我们现在讲的叫“旗藏”啊，其实就是生日。从这个意义上来说就是庙会一类的。也就是为佛事演宣卷的，如果说到庙里去演出，比如说芦墟的西栅有庙的，黎里斜网有庙的，盛泽的五景村他们都是有庙的。有的地方他没有庙，他都在家里做。他也是为老爷。这里是宣卷，隔壁就是佛堂。其实也是属于庙会范畴的。如果说正式的庙会，局限于下半年，就是佛寺当中的庙会。我们七月份有个庙会叫台清庙演戏、宣卷都是在农历七、八月份。我们平望其实也有家里面摆佛堂做的很多，没有人把宣卷送到九华寺做的，就是在他们家里面演。就像横扇、梅堰他们就造了一间小屋，就算一所庙宇。现在是和谐社会允许你造一些，在十年前就不行。十年前认为是迷信一类的，庙宇是不能造的，有老爷庙宇都要拆掉。当时搞庙会的这些人都是上了年纪的，农村里面的人都胆小。运动来了，他就把老爷（佛像）藏起来，庙就拆掉。过了一个阶段，他们又要弄了。管庙的人他能神灵附体，用现代话讲么，神灵找他麻烦了，问他“现在能造庙了，为什么不把我的庙造起来？”他就想办法让你么肚子疼啊，浑身痛啊，睡觉不能睡啊，呕吐啊，甚至于僵硬、昏倒。科学角度，查出来没什么病，叫亚健康。但农村就认为老爷附体了，就造起来。过一个阶段再拆掉，反正阳官大一级嘛，过一个阶段再造。现在好了，我们总书记提倡和谐社会，提倡宗教自由，只要不搞颠覆政府的活动，调教自己的心态，烧香拜佛还是允许的，不要有什么危险的举动，不要以佛事为名敲诈勒索。这个现象不出现，我们这个庙会可以搞的。佛事中也有真的、假的。佛娘，贬义其实就是巫师吧，也有几下子能耐。神灵中的一些手下搞些东西影响了凡人（香客），这个巫师（佛娘）知道了，她用一些方法可以处理掉的。这是邪病。有邪病也有实病。什么叫实病？实病是，如果这个人病从口入，积劳成疾累了，就得到医院去看。比方说我肚子疼，到医院里查不出什么。只有叫巫师（佛娘）来看了。但是巫师（佛娘）把他看好了，最多也就是烧一炷香、烧点钱粮啊，或者是送点水果来谢谢那个神灵，而不是谢那个巫师（佛娘）。有一些个别现象，明明这个香客是实病。比方说阑尾炎吧，医院里明明检查出来了，应该要开刀的。“你不要开刀，我大老爷给你看，看得好的。相信我就到我这里来看，不相信我就到医院里去看，看了之后全家落下不太平。”这样就不行。看得好就好，不要来找我了；看不好，我就来给你求求神。通俗点说，就是外修里补吧。这种情况之下，你也不应该去收他的钱。她不然，我给你看了，起码要给她3000块钱。这个不对了。这个现象就是玷污了神灵。其实神灵包括我们所敬仰的观世音，都是大慈大悲的。它只有帮你解决困难，不可能要你一分钱，不可能把佛事的钱占位己有。现在我们大部分人都是以保太平为主的，没有一个真的本事可以帮你看好毛病。帮你去邪可以，如果你这个人真生病了应该到医院去看。虽然我们宣卷都是跟那些巫师（佛娘）联系的，我不认为她们能看得好毛病。庙会是允许的，一种精神寄托。香客们听听戏、烧烧香，聚在一堂说说心里话。因为年轻人要忙于做事，老的不懂看什么电视，他们到宣卷这个地方听听宣卷，看看戏啊，烧烧香啊，是种寄托，所以是好的，庙会百分之六十。还有百分之四十％有造房子，新房子造好了，请他们来宣趟卷，亲戚朋友会面了。还有就是做寿，也能占百分之十％，结婚、满月最多占百分之五％，还有些其他零零碎碎。料愿性的不算庙会。比方说，巫师（佛娘）给他看好病了，老爷你给我看好病了，我没什么好献你的，我到时候送一趟卷到你这里来。

问：都是跟佛娘联系你去演出的是不是？

答：对，基本上都是佛娘跟我联系演出。有的时候是她家里边的，有的时候是送卷的，料愿的。或者是在自己家里面宣卷，请佛娘到他那边去，看一下房屋周围有什么不清楚的东西（邪气），帮他弄掉。

问：造新房子、做寿、考上大学的时候都是老板请？

答：老板请的。他们怎么跟我联系？每个村子都有巫师的（佛娘），就去跟她们联系，问她们“你们那里有没有宣卷的电话？”有的时候，佛娘叫我们去宣卷，他们听得不错，就说“我几时几日要做寿了，跟你要张名片。我们联系得到，就跟你打电话联系。”通过这种途经来联系。

问：老板点什么宝卷的多？

答：一般都不点的。

问：都不点，你自己决定？

答：我自己决定。不过他们有个小要求，就是演出的时候不能有血案，最好不能死人的。庙会没关系的。

7 陈凤英 1

采访日期：①2004年9月26日，②2005年12月21日
采访地点：①芦墟镇西栅村，②八坼镇龙津村朱火生家
讲述人：陈凤英（1965年农历7月28日出生，三十九岁）
采访人：①稻田清一、太田出、佐藤仁史、吴滔、张舫澜，②太田出、佐藤仁史
翻译人：①施莉华，②杨申亮
简 历：出生于芦墟镇荣字村。小学毕业。十五岁时，在芦墟镇的厂里开始上班。十六岁开始在文艺宣传队里从事宣传工作。二十二岁出嫁到黎里镇方联村。三十七岁的时候拜朱火生为师，开始学宣卷。后来做朱火生的下手。

家族情况

问：你父亲是陈连舟先生（编者曾经采访过），是吧？

答：嗯。

问：你母亲叫什么名字？

答：我母亲就叫阿仁，姓吴。

问：她今年多大？

答：我妈妈好像是七十四岁了，我爸爸么好像七十六岁。

问：你母亲也是荣字村人吗？

答：是的，一起的。

问：你父亲以前是半农半渔的，是吗？

答：是的。

问：你母亲也是半农半渔吗？

答：我母亲就是，出生就是农村的，她出生于荣字村，不是渔民。渔民［的情况］么，问我爸爸就行了，我也不知道。

问：你小时候有没有看过你父亲抓鱼？

答：当然看到啊，看到的。

问：每天去打鱼吗？

答：嗯，是的。

问：鱼多不多？

答：这个时候，这种怎么讲呢，有时候你在鱼塘里抓鱼当然就多了，有的时候很多的，有的时候么，我看到的，看到打鱼。我也喜欢的，我爸爸我小时候他们去抓鱼，我就说“我跟你一起去”。

问：你父亲是捕鱼还是养鱼？

答：不是养鱼，不是的。

问：当时他有船吗？

答：有的，有个小的木船。就是我奶奶传下来的，哎，是的，老船。我爷爷、奶奶就是渔民。

问：你小时候有的渔民还住在船上吗？

答：有的，有的。

问：什么时候就没有了呢？

答：后来没有了，船上的后来么基本上都没有了，为什么，我们这儿说起来都到渔业村去了，到渔业村么，船上生活的人就没有了。我好像是，总归要到我二十岁左右，到我二十岁左右好像都没有了，有的就是到渔业村去了，我们村上没有［船上生活的渔民］了，好像。

问：其它的渔民是上岸还是到渔业村？

答：到渔业村。

问：都在陆上生活，是吗，房子什么都在岸上了？

答：在船上。

问：你以前有没有在船上生活的经验？

答：我啊，我小的时候，就是没有好长的时间，有的时候么出去，有的时候么就在家里。

问：你出生的时候就有房子了，是吗？

答：有的，房子有的。就是有的时候还出去。有的有的，房子有的。

问：你小时候上的小学叫什么名字？

答：叫什么名字啊，就是我们自己的村上，荣字小学就是这个小学。

问：有没有听说过渔民小学？

答：这个倒没有，渔民小学没有，就是有个村上的［小学］。

个人经历（文艺宣传队等）

问：你的文化是小学毕业，是吗？

答：嗯。

问：在荣字村上学的，是吗？

答：是的。

问：荣字村也有小学吗？

答：有的，在我小的时候有的。

问：能不能告诉我们后来的工作经历？

答：后来就到那个厂里去工作嘛，上班。

问：在芦墟［镇］的厂吗？

答：在芦墟［镇］。

问：在镇上吗？

答：就是农村的，乡办的。

问：那是几岁的时候？

答：我好像十五岁，还很小的。在村上的。后来么就是喜欢唱戏。

问：听说，你好像参加过宣传队。

答：嗯，是的，后来么就是参加［文艺］宣传队。

问：参加文艺宣传队早还是唱宣卷早，哪个早？

答：上班早，好像下一年就是了，好像［是］是十六岁［的时候］。

问：文艺宣传队的正式的名称是毛泽东思想文艺宣传队吗？

答：我们［的时候］已不是的，后来的就是那个……。

问：文艺宣传队里唱得不是样板戏？

答：不是样板戏，就是……，后来就是，我就是唱了这个什么戏啊我也［说不上来］。不是样板戏，样板戏还要早了，我后来的。

问：不是《红灯记》、《智取威虎山》之类的？

答：不是的。这种是我［唱得］一点点了，怎么做呀。后来［参加文艺宣传队的时候唱的是］现在的这种戏。

问：文艺宣传队里具体唱什么？

答：唱么就是唱那个戏嘛，《庵堂相会》啊什么的，《双推磨》就是唱这种戏了。《阿比大回娘家》，大多是这种了。

问：文艺宣传队是镇上的还是村上的？

答：村上的，村上有啊，后来么就到镇上了。就是几个大队、三个大队并在一起唱的。

问：归哪里管，芦墟公社吗？

答：归芦墟公社管的。那后来再唱唱么就到镇上了。到二十岁的时候就到镇上了，镇上文化站。

问：当时宣传队大概有几个人？

答：几个人啊，人好多了，开始的时候么大概好像是二十个人差不多。

问：后来文艺宣传属于文化站里的一个部门，是吗？

答：后来文化站里面的人好多，分开的，［文化站］不管的。文化站和宣传站讲起来么有点两样的，一个是大队的，一个归镇上的，两样的，不是一样的。

问：你从事的工作内容是一样的吗？

答：唱戏么是差不多的，唱戏么差不多。

问：二十岁以后呢？

答：后来么就是到二十二岁出嫁了，出嫁么就是到这里来了么，到黎里了。到这里来了么上班了嘛。黎里镇上长兴塑料厂里边。

问：二十二岁之后就一直在这个厂里？

答：在厂里。

问：去厂里上班上多少年？

答：上班上了好多年了，一个厂里就有十三年了。

问：你父亲有没有参加过宣传队？

答：我爸爸啊，我爸爸没有，他就是喜欢听戏啊，唱戏啊，他喜欢的，就是没有［参加过］。

问：文化大革命的时候各个渔业村都有宣传队，荣字村也有吗？

答：嗯，也有，有的。那个时候我还小得一点点。唱戏，那个《红灯记》、《智取威虎山》啊什么都有的。我小的时候他们做就做这个，那像我爸爸这个年龄还差不多［的人唱的］。

个人经历（宣卷）

问：［上班的时候］业余时间你继续唱戏吗？

答：我自己就是喜欢，那后来么去［宣卷］。

问：你是从什么时候开始学宣卷的？

答：我蛮早的，以前的时候呢，讲起来一直就蛮喜欢这种唱唱玩玩的。从小就喜欢，那么宣传队里待过。大概在十七、十八岁的时候。

问：你父母是不是也唱宣卷？

答：父母不唱这个的，就是我喜欢唱。

问：你是向哪位学习呢？

答：我的师傅就是他，朱火生。我就是跟他学的，拜他为师。

问：你几岁的时候拜朱火生先生为师的？

答：我就是今年去年再前年吧，连今年三年嘛。三十七岁的时候。

问：为什么想起来拜他为师的？

答：我当初的时候么就是，就是人家么也不怎么熟悉，就是朱火生到我们这里来唱戏么，我看看他还可以的，他的戏唱得还可以，那看看他的人么也可以，就是，后来我就是跟他学。我就是后来上班我不高兴上了，我说我去试试看，要是能唱么我就去唱戏了，就跟他讲，这样。

问：你有人介绍去吗？

答：介绍是……，他到这儿来宣卷，也是没有人介绍，他们到我们村上来宣卷么，我看看这个倒也蛮好的。`

问：你是自己上门拜师的？

答：这个么总归是我自己上门的。不会人家来上我的门，我总归我去上他的门。

问：当时朱火生的下手是谁？

答：他的下手啊，他的搭档啊，他的搭档好多了，那个搭一下，这个搭一下，就是好多了，他的搭档是蛮多的。

问：江仙丽、肖燕，还有赵华都做过他的下手？

答：哎，都做过，金兰芳什么的都做过。他反正就是搭档好多好多，跟我最长了，我就是跟他三年。他的搭档不是拜他为师的就是跟他一起做，我反正我么就是拜他为师。就是这样，那我跟他学了三年了。

问：三十七岁开始你专门从事这个工作，其他工作不做了，是吗？

答：跟他唱戏啊，哎，专门了，[其他工作]不做了。就是有生意么，就是这样的。

问：你正式登台、正式唱是什么时候？

答：正式唱啊，十七、十八岁的时候呢，这个时候是在文艺宣传队，唱唱玩玩。

问：正式唱宣卷呢？

答：正式唱宣卷么，我唱了也没有多少年。锡剧也能唱，越剧也能唱，你要学宣卷必须要基础，九腔十八调。

问：你在学宣卷之前有没有和父母商量？

答：我也没有商量的，我就是自己要去学么我就自己去了，我没有跟他们说。

问：他们不反对吗？

答：不反对，他们么就是说你能不能去唱呢？我说我这样我反正去试试看嘛，行么我就去唱，不行就算了。

问：你父亲说他没有看过你的演出，为什么？

答：我也不知道，他说“我不去”，我说“你就来看看嘛，又无所谓的”。

问：你母亲呢？

答：母亲去的，母亲我随便到哪个地方她

知道她就要去的，她喜欢看的。我父亲说“我难为情的，看到女儿在唱戏”。

问：你娘家也请朱火生先生做过宣卷吧？

答：我娘家，是的，是的，我娘家那边好几次了。

问：她也喜欢宣卷吗？

答：是的，那边也唱过好多，好几次了。

宣卷的演出概况

问：像你们这样唱一场收入是多少？

答：像现在，一般说起来都在 400 元左右。唱一场，就是白天连晚上，400 元。

问：听宣卷的是老年人多一点吗？

答：是的，年纪大的人多一点。

问：老年人中是老伯伯多点呢，还是老婆婆多点。

答：老婆婆多点。

问：你们［演出的场合］红白喜事和请神都有的，那一般来说，请神宣卷是最多的，是吗？

答：对，最多一点。

问：大概占多少呢。

答：现在的请神的比例不是最多，唱得多的是到人家家里，还有就是公共场所和村上。大队一般不去的，基本上是人家结婚这种，叫待佛。庙会的场次最多占百分之三十，就是像现在这种庙会可能百分之三十，还不来。大部分都在人家家里，这个形式叫待佛。待佛就是唱给老爷听，恭老爷、祭老爷。就是讲起来叫娱神，就是让神开心点。待佛娱神，让老爷开心一点，因为它为我们做了好事，保佑我们五谷丰登、身体健康、吉祥如意，那么我们要用宣卷啊，待佛啊来让它开心，它开心了就给我们带来了福致了，吉祥如意了。

问：［宣卷的演出形式中］夫妻档多吗？

答：夫妻档也有，但是少数。

问：基本上都是师徒，是吗？

答：哎，师徒。那么有些合作，不是师徒夫妻档的也有。小黑子（指高黄骥）就是夫妻档，一般夫妻档的也没有。

问：一般都是一男一女吗？

答：两个女的么也有。一男一女呢，应该讲起来观众是最喜欢的，因为他们扮演角色，看上去比较真切一点，好像两个女的演的看上去就比较……。现在么也有两个女的。但是两个男的没有的。有可能有，很少。过去木鱼宣卷有的，过去最早叫木鱼宣卷，像念经一样，当时有的。

问：像你们唱戏的艺人和艺人之间有没有联系呢？

答：没有联系的，一般的没有联系的，大家自己管自己的。

问：这儿有没有皮影戏或者木偶戏？

答：木偶戏有。就是在庙港，庙港就是有一个叫木偶昆剧。

问：皮影戏呢？

答：皮影戏没有。皮影戏一般在比较落后的地方［才有］。

关于吴江的民间信仰

问：荣字村有个太保，他管的是什么庙？

答：他不是庙，他是自己家里的，[把菩萨]放在家里的。

问：他拜什么菩萨呢？

答：如来菩萨。

问：在荣字村宣卷的时候一般由他来组织吗？

答：他的家里也做，其他地方也做。

问：荣字村有没有［村］庙？

答：庙，有是有的。你们上次不是去过的嘛，就是那个老太太，你们不是叫她来［开门］，就是她管的。一点点，这个庙小得一点点。

问：是不是很多渔民也来拜这庙？

答：拜是肯定有人拜的。

问：青庙和红庙，渔民拜哪个庙？

答：青庙。

问：青庙拜什么老爷？

答：好像是大老爷（刘王老爷），好像是的。

问：原来的陆师庙的地方现在有很大的广告，后来陆师庙被拆掉了？

答：哎，拆掉了，真正的那个陆师庙是在318国道外面的，后来就是到里边的，造到里边。哎，[也有]杨老爷，对对，是的。这个庙很小，今天我没有时间，要有时间我们这里（方联村）也有一个庙。

问：方联村的庙也有佛娘吗？

答：有的。里边的菩萨好多好多。

问：拜什么老爷？

答：都有的，观音菩萨、［刘王］大老爷。

问：杨老爷有吗？

答：杨老爷好像没有，刘王老爷有的，还有观音菩萨，反正好多好多。

问：红庙、青庙之外，关帝庙也有吧？

答：关帝庙，就是荣字村啊，那也不知道。就是陆师庙这个庙我知道的。现在陆师庙在318国道旁再往里边走，这个小得一点点也不大，你们肯定去看过的。

问：［陆师庙和］红庙好像是现在合在一起的，对不对？

答：嗯，小的［庙］。

问：吴江西部和湖州举行庙会、佛会的时候请什么样的民间艺人来闹一闹呢？

答：那边（吴江西部）很少，他们就是，闹一闹么，就不是宣卷，就是念经，就是这种，他们就是这种。像那个横扇［镇］、梅堰［镇］那个地方就是这样的。

问：是道士还是也是一种民间曲艺？

答：和尚，假和尚，都是假的。哎，是的。

问：念的内容和你们一样吗？

答：肯定不一样，不一样的。他们都是念经什么的，叽哩咕噜的也听不懂，什么经什么经的。

问：听起来无聊吧？

答：就是这样，要是我听听也听不懂，叽哩咕噜叽哩咕噜，听不懂。

问：和沈毛头（渔民香会组织的头头，也是著名的赞神歌手）的《赞神歌》

差不多吧？

答：也不怎么一样，他们就是好像四个人座好的，就是这样念，就是放一本本子就是这样看，就是这样。也不是唱也不是什么，就是这样，听也听不懂。他们都有本子的什么什么。

问：很多人愿意听吗？听不懂怎么愿意听呢？

答：没有人听的呀，这种就是，他们讲起来就是，念给那个菩萨听的，就是要是我们听就听不懂。

问：宣卷的话呢？

答：宣卷么都是都听得懂，菩萨也听得懂。

问：宣卷给菩萨听也给人听吗？

答：是的。那个（指念经）么就是菩萨听得懂。就是这样。

关于渔民的信仰

问：我想问有关渔民的问题。

答：渔民么这个问我父亲好了，我父亲都知道的。

问：荣字村里面有没有渔民的活动？

答：活动什么没有，渔民没有。

问：比如烧香啊，宣卷这样的活动呢？

答：这种当然有的，喜欢听的有，多了。像莘塔［镇］这边的渔业村上宣卷有很多的。

问：原来住在荣字村的渔民都迁到莘塔渔业村吗？

答：哎，对。

问：他们喜欢听宣卷是吗？

答：喜欢的。

问：你以前有没有在渔业村做过宣卷？

答：芦墟［渔业村］我们去过，就是莘塔［镇］那边还没有去。

问：芦墟［镇］的渔业村去过是吗？

答：去过去过，芦墟［镇］去过几次了，那明年就是要到莘塔［镇］去，明年也要去了。

问：在渔业村做宣卷和在普通的农村有什么不一样的吗？

答：那差不多的，一样的。

问：芦墟渔业村里面有没有庙？

答：庙，庙倒没有去过，［宣卷］都是人家家里面。

问：人家家里面有佛台，是吗？

答：哎，就是这样。

问：他们一般拜刘王老爷吗？

答：也有的，刘王老爷有的。

问：渔业村也有佛娘吗？

答：有的呀，也是有的，有的。

问：你在渔业村里有没有听说“兴隆社”“老长生会”这种什么什么社、什么会这样的渔民的组织？

答：渔业村那边的，那很多了，到莲泗荡［刘王庙］去。

问：芦墟有没有组织渔民到莲泗荡？

答：以前都是自己去的，渔民自己开着船么过去了。

问：不是一起去的？

答：一起去么有的说起来多少人一起去的，渔民么最喜欢到莲泗荡去烧香了，求菩萨。

问：你在芦墟渔业村有认识的人吗？

答：有的，你们上次去采访的有个老人就是我认识的。姓钱，钱四海（渔民，编者曾经采访过），我们都是自己人呀。

8　陈凤英 2

采访日期：2009 年 12 月 20 日
采访地点：黎里镇方联村陈凤英家中
讲述人　：陈凤英（1965 年农历 7 月 28 日出生，四十五岁）
采访人　：太田出、佐藤仁史
翻译人　：徐芳
简　历　：出生于芦墟镇荣字村。小学毕业。十五岁时，在芦墟镇的厂里开始上班。十六岁开始在文艺宣传队里从事宣传工作。二十二岁出嫁到黎里镇方联村。三十七岁的时候拜朱火生为师，开始学宣卷。后来做朱火生的下手。2007 年朱火生的宣卷班子解散以后，开始组织自己的班子去演出。

文艺宣传队

问：你以前参加文艺宣传队的，是吧？
答：嗯，是的。
问：那个时候的队长的名字你还记得吗？
答：队长啊，现在老早过世了。就是芦墟文化站的站长呀。
问：他叫什么名字？
答：岳微（音）啊，现在早就不在了。他以前没有做那个站长的时候，还在村里面做教师，后来就去做文化站的站长。
问：他是本地人吗，是芦墟［镇］人吗？
答：不是芦墟［镇］人，他好像是南麻［镇］人，就是下放过来的，到村里。
问：是知识青年，对吧？
答：哎，知识青年，上山下乡。
问：文艺宣传队一共有几个人？
答：人好多的，每个村上都有的。
问：一共有几个村？
答：当时好像我们有三个村（生产大队）连起来。
问：［这个问题］好像问过了，二十几个人，对不对？
答：对。
问：这二十几个人都是村民吗？
答：哎，对，都是农民。
问：文艺宣传队解散后，你去做宣卷艺人，其他人都去做什么了？还有别人从事文艺活动吗？

答：好像没有，就我一个人。

问：他们都去做什么了？

答：他们么，有的在厂里，有的人我几年没看到，有的么自己开厂了。就我一个人在唱。我小的时候就喜欢唱。

问：也有种田的吗？

答：嗯，有的。

关于地方戏（越剧、锡剧、沪剧等）

问：你会唱越剧、锡剧、地方小曲吗？

答：嗯，都会。这个么，当然都会的。

问：除了这几种，你还会什么？

答：黄梅戏啊，京剧啊。一般宣卷［的时候］，地方戏都唱的。都好唱几句的，那个评弹也会唱几句的。

问：昆曲会不会？

答：昆曲倒不会。

问：越剧中，你喜欢哪个流派呢？

答：越剧，我一般喜欢范瑞娟唱的范派，还有徐派，徐玉兰，这两个都是扮演小生的。花旦么就是王文娟，王派。范瑞娟就是《梁祝》里面扮演梁山伯的那个演员。

问：越剧里面你喜欢哪几种戏啊？

答：一般我喜欢《红楼梦》里面唱几段，《葬花》、《金玉良缘》什么的；《梁祝》里面也唱几段，《十八相送》啊。

问：锡剧中喜欢哪些演员？

答：锡剧么，一般花旦就是梅兰珍、卞雁敏。

问：梅兰珍的什么剧？

答：《珍珠塔》，这个很有名的。

问：还有别的演员吗？

答：锡剧么，现在的名家有是有的嘛，卞雁敏什么的，就是唱《红花曲》里面的《山惠山》什么的。

问：黄梅戏里你喜欢什么？

答：黄梅戏里面就是《天仙配》，都知道对不对？

问：有没有哪个演员比较喜欢的？

答：那就是扮演董郎的。

问：京剧呢？

答：京剧么，就是现代京剧里面的《红灯记》、《沙家浜》什么的，就是样板戏。

问：这些是在文艺宣传队里面学到的吗？

答：嗯，这些我小的时候就会唱。

问：喜欢唱吗？

答：喜欢，真的喜欢唱。

问：你在宣卷时，怎么引入这些地方戏呢？

答：那宣卷的时候肯定要引进去的，用的是它们的调子，里面的内容么，还是要自己编一下。比如我唱越剧时，用范派，调子要利用它的，台词要自己编。

问：你在引入地方戏时，在选用哪个地方戏的调子时有没有根据情节啊、角色啊来选择的？

答：嗯，要根据角色，内容啊，什么的。

问：你具体是怎么选择和利用的呢？

答：要是你唱的内容是在家里面思思想想的，想来想去的，那唱锡剧的“铃铃调”，沪剧，都好唱的，锡剧里面的迷魂调也可以的，慢慢的。你要看内容什么的，把调子放上去。

问：如果当时场景是比较热闹的，两个人吵架什么的，会用什么调？

答：吵架么，如果当时人火的不得了，锡剧么就用“大陆调”，扮男的可以用这个调。那宣卷嘛，比方说现在在家里蛮好的，但男人上京赶考在外面出了事，收到这个消息后，家里的人很急，这个时候的一段唱就可以用越剧的“嚣板”，“当当当当”这样的，非常急。反正调子按照里面的情节来唱。

陈凤英的班子

问：朱［火生］先生好像2007年几月份就不唱了？

答：农历九月份就不唱了。

问：后来你什么时候开始独立的？

答：他不唱了么我就独立了。

问：那时候你是做上手吗？

答：我上手、下手随便做做，反正两个人轮着做。

问：你下手的名字叫什么？

答：潘立勤。

问：男的吗？

答：男的。你看到么就认识的。

问：以前是做拉琴的吗？

答：嗯，给我做拉琴的。

问：以前在朱火生那边？

答：嗯，拉琴的。他帮我拉琴拉了好像是四年吧，他以前在那个高黄骥那边，拉琴就是他。他现在瘦瘦的，矮矮的，现在就跟我唱了，唱得好得不得了。

问：你觉得自己宣卷跟别人有什么不同，长处在哪里？

答：一般的嘛，人家跟我说，你站在台上表情蛮好的，动作都蛮好，嗓子蛮好，口齿清楚，老奶奶听起来都听得懂。

问：你这些特长是在朱火生那里学的，还是在文艺宣传队里面已经打好基础的？

答：这个肯定是在文艺宣传队打好基础的，动作什么的先生教你也教不会的。

问：最初你怎么学的？

答：在文艺宣传队时，岳微（音）他教我的呀。

问：你最拿手的，唱得最好的宝卷是哪几本？

答：我现在唱的几本宝卷，朱先生那边没有的，我现在自己搞的。有《合同记》、《回龙船》，还有一本《情义冤仇》，这几本卷很好，朱先生那边没有的。

问：你宣卷的时候，唱不唱从朱先生那边学来的宝卷？

答：现在不怎么唱。

问：为什不唱呢？

答：我跟你讲，以前跟朱先生唱得也挺多的，听的人都很熟的。那我去宣卷的地方，去年也去过，今年又唱同一本宝卷，你肯定不行的，肯定要换的。那现在潘立勤跟我一起唱，他肯定也要创造新的书。

问：潘立勤现在能编宝卷吗？

答：能编，但你首先肯定要有一个框，没有这个框肯定搞不好，有了这个框就可以编。现在正在编一个，还没编好，叫《双蝴蝶》，还没唱过，明天要去唱，第一次唱。

问：你们两个一起编吗？

答：嗯，一起的。

问：潘立勤有先生吗？

答：他没有，他就是有拉琴的老师，他拉琴好得不得了。他就是喜欢唱京剧。

问：他以前是在朱火生的班子里，再之前是在高黄骥的班子里？

答：嗯，是的。

问：再之前还在别的班子里吗？

答：没了，他就是在高黄骥的班子里到我这里来，总的大概有八年了。他从小就拉琴。

问：他也参加过文艺宣传队吗？

答：他没有，他就是上学的时候自己学的。

问：他多大年纪？

答：好像五十四［岁］吧。

班子的活动情况

问：你独立后差不多两年了嘛，一年唱几百场？

答：去年唱了 250 几场，256 场。

问：唱一场收多少钱？

答：去年么，500 到 560［元］。今年么大概 560 到 600［元］一场。

问：你刚才说今年唱一唱宣卷 600 块［一场］嘛，那上手和下手怎么分呢？以前是上手二股，其他人是一股嘛，你们也是这样子吗？

答：我们现在上手和下手是一样的，拉琴是一股。600 块嘛，拉琴就是 120 块一个，我们就是 180［元］，两个人。拉琴也有两个人嘛，这样分的。

问：今年唱了大概有几场？

答：今年到现在大概有 200 场，差不多吧。

问：现在还只有十一月，应该还要出去唱几场吧？

答：哎，但是今年少，大概会有 230 来场吧。去年和前年都差不多的。

问：这些生意是怎么找到的，是人家找你还是你自己去找？

答：那肯定人家来找我的。那我的名片他们都有的，他们要唱嘛，打电话过来。

问：有没有这样的情况，以前你跟朱火生是一个班子的，请朱火生先生唱的人知道朱火生先生不做了，现在来请你唱，这种情况多不多？

答：还可以的。反正我跟他唱了有四年半嘛，人家都知道我的。就是先生不唱么，我没有名片不行，所以先生打算九月份不唱，我六月份就去印自己的名片了。

问：就是提前发出去？

答：当然提前，不提前人家不知道我的号码，怎么来找我呢？

问：而且那个时候朱火生先生是不是已经不想唱了？

答：哎，他一点都看不出了嘛，看不出我

还带他一年，摩托车上面带了他一年。他真的不行了，有时候唱着把杯子打翻啊，人家看起来…当［朱火生］面当然不说的。但是人家对我讲说："陈先生，你先生眼睛真的瞎掉了嘛，明年你肯定要再叫一个来了。" 我们唱戏，叫一个瞎子来嘛，人家说起来肯定不满意。都在我面前讲的呀，我跟先生讲，先生认为别人没在他面前讲，他还得要唱，他喜欢唱呀，那我怎么说好呢。

问：现在才五、六十岁嘛。

答：是啊，他喜欢得不得了，可怜么也蛮可怜的，但是也没有办法。

问：你在什么地方演出比较多？黎里［镇］、北厍［镇］？

答：北厍［镇］蛮多的，金家坝［镇］也蛮多的。

问：黎里［镇］呢？

答：黎里［镇］也有的。

问：最多的是哪里？

答：北厍［镇］最多。

问：朱火生先生那时候好像也是这样，为什么，是不是因为北厍［镇］老板比较多？

答：不是因为老板的缘故。有时候就是因为他们信我们唱，就是这样。就是喜欢我们唱，不是因为老板什么的。有时候老板多，但是不喜欢我们唱，那我们也不会去唱。我现在么就是北厍［镇］、金家坝［镇］比较多，盛泽［镇］也有，平望［镇］有么也有，少了点。八坼[镇]也有，少。

上演情况

问：你一年 200 多场的演出中，哪种情况叫你去演出的占最多？比如说考上大学、造房子、待老爷、还愿许愿啊，什么情况最多呢？老板许愿啊、集体活动啊、庙会啊。

答：肯定是待菩萨呀。

问：大概有多少场的样子？

答：像现在冬天啊，一般就是造房子、进屋。像六月份、七月份，都是考上大学。像过了春节，新年嘛，老板请客人、待菩萨，生意好嘛，请一台宣卷，唱唱。新年么，像金家坝老板，就是要待菩萨，请客人，这样子蛮多的。待待菩萨么，生意好一点，就这样的。一般到二、三、四月份，都是待菩萨比较多一点。

问：待菩萨的演出，占你一年所有的演出的百分之多少呢？

答：最起码要百分之七十。

问：造房子呢？

答：那最起码百分之二十。

问：结婚呢？

答：结婚呢，像同里［镇］那边有，我们这边没有的。

问：剩余的百分之十就是包括结婚、做寿、考大学之类的？

答：哎，差不多了。要看地方的，像结婚，同里［镇］那边有的，黎里［镇］

没有的。造房子请宣卷，我们黎里［镇］也没有的，八坼［镇］、同里［镇］那边多的，吴江那边，像金家坝［镇］也多的，北厍［镇］倒不多。

问：你说的待菩萨的情况，也包括庙会了？

答：那是的，都是。有的人家么，家里面有菩萨的，这种情况也是的。

问：还愿许愿也包括吗？

答：哎，是的。

问：许愿还愿一定要有老爷吗？

答：哎，有的。像造好房子，家里面没有菩萨嘛，请我们去宣卷，就放一桌菜，我们就请一下菩萨，到他们家里来，待待菩萨，也有的。

问：怎么样的宣卷算是庙会上的宣卷呢？

答：庙会么，有的是大老爷生日，就有人提出要你唱《刘王卷》什么的，那有的么不指定，唱什么都可以的。

问：庙会是不是要在村子的公用的村庙里面宣卷才是庙会，一般个人的金堂里面，这样的不算庙会了？

答：庙会么，像今年我到北厍［镇］东长［村］嘛，他们整个村的人你也出点钱，我也出点钱，然后请个宣卷。

问：这种就是庙会？比如说陆师庙，集体请宣卷的话就是庙会？

答：哎，是。

问：人家家里有菩萨，就不是庙会，算待菩萨？

答：嗯，这种不是庙会。

问：一年当中，佛娘请你做宣卷的情况多不多？

答：那挺多的。

问：百分之七十的情况都是待菩萨嘛，其中是由佛娘来请你做宣卷的情况占多少的？

答：那挺多的，基本上家里有菩萨的都是佛娘。

问：家里供着一个金堂的就是佛娘吗？

答：是的。

问：佛娘叫你去宣卷的情况有没有一半？

答：不止一点的，超过一半的。

问：就是说待菩萨的一半吗？

答：是的。

问：有没有［跟你］要好的佛娘？

答：有的。

对佛娘的看法

问：你的印象中，佛娘为人怎么样？

答：这个怎么讲呢……。

问：比如说很热情啊、很喜欢宣卷啊，这样子的。因为有些人对佛娘有偏见嘛，一般人是怎么看她们这类人的呢？

答：印象么，人与人也不同的呀，有的人么……像芦墟阿大，你有没有去过？

问：男的吗？

答：女的，女的。我小时候就认识她，她人还可以。她现在也在唱戏，他们也有几个人唱的呀。男的也有。他们家里边菩萨蛮多的啊。阿大人还可以。有的人么……反正我是做生意，你叫我来唱，我就是挣钱。为人么，反正……他们自己说么，都是［他们奉的老爷］好得不得了，有人来看病么，就说不要钱。

问：请你做宣卷的佛娘，一般靠什么生活呢？

答：这个我知道的。一般大的佛娘，就是靠老爷生活。小的佛娘么，家里边、上班啊什么的。北厍［镇］那边有几个，都是不做［别的工作］的。像八坼［镇］那边，有个男的，他也不做的，他从来不工作的，就是靠菩萨的，人家请他出去，造房子么看地基啊什么的，都要给钱的。

问：老板许愿还愿的时候，也要给她（佛娘）钱吗？

答：他们请他去么，吃了饭，临走么都会给他一个红包。不然他们吃什么，对不对？

问：佛娘看病吗？

答：有的到他家里看病，然后什么什么的……。

问：你小时候有没有到佛娘那里看过病？

答：我没有。

问：你刚才说新年老板待菩萨嘛，你说的老板一般指什么样的人？

答：开工厂啊，有的么养鱼、养虾。

问：是个体户吗？

答：嗯，都是个体户。他们搞得好，今年好么就待菩萨。

问：许愿还愿是不是很多都是由老板请客？

答：有的老板很相信，像金家坝［镇］一个产钢板的老板，信得不得了。

问：有没有老板直接跟你们联系，请你们宣卷的？

答：有的，像金家坝［镇］西轸［村］有个老板，请我去了三年了，每年正月初六，叫我去。

问：这种时候［宣卷］有菩萨吗？

答：请过来的，家里本来是没有的。请庄家圩［庙］的，你有没有去过啊？

问：去过啊，有大老爷（刘王）啊。

答：对，大老爷啊，请到家里来，请了三个［弟兄］。

问：他很有钱啊？［请老爷］很贵的。

答：不是啊，好像一个100［元］，还是怎么的。

问：不，那个很贵的。老爷生日的时候请过来很贵的呀。

答：生日的时候，好像请过来100块一个，请过来买点烟，买点糖，拿过去。

问：老爷请过来的时候有没有佛娘的？

答：有的，一起去请过来，请到他家里，那我们白天唱好了么，他晚上再送回去。

村庙和青苗会

问：我们2004年采访时去过荣字村，那里有个陆师庙，里面供的是什么老爷？

答：杨老爷还是什么老爷，我也不清楚的。庙现在还有的呀。

问：还有吗？好像已经拆迁了。

答：拆迁过，但是庙基上他们还在去。这个庙时间好长好长了，我小时候就有了。

问：陆师庙改革开放后有没有庙会？

答：庙会啊，有是有的。

问：什么时候呢？

答：好像是正月十三。如果是大老爷，那肯定是正月十三。那要是关老爷呢，就是五月十三。这个我知道的。那要是观音菩萨呢，有的么就是二月十九、六月十九、九月十九。

问：你知不知道改革开放后，管这个庙的人是谁？

答：你上次不是去过的么，一个老奶奶。

问：她不是管青庙和红庙吗？

答：我知道的是她管了一个陆师庙。

问：有没有听说过青苗会？就是七月半的时候办的。

答：哦，七月半么就是待青苗，这个有的。

问：你能不能告诉我待青苗具体是怎么一回事？

答：好像就是［供奉］大老爷的。一般我去宣卷嘛，七月半蛮多的。就是大老爷，待青苗。

问：待青苗有什么意思呢？为什么要待青苗？

答：为什么，就是之前农活是很忙的，忙完以后，田里边全部种好了，就待待菩萨，就是待青苗，可能就是这个意思，我也不是很懂。

问：在你印象中，是不是很多村子里都会待青苗？是不是每个村子都会待青苗？

答：那也不一定的，我今年七月半，就在北厍［镇］东长［村］，他们有个庙……。

问：就是靠近大长浜［村］的那个庙？

答：哎，就是那边。今年我去了，他们庙上也是这样的？

问：七月半的时候，宣卷艺人的生意好不好？

答：还可以。

问：很多人要待青苗，请你们去宣卷？

答：哎，蛮多的。

渔民的客户

问：渔民有没有邀请你去渔民村去唱宣卷？

答：我去过呀，今年我去的。今年我在芦墟［镇］的渔业村，八月初七这一天，在渔业村。

问：谁请你的呀？叫什么名字？

答：主人请我的呀。他们都叫他阿三，我也不知道叫什么名字。

问：几岁的样子？

答：大概要五、六十岁差不多。

问：你唱的是什么？

答：唱的是《情义冤仇》。他家里边好像菩萨也蛮多的。

问：他也算是佛娘吗？

答：总是吧，男的呀。今年我第一次去。

问：第一次，那是怎么联络到你的呢？

答：有一次我去芦墟［镇］那边唱，他听了觉得蛮好的，说他家里边也要唱，叫我去。后来么，他打电话过来叫我去。

问：在农民面前宣卷跟在渔民面前宣卷，动作表情之类的有区别吗？

答：那差不多的。

9 肖燕

采访日期：① 2005 年 8 月 19 日，② 2009 年 8 月 22 日

采访地点：①同里镇上的一家菜馆，②同里镇退思圆附近的一家咖啡馆

讲述人　：肖燕（1968 年农历 11 月 8 日出生，三十七岁）

采访人　：①太田出、佐藤仁史、张舫澜，②绪方贤一、藤野真子、张舫澜

翻译人　：①杨申亮、张舫澜

简　历　：出生于松陵镇庞山湖庞东一组。小学毕业。

家　庭　：丈夫丁四根，四十二岁，同里镇人。有一女。十六岁以后在丝织厂和塑料厂上班。二十三岁结婚。三十岁时开始学宣卷，师傅为周杏春和吴卯生。曾经作过朱火生的下手。三十二岁时组织自己的宣卷班子，上演到现在。

家族情况

问：你父亲叫什么名字？他今年几岁？

答：肖建华。我的父亲今年五十九［岁］。

问：他是哪里人？

答：我的父亲本来是苏州的，原籍苏州。本来有个老牌子叫太平里。

问：你母亲呢？今年几岁？

答：母亲叫徐桂芬。五十八［岁］。我妈她是十九岁就结婚了，我上面还有个姐姐。我虚龄么三十七岁。

问：你母亲是什么地方人呢？

答：母亲应该说是苏北的吧，苏北泰州人。

问：你父母是怎么认识的？

答：我的父母啊，他们自己读书那个时候也是自由恋爱的，因为我的外公他是教师，也是老教授。我的外公呢，可以说我们家呢，是个书香门第，就像我说书的一样。

问：你就一个姐姐吗？

答：还有个弟弟。上面一个姐姐，我下面一个弟弟。

问：姐姐三十九岁，是吗？

答：哎，弟弟三十五［岁］。

问：他们现在做些什么工作呢？

答：我姐姐么，我的姐夫呢，就算是乡下老板吧，他们都搞开发的，办企业的。我的弟弟么刚从日本回来。今年是几月份回来的，春天回来的，我弟弟刚回来。

问：你父母是做什么工作的？

答：我母亲么现在么她就玩，我父亲他一个人工作，在厂里工作，在厂里做会计吧。

问：在哪里做会计？

答：静思园里边的老板，叫陈金根。

问：是同里［镇］吗？

答：不是的，应该说是松陵［镇］的，就是庞山湖这里。

问：母亲现在已经退休啦？

答：哎，我母亲在家就是做家庭主妇的。

个人经历（从小学到生小孩）

问：你是什么学历的？

答：这个说出来我有点自卑感的，因为那个时候啦，我上面有个姐姐，下面有个弟弟啦。中国的传统你们知道，重男轻女的，我们读书都读得不高。哎，我读的小学。我女儿也挺聪明的，我呢有点天才，这个都要有天赋的。你说天天整天这样教吧，是教不会的。

问：小学毕业以后是在哪里工作呢？

答：厂里去工作过的。

问：小学毕业时几岁？

答：我十几岁就去到那个丝织厂，本来［进］那个纺织厂，那个时候我只有十几岁。

问：几几年还记得吗？

答：十六岁吧，大概。

问：十六岁时到丝织厂？

答：丝绸厂吧。

问：是同里的吗？

答：是吴江（吴江丝绸厂）。

问：是工人吗？

答：工人。然后没干几年我就不干了，又调厂了。到二十岁认识我老公的，又到同里塑料厂做的。

问：到几岁为止呢？

答：嗯，就嫁给他为止，二十三岁我就结婚了。乡下呢，跟城里两样的。我老公比我大四岁，我二十三他已经二十七了，乡下说起来二十七已经晚婚了。那么我们两个人加起来也是五十岁，对不对啊。

问：二十三岁以后呢？

答：就生了我女儿，生了我女儿么在乡下说起来就是家庭主妇，本来我也种田的，我也受过苦的。

问：种田种了多少时间呢？

答：三十岁我开始学这个文艺的。

问：这段时间只是一直种田的？

答：那么我这个一段时间，我命苦哎，我老是生病，差一点到阎王殿去报到。

问：二十四岁到三十岁都是在家种田？

答：哎，在家种田还生了一场大病。

个人经历（从学宣卷到开始演出）

问：三十岁就开始专门从事宣卷的工作？

答：对的。因为，你听我讲，我呢，从小就有音乐细胞，因为我的父亲他那个时候杨子荣（《智取威虎山》），《沙家浜》里的都演过的，样板戏。我父亲也会唱的。那个时候［在］乡下，［在］宣传队。

问：做宣卷以后，其他的工作就不做了，是吗？

答：嗯，我就，因为我爱好这一行，我七岁就会唱了，到九岁，就是越剧《红楼梦》你熟悉吧，那里边的台词跟主人公的唱腔那种，我都唱得出的，不管他是哪一个人。就是这种徐玉兰、王文娟、周宝奎、金彩凤，这种我都一学就会的。那有一点天赋的呀，对不对？

问：三十岁的时候拜的老师是谁？

答：我的启蒙老师他过世了，叫周杏春。

问：他现在几岁呢？

答：他过世了，过世四年了。［活着的话］大概是七十四吧。应该说他是我的启蒙老师，那么他就是也是爱好这个戏曲的，他是拉胡琴的。

问：跟周先生学了几年？

答：两年。后来我就听听，跟人家唱唱，那么再碰到苏州评弹团里的［人］，还有那个吴老师。

问：你还有个老师？

答：有的，我有个高级老师。他叫吴卯生，吴卯生么就是这个吴先生。

问：吴卯生也是你的老师？

答：就是我周杏春（苏州评弹团）引荐的，引荐叫他教我的，是他引荐的。

问：跟在评弹团里有没有学过？

答：评弹团里没有学，就是我那个先生。就是［周旺春］引荐吴卯生教我。

问：那是什么时候？

答：大概三十二岁吧。

问：跟他学了几年？

答：因为他岁数大了，他说不领我了，不领我了么学了没有两年，没有几年，大概一年吧。他岁数大了，开始呢，首先是吴先生领我在退思园里学，一边演出一边学的。

问：就是说你做过吴先生的下手，是吗？

答：是的，那个时候我的先生他领我的，他是上手，我是做下手的。

问：做了几年？

答：一年多一点。

问：在跟他学的时候就开始做下手了，是吗？

答：哎。那么学了一年多，人家请我［做下手］的，就是你们上次去［看演出］的朱火生，他来请我跟他合作。

问：几岁开始做上手的？

答：三十二岁吧，自立门户。自立门户，我就收了两个徒弟，一个就是那个唐美英（现任下手），一个叫计秋萍。都是女的。她（唐美英）今年五十一［岁］了，她比我大，就是刚才跟我一起演出的她。还有个小的，叫计秋萍。她今年大概四十三岁吧，她们都比我大的。那么另外我还有个老先生没有说了，苏州评弹团里的，他看得起我得不得了。大概是我三十四岁那一年吧，那一年是九月初八来了个老先生看我演出，在乡下，在同里彩字那边的村叫彩字的，老先生前来看我，她今年七十八岁高龄了。看我演出她就收我做关门徒弟，她看的中我就收我做徒弟。

问：她是什么身份？

答：她是苏州评弹团里的，她一家都是……，她的女儿都出国了，她家的几个儿子，四个儿子都是不得了。老先生叫郑天仙。

问：她几岁？

答：她今年七十八岁了。她认为我是一个天才，所以把她那个全部的书啊，还有演艺啊这种她都教给我的。

问：她就教你宣卷吗，还教你其他东西吗？

答：她教我宣卷，教我说表。宣卷、说书，她教我啊，教我是一个角色，还有说表，就是我刚才说的这种。她蛮看得起我的，几个角色，知道吗。说、表、弹、唱，这个是主要的，说表弹唱。我的老先生身价高得不得了，你没有见过。

问：她就是教你学角色？

答：哎，都教我的。在我的艺术上，这个先生对我真的是没话可说了（对她的艺术起到很重要的作用）。她从小唱评弹，再转行说这个书。因为我们做宣卷的叫什锦书，[各种戏曲]都有的，评弹它就是一种的。这个老师她给我不少启发的，不管说功，还是步位，还是表情都教我不少，这个老师对我无微不至的关怀。余红仙（上海）知道吗？郑老师是她的师姐。

肖燕师傅的演出特点

问：郑老师什么地方有特色？

答：她的代表作是《黄金印》（又名《月香盗印》）。这里边的人物好得不得了。这个使我感动。还有她的扮相特别好。她都教我学的。这个一部书是我先生的代表作，她也教我说，总而言之当然没有师父那么精彩，我可以掌握，人物的性格和表演的感情都要让它做出来。

问：吴卯生老师呢？

答：吴卯生他比较老实，他的说没幽默的，老古板的，他是传统的。那个启蒙老师（周杏春）他不是说书的，是拉胡琴的。我什么调，什么腔都是他教的。他已经去世了，有十年了。吴卯生老师他是传统的，老实的。我们说书呢要把那个劲道说出来，要感动人家。（解释说书劲道）“喔，这一个怎么样怎么样”。要拉住别人的心。他这种不怎么受欢迎的。他（吴卯生）知识很广，懂得很多。他今年八十多［岁］了，早就不登台了。说书的时候要把那个劲道拿出来，我这个人个性脾气急躁，我说起书来老是人家说来劲道蛮足的。不像人家［模仿没有劲道的样子］死气腾腾："那个人来了呀，我要怎么样。"我没有的，都扣住人家心弦的。像这个宣卷呢，现在人蛮多，但有的人呢说得不像的，他们就靠唱。

关于宣卷艺术

问：你的班子是固定的？

答：对，一个是我家老公，一个是我老公的先生褚虎生。

问：她的先生是弹扬琴，［她的班子里］拉二胡的是哪一位呢？

张：拉二胡的是一个小学退休老师，褚虎生。他今年六十二岁（2009 年时）。

问：你会的宝卷里最拿手的是哪几本？

答：哪几本书啊，书呢，我可以说我都还可以说得过去，就像今天你看有多少人看我，他们挺看得起我的。宣卷的书，今天的是《金殿夺子》、《刘王宝卷》、《双蝴蝶》，还有我先生教我的唱书、大书，我要一连说三天。《玉连环》，我先生说五天，我说三天，这是大书。这些都是宝卷，一般的人说不出的。《黄金印》这个经典，就是万岁的黄金印。巡按大人他就要佩的这个黄金印的。还有就是，我拿手的是《汾玉镜》，这都是我先生教我的拿手经典宝书，一般的没有的。我们吴卯生先生的么，就是《红罗帐》。这都是我先生教的。

问：哪几个是郑天仙先生教你的？

答：郑天仙我先生教的是《汾玉镜》、《玉连环》、《黄金印》。这种么都没有人教我，都是我自己听了自己会的。多了。还有就是自己听了人家的，自己整理整理我就会了，反正就像讲故事一样，我知道这个内情，只不过，要我临时发挥讲出来的。《红罗帐》、《红楼镜》、《代皇进瓜》是吴卯生教的。

问：你觉得你的宣卷和别的艺人有什么不一样的地方吗？

答：这个么，有的人我觉得他们的说表，他们太土。说着玩的，不是我自己抬高我自己，要不然我那个先生，就是上档次的先生怎么看得起我，你说对不对。就是因为我的这个说表和唱腔上面，我都跟他们，我都领先了，可以这样说。

问：你的说表、唱腔上有什么特色呢？

答：这个么，我呢，应该说这个书呢，是要有评弹团的韵味。他们（其他宣卷艺人）没有，我稍微有点评弹团里的韵味。说书应该有书派，书派你懂不懂，应该有那个书派。有种人他们不好（书派不好）。这个都要讲档次的，做官的人，如果称就是自己的妻子应该称“夫人”。这老婆婆出来应该是“有请夫人”。说书应该有书派。

问：演出的听众是哪些人，有没有固定的人？

答：如果我到北厍［镇］有的，她们都来看我的，反正我一去她们都来的。

问：听你演出的老年人多还是中年人多？

答：总归说是老年人多吧。

问：男的多还是女的多？

答：我去了，男的女的都一样。就像今天的场面你也看过了，她们都要来看我的。有时候那个年纪轻的也有的，就是跟你们岁数差不多，他们也来看我的。就像现在我唱本来的按格江南小调不是挺有名嘛。还有就是通俗歌曲，流行歌曲我都稍微会点。

关于地方戏（越剧、锡剧、沪剧等）

问：你从小喜欢什么剧种？特别喜欢的是什么？

答：就是越剧。

问：越剧有很多流派，最喜欢的是哪个？

答：我最喜欢也就是开始学的徐派。就是《红楼梦》挺历史悠久了嘛，我挺喜欢的。那里面的人物歌词什么的我都会唱的。

问：你说的《红楼梦》在电视机上看的吗？

答：那个时候是电影，后来在电视机上放，再买的碟片。你说越剧什么流派，我都知道的，我都有点会的。那个时候我喉咙好，就喜欢唱徐派的。现在我老是唱宣卷，挺吃力，蛮辛苦的，一天要五个小时，一点开始到四点，到晚上七点到九点，那喉咙唱得有点［不好］。现在唱高调我有点不敢唱。那个徐派不是高昂得不得了，又是脆又是高昂，现在我的喉咙提不上去，专门唱陆派和尹派，还有毕派。如果小生出场，就要唱越剧的。所以我都有点会。还有的七字句、十字句、弦下调，广泛地说起来中板、慢板，我都会的。没人教我，都自己学的。

问：越剧中最喜欢的就是《红楼梦》吗？

答：《红楼梦》、《梁山伯祝英台》、《碧玉簪》、《王老虎抢亲》，我都喜欢的。因为我从小就喜欢。

问：其他剧种平常喜欢听吗？比方沪剧、锡剧……。

答：都会的，还有江南小调，我都会的。

问：到了你演出的时候把这些地方戏的腔调引出来的吧？

答：对。如果说锡剧，我喜欢王派，王彬彬。如果唱簧调，这个分几种调的，男声么唱簧调、大陆调。还有散板，都有的。这个王彬彬跟梅兰珍都是著名的。如果我唱花旦了，我就唱梅兰珍的，大陆调。女口、男口都要分区别。有种人他们不懂的，不分的。

问：沪剧呢？

答：燕燕做媒你肯定熟悉的，就是《罗汉

钱》，这个是大路货，人家都会。那里面的小曲，人家都会的，“伊依是个小姑娘，侬做媒人勿像样。”我们采用里面的腔，拉过来宣卷里面。如果做媒婆，如果我说：“啊，公子，今日来了一位媒人，要与你做个红媒。你看怎样？媒婆说：（上海话）啊呀，我给你做个媒好嘞，格个人家发财来，小姐灵个勿得了，了不里个得嘞。公子呀，你听我讲呀……”就唱这个调。这个词都是现场编的，临场发挥。还有沪剧里面的阳血是男口唱的。反阴阳，就是女口唱的，都要分彼此的。阳血，这是男口唱的。这是什么人唱的？做官的人。“大人，听学生告禀。”他唱完了，这个老大人听了，“哦哦，嗯……”这个就是老生出场，做官的人。（开始唱）“听此一来（这里有过门的）红，他一番话儿有道理。”这里是要替人申冤，阳血就是这样的。反阴阳，就是女口唱的。是什么的呢？好比说，夫妻分别，他上京赶考，官人他老是不回家，几年不来了，三个月、六个月不来了，妻子在家思念丈夫的时候可以唱。“呀！自从与他来分别，光阴流水容易过。”就是把它的那个腔拉过来，要我所用，就这样唱的“夫妻恩爱多少年，他上京赶考无消息。只因我在家思念亲夫婿。”这个是落腔，就这样唱的。他们那个腔由我拉过来。江南小调我唱给你听，“大人告禀，”新式曲，（唱）“叫一声老大人，听我小女子来告禀，家住那边邵家村，小女子我年方十六，只因我爹爹是盲人，被人毒打一命亡。小女子我今朝么来到此地公堂，要你大人来做主张。”这个就是新式曲，都分什锦调，那个调多嘞。

张：新式曲，又叫新艺曲。

答：劝人的，我都可以拉过来。无锡景，我都可以唱的，江南有名的小调小曲。做丫鬟的时候挺适用，适用的时候要唱的，“（念白）小姐，呶呶呶，今朝来了一位公子，哎呀呀，他生得好的。小姐要不要我说给你听呀？（唱的是“无锡景”）‘叫声好小姐，听我么丫头说，今朝来了个常公子呀，人品好，才学高。今朝头个老相爷，看呀么看中他。’”我都可以拿来用的。

张：无锡景，又名苏州景，也是江南小调。

答：银绞丝这个不得了，这个适合什么时候唱呢？人落难了。如果公子落难了，有人救你，那个时候唱的。“（念白）……小生今朝流落到金陵，其中有原因的：（唱）叫一声好老伯，听我从头说，今朝我到此地呀为，只因我上京要投宿，半道遇见歹人来将我抢。”又是悲，又是慢，把感情都唱出来的。宣卷的调，我唱给你听，慢的，开始是散板的，“今朝府上福气好，赶好今朝黄道日。今朝是周府里面排场大，你看那老老小小、亲间朋友都来临。大家是呀拿铜钿么来投喜钿。因为是个小囡读书蛮聪明，面抱桃花么来烫金。亲间朋友都到府上吃杯酒。到么，福气、运气、才气一到来。”这就是宣卷调（张：这个名字叫丝弦调，又名喜调）。我这个词都是靠随时的，临场发挥的。没有这个天赋，吃不了这碗饭。这个就是基本调。我承蒙我的阿姨李明华老师，我从她那里吸取营养。她今年六十五岁。她唱的评弹我也会点，跟我搭档。

问：你会唱评弹吗？

答：也会唱两句，（演）做官的时候要唱的。

问：除了演出之外，喜欢听评弹吗？

答：我天天晚上就是苏州一台，四点五十五分的时候，这几天在唱长篇弹词《蝴蝶杯》，我师父天天打电话叫我看，我都看的。我天天看，这里面江夏县的县令叫田云山，他的儿子叫田玉川，就跟罗林（大元帅）的儿子，他儿子霸道，仗势欺人。田公子爱打抱不平，救了一个老头。这个书挺好的，我天天在听的，从里面吸取点营养。我还学黄永生（上海说书）。

问：剧本都是背出来的，还是当场看的？

答：自己背出来再出去唱。我都要背出来。我做妈“儿啊，去跳跳龙门”“哦，原来是母亲大人，让我上京赶考，光宗耀祖，感谢隆恩”

表演特点

问：你自己认为你为什么这么受观众欢迎？

答：那个时候我真的挺受欢迎，因为那个时候还没有多少班子，我是第一个年纪轻的领班的。现在不比往年了，应该说几年前我比现在还要红。现在有的农村的打鼓的、串龙的，说说唱唱的也要学说书。他们说的那个说不像，他们没有到位。那个时候我真的受欢迎得不得了，我没机会在家，老是在外面。春节我要年初一唱到夏天才回家。那个时候我舍不得造房子，买了电器，几十万［元］嘞。现在虽然少一点了，我们夫妻；俩（丈夫原来是泥水匠，后与她一起演出，负责弹扬琴）么，我做半个月，好几千。你像村庄里我已经唱了几万块钱了。你想赚钱都难喔，我跟我老公一个春天赚了几万［元］,。回去了么在家玩咯。一年几万［元］是有的，十万［元］是没的。因为现在生意少了，人多了，唱宣卷的老的小的有二十几套班子。就像今年金家坝都叫我的，人家考上大学都叫的，［宣了］好几场。张老师老家芦墟请我五、六年了，一年要唱几十场，他们都叫我的。要唱半个月、二十几天都在那里唱，要唱四十几天。这个村庄叫我五天。

问：你演出什么地方受欢迎？

答：年轻的时候我声音不错。我上台的时候卖相好，台风好。这个挺受欢迎。我活泼，没有架子，我把架子都放下了，这个也受欢迎的。那这个特点呢，我唱的时候，他们说我做的小生，就是公子的时候挺受欢迎，我扇子一把，“小生来了，嗯哼，哎……”人家喜欢我的。我唱的调人家也喜欢的，我唱一段徐派给你听，就是徐玉兰的，“今日叫声钟状元，小生我十年寒窗，不负皇恩，是不忘爹娘，，为国为民要立功勋。”

问：很浓的徐派风味。

答：不好了，现在喉咙不好了。她那个原版《红楼梦》我唱给你听天上掉下个林妹妹，王文娟、徐玉兰，“天上掉下个林妹妹，似一朵轻云刚出岫。只道他腹内草莽人轻浮，却原来骨格清奇非俗流。娴静犹如花照水，行动好比风扶柳。眉梢眼角藏秀气，声音笑貌露温柔。眼前分明外来客，心里却似旧时友。”他们说我的扮相还可以，那个腔、那个调还可以。出场是簧调，“桐儿，与我一同前往。春草青青，百花开放鸟齐鸣”，这个就是簧调，“这一次我兴致勃勃地”这个就是我说书里的《粉玉镜》，我就借过来唱，“我十六岁未曾出门墙，今朝总算要到外边去游春，与桐儿主仆二人一同行，到观音庙中去进香。（念白）桐儿，走呀！（唱）今朝乃是黄道日，二月十九观音生辰，你看那老老小小往前走，要到庙中去寻观世音。人世道大慈大悲观世音，救苦救难呀救百姓。”

问：你最拿手的宝卷是什么？

答：《三状元》、《红罗帐》、《新郎产子》、《粉玉镜》、《三笑姻缘》、《玉连环》、《黄金印》，拿手的二十部内。哪个书情节好，也要靠自己。跟连续剧编剧、导演一样要靠自己编的。如果人家办喜事，做寿、结婚要我去唱。如果这里面不是有人去了（指去世）嘛，我编做不去，把他变活。那要靠自己编的。

张：一共六七十部，其中二十多部是拿手好戏。这几部是拿手中的代表作。

答：反正宣卷里面的书呢大家差不多都是这几本，大同小异，都差不多。还有呢有的人说得好，有的人唱得好。像老一辈的芮时龙，都是靠说的，不像我们唱出来好听。我唱一段毕春芳的，就是那个《王老虎抢亲》。他们就不会唱，他们就说，我们就唱。“小姐，正月十五是元宵，人山人海闹盈盈。我与好友来打赌，男扮女装看花灯。只因你哥哥王老虎，他把我当作美佳人，抢入府，要成亲。我千言万言难脱身，他把我强留在小姐的闺房内，这真是美满姻缘天做成。”这是毕春芳的毕派。我再唱尹派给你听，《沙漠王子》，“小姐，开言叫声好小姐，王子的命儿你听仔细。他是个眉清目秀聪明儿，西萨皇宫好子弟。”我刚才唱的毕派再唱一段，“小姐，听我道来，……我家许大二十八，至今尚未配婚姻。”我说一段书好不好？好，我来说那个《粉玉镜》，“话说事出在唐朝。唐宗皇帝……有家人家住在湖广荆州许家庄。许家庄里面住着一户人家，乃中等人家。老老头个先辰光做官，为人清正廉明，相当好。可惜老大人没有福气，还转不讲。母子两家头住在屋里厢，孤度光阴，还有一个小小僮儿，服侍公子要读书，不经年要赴皇城赶考。关照，小主人许文通，今年廿岁，十年寒窗把书读，可是人品生得好，一表人才，堂堂七尺男儿之身。老夫人有这个儿子，开心得来。屋里厢有块传家之宝——粉玉镜，边上都是玉器做成，当中有一面镜子，乃是祖传下来的。老夫人今朝在那里想，儿子要上京赶考，传家之宝要给了儿子。所以呢（唱）老太婆从南房跑到儿子的书房门，要将传家之宝传给他。老太婆噔噔噔，往儿子的书房而来，来到这里停下来，伸出耳朵来听。听听看，儿子在里面用功静读。只听见里面书声琅琅，来那里读书。老夫人故意问公子要，许文通一日到夜拿着书本，吱呀吱呀读书，相当聪明。打算出口成章，好得来，我在那里只听见在那里读，十年寒窗把书读，哪日才能折金榜。”这就是宣卷，有说，有表，有唱。

宣卷的演出环境

问：像今天这样在庙里演出的情况多不多？

答：这个挺多的，一般都是庙会吧。庙会，还有人家就是生小孩也要请我的，那么做寿都要请我的。结婚生子都要请我的。那么还有，就是人家造了新的房子，人家老板也要请我的。哎，都要请我的，都是喜事吧。

问：整个演出中庙会的比例占多少？

答：占一大部分，占一大半。应该说是百分之七十了，应该占。

问：今天是什么村的庙会？

答：哪个村的庙会， 是八坼汤大坝村的村庙，刘王庙（在同里的汤大坝村？）。

问：今天的庙会香头是怎么跟你联系的？

答：我的名片发出去了，还有我宣卷几年了，我的名气在外边挺大的。

问：他们自己打电话找你的吗？

打：对，对。

问：这个村是第一次请你来演出吗？

答：请我几次了。

问：今年是第几年？

答：今年大概是第三年了吧。那么，还有就是村上的他们都要请我的。今天我又订了三场，还有明年春节的我都订好了。这儿么，自从我开始宣么他们就已经请我了呀。

问：那些请你去宣卷演出的人，是不是每

年固定的请你去宣卷？

答：有的是固定的，那么还有的呢，因为现在宣卷的班子不是多嘛，有的人也要调调口味，换换口味，就像我们吃菜一样，对不对？

问：他们怎么跟你一直保持联络呢？

答：就是我的名片，我发出去，他们要请我了就打个电话来，我就知道了。就像今天这个我演出早就要跟我说的，不说，如果你要想请我去唱，我就没有这个时间了，人家都订出去了。

问：你从三十二岁开始，每年都会请你去演出的庙有吗？

答：这个没有的，固定的，他们都是三年，固定三年请我的。

问：比三年更长的庙会的村庄有没有？

答：没有的，因为三年一满。以三年为组，三年一订，都这样的。他们有的时候，三年满了他们也不唱了，还有别人请我的。这样的，要换来换去的。

问：你经常去哪些村庄哪些庙演出？

答：都有的，可以说四面八方吧。举个例子呢，金家坝［镇］、北库［镇］。经常去的村是，［金家坝镇］玩字［村］。还有北库［镇］财神庙。财神庙里都要请我的。

问：金家坝的玩字［村］是什么庙？

答：那个不是庙，是老板请我的。还有老板他们造好的别墅什么都要请我的，那么庙会也有的，也是刘王庙吧。

问：在什么地方呢？

答：就在金家坝［镇］街上的南面。南面乡下不像乡下的。这个边上，镇家街上，镇南。不是吴家浜［村］，也不是南厅［村］。

问：庙的名字叫刘王庙吗？

答：哎。（南市）是老板家里，一家人家一家人家轮的，我连着唱了三年都是五天一唱，五家老板连着的。

问：还有其他经常去的地方吗？

答：都有的呀。

问：可以具体地说一下吗？

答：具体的么，我刚才说过了呀，四面八方都有的你叫我怎么讲。屯村［镇］，我们自己同里［镇］都请的。同里［镇］，屯村［镇］，金家坝［镇］。

问：能不能把庙的名称说一下？

答：庙的名称我也是说不［上来］，那个庙呢，说不出的，都是人家请我［他们］家里的。

问：你去过的那些村当中，庙上演出的时候，拜什么老爷比较多些？

答：都有的，刘王和观世音。哎，这个比较多吧。［芦墟镇草里村］庄家圩大庙（供刘王），人家请我六年了，［在农历］八月二十二。

问：金家坝的刘王庙一般是几月份去？

答：三月也要去，八月也要去，一年去两次，我连着宣了多少年了。

问：三月的话是几号去呢？

答：我不空啊，照我的。八月么固定的，二十三、二十四。

问：这是刘王的生日吗？

答：哎，对对，有的是这样，有的是那样，不固定的。一般刘王的正生日是正月十三，正月十三不是十三生的嘛，正生日。

问：你也要去演出吗？

答：我去的呀，我一天要唱两家三家了。我忙得不得了啊，到正月十三。一般［的演出是］唱两家，上午、晚上。

问：你在渔业村有演出过吗？

答：做过的。

问：像芦墟渔业村，金家坝渔业村？

答：芦墟渔业村做过的，对，去过的。

问：你能不能讲具体的地点？

答：我们这儿也有一个，同里渔业村。莲泗荡［刘王庙］没有去，太远了。

问：还有其他渔业村吗？

答：还有，但忘记了，不知道。

问：渔业村的演出是庙会的演出吗？

答：不是的，私人请我们的。都是喜事，小孩啊什么结婚都有。

问：你们每次在这种演出场合是不是都有接佛送佛？接佛送佛［的形式］和别人家一样吗？

答：嗯。不一样的，有些两样的，像我先生这种都有。

问：在渔业村演出接佛送佛的形式和其他地方一样吗？

答：有些人家不接的，结婚人家不接的。渔业村这种都一样。

问：接的老爷有谁？

答：接的老爷么，各场各样都接的。就好像我们的唱腔里面两样的，大方向还是一样的。请在前面，再自己本方大老爷、二老爷、观世音，那么再请，要七十二个菩萨。

问：在渔业村接的是什么老爷，是刘王老爷还是其他的观世音？

答：我忘记了，忘了。因为他搞那个水产的么，就他（莲泗荡刘王老爷）为主。

问：在自己村上的庙会也演出吗？

答：要的。

问：也叫你们做吗？

答：叫我们，［如果我们］没有空，那么请人家代戏。就请人家唱戏啦。

问：你们村上（文安村）的庙是什么庙？

答：我们啊，就叫朱家浜庙。供张大老爷为主，还有观世音、财神菩萨。

宣卷的客户

问：最后一个问题是，你怎么把握演出的就是庙会？

答：像一年四季，庙会多了，初一月半（十五），都是庙会的，演出一大半是庙会。一小半是人家办喜事、考大学、做寿、造房子、生小孩都有的。

问：就是考大学、做寿那些不算庙会？

答：嗳。那不可以算庙会。

问：给考大学、做寿演出的时候本地的佛娘也来演出吗？

张：佛娘就是佛囡儿，你们的生意很多都是有佛囡儿介绍的？

答：一般都是人家如果喜欢我的人就叫我，多的。佛娘就是像带头人。一般是靠她们的，少数是人家打来请我的。

问：不经佛娘就直接打电话来请？

答：我不是有名片的吗？［名片］发出去，也有人家来叫我的。不通过佛娘的是结婚的、祝寿的、考大学的、造新房子的。一半是靠喜欢我的，我的擅长——我活泼、没有架子，他们喜欢我就叫我的。

张：企业开账的。

问：不经过佛娘的演出大概占多少？

答：大概占四成。

张：佛娘起到个中介作用。这种人叫牌话，解放前就叫这个，业务的介绍人。

问：打电话请你的是老板吗？

答：对，那都是老板。喜欢我的人挺多的，跟我同年人的。他们都是说“肖燕，等我儿子女儿考上大学，我们叫你喔！”我说：“谢谢！”就是今年夏天我都是人家请我的，我给人家名片。我还要唱歌，年纪轻的喜欢，像老的都很古板都没有这个的（现场唱了《阿里山的姑娘》）。你瞧，我这个人活泼吧，不喜欢古板。我有唱，我有说，我有跳。如果我唱词里我唱，“路边的野花你不要采，采了么吃旮嗓（指被惩罚）啊！回转么双楣倒啊！”我这里边又有教育性，又有讽刺，又有幽默。我都擅长这个的。

张：这个叫插科。

答：有时候我还要扮老太婆的。他们说我扮得蛮像的。那时候不是小脚么，三寸金莲。老太婆跑起来不都这样，（现场模仿），我都学的。我还戴个老太婆的帽子。“啊……侬呀不要哭了！今朝个姆妈同你讲，侬哪会得让别人家来住一夜天，跟别人家做夫妻。闹（取其音）个烂糊（指祸）出的，闹侬拿不出了，侬上当了，这个男人都不是好东西！哎呀呀！阿囡呀，那么侬好……（这句表达的是叹息）！”这个就是老生。一个演员，如果一个角色，没有七成，一半肯定要站牢（指表演时要尽量演什么像什么）。语气、动作都要符合的。有些人不懂，老是一个调，人家看了都没劲了。我刚才演的这个是乡下的，小户人家，就这样说。人家做夫人，语气和样子就两样了。“啊，老相爷～老身我有话向要对相爷说的。”这个就是上档次的，做官人家夫人。我这个人擅长的多，不管是老生、小生，还是小姐、丫鬟，我都能行的。如果做到丫鬟就两样了，“啊呀，小姐！啵啵啵，今朝公子要来了。啵啵啵，老爷刚才讲了……恭喜小姐！贺喜小姐！”这就是丫鬟。丫鬟要表演地活泼可爱。如果小姐不开心了，丫鬟要活泼。“哎呀，小姐，不必烦恼。侬看那百花开放，我带小姐到花园之中赏花。小姐，请～”他们都不会的，我不是自己吹大牛。就是乡下这二十几套班子，他们都不懂的，他们都是一个调。

问：你是说他们不喜欢看其他剧种？比方说越剧、锡剧……。

答：他们都是老调，越剧就是越剧，锡剧就是锡剧。他们不像我这样子有擅长，我有说，有唱，有跳，还有现代的。我们那个时候邓丽君的歌不是挺吃香的吗？他们喜欢的我都唱，我都喜欢唱邓丽君的。（唱了一首邓丽君的歌）我家先生喜欢我聪明、活泼，他说我言语恰当。我刚才说了什么角色，什么扮相。如果唱评弹，我唱几句给你听，“我书生，不与老夫，想不到他受了冤屈，被人不与老夫深感恩。”

10 赵华

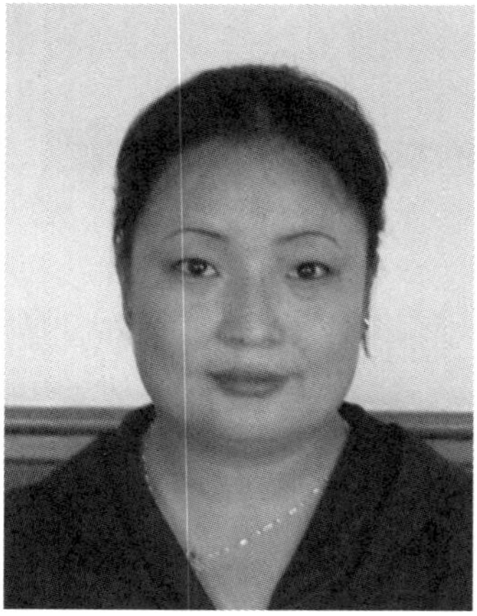

采访日期：①2007 年 9 月 6 日，② 2008 年 8 月 24 日，③ 2009 年 8 月 21 日

采访地点：①吴江松陵镇上的一家咖啡馆，②吴江松陵镇赵华家，③吴江松陵镇市街咖啡厅

讲述人 ：赵华（三十一岁，1979 年 1 月 17 日出生）

采访人 ：①太田出、佐藤仁史，②緒方賢一、藤野真子、佐藤仁史，③緒方賢一、藤野真子

简　历 ：原名章赵霞。章是母亲姓，赵是父亲姓。出生于杭州临安天目山脚下。父亲是绍兴人，受父亲的熏陶，从小酷爱越剧。到初一时进杭州的浙江艺校越剧班培训。试过各种行当，最后攻尹派小生。十七岁出校后分配到临安越剧团，认识金献武，跟他过来吴江，开始学唱宣卷，拜芮时龙为师，当他的下手时出头。生女孩后独立演出。

家　庭 ：丈夫金献武，吴江人，从 1983 年担任吴江越剧团乐队的指挥，到临安越剧团去帮忙时认识赵华。后来到歌舞团打爵士鼓。现在在班子弹扬琴。他父亲金恩观是同里文化站站长，同里镇的一本活字典。

家族概况

问：浙江哪里出生的？

答：母亲是杭州的。我父亲是上门女婿，到我妈妈家。我出生在杭州。

问：您父亲名字叫什么，多大，从事什么职业？

答：我父亲啊，赵国灿。五十七岁（2008 年），绍兴新昌的，大佛寺。是务农的。

问：父亲后来到临安的吗？

答：对，那时候是学手艺的，就是石匠，刻字、打石头狮子这种东西。

问：父亲在务农前做的是这个？

答：这是我爷爷干的。

问：［爷爷］带父亲来的，是吗？

答：［父亲］他自己出来的。

问：母亲以前也是务农吗？

答：也是务农的。［文化大革命的时候］乡下都有文艺宣传队。母亲虽然是务农，但很喜欢［唱］的，她就参加这个团队。

问：是什么时候参加的？在在临安参加宣传队吗？

答：对，母亲才二十来岁左右。1975 年左右。

在浙江艺校学越剧

问：您几岁开始读书？

答：八岁读书，虚岁。

问：在临安吗？

答：对，就在临安。

问：临安的什么小学？

答：临安潜川镇中心小学。

问：念六年，是吗？

答：哎，然后十四岁下半年，进浙江艺校培训。

问：从小喜欢听越剧吧？

答：我们那个圈子，我妈也会唱越剧。我妈妈她妹妹也会唱越剧，然后我姑姑之类的都会唱。包括我老爸也能哼几句。我七岁的时候，在临安市，杭州地区，就已经获过奖。七岁那个时候就已经获过奖了。都已经去过了。

问：那时唱什么角色的？

答：那时候不知道唱什么角色，就唱一段人家的伴奏带，随便唱个什么戏，像《梁山伯与祝英台》里面的一段之类的。

问：小时候花旦也可以唱的吗？

答：对，那个时候还是童音，什么都能唱。

问：艺校培训几年？

答：两年八个月。

问：艺校在什么地方？

答：在杭州的。我们学的时候，浙江小百花戏剧里面，茅威涛是我们的名誉团长。

问：［茅威涛］老师还是团长？

答：她是我们名誉团长，总归要来稍微指导一下这种的，也不能算什么老师。

问：开始进艺校时的情况是怎么样的？

答：学的就是越剧，平时我学的就是语文，代数，历史，地理，基本上靠近文科的。这些可以说是知识课。过掉以后一天的功课吧，这些课每天都会安排在日程里面，现在我想不起来是什么时候的，但是我们早晨起来就是这样的。铃一响，起来洗脸弄好以后，空着肚子练功，去吊嗓。

问：你们是寄宿的？

答：对，寄宿的。基本上是封闭式的，没得回去的，父母半个月探亲一次。

问：早上练功练什么？

答：早上去来吊嗓，半个小时左右。然后练习毯子功，毯子就是睡觉那个毯子。它厚厚的，要压腿啦，下腰。这个要一个小时，要踢腿的。

问：接下来干什么？

答：那时候五点多就起来了，这些事情干

掉七点钟左右。然后吃早饭，吃了早饭一身臭汗，老是这样的。第一节课不是学知识，就是练嗓子。学发声或者学乐理知识。不识谱就不能唱。发音和那个乐理不一样的。乐理就是学简谱这些理论。乐理的老师是浙江越剧团李培珍，还有王媛，她们两个人换的。

问：由这两个人来教吗？

答：对，基本上学乐理都是她们来教的。语文，数学这些我就讲不清楚了，好像是当时直接聘请哪个学校的老师来给我们上的。第二节课是身段。身段老师是葛剑飞，也就是茅威涛的老师。而且身段课有两个老师，他［另一个老师］学的就是跟京剧名家盖叫天的弟子，他就是盖叫天弟子的弟子，所以说起来他学的是京剧派身段。

问：［盖叫天的］弟子的弟子叫什么？

答：我也不知道叫什么名字。他学的身段就是京剧和昆剧的身段，是两样的。然后，因为我们是女的，学唱小生，京剧派的比较刚强。但是我们过了大半年以后，觉得京派的东西博学多长，就请了昆剧老师，京昆越剧院院长汪世瑜。现在他可能已经退休了。但是因为他很忙，他就派他们团里的小生演员叫陶铁斧。他现在是浙江京昆越剧院的副院长。所以说我们两个身段老师一个是一把剑，一个是一把斧子。

问：第三节课呢？

答：第三节课好像是跑台步了。练台步，靴子功。

问：一共有几节课？

答：上午结束了，然后下午么，午睡，不管冬天夏天都这样的。然后，下午第一节课好像也是压腿咯，也是毯子功。毯子两样的，早晨是踢的，下午是要摆的。它就是让你这个姿势摆在那儿，十五分钟不能下来，然后脚提在那儿十五分钟不能下来，然后要你捺顶，两个手撑在上面，脚搁在墙上十五分钟不能下来。那时候我是全班级最小的，自己想想也蛮好玩的，那时候特惨。老师知道我懒，他说你捺顶捺二十分钟，奖励一根棒冰一根冷饮，我都会上他当的，我那时候只有十四、五岁了。

问：第五节课呢？

答：第五节课，有时候去看录像，学习其他剧种的录像。

问：除了越剧以外也有吗？

答：我们请的老师就是越剧界的。学唱没办法是一定要越剧老师的，它身段学都是京剧和昆剧的，因为越剧的话，老师讲本来就是身段从其他剧种学过来的。最后是自学课，觉得自己哪一段不好。前半年基本上自修的多，难难得得有老师把我们叫去学跑台步，基本到晚上的话老师会吃好斧，让你们自修，到差不多睡觉之前了，他会让我们，八点钟就睡觉了嘛。他就八点，七点半左右就让你到排练厅，毯子功。毯子功，就是学靴子功，跑台步。一年半基本上都要这些事情。

问：一年半过后呢？

答：一年半以后么基本功打好了，以后开始分班了。分班了以后就排小戏了。唱小生的，就请了浙江金华越剧团，人称就是那个时候周恩来总理接见的“天下第一桥”，那个越剧班的来给我们排尹派小生的《断桥》。越剧这个班，他就只分男角和女角色，其实我们戏曲净、旦、生、末、丑，要再分细。这个人一年半学下来感觉，她应该是老旦的，花旦的，小旦的，武旦的都已经分了。然后我呢，没人要了。因为我最小的，还没成熟，不知道我应该到哪里去，我的前途很渺茫的。那时候只有十五岁，十六岁还不到。我什么都挨不着边，看嗓子吧，觉得我应该是个男角，看我的脸吧，也应该是个男角。但是按我人的样子，身材，那个时候我很瘦很小的，他们觉得应该把我分配到花旦里。算来算去，我没有地方去。但是我有一个特长，人家班级里五、六十个人都不行，我模仿能力特强，今天京剧老师来了我马上就学京剧老师的身段，今天昆剧老师来了马上就学昆剧老师，连眼神连手指都会学，学得很像。身段模仿力特强，到后来请的就是，不光都是越剧的，就是昆剧、绍剧、京剧的这些老师都来给我们，算是画龙点睛吧，帮我们抠，帮我们排戏。后来班主任老师就说，他们这些都是现在说起来就是来赚外快的，只有礼拜六、礼拜天来给我们加班，来了以后他这点工作量先要安排掉，要不然下个礼拜来的时候，他就来不及、跟不上。然后他就这样说话，来的话，你必须把它全记下来，不接受下来，他就得不到了。然后我们老师让我去老生那里，模仿他们的身段，［为了其它学生］做个小老师。老生他最主要要学他们所谓的“髯口”，就是我们平常说的胡子。这些都是……为什么有脆劲，“嚓”一下，它会弹上去，真正撩一下不好看，它有一个窍门的，到差不多到髯口的三分下来，在七分过掉以后，“嚓”这样上去，才能放在肩膀上。进去就是有一个刨尘，有一个髯口，啪啪啪，为什么会这样，其实都已经加过工了，都会有洞。小生的老师来教了，我把小生的身段，什么步位，排戏肯定要走台脚对不对，你在哪个位置做什么动作，你在什么地方唱什么东西，我要把他身段什么唱腔都学下来，然后再教给人家。都是老师［说］有窍门的，然后你说集中能力慢的人，他就根本记不住这个窍门，该怎么弄它，在哪里的地方可以出去，在什么地方这一把撩下来，你把它撩到这里也不会好看。它在什么部位，这都是要有模仿力的，都是要找窍门的。所以说，我们老师让我去学，我这种记忆是比较好的。所以学了以后，最后出现的情况就是，老生老师和小花脸老师抢我一个人。小花脸老师（指陶波）以为我是小花脸，是他的学生。老生老师就以为我是老生，是他的学生。然后在拍想彩排的时候，怎么上的都不是我，都换了其他人了，一般我去培训，旁边也有［人］培训，他才是真正的老生，我是旁边的帮他记动作的人。然后就是下来教他们怎么弄，就是帮他们，我（把）所记住的教他们。然后真正的排练就是想拍了，戏曲的东西不是说一样上，乐队、灯光、布景都要上的，“怎么换人了？”然后两个老师都不高兴了。然后浙昆剧团国家一级演出陶波老师是直接跟我班主任去说的，他说我下了那么多心血在这个人身上，结果是那个人上，那下次就别来请我了。

问：一年半以后开始练小戏吗？

答：学小戏，一年了就是要演出了。［我］被陶波老师看中，收为弟子学小丑。就是指导就是一段《双下山》，他亲自教我的。［戏里面］有个小和尚。然后参加浙江省省里文化厅汇报演出，要回报给领导群众。就是我演的《双下山》，那个时候人也讨巧，人小岁数又小。在台上基本上看到一个小点点，根本看不见，太小了。他们觉得特别好玩，这是个演员料子，那个时候，文化厅的、省里的，他们老师都来的，他们是一级导演、二级导演，我们那边的戏曲导演他们都来的。来了以后，他们就看见过我了。演出的时候浙江越剧团也有来，浙江小百花也有，二团有，三团有。来看了两、三个月以后就是满两年了，满两年准备给我们排大戏了。这个戏曲的名字叫《陈三两》，就是《花中君子》。排大戏请浙江越剧院一级导演钱林森。然后他就说他看过我的《双下山》，非让我改行。他是演员并不是说，非要嗓音怎么怎么好，扮相怎么怎么俊俏，最主要是要会演戏。戏都不会演，有个漂亮的脸蛋有什么用。他帮我转行到小生。三年以后，在我真正毕业的时候，我是尹派小生。然后我派到临安越剧团。

问：后来呢？

答：两年半演出以后，剧团也不景气。

问：二十岁左右是吗？

答：二十一岁。剧团转制了，被私人承包了不是国家的了。然后我离团了。然后么就认识他（赵夫），跟他过来到才知道这边有宣卷。

跟老艺人学宣卷

问：学宣卷时候的老师是谁？

答：最早启蒙老师是他（赵夫）的舅舅，叫金连生。他原来同里已经过世的最老的先生叫汪昌贤老先生学的宣卷，然后他再帮他打下手的。后来老先生他老了，那个时候把说书的也不看成什么的，所以他就另谋出路了。到老了，这是他从小的兴趣，他特别喜欢。他觉得我们剧团里，就是中国现在不是体制改革下岗了，所以他就说这是条很好的出路。然后他自己比较喜欢，他拉我一起去，跟他去学，就算是启蒙老师吧。

问：大概宣卷艺术的特点什么地方？

问：你们认为吴江地区宣卷艺人的特色是什么？

答：我们［演出］的内容比较丰富多样化。我们认为可能是吴江同里就是发源地吧。我们宣卷的宝卷的内容比较多，有些地方可能没有我们这么多书，每个先生都可以拿出五、六十本，四、五十本，有些老的能拿出几百本书。贴近生活，老百姓听得懂。［演唱时用的］都是同里的土话。它像一般很多话就是标准的同里话，吴江有东南西北，每一个小镇说话都是有［不同］，当然基本上是一致的，但是有些话都是两样的。我们说书有时候会用最土的，起到有些角色，手下人的，就不用官白，像京剧、昆剧里面。苏州的昆剧，也是地方戏，它就是小生、花旦都是有一点上台面的话。做小丑的那种角色，他还是用苏北话（苏南？），还是保留了本地方言的特色。他［金连生］他的同里话特别土。我们慢慢地改进了，像我后来学的先生，他们都引进苏州评弹，就是带了苏北（注：苏南？），有点戏曲化。太土也不行，每一个剧种都在慢慢地改进。

问：向金连生学到了什么？

答：我刚剧团里出来，根本不知道什么叫宣卷，最起码宣卷调第一声就是这个舅舅教我的。知道它的形式怎么叫宣卷。入门么，知道什么叫宣卷，怎么样才可以开始宣卷，什么叫三六，三六就是江南丝竹的一个曲牌，［三六就是］梅花三弄。入门以后和我舅父也合作，演过三到五场。演出的时候，当地的听客都比较欣赏我。他已经七十几岁了，2000 年上半年就过世了。

问：后来的老师呢？

答：后来跟芮时龙学。搭档演出，然后跟随他学。

问：搭档演出，做下手的意思吗？

答：对，跟芮时龙去演出，他们（观众）就跟他说，我们打算请你，但是我们更欣赏那个小女孩，如果你能把你的下手换成那个小女孩，我就把这场演出给你。然后他［芮时龙］就骑着车来我家请我。

问：跟芮时龙是多长时间？

答：三年。

问：跟芮时龙先生学怎么样？

答：[跟他学] 肯定是更深一步了。因为我舅父他本来是年轻时候唱的，已经很多年没唱了。然后，芮时龙老师他一直待在这个，一直在提高。我舅父他沉淀在，好比就像我们穿的服装，他教我的东西就是我们解放来的旗袍。后来芮时龙老师他一步步地改进，一步步更新，一步步地跟上现在的潮流，那肯定是两样。

问：具体向芮时龙学到些什么宣卷？

答：那很多了，《刘王宝卷》也是的。还有《雪地产子》。

问：还有《杀狗劝夫》吗？

答：《杀狗劝夫》不是那个的。《三拜堂》、《粉玉镜》等等，反正很多了我也讲不清楚，三年半合作，跟他一起合作么总归都知道的。三年的话，基本上每一年到这个村上都要换的，总三十多本。

问：芮时龙老师的艺术特点是什么？

答：他的说书，气势比较足，有起伏，像人家说的流水唱的东西就不好，他有抑扬顿挫。

问：还有他的表情手势是怎么样的？

答：他的身段比任何先生要多。因为他原来在乡下、农村，组织过文艺宣传队，就是革命样板戏的，那个时代过来的人。他的很多动作有点戏曲化了，所以乡下听众耐看，老听众耐看。有些人摆出架子，不像样子，他那种表情、身段还是比较好的。他的说书质量蛮高的。基本上人家不可能找到漏洞什么东西的。

问：还有呢？

答：还有袁宝庭先生。但没有跟他学。他在我隔壁的，有空我在家玩，他就会过来。袁先生是芮时龙说起来还称他老大哥了。他已经八十五、六岁了，还健在。他的说书比较文的，但有冷噱。他的包袱就是冷包袱。像上海人讲的那种话集团，他扔出来就是那种冷不丁的。不是靠脸部表情之类的做作让你感觉很滑稽。看看他的脸部表情好像很一本正经的，他是那种话里面突然间找到一个包袱，让你捧腹大笑，多得不得了。

问：在袁老师那里学到什么？

答：他也教过我。《村姑救祖》，《红罗帐》等等。他还有戏我叫不出来什么名字，《无头案》了什么，这种戏他教给我我没宣过。因为现在这种，现在的人不搞这个，《无头案》头都没有，有些老板家里 [去] 宣卷谁要听啊，没办法演出这个剧本。

独立演出宣卷

问：什么时候开始独立演出？

答：2002 年。上半年我怀孕了，不想演出了，休息了。然后有很多我的戏迷还是一直打电话来。一、两个月看不出的，省力点只要出来给我唱热闹好了，反正我们不说的。然后，一弄出去人家就以为我自己立班子了。所以生了孩子之后我就出去自己领班的。

问：你下手的时候已经有戏迷了呢？

答：我在当下手的时候戏迷就很多了，他们就在说，因为在你老先生下面，每个老先生都有自己的想法，他就是比较，一般下手干的活比上手的多。然后我的听众，老戏迷他们就会说，唱这么好听唱这么少，你干嘛不领班，你自己唱上手的话就自由了，你多唱点给我们听。我们这个说分就有比例的，好比把这个段子说成是十份，上手最少打掉六份，我们做的工作量，他们是六，我是四。然后一般老先生的话，像芮时龙，他基本上拿到七，我只有三，所以对我的听客来说，他们就觉得还少了。

问：在你当下手的时候早就有名气了。

答：就是在下手里面锻炼三年，就人家都知道我这个人了，所以我要领班的时候有很多老听众帮我忙的。就是说我要生孩子了，一定要走掉，我的师父他自己要工作的话，他一定要找一个副手，然后他找到一个下手的话，万一到我生了孩子，那个时候，那个下手跟他也合作得蛮默契，我不可能再跟师父说打掉他的饭碗再回来。那个时候，芮时龙先生就是这样的，他是领我，我怀孕的时候，他马上就再领一个徒弟，并不是说找一个圈里面的当下手的人中找一个。他领了一个徒弟的话，我是徒弟，他也是徒弟，到将来我生了孩子，两个都是徒弟，我要工作，他那个徒弟也要工作，我可能回不去的，所以我打算自己要孩子的时候，很多听众就说了，你生孩子的话就不要再当下手了，要联系人，要有市场，他们就帮我去联系市场了。

问：除了芮老师之外，你没有当过其他宣卷艺人的下手吗？

答：基本上没有，然后我有时候跟袁先生在一起演出过。极少极少的，因为他说我是关门弟子了。他收我的时候，他自己已经在休息了，已经不出去了，但是有时候有些他的老听众要请他，他就把我带上。因为他有点岁数了，带一个年轻的，他自己就比较省力，那时候出去的很少，一共也不会满十场的。

问：独立后，你的下手是什么人？

答：一直是我妈。但是有时候，我妈妈就会浙江老家去避暑了。我们那边是山区，在山脚下，比较凉快。我就基本上在这里演出，每个月总归有五、六场，六、七场，这种零碎的。然后我就请人家帮忙的。

问：和你一起弄的下手中，现在有点名气的人也有吗？

答：那也蛮多的，就是我们这个圈子里的话，人家基本上都知道的，在外面讲的话，现在老听众，基本上很多人也认识。上海的，谭玉英。还有李明华。去年我妈妈浙江去的时候，她也跟我一起过的。帮我做过几天。

问：跟这些下手合作过，也是你自己以为跟妈妈一起合作是最好的呢？

答：妈妈跟我合作，对我来说肯定是好的。因为我妈妈讲开了，她是我徒弟，在家里，我已经跟她讲得滚瓜烂熟了，她所讲的每句话都是我想的。但是他们下手，都是有自己的思维的。他觉得他是应该这样处理这个角色。但是妈妈她所做的工作都是我所教她的，所以基本上都是差不多吧。但是我妈妈没有他们老练，因为他们都是以前参加过文艺工作的。我妈妈就不是参加过文艺工作的。我妈妈就是特别喜欢越剧。浙江那边的人，像到我这个岁数，他们都哼那么一两句越剧。当然到我女儿这个岁数就不行了，现在都好像已经不知道了。

演出情况

问：现在一年演出多少天？

答：基本上是 250 场到 300 场左右。开始么 200 天左右，慢慢到现在要 300 天了。第一年的时候没有的。[只有]六十六[场]。去年（2008 年）就是世界金融危机嘛，对我们任何一个项目都是有影响的。就去年的话，就 260 出头一点，前几年的话都是 300 场左右的。今年的话，估摸下来 250 以上应该还是会有的。

问：一般几月份休息？

答：夏天有两种情况，有些的确是夏天人家也不敢请。有些打电话来我也没去，太热。我电话里告诉他，没空我已经出去演出了。

问：一般七、八月份休息吧。是农忙的时候呢？

答：没有农忙了，现在谁还记得，不会种田了。我们江南这边以前也是这样。最主要原因他们也怕热。因为我们请，非要请很多亲戚来吃饭。他就是，鸡啊鹅啊什么要腥掉的，都要坏掉的小菜。乡下地方，肯定要昨天晚上就买回来后再烧，夏天，昨天晚上买回来到今天早上就坏掉了。你要买十几桌，要十几个鸡，十几个蹄膀，十几个鹅，哪有这么大的冰箱放啊。他们最主要就是怕热怕这菜什么会坏，然后不请。但是有也有，因为我们这儿的佛教，观音菩萨六月十九日出生。她到白雀寺落发，九月十九日升天，所以她这十九日还是要做的，有些十九，有些初九，她就借个九。还有生个孩子［阴历］五月生的，六月满月，他办喜酒也非得干。那么像这段时间［八月底］，九月一号要读书了，也得干。许愿，这些都可以逃避的，比较凉的时候。落榜就不搞了，应该是准确的说就是。

问：演出场次这么多的话，在一个村里唱过了，一年中再次到那里演出，这种事情也有吗？

答：这种情况是非常非常多的。因为他们有些，我们这里喜庆的事情，都要请我们宣卷。现在是你爸爸过八十大寿，你会请我，下次你的岳父过八十大寿，你肯定也还会请我，就是很巧的。然后过了几天，就是你的表兄弟之类的，也会请我，在这个同一个村里出现的话，情况是非常非常多的。

问：一般来说每天演出多少时间？

答：四个小时吧。看地方的呀。

问：一般报酬是多少？

答：现在一场 500 到 600［元］吧。价钱一样的，时间上午最少。

问：比如说有一个人，上午一场下午一场是两倍吗？

答：就是在家里，如果要上午唱一场，下午唱一场，那也算一场的。如果在吴江要唱一个上午，在同里的要唱一个下午，那就是两场了。上午一场，七点钟唱到十一点钟，［唱］三、四个小时最多了。下午和晚上时间最长要唱五个小时。就唱一个下午最多四个小时，就是下午和晚上两个时间加起来肯定长的，下午唱三个小时，晚上唱两个小时，［一共］五个小时了，待遇是一样的。所以我们最好唱上午，上午唱很少的。

问：班子有几个人？

答：我们四个人。

问：［报酬］怎么分呢？听说过以前一股两股的？

答：［500 块的话］因为上手最主要了，就是二股了。下手没有 160［元］，才 120［元］，两个［乐队］八十［元］。如果 600 块的话，上手就是 320［元］了。因为我们四个人都是自己人，我们就这样了。［下手和上手是］母亲和女儿，他（赵夫）是女婿一样的，这个人（采访时有一位拉琴的）是他叔叔，其他人我不了解的。我们以前和人家搭班，就是有矛盾出来的。一个是经济上的问题，另外一个是你唱的时候，人家说你好了他要不开心了。还有说话的时候有高低的。像我跟芮时龙老先生的时候，他说书什么肯定比我好，但是我年轻，嗓子比他好。然后人家就是［对芮时龙说］，你少唱点让她多唱点，他就思路改了。也有可能，因为我是艺校里出来学过声乐，他们没有。她们［其它宣卷艺人］就唱不了这么多天，因为用嗓子唱。其实我现在跟你讲话嗓子有点哑哑的沙沙的，但如果我唱起来可能就听不见这个声音，就是唱的时候不用［嗓子］。

问：你先生（赵夫）除了扬琴以外可以弹其他乐器吗？

答：二胡，他手上都会，西洋乐他也会。

他现在在文化中心教爵士鼓。他学的是戏曲里面鼓板，然后乐器都是通的，后来自己去学。原来就放在楼上的小客厅里，然后我就嫌烦，他们就聘请到外面去教了。所以那时候也蛮忙的，有学生三、四个一天就不出去了。

问：一般宣卷的乐队除了二胡，扬琴还有其他的乐器吗？

答：琵琶。除非有些时候有些地方需要六个，八个，他说了我们就加钱。待遇两样的。

问：[宣卷] 观客是怎么样的人？

答：都是上了年纪的老人，年轻的也有。一般就是退休了没什么干的，田里不务农了，在家里的。到有些地方它就是这种，丈夫么开厂的，自己么没事情干的，这种年轻的妇女也有。年轻的男性比较少，年轻的女性比较多。

问：一般你们在家里做宣卷的时候，主办人要求点剧目吗？

答：基本上很少。

问：基本上都交给你们自己做是吗？

答：出钱的都是年轻人，他们根本就不知道这里面有什么内幕。他们只要求吉利点，团团圆圆开开心心说说笑笑的，因为他们都是喜事。老人也不太会点要求了，因为是孩子们出来的事情，只要开心听就好了。还有老人说出来的书，他以前说的书和我们现在说的完全是两样，他如果说点什么社么书，那个书他那时候觉得好听，现在就不能唱了。像我先生袁宝庭他以前点的什么《红罗帐》啊，还有什么这种书啊，他以前其实这个书是很好听的，但是现在它就不流行，因为里面有死人，这后妈的孩子死掉了或者什么了，那现在离婚的人很多，后妈就是坏的，后妈的孩子非要死掉就是坏掉的。所以我们现在很多书都已经不说了。

问：在同一个地方做戏不会每年都宣一样的戏吧？

答：那肯定不行，肯定不行。

问：再次在同一个地方唱戏的时候，应该换剧目吗？

答：换。这是肯定的。

问：如果不得不唱同一个剧目的话，当然腔调、说法是应该改变的吗？

答：你一本书在这个村上唱过一次了，至少要隔开一年半到两年。如果说，这几天唱过再唱，那肯定不行，他们听客会觉得你肚子里没有东西，他们会这么说的。

问：你们怎么知道这部宝卷唱过那部宝卷没有唱过？

答：去年来过写什么，好比今年来了唱过什么，然后就是记好。记好么明年再来的话就可以找一下，这儿来过了我唱过什么。一般过了三四年的话你再把第一年唱的，他们已经糊里糊涂了，因为我们就这么个村落，就好比大长浜，他不是一户人家唱的，你家里也唱他家里也可能唱，然后你请的是赵华他请的好比高黄骥什么，然后听的人就这些人，他听得多了基本上已经糊涂了，如果你现在唱过马上唱他有印象，如果你现在唱过歇个三年两年的话，他基本上已经记不清楚了。

问：如果一个村落别人唱过的你们也唱的话这种情况怎么知道呢？

答：这个就不知道了，这个就要讲水平了。就是同里有一个叫钱阿港（音）的地方，在我去的前十天就唱过《姑嫂情》，是高黄骥还是追唱的，我又不知道，我过去了以后我仍旧唱这个，他们一听怎么唱这个。但是我在那边人缘特好，就有每个人特别卖的地方。我在那儿唱的话他们五六里路踩着电瓶车都会过来。钱阿港那个地方就是一个死胡同，四面不同大路都是小路，他们来了，就是乡下有大的勃倒厅（说明），三间不倒厅坐满不算，还在走廊上都坐满了。他们都说，赵华你难得来的，我们一直在想你来。来了以后我又不知道他们唱什么，我唱了以后他们说怎么唱这么一个，后来我两回卷唱好以后他们就说，赵华真叫是你唱的，人家唱的肯定就没味了，完全两样。就是像上海滑稽剧团讲的有包袱，我们乡下讲的有噱头，就是每段里面有包袱扔出去，然后有这个包袱他们就会笑，会感觉快乐会感觉好听。如果你走得平，没有包袱的话，他们唱过你再唱这样的话肯定是两回事。说书这问题就是这样的，大路是一条然后包袱什么都是你临场发挥的。

问：在一个村上好几天的话，每天都不一样吗？

答：肯定不一样，那是这样的，好比我第一年来，我有二十本卷是我特别精的，我不会把我的二十本都唱完，其中开头炮两炮（开始的两卷）把人家给蒙了，人家就觉得你好了，第三天你唱得马虎点他们也觉得你蛮好的，他们就不追究了。七天过了以后他们就不想了。然后我再第二次去，我再两本三本四本五本的拿手戏把他们打蒙了，然后再加几本那个不是太精的充进去。你七天的话你基本上可以这样，第一炮打红了以后唱两本你不太熟的，到第三天再换本你特熟的，它就是好好坏坏好好坏坏掺在里面的话，他们感觉就两样了嘛。你把好的全都弄掉了，后来他们对你这人也熟悉了，你这包袱他们也听多了，然后你这个卷好比原来的都不是拿手的都唱光了，都是蹩脚（差）的了，他们肯定对你越来越反感，所以你也要讲策略。到最后江郎才尽了就再见，他们要请我的话我就告诉他们我没空了，我觉得我这里已经没什么发展了，我就想办法到其他地方去发展。好像芦墟我去了很长时间了，他们要订我，我都不高兴给他们了，我就换地方去，我自己好比到盛泽去啊或者什么地方去。

问：你们一般哪个地方演出比较多？

答：同里多的，我走得比较远，盛泽，然后就是西山啊，昆山啊。最多的就是同里，金家坝，盛泽，芦墟。

问：为什么这四个地方比较多呢？

答：像我们同里是发源地，金家坝是老板多，盛泽也是老板多。芦墟人特喜欢听唱，他们做戏啊什么东西，他如果知道这个村上有这么唱宣卷的，他五六里路他会踩个自行车过来。唱书在芦墟是最难唱的，它不是上年纪的妇女听的，都是老先生，到芦墟城市去唱，他们都拿这个茶壶，就这么晃悠，你看见这种唱你倒要留神了，看见那些老太太你倒不需要太留神，她们不会来专你空子，因为她们乡下妇女见识得少，没什么文化，她们只要听了你哈哈哈笑么她就笑，哭么她就哭了。但是老先生就不一样，他要听你的表白啊，走书的路子啊，什么有没有漏掉啊，还有就是韵味啊他都要讲究了。他们拿这个茶壶不是看的，他们就低着个头，标准在听书。

问：你现在会唱的宝卷大概有多少书？

答：现在我跟我妈妈两个人经常在演出的，就要四十几本到五十本左右，我们不太演出的，我所知道基本上有 100 本左右。

问：你比较拿手的宝卷是什么？

答：拿手的就是那个《姐妹卷》，上本下本，它的意思就是，连续剧样有上本下本。它讲的就是金童和玉女两个人，单独唱开也可以把它合拢。上本就讲的是金童的，就叫《雪白玉如意》，下本主要讲玉女《金丝红肚兜》。就是根据《三言》里面我老公自己改编的。拿手的肯定是他编的。因为《三言》里面有很多悲剧的，我们乡下相信喜剧，就是老百姓都喜欢团团圆圆，开开心心的，所以里面的结局、内容有点改变，所以说根据《三言两拍》里面过来的。还有一本叫《冒婚记》、一本叫《双珠花》，这两本是我跟我先生连个人自己修改的。还有《雪地产子》，是芮龙老师的，又叫《雪里产子》。

问：《红罗帐》你们会吗？

答：我先生会，袁宝庭会，我也会但是不算精的。

问：《姑嫂成亲》呢？

答：《姑嫂成亲》么就是《水泼大红袍》，也属于精的。

问：还有《张东君买药》？

答：这个不知道。

问：《杀狗劝夫》？

答：这个都是沈祥云的吧。这个是小卷，不是长卷。

问：《代皇进瓜》呢？

答：我会。

问：《冰娘惨死》呢？

答：听说过，这个我不太熟悉。

问：《金枝玉叶》应该会的吧？

答：嗯，《金枝玉叶》。

问：还有《村姑救夫》？

答：这个是我先生的，袁宝庭，我也有。

问：还有《云中落绣鞋》，这个都差不多，都会是吗？

答：嗯。

问：还有那个《观世音传奇》？

答：对，《观世音出世》，妙善，妙善公主。

问：庙会的时候唱这种是吗？

答：这个就是，观音的名字就叫妙善么，妙善公主。

问：现在新编的宝卷的也有吗？

答：现在没有。没有再去演。因为我老公已经给我编了十几本了。打是打算的，但是因为现在又在改革了，时间没有以前的那么长。说书的时间没有以前的长了，以前的老先生或者是他给我编的都是比较长的。所以我现在要让老公再给我编几本稍微时间短一点的，适应一上午就能演出完的。那样的话，时间不会太仓促。虽然那种书是可以缩短一点，或者语言上讲得连贯一点，但是就显得比较仓促。我现在就打算让他给我弄几本短一点的。就像连续剧，人家可以拍十八集的，让他给我弄几个九集联播的，短一点，不要太长。正在考虑中吧。

问：你《刘王宝卷》也会唱吗？

答：我熟悉的。《刘王宝卷》的话，一般说书的人都会，如果说书人不会《刘王宝卷》的话，乡下人会看不起你，你是个说书的，连《刘王宝卷》都不会的话，人家会把你当笑话来看你。我们这儿最相信的，供奉的就是刘皇，我们这儿佛见得最多的就是刘皇。刘皇么基本上每个村落都有，然后就是正月十三，日出卯时生的，在那天的话请到都会让你唱这个卷，因为这是他的生日讲他的出生的，所以你一般学了这个的话你必须学会这个。

问：《刘王宝卷》也是芮时龙老师教给你的？

答：对。

问：带着宗教性比较强的，例如说接佛的时候要唱的接佛调，这种宝卷也是芮时龙老师亲手教给你的吗？

答：这个不属于卷了，它是一种仪式。说书之前，都是先供奉佛的，信佛的人都是要进行这个仪式。这个也不光是芮时龙老师了，袁先生也指点过我，然后舅舅也教过我，我现在就三个先生的东西都有，加进去。

问：你现在唱的是根据老先生教的改编的，还是你和你丈夫新编的，那个比较多？。

答：现在一半一半吧，很多也是老先生传统留下来的。还有些根据以前自己演过的戏曲里面简化过来。

问：除了在寺庙宣卷，还在其他地方宣卷吗？

答：有的，做寿、生孩子满月、考大学、结婚、这些就不可能在寺庙里。

问：白事有吗？

答：不可能的。我们这儿的风俗都要的，反正你逢着喜事他都能干。有些人原来在单位里上班的，然后他帮人家跑业务的，然后他觉得，不是采钢板的这种蛮多的嘛，原来人家采钢板老板做的，做好了以后他觉得他这个，这个他有很多朋友认识了，他也拿出了资产，或者去贷款，投资开个厂。这样，他也要热闹一下。

问：盖房子呢？

答：要，进房。结婚不弄的。它还是为一个宗教。也不是没有偷偷摸摸的，就不能光明正大的。

问：做寿、满月在哪里宣卷？

答：在家里。

问：你们一年在寺庙和在家宣卷的比例是多少？

答：十分之一在寺庙，十分之九在家里。

问：在家里宣卷的时候邻居也来的吗？

答：对。他请亲戚的，像我们这个房子就不能弄了，如果将来有什么喜事，我肯定是饭店里去吃了就算。但是乡下的话，他们有，我们也可以，如果我要干这个活，我不会在这里干，就会回到我婆婆家。我婆婆家就是乡下镇上的房子，自己有个院子，就有地方可以那个［宣卷］。叫什么，搭个棚子，我们这儿有专门做这种生意的人，不倒棚。

宣卷与民间信仰、风俗

问：你们在庙会或者佛会的时候有没有唱过？

答：唱啊。

问：那是在哪里的庙会，张家圩的庙会你过吗？

答：张家圩［庙］的庙会我没有去过，张家圩就是我有个干妈，她好像张家圩的菩萨的佛女儿（佛娘）。然后她自己供奉的这个菩萨，我叫她干妈的，这一天呢她不放我过去，每一年我都是留给她的，就是在她自己家里弄的，每一年都非要到她家里去。每一年的阴历八月二十二，就是张家圩菩萨的生日，她家里自己赶庙会，庙会就不让我过去了，每一年她这里我要唱。

问：除了这里以外还有没有其他的庙会，佛会？

答：庙会是很多的。

问：比较有名的或者印象比较深的？

答：吴江张帝庙，横扇娘娘庙。

问：你们有没有去过南厍[村]的城隍庙？

答：城隍庙是去过的，财神堂没有去过。城隍庙本来是个城隍庙，现在变乡下的扎米（碾米）厂了，在河滩旁边的，这个庙是大得不得了的，帮旁边搭开一间算城隍庙了，就是我最早时候去的这个。这个是财神堂。

问：有没有去过史家库城隍庙？

答：去过。

问：也做过宣卷吗？

答：做过。他今年都请我我没空去，去年请我的话我也没空，叫人家去的。

问：怎么跟你们预约？

答：打电话。

问：他们怎么知道你们？

答：我们现在出去基本上十年了吧，人家本上都知道的。

问：那么你们是怎么记录的？

答：每个人记都不一样的，我们连价位都有的。因为我们是一家的，工资都是透明的。一天赶两场，这个是喜钱么，我们都是透明的。他这个呢比较难讲，因为他不是一家子的，他如果把工资透明了以后他就不可以多拿钱了。我们宣卷讲的是这样，先生传下来是这样的，四个人开五份，拉胡琴的拿一份，打扬琴的拿一份，两个唱的人拿三份，拿三份的话，上手如果说厉害点的有些，拿一点七，下手就一点三，如果客气点的上班拿一点六，下手拿一点四，如果再客气一点的就一点五一点五，开张（拿工资）。所以他不是一家人的么他不能透明。有些么就写这户人家的名字，有些么就写庙的名字。

问：到人家家里的时候有佛台，拜菩萨什么的吗？

答：有种有的，有种没有的。

问：那有没有在村上的小庙里面做的？

答：也有的，小庙大庙很多的。

问：你们看到的哪个菩萨多？

答：像我们这里么，观音呀。

问：关公呢？

答：关公还行还不太多，观音多。

问：还有呢？

答：刘皇老爷，刘皇老爷最多。

问：那你们知道刘皇的姓名吗？

答：如果按我们说书里面讲的话，宝卷里面有讲的，我是听我们师傅传下来就是这么说的，他是卯月卯日卯时出生，三卯出生，就是卯时生，就是我们以前讲的子丑寅卯的，没有一点两点三点讲的。卯月卯日卯时生，三卯出生所以他名叫三舍，号桃缘，字琛中（音）。传说他吃了仙桃才怀孕的，所以和这个桃子有缘，叫桃缘，然后字琛中。每个人每个人的传说吧。

问：这个神是怎么样的神？

答：他么最主要就是和我们农田里的，就是民间的这种神吧，不是说属于什么教的。

问：庙会在你的演出之中占百分之多少？

答：其实真正的上庙的庙会并不是太多，因为我们的演出基本上都是为了佛教，但是我们这里的风俗不是上庙里的。到昆山啊，到浙江啊，可能就是真的是庙会了，到苏州那边就赶庙会的。我们吴江庙会也有，不多，但是我们为佛是这样的，他们让你去了以后，请你待在家里宣卷。

问：昨天（2008 年 8 月 23 日演出）的算是在家的吧？

答：对，它就是把菩萨请到家里来。

问：我们在隔壁的一个房屋里看到龙王的像？

答：哎，它就是把菩萨请到家里来。

问：菩萨平时在哪里？

答：庙里。就是把菩萨请到家里了，他就住在他家里了。有的地方把庙里的菩萨请到家里，唱好了送回去的。

问：本身放在家里的？

答：就是，它不是哪里去，他自己去说出来的，说好了就放在家里了，它就是永生永世就放在这里了。

问：今天上午的（2008 年 8 月 24 号在上方山演出）算是庙里的吗？

答：对，那个就属于庙会了。然后在下午，隔了几天，我在松陵镇演出，他们也是为佛，但他在家里摆，举行的仪式敬佛，这个就不能算庙会了。在家里待佛的，比较多。真正上庙，庙会的比较少。一般的话个体的多，庙会的话就是大家出钱了。大家一起的事情，他们不太愿意的，都宁可自己一个人。

问：待佛的演出活动比较多？

答：基本上可以算是百分之九十都是为这种事情。庙会也是算待佛的。然后还有一部分就是喜事，结婚、做寿、小孩子一周岁、男孩十岁，小姑娘十三岁，然后还有我们这里有一个风俗，三十三，乱刀槛（乱刀斩？）。乱刀就是砍的意思，就是三十三乱刀槛，就是跨不过去，门槛的槛。讲起来三十三岁对人就是一个不好的数字，对自己本身，我们中国还有本命年。

问：有些人家把菩萨放在家里，那这些人当中也有些佛娘吧？

答：对，佛娘。

问：佛娘现在是不是比较多？

答：多，不要太多。

问：跟你联系让你演出的就是那个佛娘。

答：对，她一般是佛娘，然后有特别喜欢烧香的，香客。有些对佛特别相信的，像敬佛的那种热心人，他们都会那个。我的名气基本上在外，就是佛娘、香客这种的很少，他们一般都是自己打电话，就跳过佛娘和香客。还有一些就是我的听客帮我联系的也有。

问：如果主家不通过佛娘的话，佛娘还是要来到你演出的现场吗？

答：对。他们如果是主家，自己打电话请了我说书，然后每个村上都有一个管庙的，有些就是帮菩萨面前打扫灰尘的。以前的人讲就是佛婆，专门是给菩萨打扫卫生的，[如果] 这个庙上是没有佛娘管的，他就请佛婆来点香、点烛。其实佛婆这种人也是香客，她就是对佛非常尊敬的人。

问：我第一次来到你演出现场的时候，有

很多帮［给菩萨］吃的、香火。那种人也可以叫做佛婆么？

答：香客。佛婆就是你们以前拍过照片的，就是我丈夫的姑姑，她就是佛娘。其实照我们说书里面讲，这样的人就属于佛婆，她和佛娘的职务是不一样的。佛娘她就是，从我们宗教来讲，她按西方说法，就是像巫师一样的，她会念咒，可以跟菩萨交流的。佛婆就是不会特殊的功能，她只是像我们平常人一样，特别信佛，愿意照顾菩萨，为他点烛、点香。

问：现在，佛娘还是佛婆，跟哪一个接得比较多？

答：给我做生意的，还是佛娘多。基本上是人家打电话来的多。佛娘就是我自己的亲戚做佛娘的，肯定是通过我。我有空肯定是我，没有空再讲。一般的话，一半一半吧。有的就是主家之间互相联系的，有些香客给我联系的，有些是我的观众给我联系的。但是还有靠佛娘吧。

问：你认识的佛娘，怎样的人比较多？

答：基本上农民的多，工厂里工作的也有。

问：那她们一般来说管理庙的，还有活动的，她们在周围的威望怎么样？

答：那肯定是很高的。特别是佛娘。佛娘也可以叫香头，她们的威望一直是比较高的。她们讲的话，在她的，信奉她的菩萨的，基本上言听计从的。

问：佛娘她们的工作，看病之外还有什么？

答：驱邪，然后她们就可以给你算房子，看地皮。建房子，过来看下这块地的风水好不好。看风水，然后你知道每一个土地上不可能没有去世过人。有一些地，上面是平地，看不出下面的东西，但是一但打石基下去，有坟墓、墓葬、棺木，这些都是无名的，好多好多年以后的东西了。这些有些人不敢轻易乱动，他们就会让佛娘香头帮你去剪掉，他们会做法，但是怎么做，我没有看见过。反正他们做法，可以把那些所谓灵魂得到安息。将来造了房子，太平，不会再来兴风，灵魂会有鬼魂作祟，就可以保你平安。当然中国讲起来是不相信迷信的，但是宗教不会让你完全不信的。

问：因为你原来不是吴江本地的，是搬过来后才知道中国的农村里还保留这种习惯的呢？

答：对。我虽然出生在农村，但是我很小的时候，根本不记得有些事情，我一读书了就在城镇里了。然后十三四岁就已经到了大城市——杭州那边去读戏剧学校了。根本就没接触过这种东西，然后我是跟着我的先生到这里来，学了这个宣卷，才知道原来农村里还有这样的小天地。

问：除了佛娘请你宣卷之外，请你宣卷的老板是怎样的人？

答：老板就是我说的嘛，和朋友认识的，

会请我，或者我就在他们村上演出过的，他觉得我唱得蛮好的，他就会到时候做主家去，我只知道这个村上带我去的。我这个主家基本上年年办这个事情，他就会私底下来问我要个电话号码，要个名片，然后他就直接放在那里了。放在那里之后，村上觉得他们唱得挺好的，这个村上的老板，他马上就会跑到这户人家［问］：“你有他的电话吗？怎么联系他？”就这样，所以我很多生意，现在都是靠这种关系，就是我自己唱得挺好的，他们有了名片，一传十，十传百，这样传出去的。

问：他们老板都是开什么个公司，开什么个工厂的？

答：非常多，我们这边就是彩钢板，就是空调净化，不是金家坝有很多重产嘛，有些是鞋厂，有些就是建筑工地，有些就钢结构，很多老板。有的是公司，你理解就好了。钢构就是钢结构，就是这种造房子都是用这种钢构的。还有一种不是开厂的，水乡，养鱼、养虾的。这种也是老板，很有钱的。

问：很富有吗？

答：富有。太富有了。

问：最富有的就是养蟹？

答：养螃蟹的。我到九月，阴历说起来要八九月，就是太湖蟹真正成熟的时候，养太湖蟹的这种老板就是认识的，我打电话过去，他们就会拿太湖蟹来，那个肯定两样的感觉。太湖蟹上面有字的，答应的，不许你假冒的。阳澄湖蟹更加，脚上有环的。这些人也比比较富有一些。

问：各个老板的工作不一样的，这种情况之下，开始的时候，对他们说祝词也不一样的吗？

答：他们也是会那种请佛。他们同一个工作，第一件事还是会请佛。只有是结婚，还有就是做寿还有小孩子剃头什么的。结婚之类的基本是不请佛的，要请佛的都是很少的。做寿还有小孩子满月进房子之类的，他们还是三分之二会请佛。因为在我们乡下这种信仰就比较那个的。

演出特点

问：自己认为你的演出特点是什么？

答：我的特点，就是演技可能比他们［其他宣卷艺人］好。该到悲的时候我可能会流出眼泪，他们就怎么挤都挤不出眼泪。然后，说书里面一般的话它讨巧个丑角和风骚婆，里面有个特别凶的什么坏人，这种我可能掌握得比较好。嗓音条件还可以。你想书么人家基本上都会的，每本书好比你《刘王宝卷》，高黄骥他也会我也会，但是他这眼睛没光（高黄骥几乎失明了），和一个眼睛有亮光的人，然后一个是学过表演的和一个没有学过表演的，那肯定是两样的。不懂行的，这最土的话吧，乡下老太婆她都看得出，哎哟这个阿姨哭了，真可怜哭了，她们老太婆也会哭的，有些老太婆哭得比我还厉害。

问：为了让观众欢迎，你用什么窍门？

答：最开始的时候，我生了孩子，我的先生（赵夫）给我照顾。最主要是三言两拍，他在这种书籍上给我找了很多小故事，现实把剧本，等于说是把剧本焕然一新。当然保留他们［老艺人］传的老书，再自己创新的书，要不然老书说老的话，观众会听腻的。第二，我们是把我们学的戏曲当中很多的表情、身段，我都拿过来了。

问：你的观众各种各样，农民也有，城市里的人也有嘛？按照观众的工作和爱好，你灵活地改变演出内容，是不是？

答：这个是肯定的。我们这个东西一般就是在我们这个苏州地区的。苏州有听沪剧的听众也有，越剧的也有，锡剧的也有，当然很多老听众他们也喜欢真正的原汁原味的同里宣卷调。我们是以宣卷为主，在其中加沪剧、越剧、锡剧，这个是分地区的。像吴江松陵镇这个地区，它基本上喜欢越剧，以宣卷调过调以后，穿插越剧，它是比较适应越剧的这种。屯村、同里这些地方的宣卷调，如果要用戏曲的话，就要多参杂锡剧的，他们比较喜欢锡剧的。在芦墟，和近上海的那边，还是浦东这些地方，就宣卷调过了以后，他们就基本上喜欢带沪剧和越剧的［就穿插沪剧和越剧］。

问：这样灵活编排，穿插有腔调的时候，是上手主动的吗？比如今天要听越剧的多，马上就用越剧腔调开始唱。这样的时候，你怎样告诉乐队？

答：一般我都是自己起调，但是我需要他（赵夫）给我起调、拉琴，他先起前奏，我再唱的话，我一开口，因为是夫妻，十年工作在一起，在加上我自己把每个剧种语言上稍微改变一下，调改变一下，他基本上就知道我应该唱什么了。有时候，基本上我们这个东西看似都是有脚本的，但是内心有脚本的，我开口了，到了什么剧情，他也知道应该要什么调了。

问：乐队里肯定需要你先生呢。

答：临时［的乐队］也是一样，我自己起调，就他们跟过来，不用他们的前奏，开口了，他们知道我唱的是锡剧，他们就马上跟进来。如果我先生（赵夫）不在，还有一个老的，就是我先生的叔叔，他当然没有我先生熟悉，但是我开口，他基本上也知道我要唱什么，然后有一个熟的，乐器响了，那还有个不熟的他也就跟上来了。这个就是四个在一起演出的话，都会形成一种默契的。

宣卷与其他剧种

问：你现在也是对现在演出的，这些上海的越剧感兴趣的吗？

答：上海的我不太清楚。因为我们从小，像我在学校里的时候，当然对那些老的艺人，我们是有知道的。像我刚刚接触戏曲的时候，我学的《梁山伯与祝英台》，就是范瑞娟老师的范派，我就比较学这个的。到后来，本身等自己，女孩子经过了一段时间的话，我的嗓音就达不到范派的标准。只能是唱尹派了。然后根据我的脸型，范派的脸型就是比较方方的，棱角分明的，尹派就是看上去比较糯的。我们老师给我定型尹派以后，我们有名誉团长，就是出钱挂名的，不来的，叫茅威涛，她就是过一段时间就会过来指点我们一下。所以我们接触的尹派，不像赵志刚，也不像肖雅，因为我们学的是茅威涛的。他们都有个人的特色的，茅威涛变化的特别到，在尹派里面。

问：茅威涛的演唱在你现在的演出之中有没有一点影响？

答：那当然，像我现在出去演出，停了结束了，他们会欢迎你再来唱一段小调之类的，让你唱一个加演戏。那我肯定会唱尹派的戏。就像 “伤人访妻”（即《沙漠王子 · 算命》）啊，我肯定是学茅威涛的词的，我学的茅威涛的音调唱的。基本上就是以茅威涛的为主。

问：你受听众欢迎的原因就是你有越剧的基础，但其他的宣卷艺人没有这种经历，你自己这样［以为］么？

答：这是肯定的。就不管什么书，唱什么都是有发音的。像我们接受过培训，戏校里读过书的，发声方法肯定跟他们两样的。一般像有些唱上班的，过几天他们嗓子很疲劳了，嘶哑了，然后我会觉得疲劳，但不会哑。基本上我 300 天里面，难得有一次我会告诉你我的嗓子有点沙哑。然后他们唱过一段时间，就会觉得嗓子哑掉了，因为他们老实说没有接受过我们这种训练，完全是两回事。我的声音听起来不脆，很沉的，听起来有点沙哑的，但是我一直就这个声音，唱起来可能还会再亮点。

问：除了越剧以外，还喜欢哪个剧种？

答：我特喜欢京剧，觉得中国的国粹，但是不会唱。昆剧嫌它实在太柔了我欣赏不了。

问：昆剧不太喜欢吗？

答：我比较喜欢昆剧的身段，它就是比较儒雅。

问：喜欢怎样的戏呢？

答：京剧里面我特喜欢麒麟童的老生，还有程派青衣。现在张火丁这些人唱的，我特喜欢。他每个唱里面都有那个共鸣特好听。我特喜欢他［麒麟童］的，京剧里面只要有他的演唱，我就那么看着。

问：年龄上的关系，麒麟童的演出没有看过吗？

答：没有，只有声音，声配像，演出就不行了。反正他们上海京剧团有一个很好的，他［在］《狸猫换太子》里面，就是麒麟童的弟子嘛。那个好听的来，我百看不厌。他演的麒派关公也好看。我喜欢里面的老生，麒麟童的麒派。欣赏陈琳的演员。就像我们学尹派的，就是尹派的弟子。还有程派青衣也很好看的。《锁麟囊》，这些里面都是。还有叫李小秋（迟小秋？）也是唱这个［程派］的，然后受她的影响就叫李世济也唱这个的。

问：其他江南的戏剧呢？

答：沪剧、越剧、评弹都能唱。［还有］无锡的锡剧，但是我还是比较专长黄梅戏。评弹会唱，没唱。

问：今天（2008年8月24日）的庙会时唱的是什么戏？

答：因为上面有个上方山也有菩萨的，太太，［农历］八月十八生日。现在是［农历］七月，还早，为什么还早，到正的八月十八人很多很多的，所以提前。上两年出过事情的，香客实在太多了，挤到滚下去的很多。就我唱的戏剧《珍珠塔》，［黄梅戏的］《天仙配》，《女驸马》。

问：黄梅戏、锡剧、沪剧、评弹呢你能唱的？

答：最最那个的么肯定是越剧。

问：你唱越剧的经历对宣卷有什么影响？

答：我老生也学过，小生也学过，老旦也学过，小丑也学过，所以我正好现在说书了，我把什么都派用场了。刚才你看我的，我不是以置换角色，有时候是演小丑的动作，我扇子功就是小丑老师教的，我现在说书里面有扇子功他们［其它宣卷艺人］一个都不会。小生不可能，有规定的，小花脸的扇子特小扇头，小生扇子不能齐胸，只能在胸的下面扇子在这个地方，就是大花脸就是肚子上面这样，老生就要苍健一点，老生和小生的眼神都两样，小生指的眼神是这样亮出去的，老生就必须这样，有个苍劲不能是脆脆的亮相。每个行当每个亮相都是两样的。我后来跟我先生说，那时候没有要现在这些东西学下来对我说书倒是派了很大用场。要不然的话，演小丑我还是用小生的眼神，演花旦我还是用这个眼神，肯定就没有像。你要乡下去一本正经的场面上看，可能就比今天的演出质量还要好，今天我标准讲穿了，我在混我钱到手我就走了。为什么，这个环境你让我怎么投入演出啊，其哩呱啦弄掉么好了咯。

问：你丈夫以前参加的吴江越剧团解散后，剧团的演员大家都做怎样的工作呢？

答：蛮多的说书，有的到苏州盘门，你到那边去，就是在那边，他们唱《唐伯虎点秋香》，演唐伯虎的就是我们剧团里的。就是住在我楼上的。有些本来就喜欢这个，有些参加其他工作，宾馆里什么的，但是他们抽空，还是不会忘记自己喜欢的爱好，有的时候去景区里去帮助演出，反正各式各样的都有。

问：像你这样做宣卷艺人的也有吗？

答：吴江剧团的没有。锡剧团倒有几个。

问：锡剧团也解散了？

答：锡剧团因为他们是老人，他们很多是这样的。吴江越剧团的话，基本上都是年轻的，就是怕吃苦吧。然后吴江越剧团这批人，身上没有压过担子，都是没有真正演出过很多唱的，他们对舞台经验也不是太足的。

问：锡剧团解散之后的老艺人，他们都是活动在吴江还是其他地方？

答：他们也基本上活动在吴江、昆山，我们说书也是这样，在吴江、昆山、苏州、浙江，他们也是活动在这一圈。他们有时候出去，以前像去唱堂会，有点像堂会一样的形式去唱点小戏，也有有时候会出去宣卷。

与其他宣卷艺人交流

问：很多艺人向你学习的情况也有吗？跟哪个艺人你有交流？

答：那很多，就是那个眼镜瞎掉的，朱火生他就是。他要唱小调，很多都是我给他的。还有肖燕，她也有很多小调我给的，他们在不在用我不知道，反正他们都到我这里拿过一些东西。还有朱火生和肖燕也到我这儿来跟我一起演出过，演出了以后，就到我这里学过一两本书吧。不说学吧，有些地方都是我帮他们修改过的。

问：听说你当过朱火生的下手，做过没有？

答：可以说是下手，但是在人家观众里看是下手，其实就是……因为我们这个说书男人不可以当女人的下手的。一般说书，像评弹也是这样的，不管水平的高低，男的不可能做女人的下手。那个时候，他是刚刚学，刚刚会唱，然后我刚刚怀孕，肚子还是看不出来的时候，他实在是找不到人，他到我家来，找我到近的地方帮他去帮帮忙。所以我跟他做过一段时间。

问：除了你的老师以外的宣卷艺人也有交流吗？

答：当然，我基本上任何班子都蛮好的。就是和高黄骥他们没什么接触。还有肖燕，一起唱，住下来也有，有时候会到我家来玩，她不是蛮会编自己的剧本，[就说] 有没有可以说的书什么的，问她来拿问我们来拿。有时候她编的小调，停下来不是要唱这种小戏，滑稽的什么这种东西她也编的，编了她也问我们来拿。然后我们比较。

问：你们会不会把演出介绍给别人？

答：有的，这有的。

问：演出重复的话，经常介绍给谁呢？

答：芮时龙老师我也介绍。顾剑平，芮老师我也介绍给他的。还有几个苏州的阿姨，因为我们是母女，他们一般定我们就要求有两个女的，两个女的话我就不能［介绍］给芮老师，也不能顾剑平了。有些地方就欢迎女性，不需要男性。

问：有没有类似公会之类的团体？

答：现在有的，民间艺术。学会，他［张舫澜］还理事了。他小领导、文艺家，民间文艺，文协会（吴江市民间文艺家协会）。

问：你们加入的时候有人介绍的吗？

答：张老师。文艺家协会。他昨天（2008年8月23日）不是去开会的吗，昨天为什么会这么热闹，新老领导换届。很多老的退下来了，然后他［赵夫］就当选理事嘛。

问：张老师也是［当选理事］呢？

答：他是名誉理事，他年岁大了。就是我们宣卷里面，只有他（赵夫）一个理事。然后它芦墟山歌也有一个理事，它每一个地方戏什么的都有一个理事。

11　江仙丽

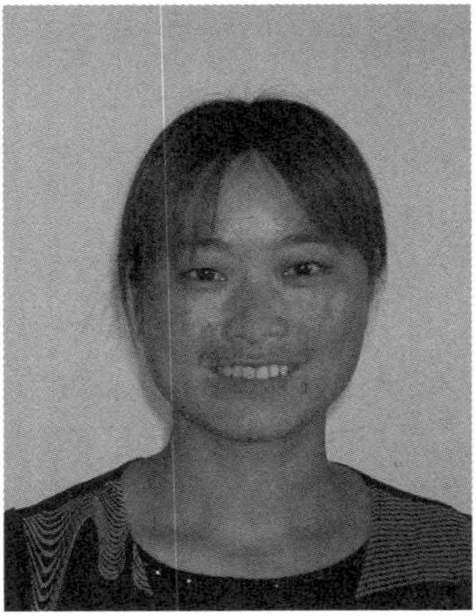

采访日期：①2005年8月19日，②2005年12月21日，③2006年3月28日，④2009年8月20日

采访地点：①嘉善县陶庄镇西浒村，②③④江仙丽家

讲述人　：江仙丽（1977年农历正月29日，二十九岁）

采访人　：①稻田清一、太田出、佐藤仁史、张舫澜，②太田出、佐藤仁史，③佐藤仁史，④太田出、绪方贤一、藤野真子、佐藤仁史

翻译人　：①②③杨申亮，④徐芳

简　历　：屯村镇三友村人。初中毕业。十八岁以后开始跟她父亲学扬琴。后来拜胡畹峰、金志祥为师，二十岁到二十三岁是做他们的下手。二十三岁时组织自己的宣卷班子，上演到现在。

家族情况

问：你父母也是三友村人吗？

答：是的。

问：你父亲叫什么名字？今年几岁？

答：江惠康。六十岁。

问：你母亲呢？

答：姓黄，叫黄玲珠。我母亲祖籍是浙江人，浙江湖州。

问：你父母是怎么认识的？

答：自己认识的。自己认识，没有介绍的。

问：你祖父叫什么名字？

答：叫江福林。

问：什么时候出生的？

答：不太清楚。他不在了。

问：他去世的时候你（江仙丽的父亲）几岁？

答（父）：我五岁。

问：他几岁的时候去世的？

答（父）：［父亲去世］五十五年了。他去世的时候，我母亲是三十九岁的时候生我的，我父亲比我母亲大三岁，三十九岁生我的，我是最后一个。我是［19］46年生的，我父亲比我母亲大三岁，那么是我父亲四十二岁生我的。我是［19］46年生的，［19］46年生应该加四，四十二，因为［19］46年生我，父亲比我母亲大三岁，三十九［岁］，应该四十二岁生我的。[19]46 年到现在。在的话就 102 岁。四十二再加五岁，其实我父亲是四十七岁死的。[我］五岁么，我母亲三十九岁生我，最后一个了，那么［我］五岁［我父亲］去世。

问：你父亲在解放前做什么的，在田里做吗？

答（父）：田里做的。

问：有多少田呢？

答（父）：当时算养牛种田的，蛮好的。

问：当时有多少田呢？

答（父）：当时有二十几亩田，自田。

问：土改的时候［我江仙丽的父亲］是什么成分？

答（父）：土改时是贫农，老夫妻全都弄光了。那么弄光了，最后解放过来呢评到个贫农。［自田］一点都没有了，倾家荡产。

江仙丽父亲（江惠康）的个人经历

问：江惠康先生读过书吗？

答（父）：读书读的。

问：读到几岁？

答（父）：读到十七岁。是初中毕业。

问：后来从事什么工作的？

答（父）：年纪轻开始啊，年纪轻开始么也在田里做的。

问：几岁到几岁的时候在田里做？

答（父）：实际上说是说在田里做，田里我也做过。我是十八岁就在田里做的。

问：十八岁到什么时候？

答（父）：十八岁到二十岁。

问：二十岁以后呢？

答（父）：二十岁以后么就到厂里，砖瓦厂。砖瓦厂是九年，到二十九岁。

问：就屯村砖瓦厂，是吗？镇上的？

答（父）：嗯，镇上的。

问：做工人是吗？

答（父）：哎，先做工，后来跑供销。

问：二十九岁以后呢？

答（父）：二十九岁过后调到玻璃钢厂，玻璃钢厂跑供销。

问：玻璃钢厂做了几年？

答（父）：三年，到三十一岁。

问：在屯村的玻璃钢厂？

答（父）：玻璃钢厂［工作］三年。再后来再调到棉纺厂。

问：三十一岁到什么时候，做了几年？

答（父）：三年，到三十四岁。

问：在哪个棉纺厂？

答（父）：屯村棉纺厂。其实过来后在屯村棉纺厂搞机械两年。再后来么在这个厂里当供销科长，当了四年。最后调到毛巾厂。

问：三十五岁到什么时候？

答（父）：三十五，也要做了三年警卫科科长。那么三十七岁以后么到金家坝［镇］升降机厂，做了两年外勤。过后么到同里［镇］特种工具厂，做了三年外勤。

问：四十岁之后呢？

答（父）：后来么就回家里了。自己出来了。离厂么就在家随便弄弄（干杂活）。

问：一直到什么时候开始［宣卷］？

答（父）：一直到她（江仙丽）开始［宣卷］。

问：你几岁时候开始［宣卷］的？

答（父）：几岁啊，忘记了。好像她（江仙丽）是从十八岁开始就……［宣卷］。

问：五十一岁开始做宣卷，是吗？

答（父）：嗯。我以前做样板戏。

问：江先生什么时候学宣卷的？

答（父）：什么时候开始学么，宣卷就这开始学的，原来我做砖瓦的时候呢，年纪还轻，还在做样板戏的这几年吧。

问：做砖瓦的时候？

答（父）：［当时］拉胡琴，做戏。六几年，文化大革命前，［在］屯村［公社］的宣传队拉胡琴，也有几年了。有三、四年了，专门出去的。就这个时候学起来，这时候文化大革命前，[19]66 年前了，[19]66 年么开始破四旧。结束么，结束了么就一起唱（指的是和江仙丽一起出去演出）。［在屯村宣卷队］总归 [19]62 年，[19]62 年到 [19]66 年，就是这里面就是做这个（样板戏）了。那么这时候开始文化大革命，文革期间不拉胡琴，文革期间么乡里到文革，文革开这个常委，我们的文革啦就是乡里我担任文革的常委，整个我这个大队这片都是我管的。文革常委，权力蛮大的这个时候。

问：你主要做点什么工作呢？

答（父）：主要么就是当权派，斗四批三。

问：有几年？

答（父）：这个要三、四年了。

问：文革过后呢？

答（父）：文革过后，那么就回到家里么，就是就是到厂里，这个时候年纪轻。

问：宣卷是什么时候开始？

答（父）：这时候胡琴都没有的，这时候文化大革命全烧光了。后来么，就是五十一岁开始忙胡琴忙扬琴的。然后宣卷。宣卷还好的。

问：江惠康先生是跟哪位先生学的？

答（父）：自学的。没有先生，自学的。

人民公社时期的宣传队的活动

问：江惠康先生曾经参加的宣传队是不是毛泽东思想宣卷队？

答（父）：早了，早了，还在前面了，做长剧本了。

问：叫什么名字？

答（父）：做样板戏。宣传前面做样板戏。

问：哪一年？

答（父）：是文化大革命前。

问：文革前是在宣传队里面演样板戏吗？

答（父）：文革之前啊，文革之前在村里组织一班的，组织二十多个人演样板戏。样板戏么，《红灯记》、《智取威虎山》。

问：《红色娘子军》呢？

答（父）：《红色娘子军》不做，就是《红

灯记》、《智取威虎山》，我们就做这两本。

问：文革之后呢？

答（父）：后来么，就参加文革了，文革过后呢么，又参加宣传队。

问：宣传队是在文革当中还是文革结束？

答（父）：文化大革命结束后，大演大唱，做小节目了。

问：宣传队的正式的名称是什么？

答（父）：这个大演大唱呀，毛主席的语录，宣传毛泽东思想。

问：大演大唱是宣传队的名字还是一个节目？

答（父）：大演大唱么就是宣传队呀，就宣传毛泽东思想，宣传队。

问：在宣传队作了几年？

答（父）：宣传队做两年，这个样板戏也好多年了，三年还是四年我也忘记了。

问：宣传队属于同里公社的还是县里的？

答（父）：公社的。屯村公社。

问：演出的范围都在屯村里面？

答（父）：哎，屯村里面。

问：其它的村子去吗？

答（父）：不去不去。样板戏么都要去，样板戏昆山也去，无锡也去。

问：当时看样板戏的人多不多？

答（父）：不得了，都杀猪的。杀猪招待的，不得了。宣传毛泽东思想都送东西的，这时候的思想是好的，好得不得了，送东西的。

问：宣传队是从什么时候开始的？

答（父）：文化大革命前的六几年啊，我也有点忘记了。一结束就是开始文化大革命，接着的。宣传队就是文化大革命前面，做样板戏。就是样板戏一结束就是开始文化大革命。文化的革命几几年？[19]64年，[19]66年啊，[19]66年不是有的啊，我也有点忘记了。

问：宣传队几时结束的？

答（父）：后来的宣传队么，好象搞两年，文化大革命还没有结束。六六年么总归七四年、七五年，哎结束了。

问：宣传队的时候以什么单位为中心组织的呢？

答（父）：村里，就是大队，那个时候叫大队的。

问：每个村子里都有宣传队的意思吗？

答（父）：不是，不是每个村的。有的村没有的，有的村没有这些人搞起来。团支部书记为主角，为领导。

问：屯村［公社］里面大概有多少个宣传队？

答（父）：宣传队，大概一半，八个、九个吧，九个大队。

问：各个大队都有宣传队？

答（父）：这八、九个大队都有，我们总共有十八个大队了。哎，十八个大队。十八个大队里只有八九个［大队有宣传队］，一半有，只有八九个有，一半有的，总共有十八个大队。

问：发工资是大队发的吗？

答（父）：发工资，不是的。生产队靠工分的，那个时候没有工资的，生产队付的，各个生产队自己付的。

问：按照劳动时间来计算，是吗？

答（父）：嗯。记工分的，记工分。村里边呢，团支部书记为领导，就这个样板戏，团支部书记领导的。

问：当时参加宣传队的成员，现在做什么工作呢？

答（父）：这些成员啊，成员是全部都分散了，有的么镇上去了。

问：宣卷的有吗？

答（父）：一起宣卷也有的。有的做老板，有的做生意，有的种田，有的么到单位里的。

问：做宣卷的是哪位，现在也做宣卷吗？

答（父）：现在做宣卷的啊，原来是文艺组的啊？我们村上有个。

问：叫什么名字？

答（父）：叫江会罗。

问：他做上手吗？

答（父）：上手上手。

问：男的女的？

答（父）：男的男的。不多，他生意不多。

问：现在家里有没有保存有关宣传队的东西？

答（父）：没有了没有了，全部弄光了。我这个胡琴，几十年不拉了，因为文化大革命么，全部搞光了。我还是做样板戏时拉胡琴，我现在宣卷开始拉胡琴，其他［的时候］一样不拉的，没有胡琴的，那时候，全弄光的。

问：样板戏的时候拉胡琴吗？

答（父）：拉的，拉的。文化大革命破四旧么，全部烧光的没有了，全部烧光了。

问：参加宣传队的时候去上海或者苏州那边演出？

答（父）：演出啊，没有。一直在村上。

问：镇上呢？

答（父）：镇上也不去。

个人经历（学宣卷）

问：你的学历是……？

答：初中。

问：几岁毕业的？

答：十八岁。

问：毕业以后呢？

答：十八岁以后开始学扬琴，打扬琴。

问：开始跟哪位老师学的，是你父亲吗？

答：哎，是的。

问：扬琴是什么时候开始学的？

答：就毕业以后开始学的。

问：学了几年？

答：嗯，就这样。其实学是学了两年，［开始学扬琴后］马上就参加演出。

问：什么时候开始做上手的？

答：二十三岁。二十岁到二十三岁是做下手，二十三岁过后就做上手了。

问：你有哪几个师傅？

答：一个胡畹峰，［另一个］金志祥。

问：和扬琴同时学的吗？

答：是的。

问：初中的时候也学过吗？

答：没有。

问：二十岁到二十三岁做谁的下手？

答：下手做过好几个人了，［其中的一个是］金志祥。

问：二十岁到二十三岁是跟着胡畹峰的，是吗？

答：是的。

问：二十三岁以后是跟着金志祥？

答：做下手的时候胡畹峰什么都跟过的。［当时已经］不敲扬琴，不敲扬琴了就去跟先生，就跟胡畹峰。实际上顶班是顶金志祥，这个意思，是同时进行的。胡畹峰手下也做过下手，那么正式拜先生学书什么就是胡畹峰，就是这个意思。那么金志祥就是和他一起做的。唱的书全部是胡畹峰的。

问：开始的时候为什么拜胡阿根（胡畹峰）先生为师呢，有什么原因吗？

答：他么是老先生啊。年龄比较大么经验丰富一点。

问：在拜胡阿根先生为师之前有没有考虑过拜其他老先生为师？

答：没有，一直就是拜胡阿根先生。

问：开始是学什么呢？

答：开始么就跟着他，开始的时候么算是打琴的，打琴么后来他叫我不要打琴，我和他一起唱的，那么做他下手。打琴，拉胡琴，和别人搭班的时候［有］，［有时候］和人家搭班的。他（别的艺人）做上手，我做下手，和他们一起唱的。临时请一个打琴的。请个下手也算是临时的，今天叫这个明天叫那个。就是临时请的，今天请几个明天请几个，不固定的。

问：二十三岁以后自己就独立了吗？

答：是的。

问：你二十三岁做上手，下手是谁做的？

答：一开始是江会罗（江伟龙），一个男的。以后是朱爱金，江会罗是两年，再下手是朱爱金，女的。

问：朱爱金跟着几年？

答：三年。

问：再下面是谁？

答：邹雅英（现在的下手）。

关于师傅（胡畹峰）和从艺情况

问：你的先生是胡阿根（胡畹峰），是吧？

答：是的。

问：你和你的师傅在宣卷上面特点有没有不一样的地方？

答：我先生的特点就是他善于现场编的，这个我不如他的，临场发挥他好得不得了。

问：你有没有觉得你有比你师傅做得好的地方？

答：这个要听别人说的，自己不晓得的。

答（父）：师傅么年纪大了，中气不足。年轻人中气足，唱起来动听，说唱连贯，不会中间停顿。

问：你从你师傅那里学来的宝卷是哪几套？

答：一般我唱的都是我先生给我的。

问：你有没有自己学的？

答：自己学的一般是听人家的，后来自己唱的腔，像《姐妹封王》，还有那个《新郎产子》，都是听人家的，听了人家之后回来自己唱的。

问：《姐妹封王》、《新郎产子》这两部戏主要是参考哪个艺人的？

答：就是我们一起唱的那个人，他跟我一起唱的，现在他不唱了，他的眼睛瞎了，是朱火生，他跟我一起合作的时候他给我的，排练的时候我们两个一起唱的。

问：你跟朱火生合作过？

答：合作过，他刚刚开始的时候是跟我一起合作的，他开始的时候他没有搭档就来找我的。

问：这大部分宝卷从你的师傅那里学来的吗？那么你自己唱的戏是完全模仿他的师傅，这中间有没有自己创作出来的改编？

答：有的有的，这里面有的是临时发挥出来的。我师傅就是给我一个本子，主要的内容他给我了，这个故事发生在什么朝代，什么地点，什么名字，书中人物的名字，他给我了大致内容。里面的事情都是自己发挥出来的。有的是只唱写的部分，我师傅呢他是给我那个本子的，他是自己写的，就是只有故事的内容，没有唱词的。

问：唱词也要自己编的？

答：嗯，要自己编的。现场编出来的。

父：师傅时候呢，宣卷书很多，文化大革命的时候都没了，都烧光了，一本都不好剩，所以宣卷书都没有了。

问：文革时不能宣卷嘛，那文革前可以吗？

答：有的，文革前有的。

问：大概到什么时候，一九六几年？

答：解放前都有。

问：解放后到文革前呢？

答：解放前和文化大革命前都有的，文化大革命一段时间就断了，解放前就有的。

问：解放后到文革前的宣卷跟现在的演唱情况都差不多吗？

答：差不多差不多，过去的是木鱼戏，没有唱调的。

问：我想问的是宣卷的场合，比如做寿啊，喜庆啊，都差不多吗？

答：对，差不多的。

问：文革前是木鱼的（木鱼宣卷）吗？

答：刚开始呢没有那么多人表扬的，只有一个人唱的。现在呢像评弹那样有上下手的，但是原来只有一个人，没有两个人。

问：你的先生就是解放前就唱戏？

答：对，那时候都是晚上做的，白天没有的。

宣卷的演出方式

问：你和你父親是专业的吧？

答：专业的，都是专业的。

问：一般一年做几场宣卷？

答：每年不同的，大致上 200 天。总归

100 多［天］不到 200 天。

问：200［天］有几场？

答：200［天］做 200 场。

问：刚开始的时候第一年做几场？

答：第一年啊，第一年么八十场。

问：几几年？

答：这时候早了，总归 2000 年。

问：一年比一年多吗？

答：每年逐步逐步增加，因为人越来越熟悉，越来越熟悉。这个名片发出去呢，他们都知道了。

问：一般一天做几个小时？

答：五个小时。

问：这五个小时的演出是怎么分的？

答：五个小时，六回卷。一点钟开场，到下午四点，然后晚上七点到九点。

问：十三点开场之前做接佛仪式吗？

答：哎。

问：晚上二十一点之后做送佛仪式，这是固定的程序吗？

答：送佛仪式，哎。接佛送佛不在这五小时之内的。

问：一般做一场［赚］多少钱？

答：400［元］(2005 年的时候)。

问：你的班子总共有四个人，是吗？

答：哎。

问：这 400［元］是怎么分的呢？

答：400 是四个人分五股，抓五股出来，照五个人出。

问：怎么分呢？

答：怎么分呢，这拉胡琴的敲琴的一股，敲琴的也是一股，我们两个人（上手和下手）三股，上下手搭班是三股。上手一股七，下手一股三。上手一点七，下手一点三。

问：这个分的方法是不是一般其他艺人也是这样分的？

答：哎，都是这样分的。

问：刚开始的时候也是 400 元吗？

答：刚开始没有的。刚开始么 350 元［一场］。

问：也是这样入股分的吗？

答：也是这样分的。

班子的成员

问：你们班子，现在你是上手吗？

答：对的。我还有一个下手也是女的。

问：江［惠康］先生是拉琴的？

答：是的。

问：下手是谁？

答：下手是邹雅英，金家坝［镇］的，跟我一起唱的。她今年是四十五岁。

问：你的下手一直是这位吗？

答：就是她，她跟我合作有八年了。

问：她的先生是谁？

答：她就是拜我先生的。

问：还有一个呢？

答：还有一个是打扬琴的，他是八坼的。

问：他叫什么？

答：顾益文。他跟我合作三年了。

问：还有六个人的时候，另外两个人呢？

答：另外联系的。我们四个人是固定的，还有两个人是另外联系的。

问：另外两个人是用什么乐器呢？

答：一个是唱的，一个是二胡的。

问：这样就有三个人唱了吗？

答：我们两个唱一小时下来以后，中间他唱小曲。

父：有些人家要求有八个人。那么下午做宣卷，晚上做小戏。他们结婚的时候闹一闹。

问：我到吴江四、五年，从来没见过八个人的。

答：对对，吴江这一带都是四个人的。要到昆山锦溪［镇］一带才有。这块地方没有的。

关于宣卷艺术

问：接佛的时候一般有些什么形式，唱些什么歌？

答：接佛么老先生有本剧本的，这个是传统的，有传统的一个本子，老剧本。那么现在都记好了么，在请佛送佛都是这些。

问：和别人都一样？

答：哎，都一样，大家接佛的时候唱的都是一样的，

问：送佛的时候也是一样的吗？

答：送佛的时候都是一样的，就好像请佛这些佛请来，要到送佛仍旧就这些佛。

问：你有听说过许维钧、徐银桥、闵培传？

答：这些人我没有听到过，那个时候我还小。闵培传人倒是认识，没有听他唱过。

问：胡阿根先生现在的宣卷和张宝龙、朱火生他们的宣卷相比，有些什么特色吗？

答：我的先生么，他就是老先生么，这种书德么又是好，噱头又是好，眼力比别人总是好，特别好。他在场子上看一遍他就可以编出来，唱出来（临场发挥好，随机应变的能力非常好）。这比张宝龙他们好得多了。

问：唱的声音方式呢？

答：唱的嗓子，我跟着他的时候已经年纪蛮大的了，七十几岁了。那个时候这个嗓子已经吊不出来了，唱么还好，年纪轻的时候台风是好的。

问：你会唱的宣卷有哪些？告诉我代表性的。

答：这几本书全部拿手的，全部可以做的。《千金一笑》、《王拾朋》、《云中落绣鞋》、《刘王宝卷》、《施红菱》、《双金花》、《蝴蝶杯》、《姐妹封王》、《三线姻缘》、《新郎产子》、《丝罗带》、《四姐下凡》这部有点仙女下凡的神话的，《秦香莲》、《药茶记》、《碧玉岛》、《双富贵》、《红灯花轿》、《剪舌记》、《双角玉》、《芭蕉扇》、《半夜恩仇》、《刁龙扇》、《红楼镜》。

问：这里面最拿手的是哪几本？

答：这里面的一般都要唱的，最最拿手的么《刘王卷》，还有么《四姐下凡》，还有么《姐妹封王》，《双角玉》，《半夜恩仇》，这几本都行的。

问：你们用的宝卷是不是师傅那儿传下来

的？

答：哎，师傅抄给我的。

问：你们唱的宝卷和老师傅的宝卷的内容有什么不同，还是一样的？

答：差不多一样的。

问：如果可以的话我们想看看《刘王宝卷》？

答：《刘王宝卷》这本书没有,《刘王宝卷》这本书在老先生这儿的。

问：是胡阿根先生那里吗？

答：哎，胡阿根。现在这个书不一定有，什么道理没有呢，因为文化大革命看到一本书斗得要命，不行的，全部弄光了，全部踩光了．原来书有一大堆，全部烧光了。如果你看到一本书，楸得来楸出来多少日子，这就是四旧呀，全部弄光的。

问：一般的听众都是什么人？

答：都是老年人，一般的是六十岁以上。年纪轻的少，有么也是有的。年纪轻的少，很少。

问：听众比较喜欢听传统的［宣卷］？

答：哎哎。

问：其它的戏剧你学过没有？

答：没有。

问：你会唱京剧、沪剧、越剧、昆剧、小调，这种吗？

答：这种京剧是唱不来的。越剧、沪剧么我唱的。［演出宣卷的时候］一段时间小调也有，还有乡下的这种小调、什锦调，就是传统的什锦调。沪剧么一段段唱小调。

问：越剧会唱什么？

答：［会］中板、慢板。

问：什锦调呢？

答：什锦调么像五更丝啊，五更丝、五更调。

问：沪剧呢？

答：沪剧么像这个《芦围疗养院》(《沙家浜》的一段）啊什么的。什锦调多了，春调也是什锦调。行路调啊，银绞丝、梳妆台、三角板这种乱七八糟的［调子］多了。

关于地方戏（戏剧、越剧、沪剧等）

问：除了宣卷之外，还很喜欢越剧之类的？

答：是的，越剧、锡剧、沪剧，都有的，地方戏曲。

问：除了这几个戏曲以外，还有没有喜欢另外戏曲的？

答：江南小曲。

问：地方小曲跟江南小曲是一样的意思吗？

答：一样的。

问：你有没有亲身去看过越剧戏剧的表演？

答：看过的。

问：到现场去看的，是吧？

答：不是，通过电视看的，还有从城市到乡下来演出的草台班。

问：这个草台班从城里下乡的机会多不多？

答：他们到三月份都要来下乡做的，是村

里集体做的，有的是厂里的老板包场的，都是这样的。

问：这些草台办是专业的，还是半农的？

答：半农的，一般是上海下来的，还有杭州下来的。

问：是专业的戏剧团，还是民间的艺人拼起来的？

答：是民间的艺人拼起来的。是乡下喜欢唱戏的人搭班搭拢来的。

问：你不是挺喜欢听越剧的对吧。你最喜欢哪一个演员？

答：我喜欢尹派。

问：有没有代表性的演员？

答：尹派么就是萧雅。还有么就是王文娟，唱那个王派的王文娟。

问：比较喜欢听的剧目呢？

答：《洞房》，《盘妻索妻》里的《洞房》，就是萧雅唱的《盘妻索妻》，不是有个《盘夫索夫》么，还有一个《盘妻索妻》。

问：还有没有另外的？

答：王文娟里面的，我喜欢那个《葬花》。

问：《葬花》，《黛玉葬花》那个？

答：嗯。

问：锡剧里面呢？你最喜欢的剧目是什么？

答：锡剧里面，就是我们那个最常见的《珍珠塔》。

问：流派呢，戏剧里面的流派和演员？

答：王彬彬的儿子，小王彬彬，他们叫他小王彬彬。

问：演哪个行当呢？

答：小生。

问：有没有另外的？

答：其他的不怎么熟悉。

问：有没有听过评弹？

答：评弹啊，评弹听我是喜欢听的，但是不会唱的。

问：你喜欢这些戏曲，对你在宣卷的时候有没有帮助的？

答：有的，在宣卷的时候插进去，根据角色，插入锡剧、越剧的唱腔。

问：可不可以给我们表演宣卷里面插进去地方戏的那种片段？

答：阿爸啊，给他们唱一段，拉拉胡琴。

问：唱的是哪一段，唱的题目是什么？

答：我来唱一段春调，《孟姜女过关》那个调。

表演：正月里来是新春，家家户户就迎郎。
别人家夫妻有团圆日，孟姜女丈夫造长城。
二月里来暖洋洋，燕子双双到画梁。
衔泥筑巢家园建，孟姜女孤单又伶仃。

答：这就是《孟姜女过关》中的一段。

问：刚才唱的是什么腔调？

答：春调。这个也是锡剧里面的春调。

问：听说你是很受欢迎的，为什么大家都来捧场，都喜欢你，你觉得你跟别人比有什么特别的地方？

答：我的说表很好，人家都蛮喜欢我的说表。口齿清爽。

宣卷艺人之间的关系

问：平时和其他的宣卷艺人有联系吗？

答：联系么就是，好比今天的日子，人家打来也是这日子，那么就［时间］碰到了。碰到了么问人家有空嘛，联系。如果今天你有空的，那么你去做你去做，介绍人家。

问：人家做不来的也介绍给你们，有吗？

答：一般别人介绍给我们的，很少的。我们基本上没有空的，介绍来也没有空的。

问：别［的艺］人来宣卷你们也去看吗？

答：看的。我们这儿么有赵华。一般去看么，就像是我们朋友之间带带，看望看望就要回的，就好像是去一次。

问：就是看别人宣卷然后取长补短的有没有？

答：有过一回。

问：看谁的呢？

答：看过一回么，张宝龙、赵华。

问：就你们所知，吴江有多少艺人在活动？

答：张宝龙、芮时龙、高黄骥，那么赵华、肖燕、朱火生、吴根华，那么柳玉兴，就都是这些人。有的是临时班子，不主要。

问：你的宣卷和这些艺人相比有什么区别？

答：区别么，主要我们思路真，思路清晰，结构好。主要思路清晰，那么听别人的卷呢，都听不惯。柳玉兴他们都是以唱的为主。这个里面有桩事。什么道理呢，因为我们拜了胡畹峰先生有道理的。一般有的班子都是没有先生的，他们都吓七搭八（乱七八糟），乱糟糟的，所以人家听上去都不舒服。

关于宣卷的演出场合

问：你经常在庙里这样的场合上做演出吗？

答：今天（2005 年 8 月 19 日）算是集体的、也算庙会的，它们是算集体出资待菩萨的，集体待佛。

问：今天算是庙会的日子？

答：是的，今天呢也是还菩萨，也算庙会。

问：什么庙会？

答：这里管什么菩萨，刘王庙的庙会。

问：这个庙叫什么庙？

答：叫什么庙我倒不知道，只知道这儿有这个庙。

问：你经常在这种庙里，或者待佛的时候演出吗？

答：哎，有的么在老板家里，有的么考上大学，有的么结婚。老板家里、结婚、小孩考上大学、做寿、过生日［的时候演出］。老人的、小孩的也有的，十岁、三十几岁，还有中年人。还有老人的活动、重阳节、老人节。还有一个不是待菩萨，比如这个村上没有菩萨，就集体感兴趣也要订个宣卷听听，不是节日他们也要做，是村上的集体活动。没有菩萨的，就是文艺活动。小孩满月也做的，一般的就这几种。

问：白喜事的时候也做宣卷吗？像五七这种？

答：不去，不去。那么造房子升进屋、儿子结婚、孙子考上大学。那么进屋升进屋，添孙子增添孙子，做满月，增添了孙子。还有太平卷，太平卷么就是，就是今年讲起来生意还可以，或者养虾啊养鱼啊还可以，那么就太太平平宣场卷明年也好一点。进屋、盖房子，搬进去搬进去。这个时候请老爷的。

问：用什么方式［和组织宣卷的人］联系呢？

答：名片发出去，他们打电话来的。主要是我们到一个场（场子）就唱［然后发名片］。

问：前面讲的老板家里主要是什么［样的人］？

答：开厂样样都有的，如果收成好的。

问：不是在老板开的厂，是在家里［演出］？

答：是的，在家里。

问：以农村为主吗？

答：哎，农村。

问：你们出去宣卷，怎么让人家来请你们？

答：打电话来的，一般都是电话联系，都有名片。

问：村民怎么会选你们到他们的村上宣卷？

答：他们听得好多。

问：有没有固定的宣卷演出［地点］？

答：有的，有的。

问：庙会是不是固定的？固定的地点有哪几个呢？

答：哎，是的。一个是浙江栋梁［村］，他们要订的。固定的蛮多的。那么还有个八坼［镇］，八坼［镇］的叫南塘［村］。

问：固定的这个浙江栋梁是什么村？

答：本来就是栋梁村，嘉兴市郊区。他们是［属于］田乐［镇］的。

问：栋梁村有什么庙呢？

答：他们这个叫大仙庙。

问：一般是什么时候去那边的呢？

答：他们是，一年四天，四月十四，阴历。四月十四号和月半（四月十五），那么还有八月十七，十八。每年四天，每年四天。

问：栋梁已经去了几年？

答：去了三、四年，去了四年了。今年也要去的。

问：和栋梁相比，去的还要多、连续去的地方有吗？

答：八坼［镇］南塘［村］。

问：属于哪个村的。

答：南塘村的，［是属于］中南村的自然村。

问：是个什么庙呢？

答：他们是在人家家里，自己家里有个金堂。这间屋专门就是金堂，不住人的，专门就是放老爷的。

问：放的是什么老爷？

答：它很多，它是城隍［老爷］、茅山［老爷］，刘王都有的，有几个老爷了。

问：［宣卷］一般什么时候去？

答：一般么年初五、八月初八。

问：现在去了几年？

答：现在啊，现在要六年还是七年了。

问：今年还去吗？

答：去的。

问：这边（指 2005 年 8 月 19 日的）的庙你们每年来几次？

答：我们上半年也来的，春节里也来的，日子不固定的。每年两天，时间不固定的。

问：江先生的村子里有没有庙？

答（父）：有。

问：这个庙的庙会是不是请你们做宣卷？

答（父）：他们不做的，我们村上的庙上不做宣卷的，很难得做的，做起来是讲年的，很难得做的。一年一次也不一定有。很少，和经济有关系。

问：村上的庙叫什么呢？

答：叫水仙庙。

问：如果宣卷的话，庙会是什么时间？

答：这个也不固定的，如果有人想到了，村上有钱了，想做么就做了，一般都可肯做的。

问：宣卷的场合不同，宣卷的内容也有变化吗？

答：变化的，就好像在这个村上做这个么就要换的，做了么总要换的。老板的家里么宝卷要［内容］好点，总是宣好点的，吉利的。

问：在老板家经常宣的宝卷是……？

答：老板家么一般都是《姐妹封王》、《红灯花轿》、《三线姻缘》，这种都是不伤人的。

问：一般在庙会上宣什么宝卷？

答：庙会么庙堂上都好宣的，没关系的，都可以宣的。

问：有没有请你们宣卷之前就指定好具体的宝卷？

答：也有的。

问：如果他们没有选择的话你们怎么选宝卷，选哪一种宝卷？

问：他们不提出来么，自己在这儿别人没有做过的，自己选一个做做。有地方指定的。不能［宣］同的［宝卷］，［选］不同的［宝卷］。

问：白喜事的时候做宣卷吗？

答：白喜事我们不去的，丧事不做。

问：你以前在镇上的茶馆里做过演出吗？

答：我在同里退思园，做夜花园的时候做过的。做夜花园，就是晚上七点到九点。同里里面就好像算是一个节目，夜花园里面都有的，音乐表演、宣卷、京剧都有的。

问：这个一般是夏天吗？

答：夏天。

问：其他镇上呢？

答：就是上次同里那个旅游节也做的，那个茶楼上。

问：除了同里的茶馆以外，其他镇上的茶馆有做过吗？

答：没有了，没有。茶馆里一般不去的。

问：夜花园是临时性的，是吗？

答：是的，夏天的。

问：请你们参加庙会的组织人是女的多还是男的多？

答：女的多，庙会上都女的多。

问：这些组织庙会的妇女每年都是固定的吗？

答：哎。

问：这些组织的妇女是自己管庙会的还是保管神像的？

答：哎，管这个庙的，一般都是的。负责人。

问：浙江田乐［镇］的这个庙也是同样的情况吗？

答：哎。负责人。

问：一般管庙的人都是佛娘吗？

答：哎。

问：庙会一般请你们去，中途有没有换人的？

答：因为订好这个日子呢，这个日子就留出来了，就是人家要订这个日子呢。现在是唱了再订。就是今年唱了明年还要唱，订下来了。

问：有没有在渔业村这种地方演出过？

答：演出过的。

问：在哪里的渔业村？

答：芦墟［镇］。芦墟渔业村，同里，还有么一般送到莲泗荡的庙里。一般送到这儿去的蛮多的。

问：在芦墟和同里的渔业村做宣卷也是庙会吗？

答：庙会、庙会。

问：你还记得芦墟和同里的这个庙是什么庙吗？

答：这个也是人家的，就好像这个菩萨生日。

问：是什么菩萨呢？

答：好像是大老爷（刘王老爷）。

问：刘王老爷生日的时候一般唱什么宝卷？

答：一般都唱《刘王宝卷》。

问：接佛仪式是几点开始的？

答：接佛是在中午吃饭之前，一种是我们到了休息一下就开始的。

关于演出纪录中的词汇

（注：此部分是采访人提问班子的活动记录中出现的词汇之意思）

问：愿信是什么意思？

答：愿信就是他们，到菩萨门前愿信，有的时候他们病看好了还愿。

（一）老年活动室

问：老年活动室和敬老院不一样吧？

答：不一样，他们都是村上面的老年活动室，就是村里的（一般敬老院在镇上）。

问：如果你们在老年活动室里宣卷的话，谁组织这个活动？

答：负责人，他们有会长的。

问：每个村都有老年活动室吗？

答：每个村都有，在里面搓搓麻将、打打牌。娱乐场所。

问：庙会是一般所说的庙会，是吗？

答：哎。

（二）江苏和浙江的比较

问：八坼［镇］南荡［村］的庙是什么庙？

答：它是自己家里，它这个金堂里面有茅山［老爷］，有城隍［老爷］，有大老爷，有刘王。它就是自己家里有个金堂，不是别的，有个佛台，有个金堂。

问：不是有具体的庙？

答：不是有庙，就像我们这样一间屋子，就放几个老爷在里面。

问：是不是很多地方的庙会都是这样的形式？

答：哎，都是家里的。

问：为什么没有单独的庙呢？

答：到浙江这个地方庙会是单独的，有的，到浙江都是庙什么的。

问：八坼［镇上］没有庙吗？

答：八坼镇上有个庙的，那么一般他们都是自己家里的。

问：江苏这边的都是按照这种形式的？

答：在家里的多。

问：浙江不是在家里就是单独的一个庙的形式比较多？

答：嗯，庙。

问：这个是不是跟政策有关系，管得比较严，浙江［管得］比较轻松？

答：没有关系，现在还没有影响。

问：现在没有以前有吗？

答：以前么出了事故。有不出事故么不管的，一般没有事情不管的。在浙江海宁。

问：出了什么事故？

答：在一个大摊子里烧香烧死四十多个人，那么管一下，管一下之后，后来又不管了。现在不管了。

（三）集体活动和庙会

问：集体活动和庙会有什么不同？

答：不同的，［集体活动］是村上一家一家去收钱的。

问：庙会的时候不是一家一家去收钱的？

答：哎。不一样，集体么一般都是村上一家一家，每家每户去收的，五块十块的。

问：有些庙会也是一家一家去收的？

答：有些庙会不是去收的，他们自己拿上去的。信这个老爷呢，他们自己送上去的。

问：集体活动的话呢？

答：一家一家，有一个头上的人去一家一家去讨。

问：这样的收钱方式是不是有些人家不愿意付也得付吗？

答：不是的，不是这样，都是自愿的。

问：这两种交钱的方式有什么不同？

答：有的庙会呢，有的自己的庙会呢是自己来的，就是这个佛娘自己拿出钱来，今天的庙会，今天的老爷菩萨，那么今天就宣场卷，自己拿出来的。佛的生日，就像刘王老爷的生日，他有一个台子他就自己拿钱出来。

问：三友村也有庙吗？

答：有，在那边。

问：这里面老爷生日的时候愿意付的人付钱，不愿意的不付？

答：对对。

问：集体活动的话呢？

答：集体活动么自己拿来的，都是自己拿来的。

问：去收吗？

答：收么不去收，都拿来的，拿来多少，再自己贴出来，如果拿来的不够的话自己拿出来，收不去收的。

问：集体活动的具体名目是什么呢？

答：具体名目是，如果我们村上几户人家，好多人家都要听一下宣卷的，大家拿些钱出来去请，这就是集体活动。

问：几家人组织这个活动是吗？

答：哎，拿出来。

问：参加这个活动的人要付钱，是吗？

答：哎，是的。不是自愿的么写个红榜公布一下。

问：这个集体活动的目的是什么？

答：娱乐，就娱乐。

（四）宣卷和老爷

问：集体活动的时候也把老爷接过来，还是不接过来？

答：不接过来的。

问：庙会的时候是接过来的，是吗？

答：哎，对对，庙会么接过来。

问：有些庙会的时候是不是把老爷接过来娱神？

答：集体活动一般不接过来的，愿信的时候接过来的。

问：做生日是小孩子的生日？

答：做生日是小孩，小的六岁，有的做三十岁。六十岁的叫做寿。

问：做寿老爷请出来吗？

答：老爷不请出来的，他们纯粹就是请佛，就是我们去他们请，老爷不请出来的。口头上请。

问：发财的时候请吗？

答：发财也请的，发财宣卷也请的。[老爷]正身要请来，那么口头也要请。老爷像也要请过来的。

问：喜庆呢？

答：哎，结婚不请的。结婚不请佛的，口头上也不请的。

问：做寿呢？

答：做寿请的。

问：请的时候和不请的时候是怎么分别的呢？

答：请么，全部请的，所有的佛全部口头请来的，那么如果是请正身呢就请一尊两尊请的。

问：怎么分别请还是不请？

答：请不请，我们有老剧本的，老剧本。老剧本么就是一尊一尊一尊佛都有老剧本的，什么［剧本］写的什么佛，也有本老剧本，老先生传下来有一本老剧本的。这就是，不是请正身，就像我们口头上请有本老剧本的。上面传下来的，历史上下来的。就是先生传给我们有一本请佛的书的，其实也是古董，过去的。

问：这本书里面有写着规矩吗？

答：哎，就是那个都是菩萨的，什么山上什么菩萨，什么山头是什么菩萨。就像观世音菩萨在普陀山（落茄山上），上方山有那个叫上方山大太太。

关于庙会组织人和佛娘

问：庙会的时候的户主一般是什么人？

答：一般都是佛娘组织的，这种都是佛娘组织的。

问：有没有听说过佛会？

答：佛会啊，有的吧，就是像浙江那边都是佛会呀。

问：佛会和庙会有什么两样？

答：也差不多的，一样的形式。

问：拜观世音等菩萨的是佛会，拜老爷的是庙会，是这个意思吗？

答：不是的，庙会和佛会差不多，就是叫法两样，一处一处的叫法，有的叫庙会，有的叫佛会。

问：内容差不多？

答：差不多的，就是叫法两样，有的叫佛会，有的叫庙会。

问：这些人都是佛娘，是吗？

答：嗯。庙会一般都是佛娘。愿信［时候的宣卷组织人］不是佛娘，愿信就是［一般的］户主，都是户主。

问：个人有什么许愿实现了就还愿，是吗？

答：还愿。看好病了就来愿信。还有今年生意做得蛮好，老爷叫好了么，宣场卷。

问：佛娘在庙会和佛会中起到什么作用？

答：起到作用么就是，人家来了招待。招待［就是］招待客人、点香烛。那么还有贡品，以前菩萨这儿的贡品啊，都是她负责弄的。

问：庙会的费用是怎么出的，是她来管理的吗？

答：收上来的钱都放在佛娘这儿，都是佛娘管的。我们宣卷的钱也是她拿出来付的，都是佛娘给的。人家送来的钱也是佛娘管的。

问：这笔钱不全部都是佛娘自己的钱吧？

答：哎，她送上来，她只是管理一下。

问：如果多出来怎么办？

答：多出来么存银行里下次再用。等下次有庙会的再弄。一般佛娘不用钱的，菩萨的钱她们不用的。她也不会用的，［有］这个信用。

问：一般这些佛娘靠什么生活？

答：靠自己劳动生活，有的自己上班，不是靠这个（庙会）。种田，有的上班，做小工都有的。搞点副业，养鱼养虾都有。养鸡养鹅养鸭的都可以。

问：一般不碰庙的钱，是吗？

答：对对。

问：村民为什么相信佛娘的话？

答：这个佛娘么就讲不清楚了，就是菩萨灵验啦，菩萨灵验替人家看好毛病么。还有呢，医院里看好的也就［菩萨］看好了，还有这个样子的。人家相信了。

问：拜菩萨的大多是女性，男性不多，是吗？

答：男性有也有，不多。女性多，男性有也有的。

问：组织庙会的佛娘或者组织人，在村上有什么样的地位？

答：地位么，如果是管佛这个一类的呢，那么蛮有信用的，蛮信得过的。或者像现在，一个初一，一个月半（十五），就到庙里去烧香了，都听她（佛娘）的。如果说是平常时间的，每月都是这样的。或者需要有什么不太平要去撒些银子的什么的，这些都会的，都投入。

问：在村上他们地位有多高？

答：地位么，一般么有的蛮高威信蛮高，有的么威信不高，有的么就像菩萨灵么威信高些，一到庙会人就多得不得了。有的么就不行了，有些没有威信的。菩萨威信高呢，一到庙会，不是到庙会也会去看病。自己看出来么，这个根据各个村不同的。一般老人家都信的。

问：在一般的村民中佛娘，或者很热心信仰菩萨的人，是被人尊重还是被看不起？

答：一般年纪大的［人］买件衣服都不舍得买，可是去什么地方去烧香，来回几百块钱倒也是去的，买件衣服倒是不舍得的。

问：佛娘在村民心里的地位是高还是低？

答：一般村里啊，一般村里人也一般性，也不捧他们也不压他们。

问：灵的佛娘的话是不是很多人尊重她？

答：一般年纪大的都尊重的，尊重的不多，年轻就不尊重了。一般年纪大的都相信的，年轻的不相信。年纪轻的只有谁相信呢，只有老板，像金家坝［镇］这儿的老板，如果有一千万、两千万［的利益］，今天回去请场宣卷，发财卷，菩萨轿车去请来，请到家里。相信得不得了。就是老板年纪轻的相信的，他们相信的。信得不得了。

问：为什么他们会相信呢？

答：他们就为了做生意啊。做起来一万元一做的，在庄家圩祝愿［花］一万元，从庄家圩刘王老爷庙，请菩萨到家里来。就是［刘王］老爷的像，请到家里。从车子去请的，轿车去请来的。宣卷结束送回去。听完了以后送回去，听完了送到庙里。每年都要唱一回宣卷，每年都要唱一天，每年都做一次。

问：如果两个老板同一天想请老爷的话怎么办？

答：不同一天，他们说好的，这个日子都定好的。

问：［庄家圩］庙愿意把神像借给他们吗？

答：愿意，付钱啊，付给［庄家圩庙］。

问：一般一次多少钱？

答：不同的，一般讲起来么，［宣卷本身是］几百块。那么宣好卷后要祝愿一万块送去。一万块一捐，满意啊。这是年纪轻的［老板捐的］。

问：佛娘的工作除了接待客人什么的，她们还带一些村民到比较大的庙去拜拜？

答：对，有的，有的到杭州，都有的。

问：这是不是佛娘的比较重要的工作？

答：对，带了几十个人，带了好多人去了。

问：如果村民没有空去，是不是她一个人去这个比较大的庙？

答：大的庙么好多人去了。

问：还是一起去？

答：以她为主，还是一起去。八月十八号么上方山大太太生日，阴历八月十八。

问：那个时候是不是江南的很多佛娘过来？

答：对对对，上方山人多得不得了。今年踩坏了几个人了。

宝卷和赞神歌

问：有些学生考上大学，会不会来叫你们唱宣卷？

答：有的。

问：大概比较多的叫你们唱哪一段？

答：一般不指定的，但是要挑喜庆的，不能唱里面有死人的情节的剧目。

问：考上大学的时候演哪些剧目？

答：考上大学的啊，一般唱发财的，我们自己挑的，他们不挑的。

问：你们会挑哪几个？

答：一般《姐妹封王》，还有《双富贵》，这两个不死人的，都可以唱的。还有《芭蕉扇》，就是这把扇子出去，去找自己的儿子。

问：造了新房子的呢？

答：差不多的，要喜庆点的，都会唱上面这几个剧目。但是如果两家人家邻近，就要挑不同的剧目。庙会上什么曲目都可以唱的，它没有规定的，庙会上面都是集体的，不要紧的。一般人家家里曲目要好一点的。

问：他们结婚、做寿的时候唱的比较多的是哪几个曲目？

答：都差不多的，喜庆点就可以。

问：你们知不知道赞神歌？

答：赞神歌晓是晓得的，但是唱是不会唱的。赞神歌到渔业村是会唱的。我们八月十一要到莲泗荡［刘王庙］去，这种歌他们就要唱的。

问：这个赞神歌的内容你们听得懂吗，你们在旁边听的话？

答（父）：听不懂的。

答：上次我们到［苏州］东山去，他们带我们去的，开始他们就唱这个赞神歌，唱过之后我们宣卷的。

答（父）：这个渔业村的人会唱的，乡下人是不会唱的。

答：渔业村么，年年要唱的，年年要办的，渔业村的人对赞神歌很专业的，老一辈都会唱的，个个都会唱，现在年纪轻不太会唱的。

问：刚才提到到［苏州］东山去，这个村

是不是渔业村？

答：是的。

问：东山的渔业村在哪里？

答：渡村。东山不到有个渡村的。

问：你们认不认识唱赞神歌的歌手？

答：认识的。唱赞神歌认识的。

问：他叫什么名字？

答：他叫什么名字忘记了。跟我们一起唱的，打扬琴的，她认识的。农历的八月份我们要到莲泗荡去。会唱赞神歌的人是八坼人，是他介绍我们到渡村去宣卷的。渡村那边有个生病的人，放了一个佛，搭了一个佛台，他过去唱赞神歌，我们么宣卷。

宣卷和民间信仰

问：在你们的理解当中，庙会是怎么回事？

答：庙会就是有的是庙里面的。有的是家里面生了病，菩萨请进家里面来还个愿。了了自己的心愿。有的是家里面有那个佛台的，就是家里面做个庙会，都有的。有的是菩萨生日，像六月十九，二月十九，菩萨生日都搞一个庙会的。

问：莲泗荡［刘王庙］、庄家圩［刘王庙］做的庙会，做的是很大的庙会吧？

答：嗯，这个是大的。

问：如果在农村里面，有很多佛娘，佛娘家里有金堂嘛，那么在这样的地方办一个庙会也算是庙会吗？

答：是的。

问：演出记录里面写的庙会是大的庙会多，还是像佛娘家里办的小的庙会多？

答：小的，家里办的多。

问：待佛和庙会有什么不一样呢？

答：不一样。

问：待佛又是怎么一回事呢？

答：有的是小孩考上大学，有的是老板一年下来赚得挺好的，也要待待佛。像那个养虾养鱼的［老板办的］也有的待佛。

问：待佛的话从哪里把佛请过来？

答：就是自己村上的。自己村上有那些小庙的，小庙里面有菩萨的。金家坝［镇］的话，庄家圩［刘王庙］的老爷也要请到家里来的。

问：待佛的话一定要把村上的菩萨请过来吗？

答：是的。

问：有把佛娘的老爷请过来的吗？

答：有的。村上有佛娘的，也要把佛娘的菩萨请过来的。

问：三友村有老爷吗？

答：我们北面就有个小庙的。叫水仙庙。

问：这是三友村集体的庙还是个人办的庙？

答：我们村上的庙。我们自己的庙，我们的自然村叫黄泥溇。三友村是一个大队，有好几个自然村。还有一个土地庙。

问：土地庙也是你们村的吗？

答：不是我们黄泥溇的，在罗里石村的。

罗里石也是三友村的一个自然村。

问：这两个庙都是解放前就有的吗？

答：解放前就有的。

问：解放前这两个庙有什么关系吗？

答：没关系的。

问：是不是水仙庙的老爷管黄泥溇，土地庙的老爷管罗里石呢？

母：不是的，土地庙管整个大队的。讲起来，死掉的人都要到土地庙去报到的。

佛娘的生活

问：佛娘喜欢办宣卷，这生意当中的百分之几十是佛娘叫你们做宣卷的？

答：不到百分之二十。

问：佛娘组织的，然后要你去宣卷的这种情况多吗？

答：这种情况蛮少的。

问：不多的，是吧。一般都是谁要宣卷，谁就直接打电话要你去，是吧？

答：嗯。

问：佛娘就是到一到，到场是吧？

答：嗯，就是到一到（就只是到场而已）。

问：比如说一个老板许愿和还愿的时候，要把老爷请过来吗？

答：嗯。

问：一般的时候老板先跟佛娘联系，那么这种老板请宣卷的生意比较多吧？那么宣卷的时候是不是经常看到佛娘？

答：看到的。他们先跟佛娘联系好，联系好之后呢他们挑好了日子，日子挑好之后再打电话给我们。

问：打电话的人是老板，不一定是佛娘的？

答：嗯，是老板，不一定是佛娘的。有的时候老板自己有电话号码老板自己打的。

问：但是就是做许愿、还愿的时候要请佛娘的？

答：嗯，要请的。

问：整个演出当中庙会占多少？那个待佛占百分之几？或者其他的生日啊，喜庆啊，结婚啊占百分之几？大概的数字能不能告诉我？

答：大约做寿占百分之十。待佛大概百分之五十。

问：庙会呢？

答：百分之二十。其余的各种各样的大概百分之二十到三十。宣卷的场合很多，有的小孩做满月，有的考上大学，有的小孩剃头，花样很多，这些都在其余之中。

问：屯村这边是不是每个村子都有佛娘的？

答：是，每个村子都有佛娘的。

问：一般的佛娘是靠什么生活的？

答：自己种田的。

问：其他的［收入来源］呢？

答：其他没有的。是自己种田的，还有地上种那个蔬菜到大街上去卖的。

问：她除了种田，卖蔬菜，作为佛娘平时做哪些事情？

答：管菩萨，每月初一、月半，开开门，

让我们烧香。就是我们北边，今天初一，都在烧香。

问：除了这个，她还看不看病？

答：看的，看病她看的。

问：有没有另外的活动？

答：另外活动倒不多的。她一般住在家里，不怎么出去的。

问：看不看地基的？

答：我们村上的人不看的，其他的村不一定的。

问：看病的话是怎么看的？看病的时候是不是老爷上身的？

答：有时上，有时不上。不一定的。

问：你们有没有看过？

答：看过的，还可以。有时候蛮灵的。

宣卷的地域性

问：做宣卷有地方的局限性，吴江、吴县、昆山、嘉善这一代很流行，但是其他地方很少看到这个宣卷，比如说吴江西部。

答：哎，不多的。

问：湖州那边没有宣卷？

答：湖州啊，没有，没有。

问：没有宣卷的地方的人，想闹一闹的时候，请什么艺人来闹一闹呢？

答：那边有的地方，念经。

问：那边有没有其它民间曲艺？

答：民间曲艺只有拜忏呀。拜忏就是，我们讲起来就是丧事上的。就是做野生意的，就是和尚拜忏，这个庙会么，浙江这地方，请和尚拜忏。拜忏他们这个《刘王经》啊，《观音经》啊。到庙堂里去拜忏，拜忏么就是念经，小和尚念经，到庙堂去念经，就是那个《刘王经》、《观音经》都是这些。

问：念经有的时候没有宣卷好玩吧？

答：没有，[念的人]没几个人的。《弥陀经》、《金刚经》、《刘王忏》、《刘王经》。

问：宣卷的话是一种娱乐，评价很高，是吗？

答：他们不知道我们这里宣卷的，就只有拜忏。不清楚，他们不知道。

问：那边的人请不请剧团？

答：请的。

问：请越剧的话费用很高吧？

答：费用高的，[在那边拜忏]费用和我们差不多的，他们也差不多。他们请剧团的话高的，要一、两千了块一天。他们请戏班的，两千块左右。

12　沈小林（朱小林）

采访日期：① 2009 年 12 月 20 日．② 2009 年 12 月 21 日．③ 2010 年 3 月 31 日

采访地点：①②③同里镇浩浪村沈小林家

讲述人　：①②③沈小林（1955 年 8 月 8 日出生，五十四岁）

采访人　：①②③太田出、佐藤仁史

翻译人　：①②③徐芳

简　历　：同里镇浩浪村人。职业渔民。养虾、养鱼。

家　庭　：妻子叫潘雪英，四十九岁，属老虎，1962 年 10 月出生，同里镇人，也是渔民（世世代代捕鱼）。有六个兄弟。育有一男一女。儿子，31 岁，职业厨师，已婚，有小孩。女儿，23 岁，曾任导游，现在厂里人事部工作。

个人经历

问：你出生在哪个村子？有没有读过书？

答：就是这个村子(浩浪村)。没有度过的。

问：你一直都是渔民吗？

答：以前是渔民，在这里啊，就是养虾、养鱼。大概已经过了十几年了。现在不是［渔民］了，现在是农民。

问：小时候是做什么的？

答：小时候是种田的。

问：后来有做过别的工作吗？

答：那么到政策开放以后么，就捉捉鱼，养养鱼。没有政策开放以前，种田的么只能种田，不能搞别样事的。

问：你几岁开始种田？

答：我跟我妈妈一起的时候是住在船上嘛，到我九岁的时候就住到岸上了嘛，就做农民要种田了嘛。种田么要十多岁才种，大概是十五岁种田了。

问：种到几岁？

答：种到改革开放呀，改革开放了么，就可以不种田了呀。

家族概况

问：你的祖先都是本地人吗？有没有听说是从远的地方迁过来的？

答：没有，我们都是吴江［县］范围内的

人，祖上都是同里［镇］的。我太公叫沈福祥，是同里人。

问：父母呢？

答：父亲名字叫沈伟鹰，同里渔业村的，早就去世了，［19］六几年吧，没得吃的时候，1960年左右，我六岁那年就去世了。他活着的话要超过100岁了。父亲生我的时候已经五十多岁了。他属兔子，是渔民。母亲是这个村子（浩浪村）的，叫朱大妹，最早的时候是渔民。活到现在九十五岁。我娘属龙。

问：你爸爸有几个兄弟姐妹？

答：我爸爸有两个妹妹，我爸爸最大。

问：你父母亲年轻时住在哪里？

答：住在船上的，都是渔民。

问：什么时候住到岸上？

答：什么时候上岸啊，父亲是不曾上岸的，母亲是上岸的。父亲过世时候，母亲才上岸的。

问：你母亲哪一年上岸，不住船上了？

答：我的娘啊，总有四十几年前了吧。母亲当时大概五十五岁。

问：你有几个兄弟姐妹？

答：我妈妈就生了我一个。我爸爸前面还讨过老婆，还养过好多好多。我大妈养了两个哥哥，两个姐姐。一个哥哥叫沈火福，是老大。另外一个叫永福，是老二。姐姐给了人家。

问：他们跟你们一起住吗？

答：不不。我妈妈就我一个，别的就不去说他们了。

问：你的孩子不打鱼吗？

答：不打渔，小孩哪里还肯打鱼啊，怕死了。

问：你媳妇的爸妈打鱼吗？

答：不打鱼的，都种田的。

问：你爸爸或者你爷爷有没有做过保长？

答：没有，船上人没有什么保长的。

解放后的渔民生活

问：浩浪村以前叫什么大队？

答：就叫浩浪大队呀。

问：你属于第几生产队？

答：第二生产队。

问：改革开放后就可以捕鱼、养鱼了吗？

答：嗯，对。捕鱼也捕，养鱼也养。

问：可以到哪里去捕鱼，哪里都可以吗？

答：随便哪里都可以，你想到哪里去就到哪里去。

问：一般去哪里捕鱼？最远到过哪里？

答：一般么就是屯村［镇］、同里［镇］。外面不去的，就在这个地方。

问：捕鱼的时候还属于第二生产队吗？

答：哎，是的。

问：鱼行街知道吗？

答：同里镇上有鱼行的。

问：一条街知不知道？鱼行街？

答：同里鱼行街？同里没有鱼行街的。

答（沈小林女儿）：同里有鱼行街的。鱼行街就是同里的老菜场。

答：我都不知道，呵呵～。

问：你爸爸捉到的鱼卖给谁？

答：解放前么自己卖的。卖到同里镇上。

今天捕到十斤，就好卖掉十斤。没有什么讲究的。

问：解放前是卖给鱼行，还是自己在镇上卖？

答：多一点么卖给鱼行，少一点么鱼行就不喜欢了。

问：少量就在镇上摆摊了是吧？

答：哎，对对。就这样的一个道理。

问：渔民会不会嫁给农民，农民会不会嫁给渔民？

答：一般很少很少。渔民要捕鱼的，不会种田的，农民要种田的。

渔民的信仰

问：你们一般拜什么神？

答：一般么，观音，再么，[刘] 猛将。

问：你去过莲泗荡 [的刘猛将庙] 吗？

答：莲泗荡去过啊，去了四十多年了，还没开放的时候，我们就偷偷摸摸去了。

问：每年都去？

答：每年都去，一年两次，三月份、八月份。现在政策开放了，说出来不要紧。政策要是不开放，你搞迷信活动，回去要挨批斗了，搞一块牌子，挂在脖子上，说他是迷信头。

问：除了拜观音、猛将之外，还拜别的神吗？

答：拜别的么，到浙江就是 [湖州市] 石淙 [镇] 的太君庙，还有 [湖州市千金镇] 章家坝、王沟荡，就是南浔 [镇] 还要过去。拜的是亲伯，浙江话就是老伯伯的意思。

问：亲伯是杨老爷吗？

答：不是，杨老爷叫杨伯。金泽有杨伯庙（杨震庙）。

问：你去过庄家圩 [的刘猛将庙] 吗？

答：去过啊。庄家圩的庙么，就在这附近，有刘王的，有观音的。

问：上方山呢？

答：上方山姆姆。还有，琼龙 [山] 我们也去的。琼龙在上方山还要过去，太湖附近。拜的菩萨叫玉帝。

问：常熟 [县] 的北雪泾你们去吗？

答：去的。这个老爷叫城隍。

问：刘猛将对你们来说是很重要的神，对吗？

答：是的。猛将，用普通话说起来，我们江浙两省，说他是皇帝了。

问：刘猛将的传说听说过吗？他有什么英雄事迹吗？

答：听说过的。刘猛将出生上海市松江县薄林村。他是为民除害赶蝗虫，我们就是这样封他做官了。赶走蝗虫后，朱元璋封他做官的。

问：封他做官之后呢？

答：就是封他到莲泗荡呀。刘猛将活着的时候，朱元璋封他做官。松江城里的百姓，他们的青稻都被蝗虫吃掉了。于是朱元璋贴皇榜，如果谁能为民除蝗虫，就让他到京城做官。如果是为官之人除蝗虫，那就封他做最高官，如果是平民除蝗虫，就封他做三品官。那么刘猛将除了蝗虫之后，朱元璋要给他封官了，他呢，始终不要做官。于是朱元璋又要赏他千金万火，他又不要。那么刘猛将不肯为官，皇帝也过意不去，就想阳官不要做，那就等他去世后封他做阴官。等刘猛将去世后，朱元璋就为他在莲泗荡造了一座庙。这是故事的大概情况。这么世世代代传下来，大概有600多年了，老百姓也越来越崇拜他。

问：刘猛将同渔民有什么关系？

答：从迷信讲起来，渔民为什么尊重刘猛将。照理说为民除害是为农民，为什么渔民也这么尊重呢，是这个意思吧？哎，那么解放之前，几百年前啊，有钱人家大户人家，小孩子生病，是到医生那里看病。要是没有钱的人，生病了怎么办？那么就去刘猛将那个庙里去烧香、拜神，祈求病能好，就是这样慢慢慢慢被尊重起来的。

问：就是渔民也是为了看病才信刘猛将？

答：哎，如果说今天要去太湖里面捕鱼，要是来了台风啊，好几级的样子，船都要掀翻的，那么渔民就会拜菩萨，求不要把船吹翻，保平安的意思。

问：对渔民来说，莲泗荡的刘王是最重要的，是吗？

答：哎，是的。

问：为什么那边信众特别多？

答：因为有求必应啊。

问：有什么例子吗？

答：打个比方哦，有个人，到人民医院去，都看不好了，叫他回去办后事了。那么信迷信的人，再到莲泗荡去拜菩萨，去看病，就好了。

问：[指着旁边的船] 这条船是你的吗？

答：是啊，船是我私人的，我自己买的，有二十多年了。最早的时候我当它房子的，没有造房子的时候，在外面捕鱼，我当它房子的。

问：这样的船叫家船还是娘船？

答：家船。

问：你船里供奉哪些菩萨？

答：刘王、太姆、亲伯、杨爷。

问：你把菩萨供奉在船上的房间里，那么这样的房间算不算一个庙？

答：船上啊，就是船里面的老爷，不算庙，算是个堂门来的。祠堂里面不是有这个名字的吗？沈家堂门。

问：算不算祠堂？

答：不算祠堂的。其实我当小组长时，我就叫人家叫这个名称——堂门。

问：房间里面的图是谁画的（参见卷首插图12）？

答：图画专门有人画的。

问：专门有人画的，他们卖的是不是？

答：不是，专门请人画的。

问：画图画的是哪里的人？

答：画图画的现在已经过世了，生的是心脏病。年纪啊蛮大了。最早的是吴县的，不是吴江的，苏州地方的。

问：画的是神像还是神徒？

答：神像。

问：有哪几个神？

答：猛将、太姆、亲伯、杨爷，都是大人物呀。还有五个先锋。

问：最下一排的呢？

答：越上面么越大，越下面么越小了。

问：下面姓朱的，姓沈的呢？

答：姓朱的么是我妈妈那边的亲戚，姓沈的是我爷爷的爷爷。最左边的叫朱大妹，我妈妈。

问：姓沈的下面好像有五六个人？

答：有好几个。都是祖先啊，有个做公子的，去世好多年了。就是大老爷［刘猛将］的儿子。跟我一辈的，做大老爷的儿子的，还有我上一辈的，做大老爷的媳妇。

问：渔民里有信天主教的吗？

答：天主教的人，我们这里好像不多的。同里教堂有是有的。但是那个人也是几代人。人家就是信了天主，不信刘王了。要是我们女儿结婚了，没有什么天主教的人来。天主教的人不嫁给他。我们也没有亲戚来往的。我们是靠观音、靠刘王，他们是靠天主、靠圣母。

问：哪个地方信天主的多？

答：镇上都有教堂的。苏州比较多。但还是渔民［较多］。

赞神歌（一）：赞神歌演唱前

问：你会唱赞神歌，是从哪里学来的？

答：我没有师傅的。我出生的时候就会唱的。我没有师傅也不认识字，我脑子里就会唱的。

问：你有没有听别人唱，然后学一点呢？

答：听别人唱还是有几回的。但是我这个人呢，人家唱我是不喜欢听的。如果说刘王菩萨叫我唱，那就太严重了。就是一个人信迷信，如果他诚心的话，就记得住；如果不诚心的话，就算对着一本书，教也教不会的。

问：你既没有师傅也不听别人唱，你是怎么会唱赞神歌的呢？

答：我也不知道呀，我自己也不知道。人家也有问我的，你这个人也不识字，怎么会唱。我说我也不知道的呀。

问：你几岁的时候开始唱？在哪里唱？

答：大概有十五年了。在庙里唱。莲泗荡、上方山、石淙、章家坝，反正我讲过的庙都可以去唱的。

问：去莲泗荡唱的话，是不是唱一些比较特别的？

答：唱的话，唱猛将也可以，唱观音也可以，唱亲伯也可以的。

问：去莲泗荡唱跟去别的庙唱一样吗？

答：去庙里只要唱菩萨就可以了，不是说去莲泗荡就一定要唱莲泗荡，不一定的。菩萨都是一样的，只要有歌听，就跟我们去歌厅一样的，能听到歌就行了。

问：你是一个人唱吗？

答：一个人唱，不可以几个人一起唱的。

渔民的组织“社”

问：你有参加像“社”之类的渔民组织吗？

答：我有的，我的社是有名字的。

问：你们社的社长或者说头头是谁？

答：头头就是我呀。

问：你们这个社是什么时候开始的？

答：这个很早了，爷爷的爷爷就有了。

问：你爸爸的时候有几户人家参加这个社？

答：七八十户吧。

问：这七八十户都是同里人吗？

答：不，我们五湖四海都有的。有太湖的、吴县的、吴江的，有浙江的。有人生病了，能看好病了，他就参加那个社了。

问：现在有几户？

答：现在有二十几户。

问：怎么这么少了？

答：这么少了么，因为有好几户跑到别的社去了。我前几年么也不愿意搞，那么别的社先搞起来，他们就跑到别的社去了。我父亲的时候，被共产党挂过牌的，被批斗，失踪了，我现在不高兴讲。

问：你会唱哪些歌？

答：会唱猛将，会唱观音，会唱太姆。石淙、章家坝差不多也是这样的。

问：现在是不是社的头头会唱？

答：差不多是这样的，现在还是很多人不高兴干这个迷信事情，我爸爸那时候很多人被批斗，人家现在心里面还有点怕。

问：你们旗子上写着“白茅枪社”，是什么时候成立的？

答：太公的时候白茅枪社就有了，直到现在。

问：他住在哪里？

答：住在船上，已经是渔民。我是到乡下来的。我开始到乡下，我太公、爷爷、爸爸、妈妈都是渔民。

问：太公的船停哪里？

答：同里的新安，有个茶馆（旁人：南园茶社）。我们经常在同里镇上，不到外面去的。

问：太公有几个小孩？

答：就生了我奶奶，我奶奶是招女婿的。

问：太公去世后，你爷爷接手的？

答：是的，一代代传到现在。爷爷传给爸爸，爸爸传到大哥（沈火福）时，但他不接手。

问：为什么当初你大哥不接手当头头？

答：这个么是，我爸爸干了迷信，老大也受到教育。

问：被批斗了，是吧？

答：哎，我爸爸也批斗到了，在同里镇上挂牌的，所以他不接手。等到我二哥弄的时候，接近要开放了，稍微好一点了。但还是偷偷摸摸，二哥弄了没几年，他肯定是不敢。我爸爸过世之后，[19] 六几年的时候破除迷信了已经。我大哥也不出面，等到我大哥过世了么，改革开放了，有好几家人家到白茅枪社来了，到现在。

问：白茅枪社的“白茅枪”是什么意思？

答：这个白茅枪社我们是设立在莲泗荡刘猛将这里。老爷出会之后，香客跟香客，我爷爷的爷爷早先时候，莲泗荡有三十六个半像我这样的先生。三十六个半先生，要是老爷出会了，你跑得慢，你跑得快，弄得不巧，香客要打起来了。白茅枪社就像特警队，你打，我马上就抓你去了。他们见我们白茅枪社，就不敢打了。白茅枪社就好像清朝的红缨枪的设置，要吓他了，不好打。

问：是莲泗荡那边的庙叫你们做的？还是你们自愿的？

答：不，也是爷爷的爷爷传下来是这样的。

问：当时是他自己愿意这样做的吗？

答：哎，这个白茅枪社就是干这样的事情。老爷出会，最早时候河浜里有船的，要打了么就不让他打。

问：香头有没有听过？

答：就是好像我们这种就是。要是政策不开放么，像我这种么要开始斗了，哈哈！政策不开放么，不敢讲的。

问：解放前香头主要做什么？

答：解放前么，香头么就是，今天哪里有个庙会，或者莲泗荡、上方山，或者什么地方，带领香客去赶庙会。香头就是这样的职责。

问：组织一个社去参加庙会吗？

答：对，组织一个社，比如五十家人家的，每家人家去一个，去赶庙会。

问：要不要出钱的？

答：头头不收钱的，头头是属于义务的。

问：社里面的每户人家要不要出钱的？

答：到庙里去么买门票。

问：解放前也要买门票吗？

答：解放前出钱么，是庙里面的领导和头头收的。

问：庙里收多少钱？

答：有几户人家，要收多少钱。收的钱是用来维修庙啊，给老爷做衣服啊，给老爷要的东西。

问：你负责把钱收起来给庙里吗？

答：对。或者是庙里讲今年要两百块，叫你小林去收。有几家人家，每家划到多少钱，收给他们。现在么有国家在，原来都要老百姓来的，这个庙要整修整修，修了多少钱，庙里面的头头都会讲的。现在么就要收个门票。

问：头头是不是选出来的？

答：不选的，传下的。不是今天你当，明天我当。大哥在么传大哥，大哥去世了么二哥，从大开始。要是我大哥在么，我肯定不弄这个事的，不好弄的，不可以的，要大哥弄！大哥不在世了，你逃不掉，肯定要你干。

问：[如果头头] 没有儿子呢？

答：招了女婿了么，女婿干。

问：女孩子不可以？

答：女孩子么，你要有能力，可以干。

问：女香头认不认识？

答：不清楚，只知道太湖有一个、吴县有

一个，叫什么不清楚。我个人不喜欢跟别人去接触。

问：香头除了信仰方面外，有没有别的工作？

答：别的没有什么的。

问：比如经济上？

答：一般情况下没有到人家家拿钱。这个香头实际上是用迷信教育人的方法，教人做好事的方法，跟用毛泽东思想教育人性质一样的，劝人为善。赚钱的么是唱个神歌，神歌实质上也是劝人为善，多做好事，不要做坏事。唱观音，观音么除掉地痞流氓、黑心人。就是劝人为善。改革开放，不管人家给你一百块也好，一块也好，不给也好，不好赚人钱。要钱的人么也有的，但这种人极少。

问：解放前太公家里有没有老爷的？

答：有的。

问：社里的人会不会来拜的？

答：自己的香客来拜的，人家的香客不来。

问：会不会收香火钱？

答：不收，人家来拜拜么，装装香，点点蜡烛，拜拜。

问：会不会看病的？

答：呵呵，很难说吧。这个是很难说的。这个事情呢我也不好说，呵呵～，这个迷信看个病，是什么病？好得来的人跟正常人一样，坏得起来么个人往河里冲，跟失去知觉一样。这个病倒看得好。真病就看不好了。

问：病看好了收不收钱？

答：不收。不好收钱。不好说给你看好个人，收你钱。一般看好了，就做白茅枪社的香客。不好问他们收香客钱。他自己想到了么，或者今年到春节了，来帮忙帮忙，或者买点小东西，弄点老酒。不好问他讨钱。个别会有人会讨钱，但是这种人极少。

问：解放前一个渔民要参加白茅枪社，是不是想加就能加的？

答：这个很难说。一般我们渔民不是白茅枪社，就是其他社，要么就是天主教的。除掉天主教，家家人家都有社的。

问：加入你们这个社要不要特别的手续啊？

答：不用的。加入白茅枪社，就要跟那个香头到哪边哪边烧香。听他指挥。今天要到石淙、上方山几时，明天几时几日要到那边去了。

问：他想加入就能加入？

答：他们一般啊不高兴加入。加入么要听我的，不加入么自由的，不去么不去了。

问：有人要加入社是不是要先问一下老爷啊？

答：基本上是这样的。问老爷要不要，老爷说不要就不要了。

问：怎么个问法？

答：是由香头去问，在老爷前面点个香，点个蜡烛。还要放些水果、肉。有的人，不是我啊，老爷好到我上身了。

上身讲话。我是不会上身的。就是这样一个道理。你们听到过用钱读兆？苏州的一个老干部。我就像用钱读兆那样读兆的。我不会上身的。

问：怎么读？

答：有四块招牌。我就是这样分出来的。要是那个人，有人说他不来的。我们就去问老爷看得好看不好，就是那样四块问的。

问：有些是老爷上身之后说话，你们就说这是“老爷上身”？

答：不，它叫佛娘，佛借她讲话。我们这种叫先生。佛娘是上身的，先生是用这种［四块问］。一般渔民的佛娘蛮少的。佛娘一般都是农民。

问：你听说过“老爷开口”吗？

答：哎，就是这样，就是佛娘。

问：四块问不算是“老爷开口”吗？

答：这个不算，佛娘算老爷开口。

问：我们以前在采访别社的香头时，有听过北六房、南六房，这北六房、南六房是什么意思？

答：北六房、南六房也是枪的名字。苏州的［社］就是北六房，嘉兴的［社］都叫南六房。就这样的一个意思。

问：吴江的［社］也叫北六房吗？

答：吴江的么差不多。那个头住在哪里，就是哪边的。

问：老公门在什么地方？

答：上海的，大老爷出生的地方。

问：二爷是什么老爷？

答：就是二老爷。三兄弟么，中间的二老爷。

问：南六房、北六房怎么分的？

答：比如嘉兴就是南六房，这个苏州虎丘是北六房。

问：某一个社在苏州就叫北六房？

答：好像就是这样吧。

问：我们刚才看到旗上写着“上方山太亲社南北通用”是什么意思？

答：南北通用的意思就是我到莲泗荡，那个旗也可以枪的；到上方山，也好枪的。南北四方通用就是四方都好枪。这个旗有讲究的。南北通用，北就是常熟那边的北雪泾，有个城隍的。

问：在地理位置上是不是分南朝、北朝？

答：北朝么就是上方山、北雪泾。南朝么就是莲泗荡。石淙啊、章家坝是西朝。东朝就是杨爷。我们这里是中间。

问：以前的松江府是东朝，苏州府是北朝，嘉兴府是南朝，湖州府是西朝吗？

答：对，湖州算西朝的。上海是东朝。

问：庄家圩呢？

答：这个好算南朝的（讲述人可能将庄家圩误解为莲泗荡）。

问：这么说你这里是中间，然后往四个方向看过去？

答：不好这么说，那个是传说。大的庙会么是这样的，小的庙就不好说了。

问：今年三月二十二号

答：江南猛将会。

问：明年会不会这么盛重？

答：2011 年要搞这样一次庙会，要出会了。

问：今年是第一次出会。

答：六十年没有过了。

问：我们能来听你唱赞神歌吗？

答：听赞神歌么，我一个人不好唱。要叫连我四个人。

问：唱赞神歌时，需不需要拿什么拜神？

答：买的水果，三四样水果。信迷信的人讲起来么，神下来了吃一点水果，喝一点茶。

问：一般唱一次要多久？

答：最短一个小时。

问：可以请你唱刘王忏吗？

答：刘王忏要我唱完十个小时都不够。

赞神歌（二）：赞神歌演唱后

问：上次表演［唱赞神歌］，除了你，还有朱海根、朱阿毛、陈四金。你是怎么认识他们的？

答：这个是相帮呀。都是一个村的。

问：陈四金是渔业村的，其他人都是浩浪村的。浩浪村跟渔业村是一个村吗？

答：哎，差不多的。我们的香客一部分就是渔业村的。

问：渔业村跟浩浪村是两个村吗？

答：哎，是两个村，是隔壁的。

问：这些人都属于白茅枪社的吗？

答：只有陈四金是，农民不是。

问：朱阿毛跟朱海根是一家人吗？

答：不是一家人，朱阿毛是我表哥。朱海根他是农民。都认识的，那个老陈么，是香客。

问：你几岁开始唱赞神歌？

答：好像是有十六年了，现在我五十五岁，大概是四十岁开始唱的吧。

问：为什么开始唱呢？

答：政策开放了嘛，那些老香客来找我。在解放前，我爸爸是有一点香客的，他是领导。政策一开放么，这些香客要来找我了，说我爸爸去世了，我要继承我爸爸的工作，带领香客去烧香。就是这个意思。

问：你开始唱赞神歌的时候，有没有看过其他人的赞神歌的表演？

答：呵呵，一般在同里一带没有什么人唱过，在同里渔业村讲起来，解放后我是第一个。

问：你唱赞神歌以前，你有没有看过别人的表演呢？

答：一般很少看到，都没有人敢站出来表演，都不确定政策到底是不是真开放。为什么我敢站出来么，莲泗荡第二次建庙、扩大，我想政策是不会再紧了。

问：你看过你爸爸唱赞神歌吗？

答：没有，爸爸过世我只有六岁。妈妈过世么要三十几岁了。赞神歌是我小时候听我妈妈讲起过。

问：你妈妈会唱赞神歌吗？

答：会唱的，但是她不是公开唱的，不敢的。

问：你妈妈教你唱赞神歌吗？

答：哎，听她说，什么老爷有什么赞神歌。

问：十六年前你开始唱赞神歌，你是怎么知道唱赞神歌？怎么组织香客呢？

答：组织香客呢，不是我去找香客，是

香客来找我。他们说现在政策开放了，叫我带他们去烧香。我呢，还是不敢站出来的，因为我听我妈妈讲，我爸爸是受过教育的，我还是有点不敢。他们老香客说，没有事的，要是出了事，你的小孩我们一起养，呵呵，我就答应了。我们同里这个地方，在迷信方面，比别的地方还是晚了点的。

问：十六年前开始唱赞神歌后，是不是每年都要去烧香，唱赞神歌？

答：一般到莲泗荡要唱的，上方山也要唱的。庄家圩也要唱的，庄家圩么也是刘王呀。

问：一月有没有出去烧香的？

答：一月就要到莲泗荡去“开印”，正月二十，讲起来就是莲泗荡的刘王上班了，这个时候要唱了。

问：组织白茅枪社的香客一起去吗？

答：香客要去一部分的。

问：二月有没有烧香？

答：没有的。

问：三月里呢？

答：清明前后，要去莲泗荡的。

问：今年去过没有？

答：没有，今年要到四月十日才去。

问：要不要唱的？

答：要的。莲泗荡召开网船会，要唱还要拍录像的。

问：白茅枪社所有的香客都去了吗？

答：哎，都过去。

问：四月里有烧香吗？

答：没有了。要到七月了。

问：到哪里呢？

答：章家坝。它那里正式日子是七月十二，我们是初八去的，要到章家坝、石淙。章家坝叫潮音庙，石淙是太君庙。

问：唱不唱呢？

答：唱的。两个地方都唱。

问：香客去多少呢？

答：一家一个，总归二十几个人。这两个地方呢，实在是远，两三年去一次。实在是远，叫一辆车要上千元钱了，所以就几年并一年去。一般隔一两年去一次。

问：那时去的也是白茅枪社吗？

答：不是，那时候就要叫“公子社”。章家坝那个庙里有亲伯，有一个儿子的，所以当我们去那里的社的时候，要叫“公子社”。

问：去刘王庙的叫白茅枪社，到章家坝的［时候］叫公子社，对吗？

答：对。到上方山么就叫“太亲社”。

问：就是去不同的神那里，就有不同的社名吗？

答：哎，我有好几个社的。

问：主要的组织是哪一个？

答：主要的是白茅枪社。白茅枪社在莲泗荡，［莲泗荡的刘王］说起来是皇帝，是老大了。

问：八月呢？

答：八月么，也是莲泗荡，八月十二。

问：组织哪些香客去？

答：白茅枪社。那么我们还去那个北雪泾。

先去莲泗荡，回来再去北雪泾。

问：去北雪泾的时候也是白茅枪社吗？

答：不是，叫“太爷社”。

问：唱歌吗？

答：唱的。

问：每年都去吗？

答：每年都要去的。

问：九月呢？

答：九月就是［青浦］金泽杨爷庙。

问：唱歌吗？

答：不唱的。

问：哪些香客去？

答：白茅枪社。要么不去，去么就是一家一个。

问：十月有［活动］吗？

答：没有的。就结束了。十一月、十二月都没有了。

问：庄家圩庙什么时候去？

答：莲泗荡回来后去，一年一次，上半年去了，下半年就不去了；上半年不去，就下半年去。

问：去的香客都是白茅枪社的吗？

答：这个不是的。我们说起来是刘王的“分公司”，它有大刘王、二刘王、三刘王。

问：上方山什么时候去？

答：八月里。正日是八月十八，我们是八月十六去。是“太亲社”去。

问：唱歌吗？

答：唱的。

问：你刚才说了好几个社，那里面的香客是一样的还是不一样的？

答：香客都一样的，社名不一样而已。

问：为什么到杨爷庙不唱呢？

答：在杨爷庙没有成立一个社，所以只好去烧香，不能唱歌的。

问：成立社意思是在那个庙里登记吗？

答：哎，差不多这个意思。

问：登记了是不是就可以参加庙的出会这些活动？

答：对。

问：其他地方都是登记了吗？

答：哎，有社名的地方都知道我小林的。还有一个六月里，我漏说了，我们要去几个山上烧香的。

问：初几？

答：六月廿四。到“琼龙山”，在上方山北面，乾隆皇帝去过的。还有一个是高泾山。

问：不唱歌，只烧香？

答：不唱，就是烧香。

问：哪些香客去？

答：我们就是一家一人。

问：到莲泗荡、章家坝、石淙等地方，除了唱歌还有别的活动吗，比如提香？

答：没有的，我只是唱歌，其他活动没有的。

问：去年网船会是哪个社抬老爷的？

答：抬老爷的人是莲泗荡民主村叫的，不是我们香客。

问：除了刘王老爷的赞神歌，你还会唱什么赞神歌？

答：亲伯也会，太爷也会，太姆也会，还有石淙太君、观音，差不多就是这几个。

问：太爷和太姆是上方山的吗？

答：太姆是上方山的，太爷是北雪泾城隍老爷，亲伯是章家坝的。

问：最拿手的是什么？

答：差不多的。这个不好说这个老爷唱的好一点，那个老爷唱的不好一点，老爷要不高兴的。

问：章家坝的庙在哪里？

答：章家坝很远的，靠近［湖州］菱湖［镇］，湖州［城里］都要到了。你到了章家坝，你就看得到石淙了。章家坝这个庙里有十二个亲伯，十二个夫人，还有一个三公子是亲伯的儿子。石淙，就是太君老夫妻两个，有三个女儿。

问：以前你在带我们去的小庙里面唱赞神歌，那小庙什么时候盖的？

答：那个小庙已经好多年了，解放前就有了，叫“彩云庵”，不是庙。主要供观音，是一个村的村庙。哎，就是浩浪村的。

问：彩云庵主要是观音，但现在也供奉刘王，什么时候有的呢？

答：这个我也不清楚了。好长时间了吧。

问：彩云庵在解放前，主要是农民去烧香的吗？

答：是的，是农民的。

问：你在彩云庵唱个赞神歌吗？

答：以前啊，唱过的。它的庙会是八月二十四，要是有人找我唱么，我就去唱。

问：你是怎么学到几个老爷的赞神歌呢？

答：我小时候妈妈说过的呀，那么出去的时候看人家唱，就学一点。

问：就是看到别的社的香头唱，就结合妈妈教的去唱？

答：哎，就是这样的道理。

问：彩云庵有庙会时，如果有人叫你唱歌，你收费吗？

答：基本上我不提出钱的，人家说要给你点辛苦钱么就收点，不给的话那就不收钱。这个不好的呀，不能说我要多少钱这样子。

问：如果你不想干了，是不是只有儿子或者自家人才可以接班，还是不同姓的也可以接班？

答：一般不可以传给外人，如果我的小孩真的不愿意，就找肯接手的人接班。

问：你有一儿一女嘛，如果儿子坚持不愿意，可以传给女儿吗？

答：可以。

问：你在庙会上有没有看到过女性香头？

答：有的有的。有好几个的，我看到过四五个。

问：都是渔民吗？

答：都是渔民的。

问：你爸爸还在的时候，有没有见到他给人看病、看风水？

答：我听说我爸爸会看病，但风水不看的。

问：你会看病吗？

答：不是叫会看病，你这个人刚坐在这里还蛮好的，等一会呢，你不认识人了，再等一会呢，你要跳河了，再等一会呢，你这个人一冷一热了。这个不是病，我们称为“邪”。这个呢，不是看病，是求菩萨保佑，驱邪。

问：所以驱邪的时候不是你，而是老爷来看？

答：哎，人怎么会看病呢。就是跟老爷说，如果老爷能让这个人好起来，就给老爷唱歌听，给老爷钱，就是这样。实际上不是看病，人是给老爷做个翻译。我又不识字，怎么会看病呢。人好端端的，怎么会来我们这里呢？就是人民医院看不好了，说疯也不是，说神经病也不是。你说真不真，说假也不假，这个东西很难说的。如果老爷真的看得好病，中央领导也不会死了。所以老爷真病是不会看的，现在科学这么发达都看不好，老爷也看不好的。不能说人家医院里都看不好，你说你来看，这个不好说的。

问：如果我今天想要参加白茅枪社，要问老爷吗？

答：这个我也不好决定的，要老爷说的。

问：你们加盖的这个房子算是庙吗？

答：这个是堂门庙。那个船上也不行的，香客来了，头都撞破。那么香客们说凑点钱，造一个新房。

问：这个堂门庙，以前是在船上的，正月十八移到这里，实际上的功能是一样的？

答：哎，一样的。

问：是老爷上岸的意思吗？

答：现在人都住岸上了，老爷也要根据形势的。

问：为什么堂门庙里不放大老爷，而是放二老爷？

答：我们白茅枪社就是二老爷领导的。

问：别的社、会，有些是大老爷，有些是二老爷，有些是三老爷，是这样吗？

答：一般呢由大老爷、二老爷领导的。

问：二老爷是大老爷的弟弟吗？

答：是的。大老爷姓刘，二老爷姓朱。二老爷是二娘养的，二娘姓朱。

问：三老爷呢？

答：不清楚。实际上只有大老爷、二老爷，三老爷是后来封出来的。

问：二老爷姓朱，所以你刚开始告诉我们你也姓朱？

答：不是，我也是跟妈妈姓的。

问：白茅枪社的香头姓沈吗？

答：哎，迷信方面我就姓沈的，身份证上我姓朱的。我妈妈姓朱，我外公是彩云庵的先生，是管庙的。这个地方迷信方面就是我外公在做的。

问：外公是渔民吗？

答：是渔民。堂门庙里也有我外公［的神像］。

问：你有没有姓刘的法名？就是迷信里面的特别的名字。

答：我没有的，人家有的，像过给刘王么就姓刘了，这个叫“佛名”。

问：你知道二老爷的故事吗？

答：二老爷跟大老爷的神歌差不多。说起来二老爷是二娘养的，实际上大老爷对弟弟相当好的，带他出去一起灭蝗虫。大老爷还叫舅舅、外公一道去灭蝗虫。我们一般的神歌都是唱大老爷的，说是唱大老爷，二老爷也有份的。乾隆皇帝下江南，也到刘王庙去烧香。烧香后，乾隆会飞了，在那个殿里飞了。乾隆的武功是相当好的，那我们说起来么就说是刘王教他飞的，呵呵。

第Ⅲ部　宝巻篇

第Ⅲ部　宝卷篇 整理说明

第III部宝卷篇收录宣卷艺人朱火生先生手抄的宝卷。朱先生原有几十种宝卷，我们按照上演频度、内容等选择9种，提供给各方面研究。另外，收录两种《猛将宝卷》，以供参考。

原文白字、俗字甚多，各地吴方言与普通话混杂，考虑读者方便，据下列规范整理全本。

1、白字、俗字等都改为正字。

2、原文词汇有混乱之处，尤其吴方言因艺人演出地域较大，上海话、苏州话均用，但在此保留原貌。

3、原文科白、唱词、演出提示等没有明显区别，因有辨别困难之处，故保留原貌。

4、原文多用问号、感叹号、各种括号，大多与其文意无关，但因表示艺人演唱时的各种关注点，故保留原貌。

5、有几篇宝卷经过修稿，其补充部分作为“修改页”，附加于本篇之后。

宝卷1、5、9由佐藤仁史；2、4由绪方贤一；3、6、7、8由藤野真子；附录1、附录2由太田出分别负责整稿后，由全体著者核对语词、格式等。另外，承蒙范紫江女士（大阪市立大学非常勤讲师）核对吴方言词汇，谨此致谢。

（藤野真子）

1 白鹤图

人物简介

王玉安
杨氏
王子连
王子琴
王子琴之妻丁氏大娘
汪朝奉（店二）
周二
周二妻　伲子　老娘
王兴（老家人）
木财（十样景伲子）
何因（千金何仙）　丫环春花
丁茂庆
王媒婆　福建买布人
一枝兰

白鹤图

此卷出在大明天启年间，在镇江府丹徒县有一个叫太平庄。其中有一户人家，姓王，名玉安，叫王玉安，在朝为官，通政大堂之职，现已年近花甲，体弱多病，告老还乡，老家小姓杨，叫杨氏（老太）。

老夫妻同庚六十一岁，勿曾养三男四女，所养二个伲子，（长子）大伲子叫王子琴，今年 21 岁。（倒啥）上京赶考，一去三年，毫无音信！讨个（家小）叫丁氏大娘。（是本城丁茂庆，号称丁百万的囡囝）。

丁氏大娘之生得漂亮非凡，而且性格温和，特别是对公公婆婆非常孝顺。（次子）小伲子叫王子连，今年 17 岁，正在书房用功勤读，想到大比之年上京赶考，顺便可以打听打听哥哥的信息。

今朝头，王玉安在房厅上愁眉苦脸唉声叹气，啥呢？因为丹徒县一带太平庄由于碰到自然灾害：一年旱灾，一年水灾，一年虫灾，三年灾害下来田里颗粒无收，所以地方上民不聊生，饥寒交迫，逃荒要饭的老百姓川流不息。

王家屋里也亦然如此。老老虽然当时辰光在朝为官，因为是清官，所以呒有铜钿银子，两袖清风。现在王家屋里至今已断米三天，加上大伲子呒有信息，死活不知，真个穷上加急，叫穷急。

唉，想我王玉安虽当时在朝为官，也要到如此这般这等这样的地步，叫我如何渡过目前的处境呢！！！（唱）慢大陆：三年来连年灾害连年到，黎民百姓苦难熬，卖田卖地呒人要，逃荒要饭满街跑，我王老老出外要饭年岁高（咳嗽）。

家中断米三天了，呒有东西充饥饱，肚皮饿得咕咕叫，老来苦来实在苦，胜比黄连苦三分，今后的日子如何过，真是穷家难挡把头摇。

此时王玉安的老家小拿出半碗黄糠薄粥（又酸又苦）拿到房厅：

啊，老相公你趁热快用了吧！啊，老夫人，家中断米已三天，今后的日子叫我如何打算！

杨氏老太太看到自家老男人面黄肌瘦，愁眉苦脸之样，不禁泪如雨下，劝道老男人，要注意自家的身体，天无绝人之路，忽然想到自家的媳妇贤惠、善良，对我们公婆极为孝顺，对自己老相公言道：快把这半碗稀饭吃下，这黄糠末也所剩无几的了，是不是叫我家媳妇一同来想想办法，或许能渡过一时。王玉安老相公心里想，唉，下灶媳妇烧不出无米饭，但又别无其他办法，答应一声老家小。丁氏大娘现在在自家房间里做针线生活，想到自家小官人上京赶考，至今无有消息，非常伤心。又想到公公婆婆年老体弱，家中已无米无柴，如何能渡过目前困难（唱）1）思念小官人，2）家中无有柴米，3）担心公公婆婆受不了困苦生活。（唱完后）

听得婆婆叫唤，出来面见公公，公公在上，媳妇见公公有礼了！好媳妇呀，至今公公走投无路，想同你商量商量，是否可有法子来暂渡一时！

丁氏大娘看到公公愁眉苦脸之样，先安慰一下公公。然后想自己也确实无其它好办法。古话说得好："下灶媳妇烧不出无米饭"。眼前看到公公婆婆骨瘦如柴的样子，泪如雨下。猛然想到自己还有一枝金钗，对公婆安慰说：让我媳妇房中取出一枝金钗，或当卖些银两好买米买柴可暂渡一时。公婆感激不尽，真是贤惠孝顺的好媳妇。丁氏大娘取来金钗交付公公。王玉安喊出小伲子王子连叫他去街坊当店拿金钗变换银两，嫂嫂在旁也叮嘱他路上小心，速去速回。家里急等铜钿。王子连答应一声。请父母放心。嫂嫂放心。孩儿拿金钗当得铜钿一定速速回家。（难末）王子连走出自己家门一路前往街坊店当去（宣调：讲嫂嫂贤德，自己更要用功勤读。今朝替父母分担忧愁。到得街坊因大荒年间街上人烟稀少冷冷清清。问讯进当店见一位老先生说明其情。汪朝奉是当店大先生，东家不在，其时吃烟并告禀小客人，因小店连年灾荒缺少本钱，牌上写得只赎不当，小店确也无法，小客人你回去吧。王子连望着只赎不当这牌子恳求老先生一定要帮帮忙（唱：告禀家中详情）。汪朝奉听着这位小官人诉说也很同情，叫其金钗拿来一看，货色倒蛮好蛮正宗，替东家买下肯不肯。王子连连声感谢，肯的。并拿小等秤好。算盘在手，叫其放心看好，一共买得5两3钱银子，王子连马上回家路上行。（宣调：回家喜悦早些变得柴米暂渡一时）。（说白）我再选一位出场人，包头村周二夫妻两个。一个伲子6岁，一个老娘今年75岁。周二靠杀猪过日脚，因为是大荒年间杀猪呒不生意。屋里已断半个月饭米，屋里弄来些树皮草根已吃光。冷水骗骗肚皮。周二是有名格孝子，看到娘饿得不像样子睏在床上。周二急煞呒（有办法，真苦想法子：杀子救娘。没有办法啊。我杀猪赚些小铜钿买些吃格。（拨个）娘吃，断命老太婆自己不舍得吃，（拨个）孙子吃。老娘骨瘦如柴，伲子倒蛮壮。肚皮里“下脚”烧烧先给老娘吃。横下去天气阴冷哉，肉腌腌好慢慢叫给娘吃。周二含着眼泪叫伲子过来，骗做新衣裳，量量尺寸，头露出，布带结好，磨刀，伲子大哭。

妻子大哭大闹，你杀千刀杀子，还是杀我如拼命。杀妻要绝子孙根格。荒年过去是有熟年来，再养一个，老娘饿煞就没有格。横养伲子（削）本钱格，又削啥，人养伲子好比割韭菜，格个会苞出来。

妻子哪肯罢休哭闹。王子连卖金钗，路过包头周二家，听得夫妻哭闹叫进得相劝。

周二含泪相说，过路人不要相问什么走你的路。周二妻像遇救星诉说情由。王子连不由万分难过，劝其不要杀子，我有 5 两 3 钱银子相送。

周二夫妻下去拜谢，并问其姓名地方日后相报。王子连回家，走到家时想到自己年轻，干事过分冲动，难以交代。到家见爹爹嫂嫂。王玉安头颈要望长了，问其当卖了没有 XX，多少银子，5 两 3 钱，老老脸有喜色。王子连实情相告。王玉安听后怒气冲天，人家看到老娘要饿杀要杀伲子救娘。我也要杀掉你这个畜生。丁氏大娘娘心里很急，并出主意讨还一半，周二一家我们两家都可暂渡一时。王子连道我又不是赌铜钿输掉，已送给人家，再要讨回来，阿要难为情。王玉安气昏，嫂嫂再相劝。

王子连只得垂头丧气去讨还。路上看到天色已晚无脸见周讨还，路旁看到两棵松树想只能自行短见。自腰里一条丝罗带往松树丫枝一甩，打一个啥格结叫无情结，颗浪头一钻进去真格（呒不）情格。苦情唱毕。（我村上有个人叫“别别阿四”，走路脚节头踢开出血，被人看见告诉伊，包包好，伊说：伊只脚自家不好，只啥自家只 “瘟脚”不掮掮高点。

（王子连是苦煞，我宣卷是假格，各位勿要上当）。

此间奇巧一个老老叫王兴，路过看见有个人在啼哭，树上甩好一带，上前想相劝，走近一看是王家小主人。告谈观众（王兴只会认得王子连。因王兴当时也在王家做过老家人，因为王家现在落败，王兴只好转到其他大人家去做生意。现在木家叫木财、木员外家做老家人，奇巧路过所以认得小主人的）。王兴相劝开道：周二我认得，我相帮你讨还一半银子，放心。王子连感激王兴伯伯。王兴道看来你晚饭都未吃。很巧今朝木员外伲子娶亲，叫王子连也到木家去吃顿好饭好菜。横夜里厢木家人多，酒水桌数多格，把人混吃饭不要紧。子连说还是到伯伯住处方便。王兴一想小东家怕难为情，到得木家村到自家房屋里（去拿来一只地主活鸡什么什么让小主人敞吃一顿。还要外加端一饭桶饭。饭桶啥格叫饭桶，现在年纪轻格人不晓得。用木头做格园箍箍个，高兴兴上面有格盖格。现在散用钢钟锅子格，电饭锅格。

让王子连在王兴屋里敞开肚皮吃一顿。作孽苦煞阿对，叫伊尽吃。我再讲木员外伲子格门亲事相配何家，何因也是员外。门当户对。小姐叫何彩娥，漂亮非凡。

但是木员外听说女婿是个十样景。格媒人是乱说，媒人死要铜钿。老底仔结婚新官人新娘子又不好碰头看看。朝要看新娘子新官人只面孔，要到成亲拜堂洞房花烛（秤梗挑开新娘子头上方巾才好见面孔）。何员外想为了探得虚实，已经讲好结婚要到何家女家去结婚。啥呢？何员外想假使女婿确实是个“十样景”，格末另想办法。（下面）！！！

所以何家木家讲定不用船，木员外亲自用轿子，将自家伲子十样景新官人送往女家结婚。

（下面）！！假使女婿不是“十样景”别人家瞎说，格未要满一个号头，满月送回。

老古话讲“佛要金装人要衣装”。木家想自己伲子尽量多打扮得好好的，问题想不大。大红衣坐绯金花轿已布置完毕，八个轿夫身着新衣早已等候。只听一声号炮送亲时辰已到。“十样景”手舞足蹈。骨头轻着点。临上轿格只断命脚不行掮高的。一不小心滑跤跟斗闹出大事体。羊癫病发作能去成亲。原来十样景还有这个暗毛病。木家上下乱纷纷。木员外正是急煞人。十样景躺在地上像新鲜活死人。((必须做出羊癫病发作的姿态口吐白沫))。木员外格个辰光急得不得了。

宝宝不争气，晓得等伊醒转来要半夜。安顿好十样景后，木员外心急如焚，想同自家老家人王兴商量商量，阿有啥尽快找个人代一代。木员外想最好这个人忠厚老实点。工资大点无所谓。王兴对木员外说人倒是有一个，原也是官家子弟，而且文质彬彬，忠厚老实一个读书人，保证不出事。王兴说员外如果工资大点作兴肯格。（王兴心想要敲一记竹杠）。木员外说代做一个月亲，格末让我多出一点，伲子不争气，有啥办法，出价 200 两你看阿好。作兴肯格。木员外讲，不过要讲明。新娘子面上不好碰一碰。我员外言出如山，一个月内满月，规规矩矩回来，我照付不误，并叫老家人快去喊来。王兴想格个人远在天边近在眼前。答应东家马上喊。见子连。说有一个好生意给你做做。生意蛮大要净拿 200 两银子，而且本钱勿得一个铜钿。并对小主人王子连说，一个月内吃吃白相相。满月送过来 200 两银子到手。回家可以养家糊口。省是为 5 两 3 钱银子去寻死吊活。王子连先不肯——王兴劝导——倒肯。见过木员外。员外一看一呆。人家格伲子不知道“哪哈”养的。多少端正多少漂亮。自家万贯家财给了“十样景”伲子。关照子连一个月回来你就好了。200 两银子我员外照付，必过新娘子面上要规规矩矩老老实实。不好碰一碰。木员外关照末这样关照。心里想，这样好个人品就是媳妇身上碰碰也算了。调调种末，也好。（现在的杂种谷也要称新，每年调一调产量好）。王子连真正忠厚老实一个读书人。一本正经答应木员外。（难末）吩咐香汤沐浴改换衣巾，三吹三打，抬仔轿子去何家代做亲。（宣调）王子连想想真开心。没有本钿也好做大生意。200 两纹银如拿到手，父母面上也好笑盈盈。多亏王老伯伯引条路。吃吃白相相拿大工钱。木员外的闲话说分明，小姐面上不好碰。一个月时间难承就。自家要关照自家都小心。

再提何员外，何家热闹非凡。特别闹热。为啥？大家都要来看看新郎官到底阿是“十样景”。有些人三三两两指指点点。说何家真倒霉，漂漂亮亮一位小姐去配十样景。（作作作。）有些乱说媒人寻着这种铜钿不作兴。有些人说正是一朵鲜花插在牛粪上。

大家议论纷纷评大红轿，到看何家女婿十样景。何彩娥小姐眼睛哭得又红又肿，命小丫鬟春花前去查看自己小官人到底阿是十样景。趟然是想活在世上没有意思，想一死了之。小丫鬟心里急是急得很。

也在等花轿。不多歇三吹三打由远而近来何家女家花轿到。有些人伸长头颈。有些人踮起脚。有些老太婆也挤在前面看。轿子停稳，轿搭子一开轿帐揭开，王子连这位新官人大大方方走出来。看热闹的人不竟目瞪口呆，齐声称好。甲表：文质彬彬一位好看新郎官。大家赞不绝口。小丫鬟春花第一个看到，轧在前面，一看这位新姑爷生得如此漂亮，立即报喜何小姐。小姐心里块石头落地，心花怒放。高高兴兴立即换新娘衣裳做新娘子。拜堂成亲。做常扎帐。（跳方巾）王子连——面红耳赤。何彩娥——含情脉脉，心里像吃蜜糖一样。一个主动。一个闷声不响。一个拉。一个让。新娘子只好主动叫其一起上床安睡洞房花烛。千金难买好良辰。——王子连为了真格不好在新娘子面上碰一碰。谎骗我在3岁时，我娘领我去庙里烧香时，一个老和尚告诉我娘。说你伲子长大成亲时千万要记住。一个月内不好同房。趟然不依从，你伲子的性命难保。

何彩娥小姐一听吓一跳。如此美貌的新郎官哪能舍得。想熬熬吧，一个月三十天过过快煞格。心想一个月后小夫妻恩恩爱爱日脚成海格。最后王子连恳求小姐新房内另搭一铺。否则一个月三十天怕难熬“勿壳张”格。

何小姐不允如被外人晓得，自家爹爹母亲知道倒反而不能讲清。从此一个月里一个在床里睡，一个在地板上睡。（一）到底在三十天时间里还是碰还是一点阿不曾碰，请观众去想吧。我格宣卷先生难弄清爽，我也不行去隐形看。

倒说一个月时间过得蛮快，满一个月过后，要送还木家。不晓得王子连何彩娥两个人三十天时间里已是恩恩爱爱形影不离。

再讲何员外近几天来听得外人议论纷纷之说。说何家格标致女婿是别地方出高价租来格，代一代做的。何员外听仔半信半疑，想出个好办法。不用大花轿拿女儿女婿送去。用船送去，并且何员外亲自一道送去察看动静。船如到得木家确实是个十样景，格末不客气原船而回，不予理睬。

再讲木家。十样景羊癫病已完全好了。今朝精神十足，贼头贼脑，头颈都望长了，十八个“直踏”。不多歇送亲船到，船未停好，跳板不曾铺好。十样景冲法冲法冲到船边，我的新娘子新——娘——子。何员外一看正就是格桶“宝货”，快点抽格跳板原船开回。十样景亦不晓得这条跳板在抽动，不小心一跤连屎跟斗跌在石坝岸石头浪上脑袋开花，脑浆流出，一命呜呼！木家格歇辰光哭声连天。木员外老夫妻想木家要断子绝孙。到底瘌痢头伲子自家香。阿伤心。一边何家原船回到何家。何员外在厅堂逼问王子连。俚只得全部实情相告。唱。(上下全部,但必须精短)。和盘托出后，何员外说你家爹爹王玉安我是认识的。在朝为老朋友。相告子连有缘。要俚做女婿。子连听得何员外与自家爹爹是同窗好友，想我相告其家贫，一定能资助些。再讲一个月时间里确实同何小姐感情之深。也不要败坏何家名声。行礼改口岳父。难末代做亲代牢脱。从今以后王子连在何家读书读书，陪伴家小真开心。

再提王家王玉安生活越来越苦。王痛责二子都是忤逆不孝。王诉心里苦。王喊媳妇出来想法。丁氏大娘安慰其公公说，只得让我再到娘家借借看。阿肯。想借些银两。(但大娘娘想到前年也去借过一次，不但半个铜钿半粒米没有借着，反而还要冷落一番。要我重新嫁人，王家永无翻身。说我家官人三年未回肯定死在外面等等。希望丁氏大娘想想不大。但看看大家这样困境还是再去一次娘家。或许爹爹有所回心转意。(长唱)

丁氏大娘到得娘家门口。门公可怜大小姐。安慰俚禀报。丁茂庆叫门公喊俚边门进厢房。如走正门到正客厅堂相见，被贵客如奇巧遇有失丁家声誉。

丁勉强出迎。女儿只得厢房见礼。问俚爹爹安康。丁茂庆说：你爹爹事体蛮好。污吃得下、饭拆得出。(笑)这，哦，饭吃得下，污拆得出。爹爹我今日到来想恳求爹爹借些银两。等我丈夫回来一定连利带本奉还爹爹。我夫家确也无法度日下去。丁茂庆道：你夫你夫。你夫恐怕骨头都烂光了。(也可唱)依我主见末！你还是断绝王家，另行高配。丁氏大娘娘道。要我另行婚配，那可万万使不得的。(唱)最后丁茂庆拒绝借银两。被俚赶出大门。(这其中也可父子间反复劝导。

丁氏大娘亦欲哭无泪，含着眼泪走出娘家大门。(宣调)

丁氏大娘在路上痛苦万分。单恨爹爹毫无半点骨肉之情。最担心公公婆婆盼望媳妇回来，能满怀希望借得银两。

叫我怎么办？想不争气的小叔叔讨银讨银讨到连人都不见了。千斤重担落到我一人身上。丁到了十字路口。看人来人往蛮多只得讨饭求救。(春调)长唱后。

人越围越多。看其十分可怜。看其对公婆如此孝顺。对丁茂庆痛恨。

(一)有个老太婆：伊苦煞哉。这个断命爹太狠心。哦，我身边有 2 个卖鸡蛋铜钿，倷拿去吧。

(二)有些老老头也听仔感动。都说对公婆这样孝顺，都说街上吃茶也不吃了。吃茶铜钿都给丁氏大娘娘。

(三)有些街上回转来格人看到这种情况，买好的大饼油条给。

(四)有个老太太说我今朝烧香不烧哉，拿烧香铜钿给丁氏。

大家都小铜钿献上。有些给团子。有些给（破）糖糕等等。完毕，丁氏大娘把讨来“物事”赶快拿到屋里给公公婆婆吃。还强装笑脸。

（误会）

公婆心里想到底是自己的女儿。爹娘当时一时思想不通，但最终还是疼爱自家女儿的。丁承受委屈和痛苦。心想只要养活二老、盼望丈夫早日回来。

这样家里吃完再去讨。讨到“慢来”经验介有哉，连续讨回。公公婆婆倒吃得白白胖胖。今朝天空蛮好。大娘娘又外出求讨。王玉安老老想到家门口去“曝曝太阳，看看景色”。看见有三三两两的人对自己指指点点。有格人轻声对另外一个人说。有格女人讨饭讨铜钿本事真格大格。会得都给伊格。哎哟，就是养活格只“老甲鱼”。哎哟，有啥叫身上该只平的的，走尽天下饿勿煞。阿全，唉，侬阿相信。侬要省力点叫侬家主婆也去开爿小店哪。啥小店？要本钿。勿要得。百货店？不是。馄饨店阿。？不是。开爿下身店。下身店要本钿，单单香烟本钿蛮大。笨得来。侬家主婆上身下身格下身店。去你妈妈。格种寻来臭铜钿我宁可饿煞格。王玉安伸长头颈听得这些闲话怒气难平。原来自家媳妇是只贱人。讨来都是些臭铜钱。真是败坏王家门风。心中怨气难消。看来王家没有啥希望。心想要可如果看见王媒婆将这只贱人卖掉后，拿卖来银子吃光再作道理。（唱）

难末真是一滴水滴在油瓶里。王媒婆急急忙忙路过王家门。汗流浃背心不定。有个好生意（调）我人。福建有个买布人。年纪四十挂点零。买布发财赚大铜钿。托我要想买女人。一起杀东打听西问讯。我王媒婆真是急煞人。

王媒婆路过王家大门口，被王玉安老老一把拖牢。叫伊“白相歇”。媒婆道今朝我没空。有个福建买布客人托我买个女人。想买一个二十一二岁，人漂亮的肯出二百两银子。王道我家有个媳妇我想卖掉。卖给那个福建客人阿好。王媒婆说老相公你不要开玩笑瞎打棚。王玉安说过去日脚我帮过你忙？现在么你王媒婆就帮帮我格忙吧。阿好。阿真格。不打棚自然是真格。格是这位福建客人明朝就要来要人格。要带仔回福建老家去格。价钿肯出大价钿二百两银子。王说侬现在就带去亦可。王媒婆看真格不是假老戏。叫王玉安马上写好一张“卖身文契”。卖身文契：立据人王玉安愿将其媳妇丁氏大娘卖出。得银贰百两。特此为凭。决不改悔。立据为凭。王玉安。年月日。俚写好后交付王媒婆。媒婆接过卖身文契暗想王老老正棘手，自己心花怒放。拿贰佰两银子交付王玉安。你不要赖掉。事体当事体干。晓得！明朝来要人。

王玉安拿仔贰佰两银子去屋里见自家老夫人。俚告知媳妇做了不端之事，给我卖得200两纹银，吃完再说。老夫人一听一惊。指责老男人。你，你这个老糊涂。老牛精。老老杀千刀（本老夫人非常敬重自家老相公）这下可气昏了。媳妇这样好。

媳妇这样贤惠。这样宽宏大量，吃尽千辛万苦养活我们。你，你，老夫人气昏。将来伲子回来了怎么办？大哭大闹。你听了别人家几句戏弄之言就信以为真。你，枉为呀枉为。你要卖掉我格好媳妇，我宁愿与你一淘去死。嚎啕大哭。这时媳妇丁氏大娘听见公公婆婆吵闹不知为了什么。想相劝。

问俚为了何事。老太想呒本说格。俚再三问情由。婆婆才说了实情。丁氏大娘如雷轰顶。欲昏。但仍身受痛苦，还是宁愿自受更大的委屈。内心不责怪公公，因其听信了别人流言蜚议。公婆在最困苦时我丁氏必须尊重和养活的义务。等自己小官人有朝一日做官回来，一定能洗清冤屈。现在只要卖得银两。养活二老。俚还劝婆婆不要难过。并说把我卖到何地？这个老发昏老糊涂想把你卖到福建。丁氏大娘娘还劝道公公婆婆要相互照料、不孝媳妇有机会还要回来看望二老。流言蜚语总有一天会弄清。丁氏大娘娘含仔眼泪回房准备。（长唱：委屈）痛恨那个福建买布人，王媒婆。丁氏大娘娘终于难挡天大的委屈。想寻死。俚我之委屈冤枉让小官人将来同我理清。再一想，还是让我死到福建去更适当。（一）也能保持我的清白。（二）公公婆婆可以拿我卖身银子过渡光阴。（三）可以让个福建买布人人财两空，方消我心头之恨。

再讲有一位侠客。叫一枝兰。伊武艺高强，伊格行当爱打抱不平。专门去偷格种富豪劣绅，贪赃枉法、地方恶霸格东西，自己不要一个铜钿，专门去帮助那些特别贫困、特别贤惠格特别善良的人。真是来无踪去无影的英雄好汉。

格日夜里一枝兰飞檐走壁，体察民情。齐巧路过王家屋面上。一枝兰侧身丁氏大娘房里天窗。看到这位女子在承受天大地大的委屈，还要孝敬公婆。世上竟有如此宽宏大量贤惠的女子，十分感动。而且一枝兰也听说王子琴在外国封王。俚马上要回来（后来一枝兰看到大娘娘暂时今天夜里不想死。要死到福建去。一枝兰拍手叫好。如丁氏娘娘马上要死伊马上就救。）

一枝兰马上回到“睡房”里。准备一切停挡。一定要相救这位难得贤惠女子。到明早天亮。一枝兰自家巧做一封书信，一千两黄金，一张白鹤图，伪造令剪一支。自家假扮一个官差一路来到王家门。（宣调）一枝兰到得王玉安家里。叫门。报喜。恭喜王老相爷，贺喜王老相爷。我家状元老爷命我前来先送上书信一封（用手帕作书信）一千两黄。一张白鹤图先安顿一下。王玉安老夫妻俩你看我看。我望望你，目瞪口呆。千真万确得。你伲子王子琴得中头名状元了。命我报喜来了。王玉安在如梦初醒。相信眼前一切都是事实。并客气地招待一下一枝兰。

王玉安老老格歇辰光急是急得很不得了。

王媒婆等一会来要人怎么办？（触客得来）卖身文契在王媒婆身边。（赖格赖不掉）而且二百两银子我也拿（哉）。

伲子来仔同我讨媳妇，叫我这能交代。

没过多少辰光。王媒婆笑嘻嘻地抬仔一顶轿子来王家。要王玉安喊媳妇出来卖往福建。

王假痴假呆。啥个事体？啥啥个事体？快叫你家媳妇上轿。那个福建买布客人明早就要同你媳妇到福建去拜堂成亲了。叫我王媒婆抓紧时间。

啥格卖媳妇啥格不卖媳妇，你在讲啥？

哎！王老头子。你要赖。正经事当正经事干。你亲自写格"卖身文契"在我搭。要想赖账你休想。王玉安道。昨日头我同你讲卖媳妇呀？唉，我是同你溜溜白相相格！哪有一家做公公去卖脱自家媳妇？就是讲过可能我昨日多吃点老酒。王媒婆啊。我王老相爷以前帮过侬格忙。侬死人肚里横晓得格。现在你只好帮帮我格忙。

啥格"卖身文契""亲自写格"我未勿曾写格。侬勿要瞎说铁说。王媒婆要抢辰光，急得汗也出来哉。勿来格！要人。你亲自写格"卖身文契"在这里。白纸黑字。休想抵赖。

格歇晨光。一枝兰伊假扮官差。王媒婆也不晓得。一枝兰假装指责王玉安。表面去帮王媒婆。这个。这个这个卖身文契可为凭证。要想赖是赖不掉的。你拿来让我瞧瞧。王媒婆好像碰到清官。拿张卖身文契交给一枝兰观看。一枝兰假装看"卖身文契"。嗯。嗯。突然拿张"卖身文契"一撕二块。二撕四块。四撕八块十六。三十二。……

一枝兰拿张卖身文契撕得纷纷碎。

他妈的。混账的东西。堂堂的状元夫人好卖格？。你只老婆子。快滚。滚。要不送衙门严办。王媒婆格辰光像只讨饭婆。王玉安此间对王媒婆说。算哉。我昨日头拿你二百两银子还你。顺便给你二两黄金算是拿辛苦小费。王媒婆自家不行吃亏。只好回转。不过格个买布人就算上当。倒霉。(伊福建屋里格亲戚、朋友都来吃酒水损失多少。一枝兰完成目的也告退。

丁氏大娘娘知道自家小官人得中头名状元，也感谢一枝兰帮我救出，心中感到无比喜悦。王家得仔一千两黄金后大富大贵开始重建房子。

再提木家木财员外自从十样景伲子故后。心里一直痛恨这个王子连。心想一定要杀掉王子连方消我心头之恨。命王兴老家人去请以前好朋友包头村周二来木家做客。想伊是杀猪格。请周二干这件事。

周二听得木员外有请。想肯定有啥事体。想格种有铜钿朋友无啥话头。我周二在最困难危难之机。不行帮我啥忙。或者借点铜钿啊！米啊！周二想。要末木员外真格想到我周二格穷朋友哉。

所以周二到得木家，木员外热情相待。前因后果一说。说只要你帮我忙杀掉王子连。"血刃相见"。给你200两银子。

周二一听一惊。想太平村上格王家王子连二公子是我家格救命恩人（没有王子连当时5两3钱银子相救。我格亲生伲子已不在人世）。我周二难道是恩将仇报之人吗？绝不能答应。

但周二仔细一想不好。我周二不答应，木员外仍旧要喊其他人去陷害王子连。这位大恩人。我周二一定要相救大恩人。

干脆爽快答应。以免木员外有怀疑之心！周二马上动身去何家门。（宣调）一路匆匆一路行。格种有财人家同穷人家朋友相称是假正经。我道是木家不忘我穷友人。不到是要我去做不端坏事情。王子连是位好心肠格读书人。为了我周二“险让为”伤性命。我要全力相救好心人。见不到恩人我不转家门。匆匆行路已到何家门。周二赶到何家何员外搭。叫开门。门公出来问周二有啥事体。周二道。我想见见你家新姑爹王子连。必须面见！好。客官你等歇。去禀报。王子连一听是包头村曾救过他家的周二。晓得有啥事体。马上出门面见周二。周大哥到来，小弟有礼了！。周二就把我特来找你实情前后因果和盘托出。你得赶快逃离何家。免得招就杀身之祸。并还告知王子连。你家已大发其财。重振门庭了。小弟知晓。多谢恩公。

让周二回木家交代格份差使。血刃相见怎么办。俚为了报恩在大腿上“刺”一刀。满刀是血。（格末有些观众要说，杀脱只“畜生”就是有血，免得皮肉之苦。听说“畜生格血”是甜格。人血是咸格。）

周二见到木员外。交代王子连已杀掉。木员外赠银周二。俚就不必客气。拿仔回到家中。

再讲王子连听周二特来报讯。伊不露声色，装无事一样。瞒脱自己格岳父（丈人）。

到得晚上。王子连把前因后果告诉自家娘子何彩娥小姐。俚叮嘱娘子要保重好自己身体，待我回家暂避一时。得中功名。见到我哥哥。再迎接我的好娘子。

何彩娥小姐是依依不舍。难舍难分。但为了自家心爱的小官人暂避一难，只有忍痛割爱一时。含泪祝愿小官人路上要千万小心。保重好身体。

“难末”王子连告别自家小娘子，马上回家门。（宣调）。一路行来一路想。木家真是不该应。暂时分离夫妻情。多谢周二哥来报讯。使我逢凶化吉转回门。不知爹爹母亲可安康。嫂嫂真是个贤德人。千斤重担挑在身。里里外外都照应。哥哥是我格好榜样。我格要求取功名慰双亲。急急行路到家门。

王子连到得自家门口想。恐怕爹爹怒气未消。多有不便。俚后门进入，面见嫂嫂丁氏大娘娘。讲明前后经过。嫂嫂见自家叔叔已回来。真是又惊又喜。也拿家中之事经过和盘托出。并对小叔叔言讲。爹爹恐怕怒气未消弄出不该之事。二则来你暂且在家也不便安身。还是嫂嫂想得周到。你家哥哥已得中状元。现在在外国封王。听说马上要回朝到家。依我嫂嫂之见。你拿上你家哥哥书信一封。带上黄金银两到得京城寻访你家哥哥，一同回来阖家团圆。

王子连听了嫂嫂一番。言之有理。（一）可以避免父子间不必要的冲突。（二）自己可以暂避一难，免得木家再来节外生枝。（三）可以到得京城，可以寻访哥哥的真正下落。

王子连告别嫂嫂连夜带上书信银两走奔京城（这其中王子连和丁氏大娘互相安慰和关照。也可对唱根据时间需要。）

王子连一路上日行夜宿并无耽搁。蛮安全蛮顺当。其实王子连自家根本不晓得。一枝兰这位英雄侠客，专门在暗中保护着王子连。单怕继续招木家陷害。所以一枝兰暗中寸步不离，保护着王子连。所以一路之上蛮顺利。离京城还有一天路程光阴。天要夜哉。王子连想我要歇脚明日一早动身即进京城。

看见一爿“兴龙”客栈准备投宿过夜。

此间后面也跟着一个人。伊总算恢复原形也要到兴龙客栈过夜。此人就是一枝兰。两人一个照面之后。一枝兰开口说。你就是太平庄王家的二公子叫王子连嘛。俚听了一惊。啊这位大叔你——你——你这会认识我的。我叫一枝兰。自你和你家贤惠的嫂嫂话别叫你进京寻访你哥哥王子琴，我是暗中左右保护着你呀。俚听了此话莫名其妙，但俚断定此人是个英雄好汉。所以王子连招呼一枝兰一同吃饭。

一枝兰也不推客，说用饭后二人好好叙谈叙谈。二人少量吃点酒用过饭后一起到屋间里向。一枝兰和盘托出。说这天你家爹爹听信谣言要将你家嫂嫂卖往福建。你家嫂嫂还不记恨她公公。并且还要安慰双亲相互照料。你家嫂嫂受尽委屈。想自寻短见。但想到家中暂时困境，决心死在福建，把卖身得来的纹银来养活你家爹爹母亲。此间王子连已是痛哭流涕。

一枝兰继续说。你家这样好的贤德嫂嫂使我为之感动。决心要相救你家好嫂嫂。到得明天天刚亮，我一枝兰就必须抢在王媒婆之前扮装一个官差，一枝令箭一封书信一张白鹤图一千两黄金前来相救你家嫂嫂的。王子连一听完一番，双膝下跪。（心想同所讲一模一样）。拜谢救命大恩公。小生拜谢恩公。这时一枝兰双手扶起王子连。并安慰道你家哥哥确实在外国叫“高丽国”封王。听人说恐怕现在已回朝。王子连忧心忡忡。一枝兰关照俚早些安睡。让我去探得消息马上就来。

说完一个跟头无踪影。无影无踪像闪电。

一枝兰武艺高强。飞檐走壁。探得消息三更时分回到兴龙睡房相告王子连。说你家哥哥外国高丽国封王已回来。现在正在状元府，即日就要奉旨回乡。王子连听得消息真是喜出望外。等到天亮，王子连和恩公一枝兰付格房铟，赶往京城状元府。当差通报。弟兄相见。三年多时间话说滔滔。王子琴对兄弟讲此位大叔是…。王子连对哥哥说，这位大叔是全家的大恩公，叫一枝兰。并把前因后果一长二短三方四圆和盘托出。王子琴听完感动万分。状元老爷双膝跪下。王子连也双膝跪下。其他跟班也同样遵照主人双膝跪下拜大恩人。

一枝兰哈哈大笑。祝愿王府门庭早日团圆。后来皇上晓得。状元老爷还有一个兄弟。当即面试文才。才学出众。做得文章，头头是道。也是朝廷栋梁之才。得中二名榜眼。皇帝龙心大喜破例封为“头名状元”

难末兄弟双双。带仔一枝兰奉旨回乡，八抬八尺大轿，二位状元公坐入轿中。前面两顶子红罩头伞。行牌执事（这字）敲锣打鼓大吹大打。王家大团圆夫妻相会。王子连也到何家去迎娶何彩娥小姐。从此王家门庭大富大贵合家欢乐。

祝愿观众朋友们也大富大贵合家欢乐。

（尾声）后来，王子连生得三个贵子，其宽宏大量将一子送往木家。以继木家香烟。木员外痛哭流涕，感激不尽。

2 姐妹调嫁

人物简介

乌本章、老夫人（55 岁）世代为官，告老还乡，家财万贯。（忠厚）（善良）

大女儿　金花　19 岁　品行败落　生性欺贫爱富　　杭州有名

小女儿　银花　18 岁　通情达理　为人善良、孝顺。　二位美女。

小玉—银花之贴身丫环　16 岁

小林—乌家书童　　　　17 岁

陆锦文（陆老卿之子）20 岁　读书公子，浙江嘉兴人士，家道贫落，父亲亡故，品貌端正，用功勤读。（母子相依为命）

严满财　杭州不法贩私盐巨商。与当朝一品宰相老奸严嵩及严世藩、赵文华相互勾结。（家财横溢，犹如金山银海）半世得子，宠爱无比，家教不严。

严金福　24 岁　（严满财之子）读书人胸无文才（嫖，赌，成性）

（主考官——严世藩）（祝媒婆）（夜夜香）（黑牡丹）（地方流氓—刀二三）（地方流氓—刀二三）（乌员外同窗好友—王善根）

（状元楼，见铟眼开，栈房老板—歪路）（安家银一百两）（朝廷忠良—周云龙）扳倒严嵩

地址 // 明朝 • 嘉靖 • 浙江杭州。

姐妹调嫁

明朝，嘉靖年间。卷文出在浙江杭州城。有一户世代为官之家。姓乌，叫乌本章。因看勿惯朝中严嵩奸党之势！真所谓欺压忠良、鱼肉百姓、横行不法、昏天黑地！现今告老还乡。老员外家财万贯。50 开外年纪倒是红光满面、精神焕发。为人忠厚善良。

格两个囡囡。大千金叫金花。19 岁，小千金叫银花，18 岁。犹如两朵鲜花，亭亭玉立。是杭州城里有名格两位美女。官家之子、书香门第上门求亲不断！说嘴媒人、媒婆跟班，进进出出门开一达一伊——！

今朝头，老夫妻两家头在厅堂上商量囡囿格婚事。因为大囡囿已经配出多年。相配同窗好友、浙江嘉兴陆老卿之子〔陆锦文〕。难末明朝年代有条绷绷硬法律！（阿姐配仔亲未曾出嫁，妹子勿好配亲！因此要耽搁小囡囿格终身！而且晓得伲亲家至今已是家道贫落！幸亏老员外只注重品貌学问，勿看重贫富之分！况且自家家财万贯。老夫妻商量下来一条心思！以做寿为名一封书信到嘉兴，奉请女婿登门！察看品貌！如若满意，我女方来操办婚事！成亲在我家。送去安家银！小囡囿就好另行配亲一举二得（哈）（唱）

缩转身来，我关照浙江嘉兴陆家书生。陆锦文，20岁，才貌出众。本也书香门第，自从爹爹过世，家道贫落，母子相依为命。（娘替人家汰汰衣裳，领领小人）母子节衣缩食，用功读书。今朝头接到书信一封！陆公子又惊又喜。〔去告诉自家娘亲？儿呀，真是难以体面，呒不铜钿！要不带，总要带点寿礼而去！之少寿衣，寿面寿糕什么的？（儿子安慰娘不要为难，娘亲保重，我家岳父母也知晓我家近况〕

出以无奈，娘替儿子准备一个衣衫包裹（宣调）一路匆匆出家门 步行至杭州到岳父门。（阿快，两声宣调已步行到杭州）打听问讯后，来到乌家自家丈人门口；只见气派非凡！四扇黑漆大墙门，四面围墙，一对石狮子。（喊开门）（二位大哥，还望进去通报一声，我的岳父大人，说是他的小婿登门求见） （哦唷唷，哦唷唷！等仔长长远哉！我伲头颈望长哉！总算新姑爷来哉！姑爷呀？伊老员外关照，只要倷新姑爷到！用啥勿着通（到）报得！叫伊大开正门迎接相送倷到厅堂！） （新姑爷倷等歇架）（阿二呀，我伲来大开正门）（晓得）（我伲还老早准备好，放脱八个百响）（做放百响姿势，呼耳朵害怕之样！）〔（高呼。新姑爷到！）〕 （两个门上人陪同陆锦文，去厅堂见老员外）

（岳父岳母大人在上，小婿见岳父岳母有礼了）（老员外见了称心如意，不禁哈哈大笑） （老夫人开心地送上糕点、南瓜子、西瓜子、长生果、葡萄、桂圆什么的殷勤相待）（老员外和盘唱出，并非为岳父母寿旦之日！深知你家贫苦，想安慰。成亲在我家后也可用功勤读！贤婿家中我可送去安家银）

（陆锦文听后虽感激不尽，但还是好意不肯）

（原因1）年纪尚轻未成功名！对不起爹爹母亲）（原因2）对不起岳父岳母，小姐。要功成名就，凤冠霞帔，大红花轿相配）（老员外听后更加开心，说明有志气！更加真心诚意相劝，其情面难违只得允应）

（当面讲定，今日八月初八，定在九月初九重阳节成亲拜堂） （注意！老夫人还要左看右看之样）（老员外埋怨道，横竖女婿经常蹲在我家！倷高兴看只管看好哉，快点把喜讯上楼告诉女儿）

（老夫人戏笑地，老相公，你可不知，这叫丈母娘看女婿越看越触气？不，勿，勿，（我老太婆讲错哉，越看越欢喜！晓得哉，让我上楼告诉我阿囡，我小阿囡也好——走呀（喜气洋洋地，老太婆我活到五十几，总算配着个好女婿——

娘劝

老夫人高兴地上楼告知大囡囡一你爹爹作主，虽然你夫家（贫落）！可女婿一表人才，定有翻身之日！今是八月初八定于九月初九（重阳节）成亲在家！女儿放心，你夫家爹娘送去‘安家银’！婚事一切全由爹娘操办？（金花）拿娘来责怪，火冒三丈，两个女儿两样看待，为使妹妹高配，把我终身草草了结！难道漂亮有饭吃哉？——勿肯，勿肯，就是勿肯！（娘再好言相劝）（金花更加蛮横蛮无理）姆妈！倷横亦蛮漂亮？嫩亦蛮嫩？格点年纪，红红格嘴唇高 xx，倷去嫁拨勒个穷鬼？我是勿肯勒勿肯！

老夫人哭哭啼啼下楼到厅堂告知老相公。

爹劝

老员外听后,（哈哈大笑）戏笑地——老夫人呀，养仔囡圄做娘勿会管教？要是儿子我老夫保险调教得服服贴贴哪？嗳，你只勿讲道理老头子？我一个人那会生男育女？？都怪我——（生气地）好了好了，我去相劝,保证阿囡肯会答应。(上楼相劝）（先基本相劝法）（后劝法）1）女儿，为爹在贤婿面上已经口出玉言，你若不允爹爹，为爹岂能做人？ 2）又要连累你妹妹终身？（反驳）妹妹是你养？看来我是过路人之养？把我嫁拨穷鬼？（后可直截了当地)倷只小,小娼根倷阿肯？到底阿肯？总管（加）勿肯勒勿肯！？（要嫁，让妹妹去嫁拨勒个穷鬼？）(气得其缩手无策下楼）

（声音惊动西楼千金——银花小姐）

妹劝

（西楼银花到姐姐房间向劝）！　（顾全爹爹体面）！　（姐夫品貌端正知诗达理）！　（一个人穷勿会穷一世，富也勿会富到根）

（金花一边是猛闷之极）爹娘两副肚肠？劝我嫁拨穷鬼？挑挑倷好高配？我格脾气只欢喜金银财宝，勿欢喜品貌学广！！倷妹妹中意？倷去嫁拨伊！？（其好言相劝倒受气三分）　哭着回到自家房间里。

缩转身来，我关照乌老员外该仔两个囡圄。为了伊笃婚姻，头痛脑胀，要面子。女婿面前已经言出如山——九月初九，敲钉转脚！呒不办法，要面子，伤脑子，真正忙煞！（要无奈之样）这得硬硬头皮，勃论阵阵（宣调）上得西楼向小囡圄去求助，说出苦衷阿能体谅爹娘难做呀您！（直截了当）（哭伤之样）阿囡呀（先把情况和盘托出，体谅为父苦衷，恳求小女李代桃僵答应）（银花先是不能答应，成何体统，理由）（乌本章山穷水尽，无奈之中说了一句，老夫只得给女儿下跪了）（担当不起，体谅父亲,只得答应)(其额骨头上擦汗之样）

老员外想再到（大）囡圄对去讲讲清爽！（无客套之词，直截了当）倷阿是勿肯？勿肯勒勿肯！蛮好，闲话算数！倷勿懊恼来勿及？迭个女婿我就是看得中！穷点勿关格！我来贴补布！倷格妹妹已经答应嫁拨伊！？（勿来格！？）　((莫名其妙。啥勿来该？))呒不实梗便当！到仔格个一日天，妹妹拜堂成亲，我也要拜堂成亲？！要不！我要白衣白裳哭哭叫叫，大闹厅堂！（双手叉腰）你〔(举手欲打）（扇子）后怕事情弄大家丑外扬）（要末姐妹两个人一淘拜堂成亲，同我配一家该铜钿人家，亦要蹲勒娘家屋里，妹妹勿走，我亦勿跑！吃吃唔笃两根老骨头！！）（老员外哭笑不得，垂头丧气下楼）宣调

老员外把经过告知老家小后。（急得老夫人吃不主张）也可老夫妻俩一段戏，或对唱或对白后）（安慰老夫人，十万火急！时间紧迫！亲自到祝家庄求助祝媒婆帮忙） （乌员外尴尬面孔，勿好意思地）（祝媒婆如临贵客，笑脸相接，殷勤相待，（坐定后）也可首先提到老员外两位千金肯定已是高配了） （老员外就（势）无奈地和盘托出）（真切地恳求——（只要在一月之内帮我寻到门当户对一份人家，勿要男家一个铜钿搞落，在我女方成亲拜堂，一切都由我承担） （先给银 20 两，事成重重有赏！（勿搭界，勿搭界），已进袋袋了）（祝媒婆喜形于色，暗自高兴之样！（天下有此大寿头）送走乌员外。

（高兴地）辰光紧迫，那哈两头进账“有二千巴望一万，财神菩萨上门来”（用脱两钿）乘马车去杭州城走一趟，严家府上严少爷

今年已经廿四岁 几次托我乌家求亲配 想勿到乌家送货上门来（格记竹杠要——）

（已经到严府门庭）是杭州贩私盐巨商严满财（大老板）串通老奸严嵩，目无国法，相互勾结，平分不义之财！严家铜钿犹如银海金山，结个路多，半世后算巴着个宝贝儿子——严金福。宠爱无比，家教不严！胸无文才，嫖赌成性！ 24 岁还未成婚。祝媒婆进严府，大老板勿在，严金福严少爷在家。

（媒婆 • 少爷之戏）

喔唷唷，少、少爷！倷真正是交仔“桃花运”哉？！（喔唷，祝妈妈驾到，阿有啥美事？恭喜勒贺喜少爷。我祝妈妈为了你早思夜想乌家二位美女！费尽心机，鞋子跑烂数双，今朝总算有结果！（一边等待与急切的姿态）倷听好！乌家大千金肯嫁拨侬哉！定勒九月初九重阳节（结亲拜堂）勿要倷屋里一个铜钿，成亲女家，数月接回？！

（严少爷高兴得跳起来之样！）（开心）（给赏银 50）（笑纳）

日脚蛮快，九月初九到，乌家气派，高朋贵客，酒水完毕，两对夫妻，送入洞房。（一来二来大格先来）我先交代大房里一对——（一边是头巾遮好，还情不由主偷看之样。）（一边是手足乱舞，轻浮之样）白或唱挑开方巾。金花直截了当相问倷屋里阿该多少铜钿？严某和盘托出家底，金山银海，保你一世富贵（单单洗脸、汏脚都为金面盆、金脚桶） （我阿伯爹同严嵩伯伯至交）（我少爷叫勿想做官，朝堂上我赛过开爿官行！）我欢喜吃吃，白相相！家主婆呀，我其他侪听倷，必故我有两大“爱好”！我要讲清楚。（1 赌）赌铜钿真格好白相，有劲。硬碰硬。横竖我屋里铜钿多。弄弄白相相。我欢喜做上风。推牌九我欢喜一日推到夜，一夜推到天亮！伲阿伯爹从来勿话我格！几时我带倷

家主婆一淘到赌场浪去白相相。我推，倷车角。倷阿懂啥叫车角——

（2嫖）嫖我亦相信格！嫖倷阿相信呀？（或现倷家主婆勿好相信哉？我要做乌龟格！？（一面是积极配合应答、应付、答应，并举例说明大丈夫三妻四妾，男人风光何足挂齿）

一对男浮女轻安歇，想好（夜夜香）（黑牡丹）

再关照西楼新房内。一对新婚夫妻，情深意切。

陆锦文自知眼前这位娘子品德高尚，勿是欺贫爱富，代姐从婚，达理知诗，所以看上去更加楚楚动人，肃然起敬！

（深情地）　娘子　（可唱）

银花心中又酸，又甜　（和盘相待，关爱无上）　（可唱）

乌家两个女婿，一个是神出鬼没，不务正业，嫖赌成性。一个是知诗达理，夫妻恩爱，用功读书。

日脚蛮快，一年已过去，今年是大比之年。天下读书人都要去求取功名。乌老员外心里在想；自家爱婿常常通宵达旦，废寝忘食，用功勤读。想去问问小女婿赶考阿有把握！解试把握勿大。勿关格，再读三年亦勿要紧！横竖我有铜钿？碰着小女婿陆锦文口出狂言！说岳父我此番进京赶考二名（榜眼）三名（探花）勿稀奇！保险得中头名状元！（老丈人想，好女婿呀？倷闲话讲得阿要过分！一个行满，饭好一口，一口吃，慢慢叫吃光伊格？！满话难讲格）家小（银花）同小官人整顿行装，陆锦文告别爱妻、岳父岳母大人！春风得意，带仔书僮小林坐乘马车进京考赶！（要是我勿中头名状元，勿来见伊笃岳父岳母！）不要这样，贤婿！赶考完毕，勿管如此！早早回来！

（缩转身来我再关照）东楼之中金花小姐，亲眼目睹穷鬼上京赶考！春风得意！爹娘是胜过“亲生儿子”百般相待，热情关照！真正触心触肺！叫耿耿于怀，忧心忡忡！心里勒浪想；要是穷鬼真格得中功名！叫我面子放浪陆搭，那哈做人？勒房间里费尽心思，等男人转来！嗳——（唱）现今夜里二更过，杀千刀还未转家门，我穷人家勿肯配，配家金山银海铜钿该，该个男人勿争气，嫖赌成性总管气煞人——格个杀千刀，括桥柱还勿来——！

（严金福格个括桥柱，蹬、蹬、蹬上楼，刚巧到（宣调）（嫖赌而来），夜夜香边来亦可三角板，开门入内）（二人相问）气杀真正？啥气煞勿气煞，我老早讲清爽，我有两个爱好？！

金福呀，我问倷我待倷阿灵光？灵光格！我桩桩都随你勒依倷？我死人肚里晓得格。该个嘛我现今有桩事体侬男人总为我想想办法、出出气？（讲哪）（讲明真相）（笃定嗳）我叫勿高兴做官？（伲阿爸爹同我讲格）我屋里赛过开好爿官行（和盘托出伲阿爸爹同严嵩之交）格个穷鬼还讲勿中头名状元！决勿回来！）

（喔，喔，内心（后）大笑，哈—蛮好！我叫伊永生永世勿回来，最好让伊死勒北京！）　格末家主婆呀，闲话讲勒前头，穷鬼么做状元休想！那么我倒要想做官哉！侬么靠靠我严金福格福，弄个状元夫人白相相？外加帮侬出出气，必故我有一个小要求？讲哪，我侪答应侬好男人呀？！（哈哈哈，听了 ／唱／ ）内容是达到目的，阿姨归我，从中帮忙（我宁愿甩脱夜夜香—黑牡丹！（金花一口答应）（暗中帮忙，理由）　（开心，完毕）

到明朝，严金福到自家屋里碰头“爷”。（必须直截了当）〔阿伯爹（？）阿呀，我的好儿子呀，我的好媳妇为何不随你一起来呀？事、事关重勒大！天大急事？！　啊呀！老夫跟前呒没有办不成的事！没有大不了的天！儿呀！不必大怪小惊，只管讲来？（晓得）（（也可唱评弹，内容我要什么做的事体，出人头地，弃歪归正，我要做官））

（伲子自从成了亲）（前后判若两个人）（弃去歪归正做新人）（父子到底一条心）（菩萨保佑严家门）（定是媳妇立功勋）（喜得老父笑出声）哈——好伲子侬放心！既然侬要——今年仔大比之年，侬上得京城保侬心想事成！

（难末严满财马上准备一万两一张银票，一封密信派人火速赶往京城）

（事体蛮巧，半月后，郎舅二人同住一爿状元客栈，应试完毕，二人坐等佳音）（主考官严嵩正在批阅文章，最后目睹浙江嘉兴书生陆锦文，文章显赫，铁画银钩，龙飞凤舞，老奸严嵩不竟喜形于色！想此为栋梁将来亦可笼络为自家亲信！为我谋皇篡位助我一臂之力。上一届选中河南周云龙现作亲信，言听计从！正在此间赵文华手拿密信一封，进来对恩师大人老奸严嵩告禀！老奸开信一看“一万两一张银票”是杭州好友之亲笔！看过其详陆锦文顿然名落孙山，草包严金福得中头名，真是奸臣当道欺压真正读书人（宣调二句）昏天黑地难理性。

朝堂“令报当差”拿仔1）大红喜报。2）状元官服来仔状元楼报喜。严金福得意洋洋。头戴乌纱身着红袍足蹬朝靴腰束玉带摇摇摆摆！摆摆摇摇（做些是正规非正规动作之样！轻头怪脑）（去挖苦妹夫陆锦文）　（可直截了当地）（嘿嘿！好妹夫呀，我、我肚皮里格面是茎茎菜，那面是马兰头。倒得中头名，不过倷好妹夫精神可佳！不得头名，决勿回家！扳扳大拇指）好妹夫呀，勿想勿开哉？你格家小那哈办？我格阿姨要是想勿开？跟仔人家么阿要可惜？　好妹夫呀，阿要等我“走马游街”后乘我官船一淘回转？！

（我是不得头名，决不回去，我要在得京城再攻读三年衣锦（衣）归乡！（边浪书童小林插嘴——姑爷放心！我回转去拿仔铜钿好生服侍。）喔！有志气！灵光该！哈——！

1）书童小林同随官船回杭州！去准备铜钿银子！

2）安慰少爷陆锦文。

但等草包游街三日，五更三点上殿见驾！万岁面试文章，众百官连连摇头！老奸严嵩亲自帮腔！无奈皇帝情面难却！必故还是一道圣旨只能去（浙江，余杭知县承职）了却此事。

严金福。心怀鬼胎，照样亦是官船一只，状元服饰打扮！耀武扬威到丈人屋里，亦算有礼在先——（丈人阿伯勒浪上头嗳，倷个好女婿新科及第见仔倷丈人阿伯"唱座"勒有礼哉！？——（老员外想总管自家顶顶欢喜格女婿得中？想勿到格种货色，真心一气！搭错一根神经！顿时两只眼睛望头爿骨里一插！口吐鲜血，不省人事！）难是乌家府上乱作一团，马上请郎中！严金福假惺惺忙乱一阵，得意洋洋。迫不及待（宣调）上楼亭——

喜形于色要动歪脑筋。〔(一对狗狼夫妻之戏。）喔唷，家主婆呀，一个多月未曾见面倷阿想我呀？好男人呀，我那哈勿想？阿是，弄个把官做做，便当伐？苗头粗伐？靠我男人福倷现今状元夫人哉？安睡吧，嗳！我答应仔倷要求帮侬出气出人头地等倷忘记了吗？〕

金福提出要求，金花允应。并做帮侪去开妹之门，然后走出。严金福进入——阿姨嗳！妹妹呀——唱（完毕）（银花一本正经，姐夫，这边请坐。） 严某肆意挖苦妹夫勿归家！表白自家有财现今又有势，大丈夫三妻四妾！体贴侬妹妹！想想周到体贴！欲行非礼！轻浮之样。银花意志坚定！一口回绝！严金福胆大枉为！说道种种挑逗之词。妹妹现今黄昏已过！姐夫在得阿姨房间！传扬出去倷有口难辩气煞侬爹爹！轻浮之样！（银花此时要急中生智！免落虎口！装得如梦初醒！推托今晚小丫头同睡！明夜支出丫环！（必须要装得情意绵绵之样）你来便了。（严金福信以为真，得意回家小房间）（此时的银花愁肠百断！心中痛楚尤是罄竹难书！官人处境！家中处境！可恶姐姐姐夫！（悲戚地长唱）银花无奈，连夜告禀母亲！

老夫人深知家丑不可外扬！！你家爹爹又是神志勿清，重病在身！当机立断叫囡圄带仔小玉丫头、书童小林，喊仔船夫，主仆三人坐船到嘉兴婆家屋里先暂避一时！（因屋里铜钿、账本都被黑心囡圄封锁）母女哭别，连夜上路！

1（笃开）2（先关照严金福夜间去小阿姨房间扑空之戏！参照捉老虫！）3（后面便表清主仆三人去嘉兴度日艰辛之样！后戏！）

缩转身来我关照，主仆三人路浪倒蛮顺利。今朝总算到嘉兴。再打听问讯到陆家。（小玉丫头上前相问）"老妈妈，此间是勿是陆锦文府上？""是呀！？"你——老妈妈呀，我伲是从杭州而来？陆公子就是伲姑爷呀！格位就是伲好小姐！（哪！）〔陆老太马上要喜形颜色，不知所措之样！呀，贤媳快到里边！婆婆在上媳妇见婆婆有礼了！啊唷唷罢了！（小玉必须马上插话（后），然后略唱）（《阿呀老太太呀，让我小丫头来讲讲清爽哪，弄错么哼趣相该？！伲姑爷么本是同大小姐成亲拜堂该！（？）倒说大小姐么欺贫爱富，看勿起伊姑爷？勿肯！伲老爷老夫人随劝勿信？来劝伊好小姐，伊小姐是良心好格！心地善良，答应同伊姑爷成亲拜堂！》陆老太听后肃然，加二起敬！（银花也可和盘托出。长唱）（让婆媳间诉说衷肠！暂度光阴！

几天过后，老太因家道贫落，思念儿子，忧心忡忡！小姐（银花）亦呒不办法，愁眉苦脸！小玉贴身丫头晓得小姐老太心里苦衷心领神会，自告奋勇到小姐跟前；卖我自身，得铟助得姑爷读书之本！小姐呀！倷一日到夜愁面样子总勿是生意经，几年来倷小姐待我像亲妹妹一样！我么呒啥报答！勿急！勿急！卖脱我！什么，什么。小姐勿忍心，小玉说：但等姑爷将来得中好再赎转身来！无奈中小姐这得应允。

〔（到仔黄昏，小玉想明朝我要自卖自身，替小姐来分担忧愁！但心中有桩心事于心不忍！啥格事体？几年来，同书僮小林心心相印，海盟山誓答应终身相许！嫁拨伊！可现今为了小姐、姑爷么自家口是心非， 所以要去讲讲清爽，说说明白）〕

（让我走勒笃呀）（碰头小林到其铺间里。小林阿哥。小玉妹妹相称）（小玉和盘托出情由，以求阿哥谅解。唱）（小林听后如雷轰顶！悲悲戚戚伤心之样。唱。）（勿来格！我勿放格！侬老早答应我，嫁拨我格！（戏笑地）小玉呀，我勿瞒倷，有啥难为情勒海！日日想妹妹，夜夜做春梦——哭哀地——我勿答应格？！）（小玉“真心”相安慰。我卖拨人家么暂时，等姑爷得中赎转来——。）

（（亦总管勿是生意经，明朝我要跟倷一淘去！看倷卖到啥场化，我我我要来一格（哭）？））（小玉安慰。应允。）（明朝书僮陪丫头去街坊卖身情景）（过来一个人——叫刁二三——头发三七开，歪戴帽子走过来。（宣调）还有两个跟班吃白食，嘉兴城地方流氓有名声，做尽坏事算勿清，是个夜里吃月亮，日里吃太阳流氓强横人！——

（刁二三，两个吃白食帮侪上前戏弄，欲行非礼）（小林挺身相帮！三人打得他鼻青眼肿）（危急中，过来一位王（善根）员外，少些银两打发刁三人后相问情由，原来是同窗好友乌本章之女！深表同情，领回府中资助五百两纹银！（二）拜谢归家）（小姐银花相问小林为啥脸上青一块，紫一块！小林风趣地相告，一顿家生，搞来五百两纹银！格顿家生，值得格！小姐听了情由，喜出望外，命小林明日起程，赶往京城（留银100两）侍奉姑爷。

我拿伊笃开。缩转身来我再关照陆锦文公子。蹲在京城客栈一状元楼。落榜后本想继续用功数年，考得功名。无奈几个月铜铟用光，童儿未来送得银两，愁面苦脸！！栈房老板看歪路看伊格副寒酸相，无油水可捞！前来结账，假装本铟缺少，逼讨。其尽力相还，还欠八两八钱！恳求情由。继续凶相逼讨。陆无奈说要么让我暂时离开客店，来人还了欠数再登。勿来格！叫其身浪扒光衣裳，单裤，单衫（衣）赶出店门。大雪纷飞，不知所措，苦悲长唱！昏倒雪地之中。

巧哉！小林手提银包路过，见雪地昏倒一人是姑爷！主仆相见，速速到皮货店买了衣裳后！再到状元客店去结账、出气！（对）姑爷欠侬几花铜钿！还脱伊！稀奇勿煞！见钿眼开，开啥饭店、栈房？做生意么要和气生财？勿见钿眼开！叫还还欠欠！多做做少赚赚！好生意发财。倷个小辈英雄讲得一点勿错！金玉良言，我歪路知错必改。来勿及哉，阿晓得？多少？勿要放勒心浪，只有8两8钱？嗳这里只大包裹哪！阿曾看见？（四百两买脱衣裳——毛毛叫啥四百两）哪，倷只铜钿乌龟，拨侬十两，勿要找哉！本来想挑挑哪！大生意嗳？勿挑哪！挑哪侬可挑别人！（姑爷呀，伲对到隔壁格爿牡丹客店去安顿。

缩转身来，我关照朝堂之中，叫东窗事发。老奸严嵩虽然势大滔天，但终究恶贯满盈罪行累累铁证如山！原来俚格得意门生周云龙尽忠报国！拿老奸一把“金夜壶”奏明万岁——夜壶上一条龙——夜壶口上龙格嘴巴！侮辱万岁！皇帝大吃一惊，如梦初醒！拿严嵩、严世藩、赵文华绑入午朝门斩首！后来顺藤摸瓜！单单浙江省查出三百多个贪官污吏！等案子了结，削职格削职！充军格充军！杀头格杀头！（杭州私盐巨商严满财房子、不义之财统统充入国库！老子充军边关，小子格个恶贼严金福削职还要一顿家生，膀敲坏变仔跷脚！（恶有恶报时辰到）因浙江缺乏官员人才！提前开考！（万岁派周云龙担承主考之职。）

到底要真才实学格！五百名进士当中！陆锦文一举夺魁！得中头名状元！（走马游街风光之（景）后。（万岁龙心大喜！龙恩浩荡！新科状元奉旨还乡！夫妻团圆）

（衙役三班，官船之风光情景）（先回杭州）（拜见岳父岳母）（乌本章老员外喜出望外！发自内心开怀大笑。（皮肉抽动，带动血液循环！〔（会得格根错搭的格神经搭正格！身体马上康复！）〕贤婿呀，但等明日，望你速速到得家乡，去探望你的娘亲！我的小女，你的妻房也在嘉兴！？多谢岳父关照！

官船行至家乡嘉兴。〔母子团圆，扬眉吐气〕〔夫妻团圆，情意更深〕从今后，陆家锦衣玉食、荣华富贵！待后落地造建状元楼〔（亲手为丫头小玉、书僮小林操办婚事。喜结良缘。）（势利，贪财阿姐（一同一）乌金花（一同）（勿像您个）姐夫严金福家财房子充公后，狼狈不堪，乞求讨饭到嘉兴妹子屋里！夫妻俩宽宏大量！替俚笃造五间平屋，买三亩地，让俚笃自食其力，过度光阴！

（如若不够，后面加戏）！

修改页

（嘉靖皇帝响勿落！看勒严嵩面上！算让伊到浙江余杭县去做个七品县（知县）！格个头名状元亦算推扳哉！）（严金福到得厅堂！只见老丈人只面孔哭勿像哭笑么笑勿出！哭笑勿得！倷只老乌龟、老冲头是看勿起我大女婿！（气煞倷！——岳父阿爸大人——（头名状元！大大的女婿叩见丈人阿爸？——（老员外响勿落！掼脱货倒身着红袍？想我格小女婿必定得中高官！）万岁封你几品官职哪？——（回丈人阿爸）我格官最最大！要七品啦！伊亦勿懂最最大么一品！（叫当朝一品）丈人阿爸！搭倷隔歇会呢！（宣二；勃论阵阵上楼台，家主婆见仔保侬笑颜开！）（家主里格婆嗳！——我格好男人嗳！（二人可轻浮地对唱一阵；内容：〈一方是数月来为之格件大红袍受尽辛劳！帮侬出气！穷鬼落榜！定要死勒异乡客地！家主婆倷阿有良心！心里阿有数？〉〈一方是倷好男人放心！数月来我茶勿思饭勿香！牵肠挂肚望断肠哪，我梳妆打扮迎君来！同床十天帮侬腔！〉（最后讨价还价定为三天后）（缩转身来！我关照陆锦文苦哉！蹲勒京城里勿容易！坐要坐钿！立要立钿！读书要本钿！蹲勒栈房里两个人开销蛮大！（戏）（书僮小林相劝）伲少爷（？）（苦求之样）有，有啥面子勒夹里！勿弄僵！伊还是回去吧？铜钿亦勿多哉！可唱劝！陆锦文则意勿肯！（格么让我去拿铜钿！？（苦口婆心地关照）侬自家冷热当心呢！（让书僮勒路上吃尽千辛万苦回到杭州乌家府上！和盘托出告诉老员外。老员外闷心一气！眼睛望头爿骨里一插！（必须表情）宣二！难末拆空老寿星，爆脱神经人倒地，还好勒！性命大约呒不啥危险格！难是阖府上下惊慌失措！老员外神志不清！老夫人是满脸愁容！银花真正是个孝女！已经整整三日三夜陪伴爹爹床前！）——（此段必须要背熟）　戏——（我关照东楼浪一对宝货真格死人勿管！——家主婆呀！讲好三日三夜？难是十个三日有哉！倷还勿称心赖！！——金福呀！答应倷！就这一夜呢？明朝夜里勿许大？噢！走哪！谢谢伲家主婆！走嗳！——（照原剧本）（到无奈之中！屋里铜钿都被东楼收绝封煞！只娘身边一点私房带仔小林、小玉，一个丫头！一个书僮！准备船一只（宣二）连夜赶路程，母女哭别泪纷纷（让俚笃一主二仆三个人去嘉兴陆家避难投亲）

（缩转身来，我关照个“掼脱货“严金福丈人跟前望亦勿去望一逮！等太阳快点下山！（可自白——今朝个（日）头啥道理勿肯下山！耐心等！）（到黄昏！伊已经迫不及待——〈要轻手轻脚、轻浮之样唱到阿姨房间内！〉然后〈像双美缘一样〉——照秦志芳衣裳上身侪脱光（赤膊）动作之样下身脱光！剩条短裤！滑落落！提上去！阿唷滑！硬板！（摸摸鼻头——血亦来哉！（宣二）摸来摸去么啥啥，空空荡荡，鸭哩哩浪吃砻糠！　白（想我七品知县勿睏着倷阿姨我勿叫严金福！）〔下一节必需表！勿易做！〕我再关照银花三个人连夜出走！路上到太平无事！到嘉兴！打听问讯到陆家庄碰着老太太！婆媳相见！悲喜交加！问起儿子！银花小姐含泪和盘托出！急需铜钿！无奈老太太之家道贫落，坐立不安！——此间！小丫头小玉对小姐十分同情——原戏要表演！）（宣）碰着来仔一个老员外！名字叫王善根，今年年方五十五，家财万贯铜钿该，可惜是呒不儿子么小辈，四十八岁老家小勿生蛋，员外想想真懊悔！再旁边——难末到观音庙中去烧香求签！哭的笃！求着个上上签！好运道！（要想得子——做桩好事）（照原来）

（后面要提出来）——必须动作表情——四十八岁格老家小真正格肚皮大起来！大得吓煞人！双胞胎！两个儿子一养！

3 姐妹封王（文武状元）

人物简介

王充　（朝堂上做个小小翰林官）
王门张氏（大娘娘）（同庚三十岁）
女儿　双胞胎（17 岁），王凤珍（姐姐）化名王奇　文质彬彬（平肩王），　王凤珠（妹妹）化名王玲　性格活泼（平番王）

张宏　（兵部尚书）在朝高官　（夫人）
张龙　张虎　双胞胎（24 岁）　两个十样景儿子

山道王　林天宝
村医郎中先生　石三生
传授医术本事（国母娘娘）　灵芝仙草
收生婆
丫头　妙玉

- 明朝嘉靖年间
- 地址　江苏省武进县（王家庄）

姐妹封王

故事发生在江苏省武进县十里桥东南面有个叫王家庄。有一家人家，夫妻两个侪是三十出头年纪，夫妻间相互关爱。主人叫王充 家里富有，而且勒（格）朝堂之中做个翰林官。官职虽小，应该说年轻有为，前途无量！家小——（王门）张氏大娘娘，如花似玉，知诗达理。

一家人家，年纪轻，已经有财有势！可惜美中不足，夫妻十几年下来未有一男半女。王翰林今朝勒浪厅堂之中闷闷不乐？

（唱）想我伲夫妻恩爱，三十而立，可至今儿子呀呒不？被人戏笑！朝堂之中被人家指指点点，众人面上抬勿起头来！？（见家小出来）娘子呀？我有满腹心事让我倾吐一番！我待你总算体贴入微了！娘子为啥心狠手辣！要我王家断子绝孙？！张氏大娘娘真是哭笑不得！养儿子呀？亦勿是做团子、塌饼。要圆搓搓，要扁揿揿！想我要算留心，伲家勿挣气有啥办法？（又不是我一个人事体，侬自家亦是只饭桶，无用货等等戏言）。（大娘娘还是体谅小官人心思安慰一番。）（唱）（官人我有个办法，附耳上来！办法暂且不让观众知晓，更为风趣。）王翰林听之雷厉风行，马上行动！亲自肩挑一对箩筐出家门。（宣调）要到街坊之中走一回。

片刻间，事体办好回到屋里！娘子呀，倷看那哼大香大烛一箩筐哪？（官人辛苦了）。（马上就去观音堂。）（嗳，官人，你可有所不知？要吃素三天，香汤沐浴后方能去得观音堂求子，就叫心诚则灵喔。

三天后，夫妻双双，丫头妙玉，家僮肩挑一担大香大烛去观音堂求子情景。

1）求子——送子观音娘娘。

2）做生意人——巴望生意兴隆去望海观音娘娘面前求拜。

3）老太婆烧香要到紫竹观音面前。

4）贼伯伯要到千手观音求拜。

5）寡妇 白衣观音面前求拜平安。

王充一对夫妻烧香求子完毕，回到屋里。再讲观音庙中送子娘娘到底阿勒宫里？巧格！齐巧勒格宫里(勿勒宫里亦有）看到王充夫妻俩确确实实诚心诚意！大慈大悲，决心大出其力！帮帮忙！大娘娘身内怀孕,迭只肚皮一日一日看伊大（宣调）起来——

待等十月怀胎，王翰林赶回家中。

（焦急之样！还未生产之样。）（今朝一早，王充早早起床到厅堂。）（丫头妙玉来报——伊夫人肚皮痛是痛得来？高兴之样命丫头速速去六家村请收生婆之情景。）（收生婆交待王大官厅堂等待佳音。生下一个小千金！妙玉丫头怀抱出，大喜，王翰林愁眉面苦脸之样！房中又传出哭声！妙玉安慰。菩萨保佑第二胎肯定要是儿子哉！进去。）

片刻后，妙玉尴尬面孔！告知老爷又是个千金！相托！怒推！（怒火带委屈（内心世界）长唱完毕！不辞而别京城而去！

（丫环进房告禀夫人。）（大娘娘伤心之极可唱。）（丫环相劝，立志终身相伴，定把两位千金抚养成人！替夫人、天下女子出口气！！

（光阴似箭！一晃十七年！！大娘娘同妙玉犹是同胞姐妹，含辛茹苦拿两位千金抚养成人。）

（现今已是二位大姑娘，婷婷玉立，如花如玉。大千金叫王凤珍，性格文质彬彬，琴棋书画件件皆能。小千金叫王凤珠，性格直爽活泼，喜爱武艺，舞刀弄枪，练得一身好武艺。）

（今朝，姐妹俩在楼台谈谈讲讲——((提起十七年来从未见过爹爹。(人家都是有娘有爹。）姐妹间商议决定下楼相问娘亲))（先请安）（小千金先开口相问）((夫人见骨肉提起往事！不禁心如刀绞！酸甜苦辣一齐涌上心头！又看到两个女儿已长大成人！懂事了！应该让俚笃晓得了！儿呀，悲悲切切和盘托出地长唱和痛哭之样）（听后妹王凤珠问爹爹做啥官职（翰林官）小小翰林啥希奇！朝堂上只不过扫扫垃圾，倒倒痰盂，掸掸灰尘！安慰母亲，为其争气))

夫人好不欢心，二女儿恳求母亲，春二三月，出门游玩一番！夫人同意。叮咛一番。(姐妹出走）（唱）

（风景如画，歇宿凉亭）

缩转身来，我关照武进县城内有家大人家，姓张。主人张宏。在朝为官——通政大堂。养两个儿子十不全。大格张龙，小格张虎，巧格双胞胎。因面孔拿挡勿出，肚皮里侪是茎茎菜，没来头呒不学问！ 24 岁尚未婚配。 （两个宝货在书房读书之样） （弟兄俩鬼商量；阿哥呀，兄兄兄弟那哼？阿伯爹叫我伲读读读短命

书！我我我越想越呒不劲！我我倔 24 岁，伊笃为点啥，还假痴假呆还勿搭倔讨讨讨家主婆勒）

爹爹这只老甲鱼到刁是实头刁嗨？赛过当倔两只众生？众生也要鲜夹夹，想家主婆（？）

（(迭只老甲鱼，老活活活猕，绝子绝绝孙，格只老乌龟格点年纪赛赛赛过活勒众生身浪向？兄弟喔！前前前趟格只老老老活猕回转，搭伊阿妈娘勒房间里——我门缝缝里里张！（那哼？）侪看见！格条被头动法动法，帐扎钩末叮叮叮呤呤当郎！（啥事体？）总归只老活猕做格种勿勿勿面孔事体！勿正当事体？看呀，看呀，看看得我痒齐齐，浑淘淘，触触，触心触肺，触肝肠（宣调格调）肠——拿倔勿当倔子当众生，只顾自家家乐洋洋。拿倔笃勒边边边浪向，想想想阿要气闷涨)）（当倔众生关勒书房里，读书头昏脑胀，到外面游游白相相！轻点！勿不阿妈娘听见？晓得！趣冬龙冬抢 ……冤冤冤呀。（相呼应）

（至少要跷脚，歪手嘴之样。）

（两只宝货村外游玩看见凉亭两位姑娘，上前戏问或地址姓名非礼求婚。）（王凤珍、王凤珠怒目相斥！禀爹爹知晓捉拿公堂。）（相问后原来你爹小小翰林，说了自家财大势粗！阿伯爹在朝兵部尚书。）

（王凤珍见势不利！以求脱身之计，(（二位公子少爷)）婚姻乃终身大事，得回告知父母大人才是。脱身。）

（张龙、张虎还家上楼求助（阿妈娘）娘亲之情景）。老夫人听了两儿！信以为真！（内心世界也责怪自家老爷也该儿大当婚了之情由。）相劝安慰，待等你们爹爹回来定能允应。昔日，兵部府张大人苏州公事完毕归家探望。老夫人相迎，提起二子婚事劝道老爷！张宏想到不争气二子，先悲恨之心情之戏表现出来！后也知自家老夫人言之有理。答应回京相请王（充）王［翰林］谈成婚事！

缩转身来，我再关照张宏回到京城，在兵部府准备一桌丰盛佳肴，一张红底金字请帖。命差人前去邀请王充王翰林。——王充接到张宏邀请么受苦之惊，心中疑惑不定！整顿服饰到兵部府要战战兢兢之样。见礼。坐定。香茗后。兵部张大人先开口，王［翰林］，想不到，你我同朝为官又是同乡真是呀？听说翰林家中二位千金如花如玉？不妨老夫让我做个大媒？讨一杯喜酒呀？　其得意高兴奴才之样充分表示——承蒙大人抬举，感恩不忘！唱明和盘托出（或对唱后）王充听后恍然大悟，满口答应，得意忘形。(（王充还到自家住处要苦思冥想——嗳，想我王充做个小小翰林官，受尽委屈，忍气吞声，众官面上受尽欺凌。（也可奴才般地唱些）但想到张大人器重心花怒放，想要出人头地升官发财好运来哉！再想想自家做人灭绝人性，铁石心肠，也要有尴尬、惭愧之样。)）（嗨，嗨，要想升官发财？要能屈能伸？要跳龙门我得先来钻狗洞。——（宣调）明日启程回故乡。十七年未曾转家门，心里想想总关有点难为情。要想发财升官交好运，到得家中见夫人。让我眼泪汪汪来动感情，夫妻总关有夫妻情。王充那么要厚着脸皮启程归家。准备马车一辆，日行夜宿，心急如焚。

一个朝堂浪小小翰林官——倒痰盂撣垃圾扫灰尘，必过乘坐马车！呒不资格坐蹲官船。路浪并无搁耽到家门口？硬硬头皮！腰板挺挺直！当家人来哉？（可直截了当）（夫人，夫人哪！王充我、我——前来拜见我的好夫人了。）（想想真个自家男人转来哉！！十七年嗳！从未到过一次家门！书信亦未来一封？天下世界有倷格种硬心肠男人呀？）（哪个大贵人到来？薄命之人可认（就）不起喔。王充此时要尴尬面容，谦让、求恳、讨好地从我表白之唱。）（夫人看其愧过自心，回心转意。想算哉！毕竟夫妻！看伊出走时是个白面书生，现今已是中老之年。）老相公请坐。夫妻相认后，叫两个女儿，夫人想叫她们前来见过父亲。两位女儿下楼。((大女儿礼貌见父亲。爹爹在上，女儿王凤珍见爹爹磕头。有礼了。（不需唱）（王充答是答应格！格只老面孔红一阵白一阵！到底有点难为情格！))好女儿罢了，同为父坐在一旁。((小女儿倔强之性，言语有顶撞之词。（强硬地）你这个爹爹呀——唱毕))（王充想，受点埋怨吧！我之此番回转，一则有思恋之意，最主要是投其所好，要想升官发财，当时看勿起两个囡囡想勿到犹是两只盛满金银格聚宝盆！装成若无其事之样。）（嗳！夫人那，想我王充愧对二位千金，至今犹是如梦初醒。和盘托出相配张宏大人两少爷之亲事！可白，可唱。）（夫人听了反对，说明张家二位少爷都是十样景，呒有学问。）（两女儿听了死活不从！王充恼火！为父做主，绝无更改。）

凤珍凤珠姐妹两家头在闺楼之中，阿姐是束手无策，哭得泪痕满面。妹子倒是胸有成竹，出了主张。((唱。抗婚。离家出走。女扮男装。连夜出走之情景。))

（附加——天亮后，父母勿见女儿前来请安。丫头来报，两位小姐都勿见踪影了！老夫妻间相互指责，埋怨！王充追悔莫及！）

缩转身来。我关照姐妹双双三寸金莲，跌跌撞撞！走得背痛腰酸！难辨西北东南！东方发白行至青龙山脚下。（阿姐无奈文弱之体难以行走。妹妹相近安慰怀！在青石板上歇息一会。） （特）突然间青龙山上来仔三个强盗。实质是绿林好汉，劫富济贫的绿林好汉！为首山大王叫林天宝！发生口角！凤珠生性亦刚烈，几经交战，勿分胜负，最终还是孤不敌众！捉拿青龙山。）

((我再关照阿姐本来生性（奴）懦弱，目睹情由昏迷过去，待等醒来，剩了孤单一人。（衣服包囊，铜钿全是在妹妹身处。举目无亲！哭哭啼啼往前行。——（宣调)))((走到一座○○桥边。心想衣服包囊铜钿，一无所有，女流之辈，举目无亲，投河自尽。——))

危急之中！过来一个救命呀人。——（可宣调)。（郎中先生——石三生。起早急症而归巧遇相救）（相问误认为读书相公，姓什名谁，家住何方？年纪轻轻为何自尽死见？）(凤珍急中有防！隐满实情！推说王奇，17 岁。这因家中后娘凶狠！无奈投亲之中强盗抢了！身无分文！想投河自尽。）

（石三生看其可怜！但生得眉清目秀！又是一位读书人！想我四十开外年纪，吮有老伴，医术高超，但又无儿女相传！（唱）把自己认作父子之情和盘托出。）

王凤珍出于目前困境！改口爹爹相称。石三生大喜领回家中父子过度光阴！）（数月光阴后，凤珍见石三生和蔼可亲，慈祥善良，内心有愧，吐露真情！石三生听了更为同情！劝其继续女扮男装，并传授医术！犹是亲生过度时光）

（今朝一早，石三生上山采满药草高高兴兴而归！（可唱些小调。似评弹、黄梅戏调等等）——参考◆行医看病采药草嗳，我石三生铁树开了花，菩萨保佑献神灵，送我一个女娇娃，啥事勿烦恼，老来有依靠，心里乐开花，女娇娃嗳（哈—）胜过男宝宝（嗳呀伊仔野哈海）

（要自语自言，像是讲于观众听）儿子我看有啥好？儿子好比件滑雪衫！外面看看蛮光烫、蛮好看！囡囡哪，好比件新格棉毛衫，着勒身浪真格着肉勒花肉！囡囡女婿是——（石三生一路过来，过街坊。见密密阵阵格人在看啥东西？原来皇榜贴出！听旁人说：当朝国母娘娘身有重病！疑难病症！天下名医都难医治，束手无策！故而招聘天下有识之士！若能治好，有官官上加官，无官平地入青云。）石三生撕下皇榜！两边当差奉迎其（到）武进县衙门。见老爷。说明自己年高已力不从心，我儿医术高超！定能治好国母娘娘之病！县老爷大喜！想我亦好升官发财！拍马屑屑后命英雄明日前来县衙门，一同进京！

（石三生回到屋里，高兴之样！王凤珍相问爹爹为何这样高兴？）（石三生和盘托出！）（王凤珍不知所措，慌乱万分？）（石三生相安慰。笃定。为父有祖传秘方——灵芝仙草。定能医治国母娘娘之毛病！不但自家可以出人头地！而且可为天下女子立个榜样！再则，为父脸上也能添光添彩！我儿记住！灵芝仙草煎熬之时，切可不能河水相煎！一定要用井水熬汤即可成功！）

（那么王凤珍有武进县知县相陪。胸带大红花，敲锣打鼓！威风凛凛，进京城，见万岁，进皇宫，到国母宫内）

（因王凤珍书生男格打扮叫男女有规！所以伸连红绿丝线把好脉之后，王凤珍胸有成竹。）（想自家爷亦在朝堂之中，重男轻女，婚姻大事，害得我伲姐妹双双吃尽千辛万苦）（要戏弄父亲一番。1）运风炉之姿态。2）挑井水一担之动作或唱。3）的背之模样边唱。

（待等灵芝仙草药汤煎好。国母娘娘吃吃！真个灵啊！马上红光满面，手脚活络，头脑清晰，浑身力气。到明朝已经好吃三大碗饭，一碗红烧肉。（当然是形容灵芝格用场）总之，当今国母娘娘之病体康复！万岁龙心大喜。）国母娘娘同儿子讲，幸亏这位仙翁，劳苦功高！官要封封大格！万岁想，（姆妈呀最大我皇帝！要么我皇帝格只皇位让出来！？母子商量定当封王凤珍一字平肩（见）王！金銮殿上出出进进！同皇帝平起平坐。

缩转身来，我再关照大明江山麻烦事体真格多！国母娘娘毛病刚看好！外国（高丽国）。就是现在格日本！野心勃勃！出兵侵犯大明江山、中原地带！边关连连败仗！万岁无奈！张贴皇榜！招汉天下有武之士，报效朝廷！（绿林好汉，林天宝与王凤珠现今是兄妹相称，(青龙山）之首。下山看见撕下皇榜！雄心壮志准备报效朝廷！进京城见万岁！嘉靖皇帝龙心大喜，叮嘱一番，放兵十万！）（林天宝、王凤珠由于足智多谋、勿怕辛劳！数月内打得敌兵片甲不留！得胜还朝！）万岁勒金銮殿大摆筵席，接风英雄。((封林天宝为元帅（三)))（封王凤珠为平番王）（二人谢主隆恩）

（王凤珠路遇平肩王，王府。姐妹重逢！悲喜交加！奏本万岁！）（万岁恩准奉旨还乡，探望亲娘！）（官船、气派、衣锦，威风到家）（王充王翰林现已告老，病退归家。见二位王爷装束模样进登家中，吓得不知所措、恐慌不安之样）（二位女儿双膝下跪见过娘亲，悲喜交加之样！）（父为女儿颠倒鸳鸯，女扮男装犯有欺君之罪而担心！）（王凤珍、王凤珠姐妹双双安慰父母，我伲总算亦是有功之臣，相信当今万岁是有道明君，网开一面。）

缩转身来，我关照兵部尚书张宏上殿见驾。奏本万岁！说皇帝呀？平肩王、平番王是女扮男装，鸳鸯颠倒，欺君之罪！万岁大怒要捉拿斩首！（此后情节要表现）

（国母娘娘听宫女来报，怒火冲天！）（喊伲子皇帝进宫！）（你，你，你这个是非不分、不知好歹的昏君！跪下来？！）（唱）（必须要快，急切地）（白）（不忠不孝的昏君）你一国之君在干啥名堂？

你丧尽天良罪难当，你要杀二位女栋梁？你先杀为娘命一条？朝中没有女栋梁？哪有为娘命一条？朝中没有女栋梁？为娘早就见阎王？朝中没有女栋梁？大明江山落火坑？朝中没有女栋梁？国泰民安无希望？你思一思来想一想？为娘之言错哪方？

（皇帝想想，娘的闲话勿错格！听娘的闲话总关勿错几化格王凤珍、王凤珠不但无罪！！而且还要大加颂扬！！有当今国母娘娘做媒人，皇帝做主婚人！将平番王，王凤珠配与元帅林天宝！将平肩王，王凤珍配与新科状元朱火生。二位女中豪杰既能为天下女子扬眉吐气！又为自家屋里添光增彩！荣华富贵！（郎中先生，石三生亦跟之囡囡女婿欢度晚年)(完）（或者）

有当今国母娘娘做媒人，石三生请到朝中做主婚人！将平番王，王凤珠配与元帅林天宝，将平肩王，王凤珍与皇帝完婚。两位女中豪杰统于为天下女子扬眉吐气！（完）

《浓缩本》

故事发生在江苏省，武进县，东门外，王家庄。有户人家姓王，爹叫王充。小娘子叫(王门)张氏大娘娘。夫妻同庚三十岁。王充在朝为小小翰林官。夫妻恩爱，近来老婆怀孕！王充盼（然）生个儿子，其去庙中求神拜佛，想生得贵子！结果生下两个千金！王充不辞而别！爱人立志抚养女儿成人。

光阴似箭！岁月似梭！一晃十七年正。

姐姐性格斯文，妹妹天真活泼，喜爱武艺，舞刀弄枪。姐妹相问爹情况？娘亲吐露实情！妹妹问爹爹做什么官？得知一个小小［翰林］啥希奇！我伲定要争气！娘亲十分慰怀！希望寄托在二女儿身上。

张府。叫张宏。在朝为官——兵部尚书。生养两个十样景。张龙、张虎。春二三月，其两个十样景书房读书商量。我伲都年方 24 岁，常叫我伲书房读短命书！爹爹这只老甲鱼、老乌龟、绝子孙！勿想同伊笃讨家小？弟兄俩冤气闷气发足！外出游村白相！

凉亭之中，巧遇王凤珍王凤珠。两十样景见二姑娘花容月貌，美如天仙，上前欲行非礼、调笑都想做自己老婆！姐妹智谋离走！两个十样景回家与母纠缠！母亲相安慰二子。

其日，张宏苏州公事完毕归家。老夫人提起双儿亲事？张宏觉得言之有理！相安老家小，回到朝中，碰到王充定成。

数日张宏到得京城，请王充做客言明！王充一听当场拍板！想勿到升官发财有待两个女儿！

十七年了，王充归家同夫人商议，老夫人见老爷回家又恨又惊又屈又喜！离家时是个白面书生。现今中老之人！有点认不出来？老夫妻总算相认后叫两个女儿一一见过亲父！两女儿下楼见父亲。大女儿礼貌（不必唱）见过父亲。小女儿脾气倔强（必唱）拜见讽刺顶撞之唱。王充忍受后许婚。二女深知实情一致不愿！王充怒目相待，言出如山。姐妹听后啼哭上楼还房。最后妹妹想出办法！女扮男装　连夜出走！无奈抗婚。

天亮后，父母不见女儿前来请安？丫头来报，二小姐不见踪影！父母听仔大吃一惊！埋怨相争！

再说姐妹双双，逃离出门！到青龙山！脚下遇见强盗，姐妹失散！妹妹武艺高强，交战一番，山寨大王林天宝深感此人年轻有为！武艺高强！扣留上山！

姐苏醒后，无奈两手空空，举目无亲，行至一座桥边！欲自寻短见！巧遇郎中先生石三生。问明原因，认作父子，领回家中。日过数天，姐王凤珍，吐露真情！石三生尤为同情！劝其继续女扮男装！父女相称，并且传授医术。

一日，石三生采药而归，见到皇榜，听旁人细论，当朝国母娘娘身怀重病，天下名医难治。故而招聘天下有医术之士解救！石三生见后撕下皇榜。当差相迎县衙门，县知县问明情由明日待等上京。

石三生回家告知王凤珍，其吃惊不小！义父相安慰！有灵芝仙草，定能大吉。

明日凤珍随县老爷相护进京，见万岁进内宫与国母治病！（王奇（王凤珍）戏弄父亲。）药到病除，真所谓妙手回春！封为平肩王。与万岁平起平坐）

缩转身，我关照大明江山，事体真格多！嘉靖皇帝母亲——国母娘娘毛病刚看好！倒说外国（高丽国）现在就是日本。来侵犯大明江山，中原地带！边关连连败退！万岁无奈！只得又是贴皇榜，出招天下勇武之士。（绿林好汉林天宝、王凤珠现在兄妹相称）下山体察见皇榜情由——国难当头，匹夫有责！撕下皇榜！朝公相接！见万岁。皇帝忧心忡忡，派兵十万！叮嘱一番！林天宝、王凤珠谢主龙恩！由于二人足智多谋，不怕辛劳！打退敌兵，得胜还朝！万岁龙心大喜。（封林天宝元帅）（封王凤珠平番王）

平番王路遇平肩王（府）。姐妹相见，悲喜交加！奏本万岁，奉旨还乡探母。母女重逢一言难尽！王充其时告老，清楚原由，不由惊慌不已！女儿犯有欺君之罪！

张宏奏本告发，皇帝大怒要捉拿斩首！国母出面反驳！无有女栋梁！哪有你皇儿江山和皇儿之亲娘。万岁如梦初醒大加颂扬！有国母做媒。万岁主婚。（将王凤珍配与新科状元 ×××）（将王凤珠配于元帅林天宝）石三生也安度晚年，福如东海！（叫大陆中板）女子能顶天半边，女子亦能争光辉，歧视女子不应该，女子能顶天半边！

——终——

4 红灯花轿

人物简介

李老太——50 岁。南庄李门张氏。（主人故世，欺贫爱富，势利老太）

李子清——20 岁。大儿子（五官端正、知诗达理、孝顺、读书人）

李子明——18 岁。小儿子，有些（个）疙嘴（戆大得直爽，老实善良）

王连英——20 岁。（生性软弱，忠厚善良，李老太大儿媳，娘家贫穷）

张三（张木匠）40 岁。（贫穷、勤恳，性格直爽）李老太亲兄弟。

叶天柱（叶半仙）郎中先生。有妻房。

（四喜下人）

蒋老太——北庄。

蒋苑珍——17 岁。（善良、热情、性格刚烈，知恩图报）

薛媒婆——45 岁。

红灯花轿

明朝天启年间。福建泉州。有一个村庄叫南庄，有一家人家姓李。一家 4 口人。主人李门张氏。格位老太虽则老伴早早离去！但因祖传富有。自家又会精打细算！蛮有心计。两个儿子，一个大媳妇言听计从，听闲话。所以 50 岁年纪还是精神焕发，面孔浪红白团赤，红光满面，屋里厢田地房产该得多，真是心宽意乐，样样称心。倒说李老太就是有一桩事体勿称心？啥？（一）大媳妇王连英。娘家屋里穷。嫁到李家无有像样嫁妆。一对‘子孙’马桶溜该！

（三）媳妇属老虎！李老太属只羊！叫羊落虎口！

被人家指手画脚、说三道四。塌台塌足。（二）自从讨仔个穷媳妇，好比“笃脱个”儿子。同我娘呒不啥个闲话谈？一日到夜夫妻两个一道有说有笑，看看真个触气！！！〔其实李老太该仔铜钿——小夫妻要好，做长辈应该—忘记自家也是童养媳出身——〕 李老太吃好夜饭闷闷不乐回房睏觉。我关照小夫妻两家头新婚数月，恩恩爱爱在新房之中（语言要亲切）谈谈讲讲“娘子呀”（要唱出妻子的漂亮、贤惠、勤谨、白头到老内心世界）一边是“官人呀”（要唱出郎君体贴、关爱、不嫌其贫穷内心世界）完毕二人你请我请，我们早早安睡吧！（夫妻要好也短的） 待等天亮李子清还要想搂搂抱抱。王连英劝导丈夫，自己先起床拎水、淘米、烧好早饭喊李子清起来一同下楼到婆婆跟前请安。

再讲李老太今朝老早就起床。昨夜里睏勿着！想想看肝火旺，气涨？挖空心思想出一个办法拨点苦头穷媳妇搭搭！要想到李家来做媳妇——享福。鼻头依洞朝北！（唱沪剧《阿必大》调）东方日出黄咕呀咕，我李老太想想真辛苦，当家人早早故世苦仔呀，我隔壁邻居在讲究我，我田地房产该得多，全靠我精精刮刮本领大（低调）都怪我一时太糊涂，听信媒人张媒婆，我难为十只洋，一套青布短衫裤，勿道是便宜末事无好货 。（白）想想真正触气！埃歇辰光还勿来请安。 1）戆大儿子李子明倒来哉！小儿子戆末戆，倒蛮忠厚老实，讨人喜欢。（必须有些疙嘴样子） 儿子李子明见姆妈请安哉！看见侬个宝货真个气煞？！姆妈呀！侬有啥气末出，有屁放脱伊，不然留勒肚里要…胀煞脱个？怪我前世缺德养侬格种戆大？么姆妈埃！（唱吴江调）姆妈侬勿火气大，拿我经常当出气洞，老实勿当小（彩）菜用，儿子阿是侬亲身养，阿是跑过人相帮拿我养，我李子明真是苦脑子。气煞我哉！小赤佬吃吃饭赶快去看门！ 2）小夫妻上，王连英先到婆婆跟前请安后（李老太是冷冰冰的面孔——罢了！这里没有你的事了！下去吧） 3）孩儿李子清给母亲请安了！愿母亲寿比南山福如东海！哈——儿呀，你是娘的宝贝心肝，一旁坐下！为娘有话要吩咐于你？是。儿呀：你是李家主心骨！如今结婚一月过！夫妻恩爱平常事！家中事业最要紧！想当初我同你爹爹结婚时！儿女私情都抛开！一二再三相劝我！男子汉胸怀大志立大业！新婚三日就出远门！四通八达生意好！留得今朝好家业。（李老太相劝！李子清无奈！想其含辛茹苦！操劳家业！只得答应明日出远门去江西收账（一边拿账本交付）（回房告知王连英。支持。子清嘱叮操劳家务，保重身体，孝敬婆婆）（明天亮二人洗梳已毕拿起包裹告别妻子到厅堂告别母亲。）（出门时看见兄弟李子明）

好兄弟呀？多多，侬今朝大包、小包陆搭去呢？奉母之命出远门去江西收账！多多，勿是我兄弟说你！唔笃结结婚才一个月，就拿嫂子一家头笃勒屋里？冷冷清清我兄弟又勿好去陪陪格？好兄弟，还望你在嫂子面前多多照应？晓得。放心。要是别人家欺瞒嫂嫂，我讲闲话讲勿来？我总管扔起臂膊一拳一脚，帮嫂嫂！！（要门内惊慌望一望，小声地）要是屋里厢个老太婆欺瞒，我呒不办法？我见伊怕格唷！嗳。不会的。（李子清正要动身，见兄弟两手烂泥！（相问）兄弟你手上两手烂泥在做啥？多多，我在做泥老爷。做家主婆！我也 18 岁哉！想家主婆想勿着！姆妈又看勿起我！索性多做几个家主婆！到夜里这个睏睏，（伊）该个睏睏！勿倒是格两个家主婆一点用场呒不！我想同伊笃讲讲张！格两个家子婆侪勿肯同我讲张，侪故死人，动也勿动，笑也勿笑！（李子清体凉兄弟可怜！关照等哥哥江西收账回来同其讨一个回家！阿真格？外来妹我勿要！我要同嫂嫂一样本乡本土格？好的好的！哥哥侬要早的回来呢！祝多多路上顺顺当当一本万利呢！侬勿去去勿来勒“一脚去”呢！逗逗我，我要叔接嫂呢！分别。

李老太看大儿子已出门收账，总算有机会好“收捉”穷媳妇，叫王连英到厅堂。李家不是聚宝盆。也不是金银山。（想出办法，扳牢错头，要侬好看。） （ 1）

梳头 2）叠被 3）洗脚 〕 王连英同其梳头梳得勿轻勿重。无有一根头发梳落！装得十分舒服之样。扳勿牢错头！叠叠被看——又是轻重相当，百节百骱适意！可做出扭秧歌姿态！最后李老太硬做扳牢错头，挖空心思叫其烧水帮侬洗脚！故意指责水太烫！将脚桶水倒在其头上，装腔作势大发雷霆，命王连英头上插戴解脱！身上新衣裳脱下把早准备好粗布衣裳换上，罚其不准回房蹲在后花园草棚里：日里坌地锄草，挑水种菜。夜里还要弹棉花，纺纱织布。派人看牢每夜到四更天方能歇息！吃格猪狗食，做格牛马活！一晃三个月过去！其已被折磨得勿像样子！面黄肌瘦！蓬头垢面。（格歇已是三更时分，其还在手弹棉花，思念丈夫，悲切地）手弹棉花想想苦 忍勿住双珠眼泪落胸脯——

（待等明早王连英又要挑水种菜）缩转身来让我再选一位出场人，同病相怜命苦人，身居东庄张家村 此人叫张三张木匠。

张三木匠，40 左右不到年纪。枯庙旗杆一家头！一场毛病屋里铜钿钗看光！现今毛病看好做生意呒不本钿，呒人帮忙，想到阿姐搭借点本钿。（张木匠阿姐就是南庄该铜钿个势利李老太）（到阿姐门跟头一看两扇黑漆大墙门，四面围墙，想我一年未来，阿姐越来月发夹哉！（喊开门）侬啥人？喔！外甥，我是侬娘舅？开门？（小外甥门缝缝里阴阴）见其身浪衣衫六条精。头上帽子开花顶。（其想老太婆关照好，来人要身浪“行头”毕挺好见）墙头呀，侬一年多勿来哉？屋里做啥？娘舅无法去年大病一场，铜钿看光！（其看你娘舅作孽，想让我帮帮娘舅）墙头，等歇进见老太婆让娘舅讲几声好话呢！（进厅堂）（装得高兴之样） 姆妈，今朝娘舅来哉！喔？（娘舅发夹，身浪行头毕挺，大包小包身浪背个！手里拎个！末事拿来勿勿少——这些可唱的内容）李老太信以为真，开心样子，赶快请进？晓得！香仔香得来！看末看勿见！

（开门，安慰娘舅。张三到厅堂相见）（势利人面孔顿时晴转多云之样）兄弟见阿姐有礼，一来望望阿姐，二来么（唱）和盘托出！一边是 1）我阿姐姐有铜钿当呒铜钿过，一块“乳腐”要吃半个号头！呒不空闲铜钿借脱。 2）我阿姐看侬一副穷酸相，苦命样，只能帮人做做工，看来侬无有出息。（张三这边是）怒火冲天之样——阿姐侬现在勿该点臭铜钿狗眼看人低。我张三从今决不再到“有铜钿”阿姐屋里！讨饭也走过李家门！侬勿要架子搭足！像蓬拉足！（哈——！兄弟正是人穷“志气”高！我做阿姐决勿会上侬兄弟门上来！要是我阿姐上门来，我左脚踏进侬斩左脚，右脚踏进斩右脚！）张三怒出！（李子明见娘舅未借着！生性善良，劝其稍等把仅有私房钿给娘舅做生意本钿）张三感激万分，回家发奋！

光阴如箭，一晃又三个月过去，我再提表李子清（宣调）半年辛劳在江西。李子清半年在外，尽受辛劳，一场毛病，身体虚弱，总算好友相助，账目收齐，思念家小，归心如箭，乘坐航船，春风得意。

（唱调）（回家）（付脱船钿回家。面见兄弟李子明相告嫂嫂状况。

急步到后花园相见家小。衣衫褴褛之王连英为了家庭团结，隐瞒委屈，经李子清再三逼问王连英和盘托出。李子清心内对不起家小，又不能顶撞娘亲，一愁莫展，口吐鲜血，王连英无奈搀扶其到房中。到其夜半三更看其病体严重。无奈王连英只得去禀告婆婆知晓。李老太闻讯又气又急去看望儿子。（并恶语指责王连英——你真正是只败家星、狐狸精，我儿子刚刚回家，侬就迷得我儿如此这样，要是有啥不测，同你算账）

又急忙喊底下头人叫四喜去请叶天柱（叶半仙）郎中来看病。半夜三更末喊起身　头重脚轻昏沉沉　大少爷回家生毛病　到叶家庄去请医生。（到仔见叶半仙家灯火亮着，准备要敲门）

再讲叶半仙夫妻双双半夜三更睏勿着，还勒浪大讲张——男格，侬啥长吁短叹，作啥？睏勿着，我叶半仙越想越急！越气？啥？讲哪？嗳？！我半仙虽然铜钿该，医道本领人人赞，可怜我年纪已经四十岁，呒不儿子真懊悔，忙忙碌碌药箱背，铜钿寻寻交交关，断子绝孙呒后代，众人面上做人难，爹娘面上难交待，养我这个呒用坯，受尽冤气正推扳。

家主婆呀，侬也太棘手！我同你廿几年夫妻做下来！要算待侬不错？侬总管一点情面也勿讲！养两个都是丫叉头？一样格？将来讨个女婿？呒不面子该！其一百岁拨行家格人？侬火有啥用？本事勿该！养儿子也要诀巧该？倷想想看倷搭我“要好”侪勒啥辰光？啥辰光？我听我师妹讲养儿子养男女侪有门槛该！“前半夜夫妻“要好”一点用场呒不！呒不名堂！就是养的侪是囡囝！喔！啥人要儿子要后半夜“要好”难末来哉！你想想看倷脱我“要好”侪勒前半夜，等到要紧关子养儿子啥辰光赛过只死猪？动也勿动哉！（开心）（感激之样）家主婆呀，巧哉！该歇齐巧后半夜！来哪！来哪！（外面四喜敲门）人齐巧，齐巧要紧关子！（只好起床开门，问明原因。叶半仙还犹豫不决！家主婆相劝，看病要紧，来日方长）叶半仙只好着好衣裳背仔药箱跟仔四喜到南庄去看毛病。郎中看病理该应。（到李家勃伦阵阵上楼。把脉看舌苔。勿要紧侬儿子在外面受仔风寒、身亏、身虚之病身体虚弱。开药方——（沪阳血调）。明日配上药，三帖药吃吃保侬药到病除。付铜钿叶半仙回家）（天亮李老太叫王连英拿之药方配药完毕准备回家）

缩转身来我　再关照附近（北庄）有位姑娘叫蒋苑珍，17 岁，热情性格直爽。在家“描龙绣凤”，丝线用完到街上想买点红绿丝线，看见以前要好师阿姐王连英。（急步招呼）师阿姐？妹妹。长远勿曾碰头。听说侬拨勒一家有铜钿人家，真正好福气（哭笑不得，有口难言）师阿姐现在眼界高哉？结婚也勿拨个信我？阿是怕我出勿起铜钿介？这个么！师阿姐侬手里拎点啥？妹妹，想我家丈夫身体有病，我刚配了药急需侍奉药汤与我家丈夫！妹妹改日再言谈吧！（蒋苑珍想难得见师姐一面，讲张歇，上去“扎”一把拖牢俚一只臂膊。（王连英疼痛难熬之样）其撩开一看，青一块紫一块血迹斑斑！相问啥人欺负于你（想师阿姐是大好人，别人家吐笃“涎吐”伊面孔浪，撸撸脱！逼问王连英！其想自家既无爹娘又无姐妹见了师妹犹是亲人一般！就和盘托出。（悲切地长唱诉说）蒋苑珍听后同情，侪狠凶婆李老太！（念当初师姐舍身相救我性命，替我就医，领我回家，感激不尽，从此结为姐妹之情，决将替师姐出气，又相问师姐：夫家除了你们夫妻婆之外，还有何人？还有一个小叔。是否配亲？也是个善良之辈，今年 18 岁，尚未配亲。（好极！我蒋苑珍虽则年纪轻，也懂知恩报答！定要为师姐出气！“倷”李老太虽凶当你南庄一只雌老虎！我北庄蒋苑珍欢喜讲道理、摆事实！名气也蛮大，叫老虎雌）蒋苑珍安慰师姐几句让伊回去（夜里难末（来）要南北二只雌老虎相争，到底老雌虎结棍？还是小雌虎厉害哈哈——）

王连英买药回到屋里。马上煎汤熬药之后端到房中，李子清拿“调羹”准备吃药，只因药汤太烫难以服下！王连英见房内无有别人，让丈夫快点吃下药好转，又是夫妻之间！索性拿自家嘴巴一口一口“喂拨”丈夫吃！（真所谓苦口良药腹中吞，滴滴点点夫妻情，为望丈夫好保佑，消除病根得安宁（白，不唱）勿倒是恶婆婆李老太齐巧上楼来看儿子，见房门关好，轻手轻脚走近门缝缝里阴，一看见格种情景火冒三丈——（想我儿子有病在身，你只狐狸精，扫帚星、败家精，还要迷牢我儿子（亲嘴，（吻）香面孔，还当了得。）强压怒火，装得软声软气叫媳妇出来？（王连英又勿晓得，喂完药出房门）拨勒恶婆婆“扎”一把头发往楼下拖（宣调）拳打脚踢王连英——（到厅堂上李老太喊四喜拿来木棍一根（宣调继续清板）我（老太婆）打一记来问一声，亲眼看见侬只狐狸精，我儿子毛病重在身，还要吻面孔来迷男人，李家讨侬只败家精，李家万事都勿兴，儿子还要生毛病，我定要把侬赶出门！（王连英苦苦相求，若然婆婆不要我这个穷媳妇！待我丈夫病体好转）

老太婆真是灭绝人性，勿讲半点道理，喊家人四喜、自家也亲自动手拿王连英亲自赶出大门！王连英正是欲哭无泪叫天天不应叫地地不灵！格歇辰光天要夜快，无家可归，无路可走呀！（悲切长唱）其神志恍惚走在路上，见前面一棵松树欲上吊自尽（细节明确丝带一条，脖颈里一套，双脚一直）实实在在一个好人哪（阿肉麻）！齐巧珞珈山南洋观世音巧路过，东海龙王吃寿酒腾云驾雾回庙门，看见一女子把死路寻，阴阳手指算一算，满腹冤屈多可怜，手拿拂尘甩一甩 树枝“轻轻叫”断下来，再拿丝带解松叫伊苏醒过来（屈指一算有人相救让观世音回庙门莲花台上去坐金身）无多片刻张三张木匠路过此间，见一小娘子昏倒松树旁，边上丝带一条知道寻死未成。赶忙叫醒相问（声音稍大些！直爽些！）小娘子你家住哪里？叫啥名字？家中有何几人？为何在此自尽短见？

王连英一一相告（自己名字。家住附近南庄。丈夫李子清。无奈婆婆凶狠把我赶出家门。难度光阴，欲想了此残生喔！原来　你，你，你是我滴滴亲亲（轻些）外甥新妇呢！你家恶婆婆就是我张三的阿姐！（王连英此间要叫应娘舅）（声音高些）相劝。安慰。我娘舅人虽穷，好得会木匠叫“天下饿勿煞手艺人”（两人回去，让王连英暂时蹲勒娘舅屋里过渡光阴，我拿伊笃开）

缩转身来，我再关照北庄蒋苑珍格娘蒋老太在屋里左等右等见囡囿买丝线还未回家（想宝贝女儿生得漂亮，心灵手巧，17 岁还未高配）。人家还做媒人这个勿称心，那个勿满意！正是做娘勿晓得囡囿个心嗳。（唱）此间蒋苑珍回家。（蒋老太责怪女儿！17 岁大姑娘要自重斯文些，“怪歪怪歪”被人家瞧不起！配勿着好人家！）（女儿道我 17 岁哉？姆妈勿搭我动脑筋，我只好自家动脑筋！（必须要装得高兴样子）街上碰着师阿姐？！福气腾腾，绫罗锦衣，头上珠光宝气，翡翠玉石！嫁勒啥地方？师阿姐嫁勒南庄李家，该铜钿！真个饭来张口，衣来伸手，要啥有啥？夫妻要好！婆婆又是百依百顺待我师阿姐像囡囿一样亲热！（喔。）姆妈呀听阿姐讲李家还有个小公子，18 岁，还未配亲！我师姐面上已打个招呼？姆妈侬总要动番脑筋？（蒋老太一听南庄李家名声显赫该铜钿，顿时高兴急切之样。）（其想来想去囡囿自家看中勿像样子？！（囡囿反驳）姆妈年纪轻时也不是自家看中爹爹，或戏场上，宣卷场上！这叫囡囿学娘，天下通行！

（并着急向娘想办法！）蒋老太安慰女儿马上到薛家庄跑一趟，碰着薛媒婆叫其做现成媒人。（相问女儿如成功有啥要求）（好人家迁就点！一样聘礼都勿要！只要娶时一顶红灯花轿！蒋母考虑反正李家该铜钿！巴结点！怕别人家抢去脱，答应。蒋母心想我倒要“人人要面”，如成做娘倒要十里红装像模像样嫁过去！（蒋老太要做得喜形于色、轻浮之态路上动作）（到薛家庄。敲门）老阿姐——老妹子相称（其和盘托出）（薛媒婆还装腔作势，格个生意难做，格个媒人难做！说其囡囿人品虽好，脾气勿大好！天勿怕，地勿怕！节头管当硬乱！吃勿消。

蒋老太面孔。（叫侬做个现成媒人！挑挑侬寻点铜钿！我另请别人！）（急忙拦住！“扎”一把拖牢。（讨好地）伊笃囡囿有眼力，有花露水！好人家！该铜钿！我去跑一趟！（这是我囡囿年庚八字？要成可定个日脚？）晓得。　（薛媒婆去南庄同样是得意忘形之样）想我正是交好运，　南庄李家去做媒人——（到南庄李家。敲门）（戆大）啥人介？我呀，薛买婆？喔阿是二少爷？侬个老骗人来做啥？（要软声软气之态）同侬二少爷来做媒人？快开门？做媒人做媒人到现在一个家主婆勿曾同我做着？上上一次退回来做媒人？我屋里厢姆妈一双新鞋子捞得去！勿开门！嗳，子明呀，格一次薛婆婆真个勿骗侬？北庄有个大姑娘会看中你？阿真格？（开门）（到厅堂见李老太）老妹子真是恭喜贺喜老阿姐哉！嘻，嘻？李老太白个眼。说道，想我有啥喜事？儿子生病？讨个媳妇狐狸精、败家精！屋里啥事勿兴？唉，老阿姐有人托我。真格！北庄蒋家有个大姑娘。17岁。漂亮聪明能干。看中你家二少爷！有啥人看中我戆大儿子？老阿姐我末一本正经当事体特来告诉侬？人家诚诚心心，大红帖子拿来，勿要侬啥聘礼、彩礼！只要一顶红灯花轿。人家独养囡囝嫁过来像像样样准备十里红妆，像你大媳妇无啥啥勿有啥？（李老太要转忧为喜）招呼吃茶吃瓜子。（一边要扮像吃瓜子之样）人家还托我假使李家中意马上就好拣日拜堂！（提大红帖子之样）李老太顿时要心花怒放之样（肯定北庄打听到我家该铜钿。想想迭个大媳妇！什么什么气煞，什么什么塌台！今朝搭着一个大便宜，送一个发财媳妇来）

当即李老太答应。“喜看姑娘帖子”。马上两人拣好黄道吉日！成亲日脚另时拣定。薛媒婆轻浮地敲钉转脚。去北庄复命。

日脚蛮快！今早已是七月十八。李家是张灯结彩，喜气洋洋！北庄蒋家亦然万事俱备，红灯花轿，十里红妆吹吹打打（宣调）做新娘——四季衣裳箱笼放，子孙马桶红光光，绸纱被头十八条，软硬粗细勿缺少，李老太看得哈哈笑，人家议论勿勿少，李老太顿时有点浑淘淘，等酒水完毕，拜堂成亲，送入洞房。（成亲戏也可做——苑珍要装得斯文！子明要手舞足蹈，十分高兴之样）到新房，李子明手拿称梗挑方巾之样：方、方、方巾挑得高，养个儿子将将来做寡老！喔唷，漂亮得来呀？（可疙嘴般地唱）官人，子明呀？从今后我们夫妻双双要恩恩爱爱，互敬互爱，有什么事情嘛？要决不隐瞒于我呀？（李子明想，家主婆个闲话一点勿错！侬是真个自家人哉。睏勒一张床浪厢阿对！肉腡腡。伲老爷家主婆到底勿派啥用场。家主婆一片忠心，我亦要赤胆忠心！有桩要紧事体我要关照一番）从今后，我李子明保证听侬家主婆：侬叫我东我不敢西，家主婆侬叫我西我勿敢东！（先装成东张西望之样）必故我见伲屋里个老太婆怕格！伲姆妈侪做得出，像只雌、雌、雌老虎！侬要当心点呢？勿怕，讲。噢。（唱）青年曲亦可——伲姆妈年纪虽然五十多，百样事体侪俚管，看见穷人翻白果，有铜钿人弯腰曲背笑呼呼　疑神疑鬼心思多，身浪末呒不几斤肉，地下佣人见伊怕，瞎三话四听壁脚，就是侬今新笃个关个新媳妇，亦要当心吃苦头！（蒋苑珍心想，李家阿婆确是蛮不讲理，师姐讲得一点勿错）承蒙子明真心相告？！嗳！家，家主婆，时光不早我们一起睏觉吧！（想我有桩要紧事体勿曾问勒）嗳！我们夫妻今日乃是洞房花烛之夜，理应再叙谈叙谈？我且问你，你家嫂嫂今日不见人面，不知到哪里去了？家主婆呀，侬不作兴！蛮好开开心心格事体，板要提起伤心事体，提起我苦命嫂嫂？！弄得我一点劲势都没有？你家嫂嫂到底怎样，你总要讲于我听呀？（李子明无奈，做出怕势势之样，东张西望好后，望后装成痛哭之样必须）提起我的好嫂嫂，真是知书达理样样好，想不到好人总是有人欺，我姆妈确是太荒谬，无理取闹听壁脚，把我嫂嫂打出外——我子明是个无用货 见姆妈犹似老虫见之猫——（接唱）子明说出心里话，想起师姐怒火烧 今夜我要施巧计听壁脚来我斩尾巴！（子明你不要过分胆小怕事，勿像个男子汉，为妻是只要有理有道叫天不怕，地不怕，有理也敢打太公！（李子明开心的样子）阿真格？只要你听我安排！我还可将我们好嫂嫂接回家中！（好）（暗语几句，附耳上来，点头无奈下跪，看家主婆苗头）

缩转身来，我再关照李老太今朝风头出足，心里蛮高兴，打出穷媳妇（得着个大便宜）讨着个发财新娘子！

必故，心里想想总是勿踏实，奇怪（小姑娘生得漂亮，十里红妆弹眼落睛！赛过送上门来！拨勒我个戆大儿子！！！必故我个戆大儿子人是闲话勿会讲啥，人是的角四方一个老实头人！老实头人容易吃亏格？！让我老太婆去听听壁脚，轧轧苗头看俚笃夫妻阿要好？（真个十三点老太婆）（装得轻脚轻手轻声之样）让我走格（唱）发财新娘子讨上门，心里想想真开心，叫该铜钿配有铜钿，我老太婆侪故个女皇帝，戆大儿子是个老实人，“唔笃”观众勿说我老面皮，我老太婆也不怕难为情，走到戆大儿子新房门跟边，听听壁脚看动静，听俚笃小夫妻阿要好，我阿婆面上阿讲啥经——（到门跟首，或窗盘）畔边一阴，乖乖龙的东！不张气格儿子跪勒媳妇门前！为点啥？像点啥？想穷媳妇我勿入眼，赶出门！侬新媳妇该两钿，摆啥威风（雌老虎脾气发出来哉（新媳妇上门，我老太婆晓得，笼糠搓绳第一次最要紧！要做服帖！要拿出做阿婆架子出来！（略思）儿子呀，开门，儿子呀？（晓得侬姆妈要来格！门不认算！侬死进来好哉！）（最好里厢子明、苑珍做小暗动作，奴嘴）要死快哉，堂堂一个男子汉跪勒女人面前？起来！讲到底为点啥？（玉皇大帝 灶家皇帝 早必儿）可临场运用！我勿起来！从今后我勿、勿听侬闲话！？也勿怕侬只老太婆啥！傢只小赤佬？侬勿要凶！？叫侬老太婆还客气来！雌老虎？呀唉起来我有话问你！家主婆叫我起来我起来，勿叫我起来 我宁愿一直跪下去！？气煞我哉！侬只活现世！——（开始指向蒋苑珍）侬只女人倒凶嗨？跑到我门上来耍威风？休想？啊呀这可是你做大人的不是了！想我蒋苑珍是双脚跑上门的，还是你们李家用之红灯花轿抬我来的，你自然清楚？！我可不是嫂嫂，被你欺侮！怪不得人家说你雌——？雌什么，雌什么？（相逼）雌老虎！

好！好！叫我雌老虎？今朝我要你尝尝老虎脚爪味道！？（要不！侬要做我阿婆哉）（举棒欲打）（被蒋苑珍夺过打一记）阿啃坏！我打一记，来问一声，阿啃坏，我师姐错处在哪里？我打一记，来问一声，阿啃坏，为啥我嫂嫂要赶出门？我打一记来问一声阿啃坏我师姐现在在哪里？有理无理大家评 叫你把嫂嫂寻回门。子明呀？

起来一道来帮帮忙？晓得。小夫妻两家头，七手八脚，拿听壁脚山老太婆推出门（宣调）叫伊去寻回王连英。

李老太拨勒小夫妻俩推出大门！推门勿开！像只老泼妇——想想气来实在气，铜钿难为来受隔痧气 只怪儿子勿争气 二人一道来定巧计 敲得我只面孔像葱油饼 我塌台塌到脚后根。新娘子敲阿婆会得输着我哪？

我哑子吃黄连讲勿清哪——？

侪家来看哪！侪家来看哪！（全新朵括）格新娘子敲阿婆！（必须做出姿态为好）深黄昏辰光，有些人隔壁乡邻听着响声勿出来，有些人暗好笑！凶老太婆有这一日！该两钿物事投五投六！老太婆看看末呒不来人帮忙，自知无有人缘，想想怎样办法？到亦是叫天不应，叫地不灵，思来想去只有一法！老老面皮（宣调）只好到娘家去（亲兄弟面上去诉苦经，当初我真不该应，拿亲兄弟当做陌生人，铜钿勿借冷落伊，此去见面（有点）难为情，山穷水尽无路走，做趟小人去赔理（新），求得兄弟肯帮忙 为出心中一口气——

（李老太真格叫自作自受，瞎跌盲搭，小脚伶仃！苦头吃来呒啥讲头！）到天蒙蒙亮，总算到娘家兄弟张三门根首——

只听里厢有“锯子”锯木头响声，想定是兄弟在“开早工”“做生意倒巴结”！！硬硬头皮，老老面皮喊开门！？兄弟呀！好兄弟！开开门？里厢锯木头是张三（张木匠，因屋里多一张嘴，所以起早摸黑寻点铜钿。听有人敲门？声音像熟？啥人呀？我暧！啥人，猫有猫名，狗有狗姓？我，唔笃亲阿姐！好兄弟开门哪？（张三开门一看！真格是阿姐）喔发财阿姐，大清早啥个事体到我穷兄弟门浪来？让我进来，慢慢叫告诉侬好兄弟！（慢）（张木匠到里厢拿把斧头）罚过咒讲好格！！发财阿姐到我穷兄弟门上来，右脚进来宰右脚，左脚——！（动作姿态要怕无奈之样）好兄弟呀，饶我阿姐吧！以前末都是我勿好？！什么什么——有铜钿阿姐，脚末我勿宰！倷要我兄弟帮忙让我听听再说！便便当当进我穷兄弟门我张三该口气亦勿消格！倷要进来滚进来？！！李老太想，滚进去！呒不办法要靠兄弟出气勒？横势天刚亮，呒不啥人？拆拆羊烂污！滚末就滚进去吧！！（要做出可怜之样，拍身上的灰尘）

好！阿姐呀？就勒穷兄弟铺上躺一歇！老太婆想走仔半夜工夫风霜寒冰，精疲力尽就躺一歇吧！（并对兄弟哭诉和盘托出家中情况）要张三去李家评个理性出出气！（张木匠对阿姐道）万事阿姐你不要做得过分！我看呀，菩萨显灵！侬无理虐待大媳妇报应？！（都是我的不是）

张三张木匠想（势利阿姐亦总算有所认识，外甥新娘子总勿能一直蹲勒我搭！想个办法让伊笃一家重归于好吧）

走到王连英房门根边起手碰门；外甥媳妇呀，开开门（待张木匠告知你婆婆刚巧来到！（王连英有怕之样）有娘舅在此不怕！！（（附耳之样））　王连英听之娘舅吩咐到厨房间里准备一碗姜汤（（拿自家只面孔全部隐瞒，只露出二只眼睛））走到李老太婆跟前——老妈妈，请把这一碗姜汤吃了,暖暖身子！！（老太婆一呆！啥？阿是兄弟有之家小了）吃完姜汤身体倒暖热许多。看看眼前这位小娘子，斯斯文文,身材苗条,(就是面孔看勿清爽）（相问）你，你是——

老妈妈（唱）想我是乡下贫苦弱女子，父母双双不在世，嫁到夫家度生存，孝敬婆婆理该应，端茶送水侍奉好，问寒问暖好照应，（倷个小娘子真个好）谁知婆婆啥心思？挑起事端把我赶出门（格只老太婆真正勿像人）

我无有生路想寻死！（作孽哪）幸亏大叔救我命，当我亲身女儿相看待，难忘大叔好情意。((要接唱，有埋怨那个老太婆的神态动作))滑稽地——迭个死老太婆末勿像人呀——世界浪哪有这种凶阿婆娘——真正是伊生在福中不知福哪——

这样达理知书好媳妇，罚伊嘴巴浪生只丁呀，巴伊烂心烂肺烂肚肠！我末真是无福气呀，该不着格种小娘子呀，若是来世有缘分，我要千筋斗勒豁虎跳！

（张三出场）好哉，阿姐呀！勿千筋斗豁虎跳哉，倷看看伊倒是啥人？((连英布解落))婆婆，媳妇有不到之处，还请婆婆指教？！（真格难为情煞哉）起来吧！好媳妇呀！都是我老太婆勿好！（真在格歇辰光）(也可运用宣调）

李子明、蒋苑珍小夫妻俩亦寻得来。大儿子闻讯亦一同前来，身体毛病亦好哉。小媳妇蒋苑珍双手举起“家法板”双膝下跪，跽到李老太跟前——婆婆，都是我媳妇的不是！愿受婆婆教训！此时，李老太顿时明白——这二位媳妇都是大贤大德治好我老太婆欺贫爱富、势利之心的毛病。

后来，李子清带仔兄弟、娘舅张三张木匠再去江西做生意！大发其财！张木匠在江西亦讨一个家小回家。

连到兄弟李子明在外接触勒锻炼！变得疙嘴毛病消除！人亦能干聪明

这真是（大陆煞板）

李家门庭光辉添

荣华富贵济穷人

媳妇孝顺婆婆心

婆婆更爱媳妇人

（修改页）

（李老太可称黄瓜婆——到人家黄瓜地里偷两条黄瓜！）

（王连英——教书先生格囡囝！因此是个三从四德、知书达理之女）（弟兄门口见面可附加——阿哥呀！我十四岁就发身哉！想家主婆！）〔(张三应该有家主婆妥当！）一（后面张三救回外甥新娘子可以制造一场误会戏的)〕

（王连英续药而回！药汤端到床前！大少爷小囡脾气！怨比药汤又苦又烫！隔歇再服！家小见房内无啥别人相劝嘴喂！小佣人相见——添油加酱去并告老夫人！其得悉后！命小佣人去喊出王连英到厅

堂——指责——冤枉——叫小佣人一同帮忙！二人一同打出王连英（一定要有打王连英的姿势，动作！扇子当工具！口念——狐狸精！扫帚星！败家精！）（叶天柱夫妻半夜对话可屁股对屁股之姿态！）

（张三救外甥新媳回家！喊开门！家小开门见自家男人领有一女（误会戏）后来方知——难末难为情煞哉！）

（李老太得定亲事已定！叫子明来到身边。关照儿子结仔婚仍旧听娘闲话——勿！！结仔婚么！我要听家、家主婆哉！勿！勿听倷姆妈闲话哉！——勿听么！姆妈去回头！——格，格！格末听倷姆妈！儿子先，先，先甜甜倷！横家主婆勿、勿曾讨来勒！——关照侬！儿子呀！到结婚拜起堂来格两笃鼻涕缩缩进！当心点！——姆妈！缩亦缩勿进！揩亦揩勿光！倷养我格辰光！偷、偷偷工减、减料——〈好哉〉）拜起堂来姆妈教教倷！听好——噢！——（先末一拜天地）——一，一，一拜天气（一拜天地）！晓得哉——二拜高堂——二拜三块梨膏糖——夫妻对拜——乌，乌龟对拜！）（真是青肚皮活猕！）

（婆媳间沟通思想！感情加深！然后，老太太准备两顶红灯花轿！娘舅张三陪同迎送两位新媳回李家门！——婆爱媳来媳敬婆！（表白李家和睦新景象）

最后大陆煞板

（当薛媒婆来到南庄李家，做媒时一定要从中讲出北庄格位姑娘蒋苑珍不但漂亮而且该铜钿！勿像倷个大媳妇穷得勿像！）

〔待等子清出得江西，李老太喊出大媳妇！定要凶！（残忍！倷结婚一个月哉？还是头上插戴〕

我儿子亦勿勒浪哉！阿是倷要想轧姘头！等等，新格衣裳统统脱下来！告诉倷？从今后蹲勒后花园，日里坌地种菜，夜里纺纱织布（倷勿看我凶！过去做媳妇真个苦煞！现在是横难讲哉——做阿公侪故死人，阿婆佣人！儿子客人！媳妇侪故仙人！）

（柴心头蜡烛）（连到做木匠的吃饭家生买脱！看毛病！）（提到北庄——蒋家（发财人家）要讲到蒋苑珍幸亏王连英爷相救性命！落在河中！认为姐妹！）（李子明倷看伊戆大！养之一对双胞胎——两个大胖儿子！）

（多多呀！我晓得—倷—倷格姆妈就是我格姆妈——倷个家主婆末就是我个家——家主婆！）

（多多呀！倷去仔勿回转格是弄僵戏！兄弟要叔接嫂）。

5 刘王卷（刘王老爷出世）

人物简介

夫：刘三林
妻：包（文英）氏娘娘　同庚 25 岁
伲子：刘阿大 7 岁（刘承忠）
收生婆：陆妈妈（婆婆）
许媒婆　二婶婶
朱三姐（娘）
阿二（儿）6 岁
包老老（外公）
包老太（外婆）　　外孙 阿大

玉皇大帝　太白金星　灶家皇帝

唐 宋 元 明 清

刘王卷

刘王卷出在唐朝玄宗年间，当时玄宗皇帝执政朝廷，由于治国有方，加仔文武百官齐心协力。正所谓朝廷是刀枪入库，全国形势一片大好，风调雨顺，国泰民安。做生意人生意兴隆，种田人是顺顺当当，五谷丰登。黎民百姓都为丰衣足食，家家户户安居乐业。故事就发生在上海松江府嘉定县，泗泾、七宝，六渡村。有一家人家姓刘，主人叫刘三林，家小叫包文英（包氏娘娘），同庚 25 岁。夫妻二人称心如意，年轻有为。刘三林靠放租米，收利钿，叫该田该地该铜钿。

但结婚七八年至今未养一男半女。

三林真是心急如焚，叫天不应，叫地不灵！别人家背后都指指点点，讥笑于我！风凉话讲讲，叫刘三林无地自容！左右难走人前面！对呀，我刘家虽该田该地该铜钿，年纪轻轻养不出伲子……

将来养老送终靠啥人？（唱）从今后，刘三林自己努力点积极一点，经常留心看家小肚皮！从上望到下，真个一年到头瘪塌塌，呒啥啥，不有啥？对其妻道：我同你夫妻叫恩恩爱爱，要算待你好哉，你为啥心狠手辣，不讲情面于要我刘家断子绝孙！家主里格婆呀！？（痛哭样子）侬为啥不同我养个伲子啊？包氏娘娘真是伤心至极，哭笑不得。又没有想出好闲话来安慰自家男人（养伲子不是做团子、塌饼掐掐做做倒蛮容易，我家小要算留心，养不出有啥办法）无奈中？包氏娘娘想了一个办法对三林说：（应该刘三林附耳上前）（办法暂不让观众知晓）一夜已过，十点来早东方发白金鸡报晓。明朝一早，刘三林听仔家小闲话，拿了一副箩担到街上香烛店买仔一担大香大烛到屋里。小夫妻俩准备停当，今朝要到观音庙中去求求观音菩萨！阿有啥求得一个贵子（求得到请一堂丝弦宣卷给观音菩萨听听）　唱毕

到得庙中，夫妻双双到送子观音娘娘面前烧香求子！告诉大家；（1）求拜

养一个伲子要到送子观音求拜。(2) 做生意人巴望生意兴隆要到望海观音面前求拜。(3) 老太婆烧香要到紫竹观音面前求拜。(4) 贼骨头小偷要到千手观音面前求拜！手多好多偷点物事！(5) 寡妇要到白衣观音求拜平安。

刘三林夫妻烧香求子完毕回到屋里。

再讲观音庙中的送子娘娘齐巧在宫里（不在宫里也有！）看到刘三林夫妻确实诚心诚意！苦苦哀求想生有一子实为感动！（这叫心诚则灵）决定要大出其力，帮忙一下！

马上到得天上！寻到南天门去同玉皇大帝求报一番！玉帝也受感激但想南天门没有下凡神仙！最后查到西天佛国只有一个小仙子叫——阿难。俚在打瞌睡。玉帝喊醒后劝他做做好事阿肯下凡到泗泾、七宝、六渡村去投胎。

阿难起先不高兴，想我在天上多少舒服开心，自由自在要吃有吃，要白相有白相地方！无人欺负我，下凡做个凡人辛辛苦苦，不做没有吃格！弄得不好还要受气受欺负！玉皇大帝讲：小阿难，你就下凡一次替观音娘娘做件好事！我有数的。你可知晓，天上过一天，人间过一年！蛮快格！你转世到天庭后我玉帝封你一个小小的官职，你可以从今后受不尽荣华富贵！你下凡后要是有人欺负你！我会帮助你的！阿难听后得倒蛮好答应下凡投胎一次。到转魂台变一只鲜桃。玉皇大帝再叫太白金星拿至鲜桃连夜到泗泾、七宝、六渡村。(宣调）腾云驾雾行路程，奉旨玉帝之命去做好事。无多片刻已到刘家门，轻身仙法一施已到包氏娘娘床枕边。再讲包文英包氏娘娘睏在床上打昏涂（雌——）！口里还在说梦话，求求观音娘娘，让我养个伲子！太白金星老翁走到跟前，对包氏娘娘言道：小娘子，念你菩萨面上诚心诚意！快把这只鲜桃吃了，你就能喜得贵子。包氏娘娘睏在床上似梦非梦，真格做梦想养伲子。看见这个白胡须老老头满脸白胡须，面孔笑嘻嘻，很慈善一本正经：娘娘不由自主张开嘴巴，鲜桃一到娘娘嘴里，还不曾觉着已经咽到肚皮里(不是生毛桃,生毛桃活囫吞要噎煞格。

到仔天亮，包氏起来回想起夜里吃鲜桃，好像就在眼前，活龙活现，白胡须老老满面笑容，你可喜得贵子！！马上就去（宣调）身怀孕,倒说菩萨显神灵。(宣调）包氏娘娘格肚皮慢慢叫慢慢叫真格大起来。一月二月玉鼓鼓，三月四月太平过，五月六月叫绽鼓鼓，七月八月肚皮大来像笆箢，过仔九月到十月，小団登勒娘肚皮里豁虎跳来翻跟斗，急得三林肚肠！白（什么最求菩萨，什么——）要从二月十九（观音生日）庙中求子，总算到之正月十三，卯月卯日卯时辰养。

禀报自家小官人！这时刘三林正在看帐目：欠出去一些账目有些还不行收回：朱火生欠我 100 两，徐荣球欠我 80 两，马四欠我 180 两［格桶货色最不像腔，向伊讨讨“银皮吊金”笑嘻嘻只面孔，搭伊讨讨一直喊隔日把］(这最后一句可用清唱法结束)；白：碰着讨讨伊再欠落去呀！（唱）伊屋里格老太婆哎，帮我三林还点债做生活呢！听见家小声音，开门。包氏娘娘对男人讲：昨夜为妻作了一个梦！（哼）一不太理会！梦中一个白眉毛，白胡须老老手拿一只鲜桃笑眯眯对我讲：小娘子呀，你赶快把这只鲜桃吃了，可就喜得一个贵子！（急切地）那你吃了吗？为妻刚一张口，说来也奇，桃子刚到嘴里马上就活囫吞到我肚中！是不是！刘三林喜出望外，可是送子娘娘显灵，叫其妻今后千万要当心身体！

（宣调：身怀孕）三林得意忘形！待等九个月还未养！满足十个月未养！夫妻双双急得不得了，望望家小还是不痛不痒？！待等到正月十三卯月卯日卯时辰！包氏娘娘的肚皮总算阵阵作痛！（侬看，从二月十九观音生日，到庙中烧香求子要到今朝正月十三，要近足足 11 个‘号头’）（叫龙津港格收生婆来接产）（或者用去喊，路上行程，碰门陆妈妈，在里大便［仙丽法］做接产经过）。出来哉！出来哉！出来哉！蛮顺利！不多歇，（一节长生果，两个小胡桃，养仔一个男小宝）宣调。取奶名（刘桃源），小名刘阿大。刘三林付铜钿给收生婆，让其弄清爽房里一切让伊回转。光阴如箭，小宝宝刘阿大一岁二岁平平过！三岁四岁蛮顺过，到仔 8 岁送学堂读书，本来是刘府门上高兴之事，勿道是包氏娘娘难避一个“大关节”（伲子克娘亲）。

从此阿大娘一病在床，病重难医。连吃药吃水都吐出来！包氏也深知自家身体难以医治！1）（叮嘱丈夫刘三林，三林耳朵眼里待我死了后，你年纪还轻，巴望我郎君找一个勤劳贤惠，胜我为妻的女子为妻。我也九泉之下瞑目了！也就放心了！你如念夫妻一场！要对我儿阿大好！刘三林含泪点头！）2）（喊伲子阿大床边叮嘱：要好好用功读书。儿啊，你要乖点，你爹爹今后找个新姆妈来，侬要懂礼貌，格要叫姆妈）。叮嘱之后数天后包氏娘娘难以医治身亡。自从包氏娘娘过世后，刘阿大年虽幼小，读书倒聪明知书达理。经常在娘的灵台跟前痛哭不已！看看人家的小孩都有娘叫！我没有娘叫，没有亲娘关爱！刘阿大非常懂事经常哭得满面悲伤！常常想起娘亲的叮嘱，读书认真用功。

事隔半年，刘三林因为经常放租出门讨账，加之自己年纪尚（到隔壁二婶婶家去求助）喊二婶婶？俚热情相待。大忙人有何事体？刘三林道：二婶婶呀？我你几年来总是隔壁好邻居？人家说金乡邻，银亲眷。帮我想想办法？想讨个续弦，要求勿高，只要勤俭会是到家务，当我伲子阿大自家养一样！一旦有巧货二婶婶可同我做主！你可帮我选个日脚成亲。（我三林知恩相报！）

（轻）（二婶婶非常同情，当即表示尽力而为马上出门！）

伲子阿大幼小，又无人看照！心里要想娶一个续弦。（到隔壁二婶婶家去求助）。二婶婶看到三林年轻丧妻实是可怜，又想俚聪明能干，家境又富有！人又忠厚老实，答应帮忙。刘三林是千恩万谢。次日二婶婶换好一件新罩衫，急速匆匆到三家村——（宣调）想三林是个厚道人 屋里该田该地有铜钿 可惜是年纪轻轻一个人 我隔壁婶妈应照应 （所有事体侪托我） 只要勤俭善良心 马上敲定日脚来成亲 看来我隔壁婶妈亦要交好运 想必三林事体成功总有良心——（高兴之样）。

（到三家村）二婶婶走到许媒婆屋里，见门未关！想人总勒屋里。（喊）老阿姐？老阿姐？

（许媒婆今朝在屋里，听见外面有声音，从屋里走出来—），唉，啥人叫？喔，原来是老妹子，来，来，里边请坐。喔唷，老阿姐是个大忙人，今朝有空来望望我？老阿姐，我末叫无事不登三宝殿，有桩事体托侬，（啥个事体）我伲（六渡村）村坊上有个人叫刘三林，只有25岁，家境富有，该铜钿。可惜家小过世半年多，侬看，年纪轻轻，呒不家主婆！日脚难过？三林托我，想叫侬阿有相巧格女人帮帮忙？事成后，三林是个有良心人！我好妹子亦晓得？

（许媒婆一听，泗泾、七宝、六渡村刘家刘三林，该田该地有铜钿？心花怒放。想真正巧煞哉？

喔唷，老妹子，真正巧格？（唱）一滴水刚巧滴勒油瓶里 我村上有个叫朱三姐 生得漂亮年纪轻 人称豆腐西施朱三姐 男人侪要去“太”便宜 豆腐店里生意兴 阿晓得算老面孔无福份 男人是个短绝命 一年之前命归阴 几次三番托我做媒人！

阿巧？（巧格。）今年只有24岁？人是勤俭蛮能干格？（格末老阿姐，格点勿算啥数（2两银子）？事体成功还有赏钿！我伲一道去一趟，趁热打铁，拿事体办成）

侬好妹子可作主！蛮好。一道走一趟。

（两家头讲讲说说，无多片刻，到朱三姐门口）

（许媒婆起手碰门）朱三姐？三姐？嗳！啥人？我呀，开门！喔，许婆婆！来哉！来哉！？（开门之样）喔，许婆婆，里边坐歇！（来，好妹子，坐歇。）

（喔唷！朱三姐，侬托我事体我一直放勒心浪！今朝真正巧煞哉！泗泾、七宝、六渡村有个“好户头”叫刘三林。年纪轻勒，只有三十岁左右。屋里该田该地有金银！去年家主婆死脱！托伊隔壁婶妈寻到我门浪？真正是好机会难得！侬看那哈？（也可唱的） ［朱三姐一听，开心呀（不过开心勒肚皮里！事体要讲讲清）］。上许妈妈，想奴家中一贫如洗，无有东西带往刘家？（边上二婶婶赶忙解说）啊哎，妹妹，这你不必多忧，刘家只有一个要求，只要能帮助料理家务，刘家有一个伲子，只要你待他像亲生一样，保你吃用不愁，称心享受？［朱三姐想，差勿多哉！格种好人家勿拨别人家抢得去？（人）家好比一只金凤凰，我算啥？我这不过是只生过蛋格草鸡！草鸡配凤凰还要那哈？］

（称我心末，最好明天就嫁过去）许妈妈，我愿意的！不过家中确无东西带往？有样物事我要一同带去的。勿搭界！

勿搭界！（格末讲讲定：今朝末 x 月初 x，横刘家该铜钿！倒是有钿不请周时办？到八月十五（中秋节）刘家真定金银首饰，衣物色样，大红花桥，前来迎娶。

（朱三姐真是心花怒放，格颗心好像已经飞到刘家屋里）（宣调）二婶婶大功告成。开开心心回到六渡村一拿天大的喜讯去告禀…　（完毕）

［刘三林听仔婶婶一讲，年纪轻，生得又漂亮，到底三十岁左右年纪，呒不家主婆日脚阿难过？现在结亲日脚已定好，真是春风得意，喜气洋洋］。

（辰光蛮快！今朝已是八月十五中秋佳节。刘家屋里今朝真是喜气洋洋，热闹非凡！亲眷朋友侪来吃喜酒。办二十桌酒水，（请）还要请一班丝弦宣卷，都勿请，单单请龙津港朱火生格班！赤条条我伲四家头！隔壁乡邻侪来帮忙，两个勃倒棚！刘三林真是春风得意，财大气粗！）

（速转身来，我最关照朱三姐日日盼，夜夜想。今朝总算等到好日脚。许媒婆今朝亦是大起忙头！（左等右等）三姐望得真格头颈长仔点哉？总算听见鼓乐齐鸣，鞭炮声声，无多歇刻，一顶大红花轿吹吹打打停勒朱三姐门槛休：二婶婶急忙领仔个大包裹衣物、金银首饰准备来迎娶新娘娘。

朱三姐对正面菱花镜真是喜形于色，春心动荡！打扮得花姿招展，浓妆艳抹！像花蝴蝶一只！

（朱三姐打扮已毕，正要动身，伲子来脱）［母子戏］姆妈，姆妈，侬阿搭去做客人？着来齐整来？（朱三姐想，格种场面马上带伲子过去，不拨人家要说三道四？还是骗骗伲子吧）。

伲子呀，乖男，姆妈有点事体，到舅舅（娘舅）屋里去一趟，明朝，姆妈领倷一道去？（调皮地）伲子我勿、高、兴，娘舅对我亦要去？（唱）［像七岁顽童一样的姿态地］，姆妈今朝大打扮（的的 龙东 龙的打）娘舅屋里去做客人，伲子亦要一道去，娘舅定然多高兴，叫外甥勿出舅家门，娘舅外甥本是自家人！（略哭样）姆妈，我亦要去——！（朱三姐倒无奈，急中生智想骗骗开，自家快点动身）

［格末伲子呀，油瓶里油亦呒不海，倷去拷一瓶油回来同姆妈一道去，姆妈等倷。］哦，姆妈倷等我呢？朱三姐伲子拿仔油瓶就动啊身——（两句宣调）跳跳蹦蹦要出门去。（伲一看场门前停好顶轿子，想啥格路道，娘舅客气来！轿子来请？想勿姆妈骗我去拷油，自家一家头去！看见无人留心，拿个油瓶往裤子带上一结！“嗦啰”一来钻进轿子！

((朱三姐等伲子走开，由许媒婆，二婶婶陪同，坐进轿子，看见伲子嬉皮笑脸，响勿落！))　四个轿夫抬仔花轿一路浪“咪哩吗啦”吹吹打打去哉。（宣调）新娘娘——（热闹）热热闹闹去刘家门，四个轿夫叫倷望我（来）我看倷，叫面面相觑口难开，为啥新娘子重得来——看看无啥物事带，满头大汗总算到了刘家门。

(相帮人准备白相关照让开一条路，但等轿子停稳；朱三姐关照伲子（倷等歇蹓出来）。自家先出轿门，落落大方由许媒婆隔壁婶婶搀扶陪同到里厢。　[(朱三姐伲子等娘出轿还蹲得牢啦？探出个骷颅头，贼头狗脑东张西望！！心里想，哎，埃塔阿是娘舅勒屋里，人末介多，啥格事体？从轿子里'嗦啰'一来钻出！（要去寻娘)]

刘家屋里今朝多少闹猛，当然有人看见！！哎，哎，兰芳阿姐呀，倷阿宁看见？看来蛮清爽，—新娘子实头漂亮个！喔唷勿是格呀！希奇事体，我看见轿子里厢钻出来一个小人？喔，大惊小怪，埃格小人末阿是隔壁三官勒个伲子？？勿是格！勿是格！兰芳阿姐，我看得清清爽爽格！轿子里刚巧钻出来格！！（笑，轻声地）阿是新娘子娘勒带过来格？（喔）啊哟！（兰芳阿姐）倷看哪？哎，格小人裤子带浪还拖好一样啥格物事？（阿是个油瓶）是格！阿姐是，是个油瓶！拖油瓶！

[所以，流传至今，有格种闲话叫——拖油瓶！]

大家议论纷纷，说笑连片。

刘三林看见家主婆生得异常漂亮（比自家花烛家小包文英还要好看），心里当然开心，因此格外起劲！但等酒水已毕。成亲拜堂，送入洞房。刘三林半年多无有家小相伴，今朝总算亦是新婚燕尔，热血沸腾，春心动荡。（宣调）开开心心入洞房——我刘三林从此有内当家，众人面浪可挺起腰，刘家从今事业更加兴旺，夫妻之间相敬重，想起呒不家小比黄连苦，如今格外珍惜要记牢，阿大今后有娘照管，两个伲子我一样待，若然有啥事体我要让三分，夫妻情份更重要！！（进新房，二人可唱可讲，娘子呀官人呀亲热谈论一番末迫不及待一淘睏觉）。

一夜已过十点来钟，大家过来之人都有体会——新婚之夜赛过短点格！刘三林真正讨好迁就朱三姐。睏到东方日出，自家爬起来烧饭烧水，事体做好听见有哭格声音！！

刘三林走到边房小屋里一看！要死快，见伲子刘阿大清老早身浪一件小白衣在娘灵位跟首哭哭啼啼。(自家马上迅速接牢做出刘阿大哭娘娘样）(内容——格种乡下哭法我听着歇，容易来西！我叫勿高兴。那么毕竟八九岁小男格哭法！还是稍微唱几句来代表哭)姆妈,哎——哎——（春调）(小孩之样）爹爹讨个新姆妈，阿大我今后要苦难——当新姆妈哪有自家姆妈好——（嗨）(嗨）(嗨）。

[阿大呀，大清老早就哭出胡拉，新姆妈旧姆妈一样格？爹爹勿许倷再哭出胡拉哉？要笑嘻嘻！笑笑看！？听爹爹闲话，面浪件衣裳脱脱特去叫声新姆妈？勿对！叫声姆妈？！我勿高兴！我勿要新姆妈，我要自家姆妈。小赤佬（拿扇子欲打）倷阿去叫？]

（宣调）悲戚地　刘阿大眼泪汪汪只好去见新姆妈，爹爹是眉毛竖来眼睛弹，像如过路陌生人,亲姆妈呒不阿要苦。(刘阿大到仔新房间里，只看见格个新姆妈勒浪梳妆打扮，面孔浪辣辣拍粉点胭脂，自家亦哭昏忘记脱，小男勒唷！小白衣勿曾脱掉，手捧娘格牌位！（脸擦好）上前：姆妈？新姆妈——

（朱三姐一看阿大衣穿小白衣，手里还捧好个啥东西？勿情勿愿，哭出胡拉？啥名堂！倷只小冤家头一次见面，触我霉头！倷算咒我死脱！蛮好！蛮好！总归有机会我来收拾倷！心里火啊！面孔浪勿露声色，晓得自家初来刘家，过份伢左邻右舍人家要议论纷纷）（妖声妖气地）阿男呀，乖心肝呀！好倌子呀！新姆妈同倷自家姆妈一样格！姆妈会待好倷格！勿哭跟姆妈一起洗面吃饭去吧！刘三林自从有了漂亮格家主婆朱三姐真是心花怒放，喜气洋洋！因此陪同朱三姐度过一个蜜月。

今朝头大清老早刘三林就起来，要出门去收账！大约要半个月回来！朱三姐亦然老早爬起，同男人准备些衣裤，烧好早饭。待刘三林吃好早饭，带仔账目本子，朱三姐拿来一个衣裳包裹，刘三林拿屋里“总把头”钥匙交待给朱三姐。（呀娘子！此番我出门收账，约半月才能回来？你要多多保重呀？（唱）保重身体呀，不要过度劳累呀，铜钿只管用呀！最后要提到我的倌子阿大，你要像亲生一样对待。）（也可唱——装的一本正经。叫男人放宽心，阿大我定当亲生样呀，六渡村村坊大我要有个好名声呀，树要皮人要面呀，并热情关照，出外多保重，收好账目早早回家？别让我家小牵肠挂肚，三顿茶饭无滋味，夜里睏来想着你，肉麻之词）（宣调）刘三林出门之样。

等刘三林一走。朱三姐马上就凶相毕露！想格只小冤家本来我就有想法！有仔倷阿大风光，就呒不我倌子阿二威风？（喊自家倌子阿二头去喊阿大来）（刘阿大索索抖抖走到朱三姐跟前）姆——妈——！（倷只小赤佬，小冤家嗳——！头一次见面，倷穿仔白衣！手捧牌位！就想触我霉头！我问倷！啥人教倷格！）（我想自家姆妈！）（我勿是倷姆妈呀！我阿是倷姆妈！）（姆妈，我错哉）（倷今朝晓得错哉？）（此时，朱三姐要手拿扇子代作木棍！打一记（喊一声阿唷坏）打一下（喊一声阿唷坏）（注意，打了两下，喊了两声阿唷坏后，其中一个人，最好是扮刘阿大角色要交待观众几句）（说明本方如巧遇！有此状况都是通情达理格！都是好思想，好品格！同自家所生一样格！否则我宣卷要拔人骂格！）（交待清爽必须还要打两下！喊阿唷坏两声！增加幽默发笑）

（朱三姐敲来蛮吃力！想打勒身浪蛮难看相格！拨辣隔壁乡邻要多说一句！所以拼命勒阿大身上“拧”！阿大作孽，小小年纪受尽后娘折磨！吃格是猪狗食，猫剩饭！自家倌子白米饭，鱼肉荤腥好小菜！）

（阿二倒好良心，看阿哥可怜得极！瞒脱娘拿自家好饭好菜，拨辣阿大吃！做好事，发慈悲总勿吃亏！本卷结束，阿二封为二老爷！）（二猛将）。

刘阿大天天盼，夜夜望！巴望爹爹早点收账回来？要想哭诉一番！朱三姐变本加厉，穷凶极恶，伺机虐待刘阿大！

到明朝天亮，喊阿大身浪衣裳脱下来？（老早准备一套衣裳，一条薄格夹裤，一件破格露花棉袄，笋头花当棉花，穿仔亦呒不热气格，一双露花头布鞋，一根扁担一把草结）叫伊上山捉柴！刘阿大有啥办法，忍受饥饿，寒风凛冽。（宣调）出门去——（悲悲戚戚地）胜比黄连苦三分。亲娘呀侬阿晓得伲子受尽苦——（完毕）

勿论刮风下雨，刘阿大天天捉柴挑水，盼望爹爹早点回来，哭诉一番。

今朝，刘三林总算收好账目，身背银袋勒浪转来——（沪（剧），阳血）归心如箭回家来，身背银袋笑颜开，半月来思念娘子心里烦（完毕）

（刘阿大看见自家爹爹辣浪走来！放脱扁担，急步过来）（哭声之样）爹爹，爹爹！（哭）新姆妈敲我！我肚皮饿，只好吃点馊粥冷饭！（必须要有哭声）

（刘三林埃歇像只呆度雄鸡，看伲子面孔上青一块，紫一块，露花头布鞋衣裳？勒浪上山捉柴，总归有点孽麻格！领仔阿大，回到屋里，坐勒凳浪闷声勿响）

（朱三姐从房里刚巧走出来，一看男人转来当然高兴）（要嗲声嗲气地）喔唷，官人呀，好男人呀，侬总算转来哉？什么什么！我夜里一醒来当是你来哉？勿道是手里抱好个枕头！我去弄点点心！（疑）（欲走）

娘子！（软弱地）你在得家中如此对待阿大？在理嘛？你总要有个理道！要不然么，我与你只有到八坼去离婚。（垂头丧气之样）

（朱三姐涵养功夫几化好得来，想男人在火头上，离婚是舍勿得哪！我是只草鸡呀配凤凰呀！横竖凭我张嘴巴！笃定！（嗲声嗲气地）官人呀，侬事体勿弄清爽，我末叫两头受气。你格伲子我是当自家伲子一样看待格？可伊勿争气，经常跑到外头同人家打“相打”！面孔上打得勿像样子！身浪衣裳弄得一塌糊涂！我是自家伲子吃馊粥饭，侬格伲子吃白米饭，好小菜！（已经有哭的形状）真是晚娘难做嘛做人难呀！（白，哭吧）啊——唷！（哭调）真是想想苦来实在苦，嫁到刘家来受委屈，阿大勿当我娘来看，我拍落牙子咽落肚。（中奸计！刘三林马上要迫不及待相劝）（也可自打自耳光之样）家主婆呀，算哉，当伊我勿曾讲？我瞎讲？

（朱三姐要马上热情！用手指往嘴巴上一点表示“飞亲”）（增加气氛）官人呀，侬先吃点茶，在外头辛苦哉！我去烧点好小菜，补补身体哪。

[（刘三林是半个号头未曾回家，看看朱三姐加二白勒嫩哉！真所谓热血沸腾，春心动荡！（吃过夜饭）拿刚才事体早就忘记得一干二净，吃过夜饭夫妻两家头热热亲亲，房中安睡！朱三姐几化做得出！百般热情！枕头风吹急！）]

想条毒计——说阿大一日到夜勒外

头闯事？要么同人家打相打！照此下去，阿二亦要带坏？以我看么，让俚笃兄弟两家头做点点轻生活，种点豆？弟兄两家头一人一爿田！看啥人种得快长得好！侬亦看看亲眼看看阿大勒快还是阿二手巧！（刘三林想想到吭啥，情理之中！小人是要从小锻炼，一口答应）。///

到明朝，朱三姐到“甏”里倒出十斤豆种！称好！每人各五斤！自家伲子格五斤豆种放勒只红袋袋里！

还有五斤豆种，朱三姐放勒“锅子”里炒熟后放勒只黑袋里拨勒阿大。叫阿大阿两弟兄两家头到田里去种豆！每人一爿田。夫妻俩双双笃看！（也可二人种豆姿态！手帕当篮）春调（完毕）大家回到屋里！朱三姐心里想，倷爹亲眼目睹！待等十天过后，我要倷只小冤家好看！

勿道是刘家屋里格“灶家皇帝”看得清清爽爽！冷眼目保！想阿大受尽委屈，大难临头！马上上天奏本玉皇大帝！（玉皇）想，当时我有言在先，阿倷下凡如有急难，全力相救！（马上帮忙）。派出六百三十只“黑老鸦”到仔两块田里，黄格衔到青格里，青格衔到黄格里！（无多片刻）两爿田豆种调——（宣调）哉——（完毕）隔仔十来天,朱三姐到田里一看！呆脱，自家伲子格爿田未出一棵，阿大个爿田里郁郁葱葱——！

到仔屋里，只字不提！到仔夜里等男人回转,假装愁眉苦脸,啼啼哭哭(哭样)（刘三林不明，问道）呀娘子，想我们夫妻正是春风得意，称心如意，你为何如此愁眉不展呀？（说呀）官人，（装得悲戚之样）看来你我难成长久夫妻！阿大他小小年纪心向不诚，真是他怀恨在心，心狠手辣喔！（讲，他说了什么）（唱）外面风言风语多，阿大他四处口出狂言，我未到刘家他如意，说道是我爹爹找勒个晚娘亲，亲爹爹说你也变了心，恨我三姐他记心里，更恨你亲爹变成晚爹形，待等你死后账算清，拿你骨头磨成粉，再害我母子两条命！

[刘三林自从娶了朱三姐后，自家格人根本变脱！（正所谓言听计从，百般讨好！）真是进来一个晚娘，自家算真变为一个晚爹！必故我要声明在前，此地道德风尚，精神文明建设做得都是呱呱叫，在场每家每户都是——]刘三林听仔朱三姐闲话竟信以为真！暴跳如雷！

寻着阿大！一边打一边质问！可怜刘阿大有口难辩！（求爹爹不要打了）（朱三姐还要火上浇油）看来我们夫妻俩要死在倷手里格？（刘三林为了讨好家小！将自家亲生伲子刘阿大推出门外！不许他再回屋里！）（此时朱三姐咪花眼笑，劝刘三林就是刘阿大有三长两短，家中还有阿二，定能孝敬爹娘！）消消气，我去烧点好小菜侬吃！

再讲刘阿大小小年纪真是叫天不应，叫地不灵。（宣调）（小孩之样）吭不办法只得走出门——想我阿大真是苦命人，新姆妈三番四复害我身，真所谓隔层肚皮隔层身，呒不亲娘苦万分，叫我哪里去安身，人说道世上黄连最最苦，我阿大比黄连还要苦三分——（完毕）（刘阿大神志恍惚，哭哭啼啼看见一只叫青龙庙，想今朝夜里只得在此安身！）（阿大看见几尊菩萨，走到龙王老爷面前，双膝下跪！）[哭唱自己身世，苦难，思念亲娘]（最后哭昏在香台浪，睏觉。）今朝夜里，龙王老爷齐巧在宫里！看刘阿大痛苦万分，受尽委屈！晚娘刁钻，有家难归！马上施展仙道仙法，用米粉做好仔九只牛，二只虎（形状）香喷喷格糕点。唤醒刘阿大！刘阿大一忽醒转来腹中饥饿！看见香台上热气腾腾糕点，狼吞虎咽全吃光！（倒说真希奇！感到自家浑身有九牛二虎之力！力大无比！两只臂赛过开之南货店——葡萄，栗子，桂圆，力大无比！）

从此，刘阿大当“青龙庙”屋里厢，日里讨饭，夜里庙中过夜！虽则力大无比，但从不闹事！苦度光阴！数月已过，六月来临！今朝头格天分外热，烈日当空呒不一丝凉风！刘阿大因天气过份炎热，加上身体有点勿大适意，不曾出庙门讨饭！

想前面就是一条运河四通八达，又是行船必经之地！想等过路船只到来讨点物事吃吃吧！心里这样想，到说前面齐巧过来一只西瓜船，夫妻两家头一橹一勺浜！途径泗泾、七宝、六度等，准备到上海去卖西瓜！唱山歌勒浪过来！

（表演成夫妻对橹一勺浜，开心地唱着山歌——今朝天空末火辣辣——（五更三点格调）卖西瓜真是个好日脚——完毕）喂！西瓜船浪阿叔啊！巴望倷今朝卖个好价钿哪！谢谢讨个小西瓜吃吃？勿来格！我伲要到上海去卖个好价钿哪。阿叔嗳，小幼幼的甩个上来？（逗笑地）勿！来！格！不肯格！倷只西瓜船要打翻？阿肯！不肯勒不肯！（到小气嗨，拨点苦头侬答答）（刘阿大倒心里火哉）脚浪只芦花蒲鞋脱下来，放勒地浪脱伊拿来翻个身——宣调——顿时西瓜船浪勒浪喊救命！一船西瓜侪打翻！河里西瓜氽满哉！夫妻双双也落下水，吓得目瞪口呆！想今朝碰着这个小鬼三，自认倒霉真懊悔！抓牢之平基勒浪救命喊！（紧紧抓牢）（白）小兄弟呀，喔，小仙人呀！只要小仙人救仔我伲性命？一船西瓜都倷吃好哉。我只要讨个吃吃？（阿肯？）[还浪阿肯勿肯]肯格！肯格！（宣调干板）叫说也迟那也快，口念仙语正奇怪，刘阿大拿只芦花蒲鞋翻转来，河里只船也会翻转来，河里西瓜自家会得一只一只跳进船仓内，夫妻双双总算脱了难！（夫妻俩吓得一身冷汗亦算倒霉！马上靠岸说小仙人倷要吃西瓜只管自家拿！刘阿大说我就只要讨一个吃吃）。阿大拿仔一只西瓜对船浪讲，（请倷相帮传个口信，就说此地青龙庙有位小神仙！凡是大小船路过此间，帮忙奉献点，我会保佑大家！）晓得。格末如果碰着格种臭粪船阿要停下来？刘阿大倒又要想脱芦花蒲鞋！吓得西瓜船浪夫妻双手乱摇！说道寻寻开心。等伲上海去西瓜卖脱，总归帮倷小仙人买点物事转来。

让阿大还到庙中，隔仔一歇，一个绍兴卖布客人过路青龙庙！（要扮成个绍兴卖布格生意人）哎，阿要买布呀？卡其布，时令布，上色布，应有尽有！阿要买布嗳！（刘阿大听见仔走出庙门）喂，侬位卖布师傅。谢谢客人！我呒不铜钿买布？想讨点零头布做件衣裳着着。嗨！侬个小瘪山！呒不铜钿想买我格布？！真是日青日白碰着个"小鬼头"几？！（刘阿大想倷倒凶嗨，布勿曾讨着出口骂人！蛮好，倷想走呀？）（念咒语）天灵灵，地灵灵，叫你原地勿动，看倷阿好去做生意经？（做姿态！双手捧脚未挪半步之样）都怪我有眼勿识泰山！小仙人，我屋里还有——高抬贵手，饶我这一回（要哭笑不得之样）小仙人呀，倷看得中布只管拿？（我只要点零头布）小仙人格的布好！关的布也……——客人呀，倷四海为家，出门做生意，任便帮我扬扬名，就说青龙庙中有位小仙人？晓得！喔……

卖布客人一路走，到四泾、七宝、六渡村！阿要买布嗳！绍兴格卡其布，时令布，花旗布——？（大家都围来看着，朱三姐亦来看看布色，问问价钿）哎，我今朝真格倒霉，俚笃侪家勿晓得？青龙庙有个强横小赤佬，铜钿呒不！要同我讨布？我勿拨伊，倒说伊嘴里叽里咕噜一来，我只脚手会得动抬不得！我呒不办法只好——哎，真正——！阿有几岁？必故八、九岁！失财！朱三姐一听马上回到屋里告诉男人刘三林。（男人呀。阿要牵爹娘，动头皮？啥？小赤佬勒青龙庙专门去偷人家物事？偷勿算数，连带还要抢！刚巧有个卖布客人亲口讲——总归要连累爹娘！格点年纪偷抢，大仔么那哈弄法？）

刘三林一听信以为真，带仔麻绳，待等夜半三更，深夜人静，一对夫妻（宣调）轻手轻脚出家门，急急忙忙到青龙庙——（完毕）到仔庙里一看！刘阿大睏着嗨！真格个小赤佬？（两家头真是丧尽天良）拿伊绳捆束绑！等刘阿大醒来已动弹不得！连声求饶，呒不用场，拿刘阿大背勒身浪，朱三姐挟牢两只脚，拖到"梦江"桥面浪就此笃落水——宣调——刘阿大勒河里喊救命，半夜三更哪有人，四面漆黑夜深静，哭喊声仔天地震，惊动了天上玉皇大天尊，派出各路神仙到来临！龙王老爷怒气升，水仙老爷泪泪汪汪，水神菩萨梦惊醒，桥神土地亦到来临，相救阿大苦命人（完毕）玉帝指令：龙王老爷，水仙老爷，水神菩萨，桥神土地，拿刘阿大托起水面！（倒说逆水梗格）帮忙送刘阿大格外公、外婆河桥头，拿伊身上麻绳揪脱，裹裹牢！

我再讲刘阿大格外公外婆姓包，老夫妻两家头今朝蛮忙，要好朋友客人侪要来白相（讲自家班子人员为好）同里格庞金福，八坼格朱火生，金家坝个ｘｘｘ侪要来格！老夫妻平常节衣缩食，有客人来也要面子，街上去买好小菜看仔辰光差勿多，叫老太婆去淘米准备烧饭。[老太拿仔淘米饭箩（要做捉老虫老太婆的姿态）]见河桥头有个小死人（宣调）淘米饭箩吓得侪打翻——完毕。喔唷，老子头！吓煞人哉！河桥头有个小死人！小屁股朝下，面孔朝上！欸（哭之样）]包老老到河桥头一看，是自家好外孙！马上抱起来，拎牢两只脚驮勒背心浪！走仔一圈倒醒转来！好外孙呀？（刘阿大亦认出）外公！外婆呀（唱）（说了苦经——自从爹找了新姆妈后，吃勿饱，穿勿暖，几次三番捉弄刁难！将我赶出家门——）外公外婆安慰刘阿大，就蹲勒我外公屋里吧！

光阴如箭，一晃刘阿大已经蹲仔两年。外公外婆，娘舅倒勿管！总归是肉浪生肉！[舅妈面孔难看哉，弄得包老老屋里家勿和，老太对包老老讲，小外孙长蹲总也不是办法，总让伊做点小生意。商量下来让伊去看两只鹅]。今朝头，刘阿大听仔外公外婆闲话，手只拿一根鹅标，赶仔二佰只小鹅到得村外，看见前面有块荒田，青草盛盛，赶到中间，拿鹅标一插，满腹委屈，想起自家有家难归，想起自家亲娘，泪痕满面！就勒边浪“勾起”一团烂泥，掐成个泥人往田埂上放好，当作自家亲娘（形象）母亲，娘呀？你可知晓孩儿的苦呀，娘——呀——（唱）——唱毕——！

刘阿大哭声惊动天上玉皇大帝！顿时乌云密布，狂风大作！刘阿大想，让我还是快点回转吧！拿仔鹅标一赶！（真格稀奇）二佰只鹅会得一只一只往着（宣调）天浪飞——片刻间小鹅侪飞干净，未了旧难新难一起添，真是难见外公外婆面，垂头丧气告详情（外公？……外孙转仔，鹅阿曾辣勒鹅棚里？［哭诉］——我想快点赶回转，伊笃会得一只一只侪往天浪飞！好外孙？叫我外公怎样讲——

过仔几日，老夫妻商量后让刘阿大再去看几百把只小黄雌鸭！阿大答应！心里想此番想总要争口气！拿小鸭赶到一只荒池里！自家勿敢走开！等到鸭哩哩侪吃得差勿多，顿时立起，拿仔鸭标想赶上岸！倒算100只小黄雌鸭一只只侪钻洞！连鸭毛未见一根！回到屋里告诉外公外婆听！气煞！倷格好外孙啥一点事体都做勿好？女婿个新妇干脆骂俚扫帚星，苦命人！外公婆想想亦呒啥办法？过之几天对阿大讲，牛棚里只牛倷搭我去看看勒放仔，想叫倷去看牛！牛总勿会飞到天上去？会钻到洞里去？

刘阿大从牛棚里牵仔只大水牛到半山腰！突然狂风大作，飞沙走石！！（必须要形象化了）格只水牛两只右脚一蹲！往正坟墩里猛钻！？刘阿大亦真格弄勿清爽？回过头一看，畜牲！大半只已经钻进去哉！阿大真正急煞！搭转身快点去扳牢格条牛尾巴！（号啕痛哭）格条牛尾巴一甩！刘阿大四脚朝天！眼睛门前金星直冒！等伊苏醒过来，风和日丽！刘阿大快

点爬起来，牛已钻洞！！边浪有一样物事，金光闪闪，光芒万丈，一只宝箱（原来是天浪玉皇大帝赐奉拨刘阿大格）

刘阿打开仔来一看［有金甲金盔一身宝衣，一把宝刀，削铁如泥］一身衣锦穿勒身浪齐巧真好配身！觉得自家真正威力无比，力大无穷！本来自家担忧心思完全消失！！　回转对外公外婆、娘舅、舅妈和盘托出，唔笃亦勿责怪于我！、两年多来承蒙多多关照！我刘阿大有翻身之日理当报答。

次日，衙门里来仔位当差到包家。包老头在家吗？我是，阿有啥事体？我伲大老爷叫倷衙门里去一趟！

包老老急得冷汗直冒（想阿是外孙勒浪外头闯祸！）忧心忡忡到仔衙门。平民包老老见大老爷磕头了。包老老，奉万岁之命，本县命你送皇粮十万担，报效朝纲不得有误！平民遵旨！俚回到家积极筹办皇命难违？马上去请仔最好船工木匠！长度式样知府衙门亲临督察！平板每块都要雕好花纹！船头、船尾精工细作，雕龙刻凤！包老老本来也有一手好才艺！足足造造两个月！费尽艰辛。一只雄壮威武，红光闪耀大粮船，建造完毕！　今朝是八月十八黄道吉日，新船落水，大家送来寿糕点心，月饼水果，上香点烛。几十个人泊船下水！（泊船姿态）嗳唷，大家一条心嗳——！

倒说真稀奇！几十个人动手，船身纹丝不动？大家辛辛苦苦，汗流满面，无济于事？包老老真是心急如焚！（隔壁格三官倒开口哉）刘阿大啥地方去哉？听人家讲，勿看伊年纪小，听说伊力道大得海威？叫伊来帮帮忙哪？包老老想阿要末去喊伊来试试看！？（寻小外孙经过）

我再讲刘阿大想想气煞！行家送来物事勿勿少，叫看得着，一点亦吃勿着！（想蛮好，舅妈欺凌于我，近来外公外婆亦冷落我！要拿点颜色出来）故意闷声勿响，坐勒灶口，两只脚对牢“灶门洞”勒浪作对！看唔笃只船阿勃得落？（外公外婆寻着小外孙恳求）（刘阿大道出不格，如此数落我！再恳求！物事只管吃）（阿大转地，想！大家看勿起我，想今朝显点本事出来！关照大家走开！我一家头好哉！嘴里几句咒语一念，手真格轻轻一提！还力道太大，格只船像射箭一样已经到之水里？！）（刘阿大快点背牢只船梢角！勿小心梢角浪对一对，鲜血直流！外公急煞！俚说勿要紧！包老老拿块红布在外孙额角上包一包好）（所以告诉大家，至今，刘王老爷头上还留有块红布）

［船落仔水，大家高兴，刘阿大坐在船里，同里勿去，八坼勿去，到天河里试开！好极！］

外公包老老喜出望外，带刘阿大送皇粮到京。万岁大加赞扬！看到格只船光彩夺目，精雕细作，当宝物留作供品，在朝廷为纪念品。送金500两，绫罗绸缎，奉旨还乡。

光阴如箭，两年过后，上海嘉定县一带碰着天大灾难。黎民百姓难以度日，真是百年未遇特大虫害！百姓田里蝗虫连片，铺天盖地，勿说田里稻谷连粮籽侪都吃光！一片凄凉！大格几只蝗虫要半斤重，后来连小人头浪头发都要吃！真弄得鸡犬不宁。老百姓都到衙门恳求大老爷想想办法？

嘉定县知府看到百姓遭殃，蝗虫泛滥，老百姓田里颗粒无收！马上进京奏明万岁！万岁金口玉言，贴出皇榜，啥人能消灭蝗虫为民除害——有官，官上加官，无官亦可为官，勿愿做官格赏赐金银财宝，良田千亩！嘉定知府奉旨而还，贴出皇榜！

[注意！在此应有戏了]

速转身来，我再讲包家，包老老靠外孙协助，送粮得功，现今恭喜发财，养老在家。外公外婆、娘舅，特别的是舅妈对刘阿大真是刮目相看！今朝真是包家大喜之日？为点啥？因家中只有两个孙囡囡！现今总算添仔个宝贝孙子，办满月酒。多少开心！包家亲眷、朋友都来贺喜。还请仔一班丝弦宣卷轰轰烈烈，热闹一番！（其他班子勿搞，请我朱火生、金兰芳格班子，尽管当时我伲在啥地方勿晓得！因为机会难得亦要沾点光）　所以包家真是皆大欢喜。包老老喊仔外孙今朝一早到街浪去（宣调）买菜水——准备烈烈轰轰闹一番。（喜庆之词）　完毕

买好菜水，准备回转。看见前面一大堆人，围拢在一起！看啥物事。[三福呀，倷阿有本事，拿张纸头撕下来？苦煞。大发横财哪，倷口轻飘飘，倷亦勿懂？皇榜？我是呒不———}　包老老，刘阿大走近一看！阿大看完两滴眼泪！心里想当今万岁总算还有一颗爱民之心！四面贴出皇榜！尽快为民排忧解难！现在我刘阿大有格点法道、本事。应该为了大家做桩好事。顿时自家愁肠百结，热血沸腾——（唱）我乡下人间就是落难人，小小年纪无娘亲，受尽艰辛苦万分，黎民百姓困苦深，震我心来动我情，我不为名利莫要官，金银财宝用得尽——

（外公）？ // 让我去撕了皇榜？老老勿让，事关重大怕外孙没有如此本事，欺君之罪，杀身之祸？俚安慰放心 //

（告知守榜当差，复命）

（要，到明朝！）阿大关照外公外婆勿怕，自家穿好格身金甲金盔宝衣（消难）！手持青龙剑，口念咒语。（真格希奇）马上昏天黑地，狂风大作，暴雨倾盆！格种粗格树连根拔，小树上天飞，屋面浪格瓦爿头好像（宣调）燕子飞，万千只蝗虫无藏身，好似都在喊救命，只只都落到长江里——（飞沙走石）

约莫两个时辰已过，（奇怪）风和日丽。蝗虫一扫而光，老百姓奔走相告！嘉定知府大人惊喜万分。带刘阿大进京面（二次）见皇帝。万岁龙心大喜，封请刘阿大

留在朝中做官。（倷宝宝只管开口，做啥格官尽管侬讲！刘阿大奏明，万岁！我此番做了桩好事，勿是为做官，为名利，想我也是落难之人，感愿同黎民百姓血肉相连，心心相印！我勿要做官？谢我皇万岁）

皇帝答应刘阿大。既然倷有心同老百姓有格种手足之情。后来，皇帝还是封刘阿大为——护国上天皇。（就是刘王老爷）还赐有一块千岁匾。刘阿大真是苦去甜来，出尽风光。（金銮殿上文武百官各个祝贺，叩见千岁，千岁，千千岁！）（刘阿大还奏一道本章）说我还有个兄弟，虽非亲属，但心地善良。万岁当然答应封伊为二猛将！

后来若干年后，刘阿大为老百姓做了不知其数好事。玄宗皇帝得宠刘阿大。答应伊奉旨仍旧回到松江，嘉定县，泗泾，七宝，六渡村，建造一只刘王庙。（谢主隆恩）

1）封阿二（格个兄弟虽非嫡亲同胞，但同情过刘阿大，心地善良）为二老爷（二猛将）

2）外公、外婆，总算待我刘阿大骨肉情深。封为田公，田婆。

3）爹。刘三林。按道理，格种爹！真所谓，爹，爹，呸！但是，刘阿大还是宽宏大量！还念伊总算是自家亲爹！（自家发家）格末那哈，马马虎虎，让伊做个桥神土地吧？所以，爹刘三林，封为桥神土地。

4）格个晚娘，朱三姐。（在场格观众朋友一道好好叫来商量商量！）真格诡计多端，穷凶极恶！我看让伊，遗臭万年，叫伊到田里去做条“田山省”吧！叫恶有恶报！人家勒田里趟耘苗，田山省要闯事，世世代代拨勒人家骂得臭不可闻！

大好勒结省！

刘阿大。刘王老爷后来取名叫刘成宗。（要是到莲泗荡去烧香）至今，听说刘王庙中还保留一张真身画像。世世代代，刘王老爷为老百姓做了数不尽的好事。这真是（结束新大陆）

刘王猛将美名扬
造福人间齐赞扬
功德无量光彩照
黎民百姓记心上

宣到此间卷宣完，暂停片刻再拿小调听

6　三更天（三更案）

人物简介

方世元（方老员外）六十开外年纪

顾妱娣（方老员外填房）25 岁（图谋不轨，独吞家产）

方正清（少爷）30 岁！　忠厚老实

梁一娘（少夫人）25 岁（聪明能干、漂亮贤惠！见多识广）

是朝中皇公子朱青萍

方喜官（少爷之子）10 岁　神童。宁王千岁

张福生（方家总管）30 岁　（福总管）狼子野心

张瞎子（张铁口）张福生领爹！爱憎分明

秋露（丫环）　　双儿（丫环）16 岁，少夫人之贴身

梁其昌（梁员外）

梁文卿（之子）30 岁（奸党帮凶）

陈乐天（吴县七品知府）

杨氏（知府夫人）25 岁

陆阿二（陆头儿，得力当差）50 岁　爱憎分明

秦宛儿（三夫人）24 岁　杏花（丫环）

魏忠贤（奸党头目）

独龙虎（独龙将军）　警衣卫（阿德）

苏州梁庄　苏州—无锡—丹阳　　　丹阳吕庄　　朝头儿

三更天（三更案）

三更天，往往事体也蛮多格！生老病死发生在三更天！人家屋里养倨子发生在三更天！贼伯伯做生意发生在三更天！偷鸡摸狗男女关系发生在三更天！所以三更天事体真格蛮多！（开白）

此卷发生在明朝天启年间！在苏州三塘街有家大员外，田地房产、金银珠宝该得一塌糊涂！此人姓方叫方世元（方老员外）年纪六十开外！老夫人过世七年了！该个独养倨子方正清，讨个媳妇叫梁一娘是虎丘梁庄梁其昌(梁员外)的囡囡！不是自家所养是十年前看这位小姑娘生得玲珑乖巧收留格！重新取个名字——想小姑娘大仔总归要嫁人，嫁仔人总归要养倨子格，养仔倨子总归要做娘格，所以叫梁一娘。生得聪明能干，贤惠漂亮(见多识广)今年 25 岁！养个倨子叫方喜官，十岁！聪明绝顶，到底是龙养龙凤养凤，6 岁就会吟诗作对，8 岁已经会写文章，一位奇才、神童。

老夫人已过世七年，但身旁格丫头顾妱娣能说会讲、聪明过头好权好有心计有花头——掉花枪，翻门坎、做眉眼、吹牛三、拍马屁、讲张甜得来（做事辣手辣脚不能谈！）

迷得老员外糊里糊涂！答应顾妱娣做方老员外填房！比倨子小 5 岁！今年

25 岁。

（一）计谋陷害

方员外由于年事已高、过度辛劳，常年有病在床！有时还吐血不止！自知力不从心难以病好，叫身旁丫头秋露去喊伲子来见我。秋露丫环奉老员外之命喊来少爷方正清！（见过爹爹。儿呀，想为爹体弱多病，年事已高，家中之事我要讲个明白：儿呀 唱毕）为望我儿继承家业，好好处理家业光宗耀祖！儿呀！你现在的主母也应当娘来看待！看她六年之中相伴于我！还算一片顺心！家产嘛让她也拿三份！我儿我的好儿媳我宝贝的孙儿你们得七份！千万不要待我去了后，为了家产生有矛盾。是，孩儿记住爹爹的教导！一张遗嘱交拨方正清。其老员外格拆帐我看看也真正是公平合理！勿道是格种闲话被门外老总管家张福生听得清清爽，此人 30 岁，聪明绝顶！过去是个贫穷格流浪汉！12 岁时认得个算命瞎子！张福生看伊眼睛看不见，照样可以寻铜钿，肚皮饿勿煞！小福生当时人末小，嘴巴蛮甜，头脑蛮活灵！说：瞎子老伯伯呀，我叫福生，今年12 岁爹娘侪死光哉！同我取个名“福生”啥个“华带”有啥福，肚皮一直饿煞快！瞎子老伯伯呀，我叫侬亲爹吧！阿好？张瞎子想听起来格个小人倒蛮可怜相！嘴巴蛮会讲看上去笨是不笨几化？福生呀，我张瞎子不是侬亲爹，也不是侬霉爹，侬帮我瞎子在前头领领路，就叫我领爹吧！（那么领出事体哉）有一日，张瞎子算命做生意到方家府上，老员外看个小福生得伶俐乖巧，对张瞎子讲：格个小人跟侬要“做煞脱”格！倒不如我做做好事我留伊下来（心想：可以一起跟我伲子读读书帮助帮助（那么帮出大事体来）老员外对瞎子也讲，侬不要算啥格命哉！我有心做做好事！我房子横多侬到后花园去腾一间吧！吃饭事体我有心做做好人吃着我吧！就是空来茶馆里去听听山海经回转同我讲讲白相相！！

张瞎子听仔感动呀！开心呀！想老员外真正好人！！！对老员外说房子让腾一间，吃格事体我茶馆里去做的生意自家来吧！听听山海经回转总归同你老员外讲白相！勿道是张福生进仔方府有机会读读书写写啥真正是长识蛮快！本来就是个小聪明！到 27 岁方老员外看得去！做至总管家真是上面管到帐房间，下头管到厨房间！红得热昏油水捞足还勿满足！（真正是黑心黑肺黑肚肠）近三年来同老员外格填房顾娼娣串通一气狼狈为奸有仔“花头”勿算，二人还要想吞并方家全部家当真是丧尽天良狼子野心！！现在张福生在外面听得清爽，马上去寻着顾娼娣喊到帐房间。夫人呀？喔唷福生呀？啥事体？刚才我有点事想见老员外，听着伊拉爹伲子二人在关照方家家当事体？喔？讲少爷拿七份！侬只拿三份！还写好一张遗嘱交拨方少爷！要死快哉！格只老猴狲，格只老乌龟，真正气煞我哉！福生呀总归我伲子 2 个人想个办法动动脑筋，等格只老乌龟一死方家全部家当到仔手我同你做长久夫妻？

我看呀！少爷老实头人，楼上少夫人倒蛮难对付伊！我看第一步先搞乱伊拉夫妻关系！搞坏俚笃爹格伲子关系！嘿嘿！先要弄得方家鸡犬不宁六缸水混！啥弄法？先搞臭方正清名声弄得他夫妻间有矛盾父子间有争吵！不是少爷同秋露丫头过去有个一段“格种”事体呀？（对个！）那如此因盘这等这样，侬看迭个办法阿好？（喔唷唷，我的福生呀！真个好办法！我看中侬就是头脑活、点子多、做事体灵随机应变！）（可唱，完毕）、一对男盗女娼商量定当，各自行动！

顾妈娣亲自到厨房间里准备两碗“莲心汤”满面笑容走到房中，福生真正办法多——宣调

（开门进房）主母呀！喔唷伲子呀！是要经常来同你爹讲讲白相相！让你爹也散散心，巴望伊毛病快点好？是！那，好伲子呀，我端来两碗莲心汤，我也吃了一碗！甜来！阴笃笃！吃一碗吧？！方正清想天气蛮热吃一碗阴阴肚皮到用得着！（还有碗给侬爹爹吃）勿到是少爷吃仔后无多片刻感到头重脚轻！熟睡过去！原来格碗莲心汤里放仔迷魂药要八个时辰醒！！

东方发白金鸡报晓一到明早天亮，事体弄大！！（丫头秋露刚巧从床上苏醒过来！啥昨夜好睏到这样？猛然发觉自家衣衫裤子松散！纽子拉脱！裤带解散！！那末算刚刚晓得被人糟蹋，已经失身！（有人讲起来阿是活人还是死人？自家勿晓得！真格不晓得）

秋露丫环悲愤之极！！忽然听得床上有个人还在打昏涂！（雌—波—雌—波必须做样子）别过头一看！呀是少爷！小丫头想少爷呀少爷，看那个人从来规规矩矩！老老实实勿道是也是老实一个头！想当初侬少爷看中我小丫头我还劝你少爷我同你是门不当户不对！我小丫头没有这样福气！后来大家想通碰着见着大家客客气气！规规矩矩！侬平常照顾我、看得起我，我总在心里感激你少爷！“阿言得”等我睏着！拆格种烂污！（（最好有哭的样子！！））但将一想，总觉得少爷不会做格种事体，要么昨夜多吃老酒老实头人一时糊涂做出格种不端事体（秋露喊醒方少爷：你不该如此欺侮于我。方正清醒来也是惊慌失措！看到秋露哭哭啼啼也不知所措！真格弄不清爽，怎么自家会睏到丫头房间里！昨日夜里我、我怎么搞的！呀秋露不要害怕！我与你只要坐得正、立得正，不怕二人一道睏！！！（笑）

其实我来讲讲清爽的确是冤枉格！都是张福生同老员外填房小夫人顾妈娣二人想格计策做格手脚——昨日夜里方正清吃仔莲心汤，内放迷魂药熟睡有，那边帐房间里格张福生身带迷魂药趁秋露丫环在服侍老员外之际，偷偷溜进丫头房间把迷魂药放在台上小茶壶里溜出来！待等秋露回房歇息天气蛮热伸手拿去台上小茶壶吃了几口凉茶！睏觉后昏迷勿醒！恶贼张福生还勿罢休！格歇辰光再到丫头房间奸污于秋露，然后还到老员外边房，顾妈娣早就等好！背出方正清少爷放到丫

头铺上！就是这样一番经过！　正在格歇辰光，娼娣喊开门！（里厢秋露急得又要哭出来！少爷你隐藏到里面去一下吧！方正清想不落，格歇辰光总算明白过来，有人设下圈套想败坏我名声、夫妻争吵！少爷想躲、躲藏藏倒是讲不清爽，还是落落大方！叫秋露去开门！（娼娣一开门心里老早背好！指出他们两个人：你们两个都是不要脸的东西！方家出到你们这样的东西真是丢尽面子！大家都来看呀！顿时吵、闹、哭、叫、弄得乱纷纷！方家府上丢尽脸（最好做出泼妇的样子）张福生也在其中！假装劝道！有啥看头。喂！喂！喂！都去做自家“生活”（另外对小妇人眨眨眼意思——阿懂。快点到楼上去禀告老男人）顾娼娣想我真正传昏脱哉！我在这里过分吵闹哭叫算啥名堂！人家“传是”我夫宁同少爷哉！让我快点拿丑事讲老男人听。

方正清方少爷气得面孔红通通，一句闲话讲不出来！亦然走出丫头房间上楼到夫人房间讲清！秋露号啕痛哭难说清楚！弄得方家一团糟！！三三二二大家都蛮相信。

（二）夫人明断

缩转身来，我关照楼上少夫人梁一娘听之自家小官人昨夜冤屈诉说阿相信。勿相信！1）十年夫妻晓得自家小官人忠厚老实！为人诚实。2）如果小官人同秋露丫环有格种事何必到天明（亮）还不上楼！让屋里所有格人都晓得！何必呢？所以夫人联想起屋里事体件件桩桩联想起自家年轻主母，顾娼娣！总管张福生格为人，所作所为要想弄丑小官人名声！要想使我伊夫妻不和，父子争吵！最终目的是多夺家当！被少夫人一针见血猜正！！（勿像有些女人听得自家男人外面有点男女风声！不问青红皂白！吵闹哭叫！也无啥证据？弄得几个村棵侪晓得）梁一娘思来想去根本不相信！（告诉大家真正是个脚色！原名不叫梁一娘，同我朱火生一姓！也姓朱！我是勿来三只能宣宣卷！梁一娘真正格名字叫朱青萍，来头大得吓煞人说下去马上要讲拨大家听格。

梁一娘不相信小官人所作所为！为了得到证据好告禀公公戳穿坏人诡计！心里想还有喊秋露上楼来问个明白！所以喊自家身边贴身丫头双儿去喊秋露来！双儿？是少夫人呀！快把秋露丫环喊来见我！晓得（下楼去喊）秋露丫环一听少夫人有请晓得　“豁边哉”！心里想说得清爽最好！如果讲不清爽预备死路一条！（到仔楼上见少夫人面孔倒蛮和气）“小丫头秋露见少夫人有礼了”扑。免了免了，起来吧！我且问你，少爷昨夜到你房中你可知晓？（叫我怎样讲法：1）假设我讲晓得。夫人讲起来，小丫头骨头轻勾引少爷还当了得！要乱牌射出！性命难保。2）假设我讲不晓得。夫人问起来，阿是少爷同侬睏在一只床上会勿晓得，阿是活死人呀？3）假设我讲真格冤枉，就是另睏前小茶壶里吃口冷茶顿时以后事体侪不晓得，格末夫人问起来，哪把小茶壶拿来让我也吃一口！阿有啥花头！可现在小茶壶不见脱！一点都没有证据！总归讲不清爽！所以独自：这个格那个！！

少夫人自嫁到方家晓得秋露虽是个丫头,但为人忠厚！气质优雅、落落大方！勿像丫头样子像是大家闺秀（同时也晓得自家小官人以前追求过秋露！由于爹反对，秋露还苦口婆心相劝过小官人！门户不当，主仆关系客客气气）所以少夫人蛮体谅到秋露一时难以讲明！

现在梁一娘听秋露独自这个那个，面孔涨得通红（就讲）是不是能证明你清白的证据——小茶壶也不知去向了？！（秋露想：少夫人赛过活仙人，猜到我心里）多谢夫人，确是这样的呀！秋露你不要着急不必自卑！我是不会相信的。你可知晓？是有人妄想伤害于少爷搞臭少爷的名声！妄图浑水摸鱼！？是。

秋露丫环，我今叫你来！我少夫人不是责问于你的？为了给恶人一个打击，不让他们阴谋得逞我要你答应我一桩事情可愿意否？多谢夫人为小丫头洗冤！多谢夫人明察秋毫！夫人你叫小丫头去死我秋露也心甘情愿的！别说一桩事情只要小丫头能做到！

秋露！为了气煞他们，我有个主意！还望你相信于我！从今后，我们姐妹相称。你也嫁于少爷吧！此时由我做主！早早圆房！我要平定家中的风波！

（秋露听仔少夫人格种闲话，感动得呒啥讲头）马上双膝下跪！扑，扑，扑（三个响头）感激夫人一片好意，夫人对我的恩情小丫头永世不忘！可是夫人，想我已经被人糟蹋的了！没有资格嫁于少爷了！（其实秋露失身又不是自家原因）梁一娘真正好讲贤惠善良知书达理！照样还要伸手拉一把！真格好讲“难能可贵”！同志呀！在明朝格真格封建制度！照样有人拉一把的确不简单！！（不像现在贰仟年代！有些小姑娘年少无知，头脑一时糊涂上当受骗！不当心踏勒烂泥之中！格是伸手拉格人多勒：社会上要拉！法律上要拉，同事间要拉！爹勒娘要拉！兄弟姐妹间要拉！我朱火生碰着做做好事、勿要报酬也肯拉！七拉八拉总归拉起来！！让伊重新做人呀？

格末社会上有些小姑娘干脆跪下去！啥人拉伊总归不高兴爬起哉！在便得！拆拆洋烂糊当格生意经做哉！格是难讲哉！也有。

现在梁一娘听仔秋露所言真正愤愤不平！难平心头之恨。秋露个丫头阿要直爽，阿要忠诚，其实格种事体好瞒一瞒！人家亦不晓得！看亦看勿出！好得碰着梁一娘！勿管格！好事做到底！有我做主嫁拨少爷！小官人面上我去做思想工作！秋露此时此刻真是感激得难以形容！磕头拜谢！下楼。

再讲楼上少夫人心里真正越想越气闷涨！屋里厢有仔格种糗人方家还弄得好？想格种事体不是总管张福生是啥人？不是自家年轻主母是啥人？但是现在并无证据，只是猜想？少夫人动仔一歇脑筋，没有其他好办法，只有喊张福生上楼见我

一下！点仔伊，看伊阿有啥反应？！主意打定。（喊丫环双儿下楼去寻张福生）

结果到东厅、西厅、客堂间、相房间、帐房间都寻勿着！连厨房都不见！再走到后花园碰着张瞎子（赶上一步）张伯伯呀？阿您看见张福生？我瞎子阿看得见格？“小鬼丫头”！喔对不起！我讲错哉！张伯伯今朝不行去寻生意？嗳大清早听见吵闹哭叫！晓得出大事体哉！伯伯眼睛不来耳朵到蛮灵格！啥人叫侬喊张福生？你楼上少夫人。喔！！老爷格夫人说伊少爷脱秋露姐姐有格种事体，张伯伯侬阿相信呀？不相信。少爷忠厚老实。秋露合知事达理。我勿相信。倘然少爷要做格种事体我看何必用迷魂药呢？容易得极！阿对？

嗳张伯伯呀侬会得算命，侬算算看娘到底啥人？

我格算命同关种事体两样格！不搭界格！张伯伯侬瞎算算娘！？好好。（叫江湖一点菊，拆穿末得吃！）（必须要做的像算命样子。）我来算算看呢——（这一句应唱）叫此人日里跑路像只弓——取个弓字。夜里偷鸡摸狗只怕夜长梦多。我再取个长字。再加起来（连）就是弓长张格张字。张福生？！不是格个小赤佬是啥人？呀呀，张伯伯伊是侬伲子嗳！？不管格！！大义灭亲。双儿丫环呀！现在关键要有证据！！（张瞎子确是是个好人，感激方老员外格真情，留我张瞎子，住房子，所以张瞎子在方家威信也蛮高）张瞎子有些人还称伊：张公公、张铁口、张先生、张伯伯。

正在格歇辰光张福生齐巧过来听见“证据”二字魂要吓脱！阿爸。啥事体证据假据人吓你吓煞？（来哉！暗示双儿）喔不是格！我阿爸今朝街浪去买两条鱼真几？（证据）喔。（双儿说话）张福生呀！伊夫人叫我喊侬上楼去有的事体？顿。（关照自家勿慌）（跟仔双儿上楼）少奶奶在上头。小人张福生在下头。下头格张福生见仔上头格少奶奶磕头哉！！扑。福总管。我且问你？少爷同秋露之事你可曾知晓否？这个。（叫我怎样讲法？不过我讲要留点神呢！脑筋一动有哉）夫人呀？我张福生想：少爷格忠厚老实我看末绝对不会格！秋露末看看也蛮懂点道理格我想起来也不会格！

不过闲话又要讲回来！方少爷毕竟从秋露房间里跑出来？再讲侬少夫人是东家！我张福生总归是西家。西家总归听东家闲话格！这叫多吃饭少开口？侬东家讲真我就说真！侬东家讲假我就说假！横便当格？（梁一娘听张福生格只老狐狸，嘴巴阿要会讲）若要人不知，除非己莫为！张福生呀：（唱）三更迷雾三更案，今天命你到我楼，少爷若要情意有，何故偷情药秋露，乃是有人施诡计，无中生有是非多，待我主意已定决，早早圆房平风波，气煞暗中贼歹毒！（格歇辰光张福生叫寒天吃冷水，点点在心头——宣调。

福总管，不许在外乱讲？晓得。下去吧！是。（张福生格腔赛过只瘟鸡！顿，顿，顿，顿，朝少夫人房间里走！（扶梯在那边）我真正作死？！往夫人房盖里去哉？作死！马脚侪露出来？（伊回到账房间动脑筋哉！楼上少夫人叫心里蛮清楚！我呀要碰着顾娼娣商量对策！无毒不丈夫一定要走勒前头！！！

到仔明朝；方家府上事体越弄越大！1）丫头秋露悬梁自尽。2）方正清方少爷失踪。方家上上下下格人都猜想！秋露丫头干仔格种事体，难以做人上吊自尽。

方少爷要么夫人跟前说不清，又是难见老员外之面所以走脱哉？屋里弄得人心惶惶。(其中有两个人不相信。一个梁一娘就是少夫人。一个张瞎子。少夫人想，秋露为啥要寻死？呒不根据？况且少夫人作主已经言明嫁拨少爷，当时伊多少激动、多少高兴！再说自家小官人出走也呒不道理！我少夫人又不让责备伊！为啥要出走呢？（所以梁一娘在楼上也在动脑筋，商量对策。

（三）喜官出逃

勿晓得格歇辰光门外来仔一个老当差！（江北话最好）一身青布短袄老公事哉！叫陆阿二。又叫（陆头儿）因为头生得小勿过。50 岁。为人交关热心、善良、正直。因为事关重大！陆阿二又是同方家关系交关好，正所谓常来常往！偷盘来报个讯！北京来仔一纸公文到吴县知府哉！说过一天朝中要来人捉拿朝廷钦犯，公文先到要吴县知府陈乐天协助查找，朝廷钦犯就在苏州。就是方家老员外媳妇梁一娘。陆阿二得讯快点来到方家相救。

格末方家少夫人梁一娘阿是朝廷钦犯！一点勿错，是格。所以我上面几回已讲过少夫人是个脚色,大来头,落落大方！宽宏大量，见多识广！（那末让我来讲清爽）梁一娘格位少夫人真正名字叫朱青萍！十年前离宫出走！因当时在宫里有一天同西宫娘娘伲子到花园舞剑白相勿小心刺伤兄弟！西宫娘娘顿时暴跳如雷到老男人（就是老皇帝朱青萍格爹哭告一番！认为皇公主图谋不轨！老皇帝听信一面之言，大发雷霆！正宫娘娘见西宫无中生有！为了避免事端叫囡囿到外暂避一时！想勿到皇公主性格倔强出走到姑苏勿想回宫！讲明情况，虎丘梁员外收留为女儿，周年嫁于方家。勿道是朝廷之中由于老皇帝驾崩！西宫野心勃勃勾结奸党魏忠贤妄图谋皇串位，要叫正宫伲子下台！自家伲子做皇帝（晓得天启皇帝年幼只有 23 岁无有立足之本！又得悉兄弟间不太和睦！认为有机可趁为了尽量肃清天启皇帝周围亲信、亲戚！老奸得着信息所以派小奸梁文卿到苏捉拿（皇帝天启格阿姐）（王爷千岁）的阿姐朱青萍。就是现在方家少奶奶梁一娘！！

（陆阿二为了相救青萍公主秘密到此先喊开门）门上有人吗？来哉呢。(张瞎子开门）侬是啥人？我是陆阿二。喔！陆头儿。老朋友，老朋友。多日不见看侬该二热面孔红润润，身体倒蛮好啊？（哈哈，侬搞七念三侬搞啥百叶结，侬瞎子看得见伐？我瞎子眼睛勿见，耳朵蛮灵格！听侬讲闲话中气蛮足！力道蛮大肯定面孔上是红润润的！好好好。我陆阿二今朝呒不工夫同你讲白相，有点事体要见见少夫人。(瞎子想，平常见面无话三百声，今早要面见少夫人肯定有啥事体！领仔陆阿二到天井喊双儿丫环，双儿听见下楼领仔陆阿二上楼。当着陆阿二叫双儿丫环拿房里长窗“哼”一扇一扇关好之后，叫丫头也出去。(因事关重大）那末只剩陆阿二差人同少夫人梁一娘；

(陆阿二双膝跪下：青萍公主殿下；我陆阿二特来告禀！如此因盘，这等这样！朝中来文，即日就要捉拿于公主！还望速速逃离！！梁一娘一听呆脱（想我出宫已经 10 年平安无事！猛听得这样消息真是悲痛欲绝！但又马上冷静下来，要马上想法逃走。看陆头儿还跪在地下，真是泪流满面，幸亏好人当差陆大哥及时报讯）马上说道：多谢陆大哥（叔）陆大叔请起！大恩公请起！我朱青萍有朝一日重见春光，一定报答大恩公的恩情！！

(那末陆阿二再关照一番，要抓紧时间快点准备）让陆阿二告别青萍公主下楼！丢草曲折来到后花园后门眼手碰着张瞎子。张瞎子人称张铁口，张半仙，伊算得出来！晓得陆阿二要亲自面见少夫人事体大得收勿小！问末不必多问！格末陆头儿呀，我去开大门呢！不！不！不！勿！我出去要走后门哉！（陆阿二想，要紧事体已经过做脱！有些事体想还要讨教讨教！晓得张瞎子也是好人！对方家也有感激之情！倒不如我试试伊，人家说伊张半仙！到底阿有这事？张瞎子呀！人家讲侬张半仙格，我倒勿大相信，侬猜猜看，我陆阿二面见少夫人到底为啥事体？算算看哪？喔。陆阿二呀！侬来掂我斤两呀？我末本想不问啥讯格！横得侬脱我都脱方家有感情！格末我猜猜，瞎猜猜，侬末老公事哉！我末老江湖哉！我想我格老江湖斗不过侬老公事我勿叫张瞎子哉！侬本来就叫张瞎子！快点讲，晓得。侬陆阿二叫堂堂正正进前门，鬼鬼祟祟出后门，通风报讯大贵人，小小当差仗义心，哈哈！（陆阿二想，张瞎子倒真格赛过仙人哪）总包括到真格猜对，还是让我对张瞎子，反正也是忠良之辈讲讲清爽！那么如此因盘，这等这样，朝中来文到吴县知府，捉拿朝廷钦犯梁一娘！轻声点！防止有人听见！轻点（张瞎子关照）陆头儿呀，侬回到衙门一定要见机行事？喔！辰光宝贵呀！能拖则拖！拖得辰光越长，格搭方家少奶奶多一份安全！阿晓得！最好拖格十天八天，(我尽力而为）人家要你这个，你就那个，人家要你那个，你就这个！阿懂？喔。人家要你这个这个！你就那个那个那个！晓得哉！那末让张瞎子开后门送当差陆阿二走。

缩转身我再关照楼上少夫人梁一娘勉强吃一点夜饭！心里想碰着如此天大格大事体，幸亏恩公陆叔叔来报！想到小官人又不知去向！心中悲痛万分！心里想最好让我大哭一场！但梁一娘肚里蛮明白！时间不允许你这样做！格腔辰光，少夫人清爽时间就是生命，时间就是巴望方家希望！万一朝中奸党马上来人捉拿格是完完大结！

所以少夫人硬做克制自己！胸有成竹！主意想好，还是让双儿同自家伲子方喜官先逃走，先逃到丹阳吕庄外公外婆家避难一时，再到北京碰着自家亲人！梁一娘自家还要顾一顾屋里格事体！还要见见公公，安慰一下公公，讲仔明白！主意想好喊身边贴身丫环双儿过来！双儿丫环，想你跟我多年我们情同手足，如今家中是非人多，想不到又发生了天大的事情！我有一桩事情想恳求于你！不知你（能）否答应于我？少夫人，想你多年来待我犹如亲人！待说无妨？（可唱可讲形式和盘托出）双儿丫环含泪一口答应（让伊马上去准备一切）然后喊伲子方喜官出来！（梁一娘格伲子方喜官今年10岁。是个了不起格神童。六岁就会吟诗作对，八岁已经是上知天文下知地理。真正是聪明过人（可供参考）（过去格种神童蛮少，现在不稀奇多哉！有人十几岁当奥运冠军！有些十几岁就出国留学格种都是神童！主要原因一现在教育方面发达！有些家长望子成龙，在娘胎里就先导教起来哉！有些家长想让伲子阿有啥成为音乐家！买买音乐卡拉OK对准家主婆的肚脐蓬嚓嚓已经让伊在娘格胎里先学起来哉）

（方喜官听见娘喊见娘）娘亲在上，孩儿见娘亲。（梁一娘含牢仔眼泪看牢亲自家伲子，想马上就要母子分离！到底到何年何月再同伲子碰头啊！讲勿清爽（想）硬做不让眼泪流出对自家伲子说：我儿，如今你已是10岁了！也该懂事了！为娘有重重至重的事儿告知我儿，但不许你不许我儿啼哭（自家流泪了）（唱想为娘不姓梁来本姓朱，朱青萍名字你要记在心，虎丘梁庄非血嫡，为娘当初身居紫禁城，只因朝中奸党害　为保方家一条根暂避一时保性命）方喜官一听大吃一惊（想我虽则只有10岁，事体侪懂格）这样大得不能最大格事体想你亲娘还要镇定自若！落落大方！方喜官想侬爹爹是个老实头人，你的亲娘真正是个脚色！（方喜官真格聪明想得到！想我离开娘亲，姆妈个单单一个人，勿碰到啥格危难事情想不开（时）怎么办？方喜官脑筋动有哉！让我临走要拿娘亲“自杀”格扇门要关脱！以防万一！（方喜官真正聪明呀）（此时的表演一定要带有哭声）

母亲呀！娘亲呀！我家发生这样的事情嘛好有一比，娘亲你好比白娘娘！双儿姐姐好比小青青！我家爹爹好比许仙！孩儿好比梦蛟了！母亲呀，法海他拿了“佛法”要捉拿于你！娘亲你当心你可要当心呀！（唱）（唱毕后）娘亲倘然想自杀嘿，孩儿学娘亲也是应当的！我要紧紧跟在娘亲后面！黄泉路上会见娘亲。

（这叫伲子学娘，天下通行）少夫人想伲子阿要乖！阿要懂事！（马上拿出一只（碧碧油）翡翠羊羔拨伲子方喜官，到仔丹阳吕庄碰着外公外婆作为凭据，当时梁一娘出嫁方家，义父梁（其昌）员外送拨囡囿稀奇之物。另外顶仔要紧一道血诏，也告拨伲子，想尽办法到得京城，碰着当今万岁，碰着王爷千岁两个娘舅！明说经过！两个娘舅会相认外甥。（一切准备就绪！梁一娘少夫人关照伲子方喜官、双儿丫环马上逃离方家。）

两个人，急急忙忙下楼，走长廊！过厅堂！兜走曲折来到后门跟首；（看见一个黑影）双儿丫环一时吓得魂飞魄散不敢作声！（还是到底是神童，人小资格老，不慌不忙）（主动先喊）喂！前面是哪一个？为何半夜三更还未安睡？（我是张瞎子嗳。）（双儿一听是张瞎子一块石头总算落地）张公公，为何还未安睡？我算仔一算，今朝夜里有人要进来！有人要出去！出去格人是好人我必须要从中帮忙。嗳双儿呀，侬人呀不曾出门来，就慌到这样？及不来小东家！侬岁数白大脱格！我问侬？侬俩逃出去还是步行，还是坐车子（马）呢？张公公我伊不坐马车，也不步行，用船。（格末半夜三更侬到啥地方去弄船呢？）

（双儿想，格到忘记脱！少夫人慌忙中也不曾想着）

阿哎张公公这倒忘怀的了！？（着急样子）哪！我张瞎子倒已经同“哪”准备好哉！张公公你怎会知晓的？（我靠算，我算出来格！）（原来张瞎子早有估计！陆阿二通风报信少夫人肯定要避身！今夜不逃明朝夜里肯定要走！所以一声不响自家拿出铜钿租好一只“蓬蓬船”租好三夜啦，蹲在山塘街河边）（现在张瞎子见少夫人还未出来，问双儿？）双儿呀，少夫人为啥还不出来？（听夫人吩咐，叫我先同小少爷出走！瞎子一想对格，先让小少爷出走！保持方家后代一根苗，这倒是上策！格末少夫人为啥听着风声还不走？难呀！叫做人难，做女人更难！做媳妇“加二”难！人家讲起来，少夫人个人呀屋里事体怎样大，小官人失踪不知去向，公公有病在身，秋露丫环被害之事还未了断！屋里还有豺狼虎豹相互勾结狼狈为奸！（张瞎子有双儿搀扶带仔小少爷准备去山塘街坐船逃离！

缩转身来我再关照船上格阿德接着个夜生意叫等等不来、望望不到，心里想瞎子个生意无做头格！半夜三更租只船，阿有啥好路通？号拉答应这个短命生意？冷么冷煞快！阿德正在十得咕念得咕总算看见来哉！

喔唷！远远看见张瞎子带仔一个姑娘，一个伲子，一个包子！阿是偷仔东家格铜钿银子带仔家主婆私奔！？瞎子倒有点瞎花头？！（喔唷）瞎先生等侬啥辰光哉？船家，我关照侬！一个小大姐一个末小人，船上厢照应点！瞎先生格末侬不逃？放屁我逃点啥？是。是。我关照侬听好呢！（唱）（要是侬不识相，想要弄点啥格花头出来！我瞎子眼睛不灵，哪去打听打听哪？我张瞎子是啥等样人！我要捉拿出来格！阿要试试看！晓得格！晓得格！做生意您只管寻铜钿，其他不问信）

开船。晓得。阿德格烂撑篙拿勒“装格”罗银头上，问格勿宁问一声！瞎摇一泡！亨得儿——亨得儿！（摇到啥场化？丹阳。（要死勒）摇刹格（阿德想勿多盘，我摇到无锡让“伊拉”调船吧！亨—得儿——亨—得儿，小船越摇越远（张瞎子立着不走！）

要听到船声音勿听见！在“答棘”一来回转（方家)。(说到这里要慢！说得快容易说错！）（比如讲）张瞎子立着不走！要看到格只小船勿见！那末“答棘”一声回转（方家）〈那末豁边，人家说起来瞎子哪哈看到格只小船看不见呢？所以容易讲错地方要慢。〉

等到小船离开山塘正好半夜三更天！张瞎子想无不啥事体回到方家准备睏觉。来哉！只听见喔六六六！喔六六六六！勿道是吴县知府陈乐天大老爷带仔衙员三班，一顶花轿，要捉拿朝廷钦犯梁一娘！

（四）公主归案

吴县知府陈乐天今朝接到朝中奸党魏忠贤公文，说“明朝”就要派人来捉拿朝廷钦犯梁一娘！要吴县知府协助此案。(实际朝中奸党派来格小奸就是虎丘现在迁往丹阳梁其昌梁员外伲子叫梁文卿。想勿到10年前爹梁员外救梁一娘！10年后伲子梁文卿捉梁一娘。梁文卿小奸30岁，10年前因抗婚到京城投靠奸党魏忠贤！现今老皇帝驾崩(也就是梁一娘格爹已死）朝中大乱！西宫娘娘认为天启小皇帝还未有立足之本！勾结老奸魏忠贤人为谋皇篡位时机已到！西宫娘娘同老奸谈起过皇公主逃离皇宫（10年前）之事！老奸魏忠贤也讲起梁文卿格爹10年前救皇公主之事，西宫又本来同皇公主有仇恨！所以一道公文提捉梁一娘（就是青萍皇公主)。

现在已经到方家；当差陆头儿伸手碰门！（张瞎子起身开门）(一看是当差）陆阿二。(张瞎子说）阿呀！喊侬（关照侬拖辰光，拖的辰光！啥已经来哉呀？）(陆阿二说江北话)：我阿想睏勒铺上“诈死”格！拨勒我们老爷拖起来格！公主阿人逃脱？不行！小少爷走脱特！（知府陈乐天到里厢叫陆阿二拿方家人统统喊出来！总管张福生听见喊声音吓得惊慌失措！看仔方家人一个个起喊起来，自家心里想；肯定少夫人格报案要查问查问！想我格杀人灭口所作所为天不知地不知，只有我同自家个相好顾娼娣晓得！如若不爬起加二引起怀疑！关照自家快点起来！要镇静！到仔厅堂看见人家都在拜见知府老爷。(快点上去）小人见大老爷！侬叫啥人？张福生。今年几岁？30岁。做啥事体？方家总管。喔。年纪轻轻已经做仔总管家有出息？！哈，哈，哈！承蒙老员外栽培。麻烦侬去喊侬东家见我！（张福生想不要紧！肯定只不过查问查问格）回禀大老爷，伊老员外常年有病在身，不能起床！喔。如此情况叫情有可原！格末叫少东家前来见我？回禀大老爷。伊方少爷半夜失踪，人也不勒浪！喔。少东家不在屋里，半夜失踪叫情有可原！喊方老太太前来见我？喔唷伊方老太太是“加二”喊不着哉！已经死仔7年工夫哉！（陈乐天想真格触霉头，半夜三更侪是问着两个死人、生病人！）

你家老员外可娶“续弦”？回禀大老爷，娶格！叫顾娼娣！去喊来见我！晓得。（张福生伊轧苗头想格个瘟生官半夜三更来做啥？阿是来敲竹杠！格是让我快点去豁个“零子”！勿大老爷不让先开口，自家先“踢呖达啦“侪讲出来？所以张福生噔、噔、噔、噔、上楼敲门进房。（为防耳目，虽则姘头！也要遮遮盖盖）只管张福生见夫人！（要亲热表情）福—生—呀—！我今夜有点伤风！“只怕”过呢？明朝吧！（笑。真格要死格，不是格。我看肯定少夫人知府衙门去仔一趟！所以陈乐天知府大老爷要见你！（顾娋娣一听吓得魂飞魄散！伊“当是”同张福生格所作所为穿帮哉！伊根本不晓得半夜三更来捉公主事体）福生呀？人是侬杀格？我只是少些帮帮忙？侬勿慌呢！（慌的啥）我张福生算起来么少夫人告状到衙门呒不用场？！秋露上吊是属于自杀格自杀应该不问讯格？方正清半夜失踪也呒名堂格！属于家务事体？老古说：“清官难断家务事”。夫人呢笃定去见大老爷！格末大老爷为啥今朝要来呢？敲竹杠要铜钿！

格末为啥日里不来，弄格半夜三更来？就是竹杠敲得大，铜钿银子要翻一番！夫人呀，侬勿怕只管下楼见老爷一口咬定侪是“家务事体”保证呒不问题！！

（顾娋娣听仔张福生一讲到胆子大哉！（伊是侪做得出）（掉枪花，翻门槛，做媚眼，吹牛三，拍马屁说几化样样做得来）（下楼见知府陈乐天）大老爷在上头，小女子见大老爷磕头哉！（抬起头来）（顾娋娣想要看我只面孔呀？想格是笃定！想我只面孔生得勿推扳格！）头一“横”抬起，（眼睛里厢一道目光嘻—嘻—嘻过去——，知府陈乐天一道目光嘻——过来目光对目光一“碰”知府吃勿消哉！头里厢昏道道！浑身麻辣齐齐（——阿嚏——做出“打嚏”的样子）！！！陈乐天想：老员外呀老员外，侬其他女人也侪好讨格！娶格种女人要“拆烂污”！小女子你叫啥名字？顾娋娣。今年几岁？25岁。过去做的啥？丫头。现在呢？开为夫人。喔唷大老爷呀？（唱毕）。我顾娋娣真正命苦，老男人末常年有病！屋里事体末里里外外都要我管！少爷末又是不张气！同个丫头勿三勿四！一个上吊，一个失踪！弄得我团团转！！（嘴巴蛮会讲？）大老爷呀（青天）（我方家门上事体多，老员外年迈病在床，少爷正清真妄恐，贪恋丫环叫秋露，难以做人寻死路，少爷逃走离苏州，我双脚跳来有啥用？里里外外我管得多，好比那苍蝇磕脱仔骷郎头，如今你只管打道回府中，我准能放了断家务）。吴县知府想；伊是想赶我动身喔？（想我是来捉拿朝廷钦犯梁一娘格）。

你家少夫人在家吗？（顾娋娣想，大老爷真格还要去碰头小妖精，我倒要看仔伊在老爷跟前讲点啥？“还禀老爷”！勒浪屋里，阿要我去喊？（你去歇息！张福生麻烦你带个路？）晓得。（张福生想：叫我带路最好！我也看得着听得见回转二人再定计。）陈乐天带仔当差、抬仔一顶轿子进内院园天井，张福生上楼去喊少夫人后下楼交复！想听听“壁脚”。（大老爷吩咐张福生呒不啥事体？回去吧！其无法听勿着“壁脚”。只好回出！大老爷关照四个差人拿轿子抬过来，轿门对正梁一娘和梯格房门！陈乐天亲自动手，拿轿子格“扶手板”拍落。轿帘布放落。然后喊四个当差走到墙角落里！（要对白，要做出样子）“俚笃四个人”统统走到墙角落里！走到墙角落里。面孔（四只）统统对正墙头！面孔对正墙头。“眼睛（八只）统统闭拢！勿好偷看！啥人偷看（眼乌珠挖脱等将吃）。（陈知府为啥这样？因事关重大！保密工作要做好！目的告诉大家陈大老爷不是来捉公主，而是来救公主，所以抢在朝中来人之前，半夜三更而来。）格四个差人想仔冤呀！想机会难得看看皇帝格男女同普通老百姓生来阿一样！（皇帝呒不福气看着）再讲楼上梁一娘听见衙门知府已到！晓得自家难逃一死！好得伲子已经出走故所以不慌不忙下楼！（陈乐天马上相迎）公主殿下，下官陈乐天见公主殿下！（梁一娘想反正自家 “解”到京城难以活命，想整整十年隐姓埋名不宁行做歇皇公主哉！有心摆一摆皇公主格架子！说了。小小七品为何见了哀家还不下跪！陈乐天罪该万死！（啪）双膝下跪！（梁一娘称自家哀家。哀家两个字不好随便瞎叫格！必须要皇亲国戚！梁一娘有资格称哀家。皇帝格家主婆，皇帝格阿姐妹子。皇后、国太、太后好有资格称为哀家）

陈乐天抬头一看青萍皇公主虽是泪眼泪包牢！但还是刚正不屈，落落大方！十年风雨十年磨难吃尽万苦千辛同奸党争斗到底！忠良之辈。勿怪奸党魏忠贤千方百计要捉拿于你！公主呀侬真是女中豪杰，使我肃然起敬！我陈乐天也是个清官呢，不过现在叫不好讲白！（唱）他是抬头看青萍，真是女中豪杰忠良（人），你是十年风雨十年难，你十年一剑早磨练，皇家娇凤非虚名，我是小小官七品，也有一颗仗义心。

梁一娘落落大方坐进轿子。（陈乐天又亲自拍上轿夫手门！命四个差人（人）抬起轿子走出方家到衙门！

缩转身来我关照方家上上下下格人又不宁睏！侪拉看，侪拉猜；阿姐呀？妹子呀？弄勿懂？真正弄勿懂！嗳真正稀奇煞哉！知府老爷半夜三更带仔差人用仔轿子接伊少夫人去做啥？猜猜看呢？猜勿着！？要么去做客人？做客人呒不半夜三更喔？（轻声地表现）要么捉犯人呀？也勿像喔呒不犯人坐轿子有格种事体？大家都在猜格想蛮滑稽猜勿出！张福生同顾妱娣心惊肉跳也弄勿懂？只有张瞎子晓得少夫人要捉到京城，还要身首分离！方家出仔一桩连一桩大事体！老员外又是重病在身！我张瞎子要不忘老员外对我恩情！晓得现在是非常时期！肯定有人要去告诉老员外，有得别人去告诉还是我自家去告诉伊（老员外）一定要劝导伊！开导伊！千万千万要伊挺得住！方家还有希望！

再说吴县知府带仔皇公主到衙门。陈乐天关照差人拿轿子抬到后花园书房！四个差人弄勿懂？犯人要带进监牢哪能送到书房呢？停轿后，关照当差轿子格扇轿门洞要对正书房间格门洞洞！扶手门拍脱！又老规矩关照四个当差全部退到墙角落里——墙角落里——面孔对正墙头——面孔对正墙头！不许偷看！四个差人想仔真勿开心：想老爷平常蛮上路格！不这样，看看也不要紧喔板要一家头独看？真格！其实陈乐天为了做到保密万无一失明朝小奸就要来哉，要衙门里上上下下一个都不认得皇公主！陆乐天大人四周无有一人：那末好像竹管筒里只“瑞螂”过竹管筒。叽！叽！叽！叽！！差人勿想看得着！那末青萍公主梁一娘到书房间（自家弄勿懂）为啥不进监牢！！

（五）李代桃僵

陈乐天与陈夫人称呼（相公，夫人）

知府陈乐天到内房同家主婆讲！按夫人吩咐；青萍皇公主已经请到？！如何相救？辛苦我家相公了！相公待我已有主张只有我来相救？！（陈乐天虽则小小七品！但是一位爱憎分明热爱黎民百姓效忠朝廷！贪狠奸党谋皇篡位是个清官，好人！陈夫人也是个见义勇为、刚正不拔格女子，伊倒是个大家闺秀（大人家格囡囿，就是看中陈乐天两袖清风一心为民才嫁拨个穷得（当时勿像样格七品知府（陈乐天）。相公呀？我想来想去蛮适当：想梁一娘是皇家闺秀，公主，我是大家闺秀。伊 25 岁。我也 25 岁。伊是才高学识见多识广。我也琴棋书画件件皆能。相公呀做官难做清官更难！为保相公一世好名声！我杨氏读过花木兰，受过闺门训心意已决，李代桃僵保忠厚！（陈乐天此时难过之极）想夫人不是去做客人！要身首分离格！做清官难呀？陈夫人看自家相公悲伤万分上前安慰！相公呀！（唱）十年夫妻情义深，为保忠良下决心，为君千古传美名，利国利民得民心，还望相公多保重，百姓痛苦要关心，为官清正记分明，时时处处要当心，但念儿郎年幼小，教导成年育新人，相公不必挂念我，报效朝廷亦甘心，为君年纪尚年轻，再讨续弦好娘子，为妻在阴曹祝福你！

（陈乐天大老爷听仔心爱的好夫人叮嘱关照眼泪哪亨留得住！夺眶而出！想自家一身正气，官得民心都有夫人一半功劳！想我当时家里穷，在家乡绍兴卖卖梅干菜吃点冷泡饭，你娘子冲破封建束缚嫁拨我！——我仍记得我你同房花烛之夜！——我是激动地挑开方巾一看——娘子生得是二道绒眉、一对凤目、杏桃小口真是如花似玉！记得我开心得在床上扞三只“跟头”豁四个“虎跳”，如今夫妻马上要离别，怎不叫我陈乐天悲痛妹妹呀，亲人呀娘子呀？（唱）十年夫妻情如海，桩桩件件记心怀，想我本是寒家弟，你不嫌贫苦嫁我门，前世修来今世份，我陈乐天真是福满怀，夫人你为报国尽忠志满怀，我小小七品也要添光彩，人间美女我不动心，抚养孩儿报百姓。知府陈乐天同夫人杨氏相互关照真正是浩然正气。陈夫人关照自家相公到书房去告禀青萍公主，自家到内房去准备一下！（知府大人）到书房见公主殿下。如此因盘这等这样同青萍公主讲明白：李代桃僵由我夫人相救于你！（青萍公主听之陈夫人一番衷肠！阿相信？当然相信。想世界上真有这等好人为救我梁一娘竟然自家家小替我去死？！真是感动得一娘热泪盈眶！想世界上到底忠良多！）（快点招呼）多谢陈公一片深情！方才冒昧得罪陈公，青萍我这厢赔罪了！！啊呀！公主殿下，下官陈某对当不起，请起。陈公的仗义之心我心领了，但要姐姐舍身相救我是不会答应的！恳求恩公答应我一桩事情我朱青萍死也瞑目了！恩公呀，想我朝中皇公主，奸党陷害出宫门，本应太平度生存，谁知平地风波起，多谢恩公仗大义 ，青萍感激在心底，我青萍一死未足奇，恳求陈公把案审，我们恩爱夫妻情如海，如今恶梦倒来临，怕是难活人世间，三更奇案望审清。

年迈公公病在身，人皮恶狼多凶狠，诡计多端起野心，又害秋露命归阴，年轻主母夺家产，多谢恩公审分明。公主殿下放心！（自家心里在想；原告虽然勿吃格——是个朝廷钦犯）但我小小七品一定要拿方家三更天格事体审清！！然后让梁一娘皇家公主同知府陈夫人去见仔面，谈谈清，如何相救！

我再关照知府陈大人想天还不亮来，睏也睏勿着哉！想明朝小奸一到，格个提犯人押犯人，派啥人最适当！想到陆头儿——陆阿二（今朝夜里捉公主伊最最不起劲，拨我从伊铺上拖下来！有反感倒是好事体！而且同我一样有颗爱国爱民之心！（所以喊陆阿二当差）（当差陆阿二到书房间）陆阿二见大老爷磕头请安。起来，起来！陆头儿呀，现在天马上要亮哉，睏么睏不着哉，我伲两家头瞎谈谈？好好！我最喜欢瞎谈谈。今朝捉公主格事体侬讲对，还是勿对？（一定要江北话）（其想仔侬老爷在说梦话、说笑话！叫说梦话——说不下去。说笑话笑不出来！我看去捉人总归对格！被捉格人总归错格！（陆乐天说）（我看捉公主格事体错格！而且错尽错绝！（阿二说）我不懂，不懂，侬是东家，我是当差！侬说对我也说对！侬说错我也说错！侬大老爷板勿牢我错头格？（陈乐天对陆阿二说）陆头儿呀，我大老爷虽则一个小小七品芝麻绿豆官，也有一颗仗义之心，准备相救皇家公主！（鬼！鬼弄得懂。我陆阿二老早看出老爷心思！我小小当差也有一颗仗义红心呐！我老早去了方家通风报信了！哈，哈，哈，哈！喔唷，陆头儿呀，侬倒跑格我前头哉？我大老爷喊侬来瞎谈谈救公主哪亨救法！侬倒出仔主意看？（阿二说）大老爷呀？捉公主是侬，这个这个救公主也是侬？（陆头想阿是喊我家主婆去代一代呀？想我家主婆今年已经 50 岁，勿来哉！做皇公主的娘差勿多？！）啊唷老爷，是不是喊我家主婆去代一代呀！？（不是的。陆头儿，到天亮朝中小奸来提朝廷钦犯时！在提押公主时！你必须要装得若无其事，看不出来？朝廷钦犯由我夫人李代桃僵顶替皇家公主朱青萍。（晓得）

待等东方发白，金鸡报晓到天亮；朝堂上一切准备就绪。（无多片刻小奸梁文卿带仔几个警衣卫，一道密令（一张文书）匆匆来到吴县衙门。）

陈大人，梁大人（昨日公文到来钦犯（作）可捉拿归案？）禀梁大人，昨夜三更钦犯朱青萍已捉拿归案！带上堂来！？？（陆阿二答应一声去提押）只见陈乐天夫人走到小奸跟前：目空一切，落落大方！装得皇家风采！居高临下！（阿相信，当然相信。因梁文卿虽是梁其昌梁员外伲子，只因十年前因抗婚离家出走，所以根本勿认得朱青萍（我老早解释清爽哉）（梁文卿心里想到底是皇家娇凤，气度不凡，有派头！但想仔格个皇公主真正触霉头！我梁文卿搞好运，捉到京城禀告老相爷定能升官发财！真正额角头上锃锃亮！！叫啥名字？朱青萍。今年几岁？25岁。蹲在何处？虎丘梁庄现嫁于方家为妻。几时出宫？万历45年元月十五出宫。你丈夫叫什么？方正清。人阿在府中？半夜失踪，不知去向。（小奸想阿是得着消息逃走？想想情理上讲不通！要走。青萍公主逃走在情理之中）

格末梁文卿因带仔人马上走！真所谓伊老谋深算，诡计多端！小奸想，此番来老相爷特别关照！勿能有半点差错！事关重大（谋皇夺权！首先第一步要走好拿天启皇帝格亲戚先要杀光）所以拿犯人仍旧带进监牢。自家还要乔装打扮到方家去私上察访一番！！

（表面上梁文卿不露声色）陈大人此番捉拿钦犯真是多多辛苦！劳苦功高呀？哈——！我此番京城专程而来机会难得！还要去拜望一下客人。（你们警衣卫弟兄就留在府中吧！陈大人告辞。哈哈——！（说完梁文卿走）。陈乐天看仔苗头勿对，马上关照得力当差陆阿二暗中监视！有啥事体及时禀告！（陆阿二答应一声走出）

再讲小奸梁文卿兜走曲折，打听到山塘街方家方世元（方老员外门口，起手碰门）叫开门。门上有人哪？（我关照方家府上真正弄得鸡犬不宁、结个噜多！老员外根本不宁出过场有病在床！方少爷半夜失踪，方夫人昨夜半夜三更轿子到知府衙门未归！丫头秋露上吊自尽！弄得乱糟糟！心慌慌！（方家佣人听见上周又有人来敲门去开门：这位——，我是梁庄梁员外之子梁文卿。喔，喔。梁少爷到，贵客！贵客！！老员外在府上吗？在，在楼上。少夫人呢？少夫人昨夜半夜到吴县知府还未转来！方少爷呢？方少爷半夜失踪，下落不明！（小奸梁文卿听仔想呒啥漏洞要想出去！再一想，慢！还是上楼再去察访一番听仔方世元老员外阿有啥破绽！？我关照当差陆阿二暗中一直叮牢小奸！现在见小奸还要上楼碰头老员外怕事体弄僵！想老员外是个的确四方一个老实头人啊！闲话当中有进出格是勿来！所以马上也一达，一达，得——去禀告自家大老爷！

（六）初查凶犯

缩转身我关照楼上老员外听仔张铁口张瞎子一番劝说、开导，倒想开勿少！所以精神蛮好同瞎子在大讲张。张瞎子关照东家现在是非常时期，要挺得住？侬老东家老实头人碰碰要讲真话！勿来格？！

关照屋里格事体，外头不论啥人问你？依总归回头不晓得！勿晓得最凶！老员外听张瞎子关照！此间家人来报说有客人到！！哪一位贵客？就是梁员外伲子梁文卿少爷求见！老员外想到底自家人，二亲家晓得我屋里出仔事体从丹阳派伲子来看看我！望望我！说我有请。晓得！小奸梁文卿到楼上一看老员外身体倒蛮好！啥请仔个瞎子算命！老伯大人在上！小侄见老伯请安。请起一旁就坐。听说老伯身体欠佳，祝老伯不久就能康复。但愿如此。正清兄长在府上吗？（伤感）侄儿呀！我家出了大事，我儿去向不明，我媳妇昨夜去了知府至今未回！勿知是何缘故？侄儿呀真是一言难尽，听我慢慢讲来！！！（张瞎子坐在旁边真格汗呀急出来！刚巧关照好侪忘记脱，张瞎子马上抢过话柄）格个梁少爷，老员外身体欠佳！多开口恐怕动仔肝火有伤身体？阿要我来代说说吧！）（老员外自家失口）对。对。对。还是让张先生代说吧）梁少爷是苏州人？苏州人。在啥地方升官发财？在京邦。几时荣归？前日转来。家里令正令堂身体可好？还未拜见。（瞎子一想一算）抗婚离家整整十年（瞎子一想一算喔育原来是个野鸡！十年前梁员外救公主太平无事，十年后弄出个捉公主！而且伊前日到，方家昨夜马上出事体！外另到至苏州爹娘还未认望过（说明伊根本不晓得爹娘已经迁到丹阳）张瞎子几个头一碰！原来是条毒蛇！阿要危险！！！如若哪会这样巧，昨夜吴县知府来捉公主出事体！今朝就有人来莫非私上察访！方老员外恍然大悟！张瞎子狠呀！想我转仔弯闲话当中也要骂伊几声：梁少爷侬听仔好呀！（唱）若说方家不平静！那鬼魂纠缠员外身！害得老爷生重病！更有恶人想夺金银！外面野鸡打进门！难猜其中啥原因！喜官小宝外藏身！可恨家鸡要金银！可怜少爷方正清！说不明来话不正！失踪多日无踪影！少夫人至今未回门！野鸡心里清又明！弄得方家不太平。（小奸梁文卿真正吪啥话头！像煞在骂我，又板不牢错头！真是寒天吃冷水滴滴在心头）

（真在此刻）当差陆阿二报讯后陈乐天陈大人带子衙员三班，以查问三更案为名要戳穿梁文卿身份，防止方家老员外上当！赶到方家。（陈大人喊陆阿二，叫凡是方家人不论男女都要来见我！）（除出老员外生病人除外）。姓梁格人也要滚下去！（当差陆阿二奉命上楼去喊）喂！喂！方家人都听好！（除出生病人老员外除外）所有人都快点下楼去见伊大老爷！不成失落一个！姓梁格人也要滚下去！？（张瞎子想仔暗好笑）狗咬狗咬起来哉！去看看倒蛮有劲！到底野狗厉害为是地方狗急滚？（对小奸说）梁少爷呀！真正瞎胡闹！地方官真正糊涂？无办法！来！（我伲挽手同行，客气得来）下楼。大家都到厅堂上去见陈大人。

陈乐天假痴假呆只当勿看见小奸！大家听格？今朝我大老爷可以开门见山讲清爽；昨夜我伲已把朝廷钦犯梁一娘捉去来了！当然啰；（这个）方正清也要捉格！

方喜官也要捉格！当然啰：梁其昌梁员外收留钦犯做囡囵罪大恶极也要捉格！梁文卿（点仔伊）也要捉格！（小奸梁文卿想想侬个陈乐天搞啥名堂？！）（想让我豁个零子过去！帮帮忙！我梁某身份勿讲出来？所以先打个招呼！）陈大人！？喔唷！我道是谁原来是北京十三道监察御史梁文卿，梁大人！？侬阿是乔装改扮来到此地做啥？（梁文卿气得想勿落！西洋镜拨侬侪拆穿）！！好，好！陈大人我先走一步？（跑勒）送客！（想总算拨我赶脱！现在可以审一审三更案。张瞎子眼睛看勿出，听凶听好勒浪！想吴县知府声句句都在帮方家！想仔是不碍，方家有希望！三更案能清爽！（此时此刻）顾娼娣想想开心呀！原来冤家对头梁一娘是朝廷钦犯已经捉去！方正清拨伊害杀！等老头子一死方家所有家当都是我同张福生两个人哉！可以做长久夫妻哉！一开心，骨头一轻（笑出声来）！！！（知府陈乐天眼睛都看好！想格个女人我老早注意）啥人在笑同我站出来？（俚想不好骨头轻）呒不办法走出来。侬叫啥人？顾娼娣。做点啥格身份？过去丫头现在升为夫人。（昨夜我伊见过一面？）是格。阿曾做啥坏事体？不曾该！少爷方正清哪里去了？失踪脱得！是不是做仔无面孔事体！是侬“讲”起来了？！不曾“讲”格！不曾“讲”格为啥笑？侬难道勿晓得？现在不晓得。（自家想讲豁边哉！现在不晓得就是当时晓得格拉！）丫头怎样死的？伊自家想勿开，自杀格！侬阿曾在旁边帮帮忙？勿曾格！尸体葬在那里？在！在！在后花园！（陈乐天关照两个当差去验尸查看）顾娼娣急得唱一段。（唱毕命伊下去，喊张福生）到。小人就是张福生。几岁到方家？12岁到方家。几岁做总管？27岁。今年几岁？30岁。几岁杀人格？（别！当头一棒！关照自家！要冷静）回禀大老爷我张福生一向规规矩矩！方家铜钿银子多伐？多格！侬是总管阿侪要管格？（回禀大老爷统统要管格上管到帐房间下管到厨房间！蛮辛苦格！蛮辛苦，侬迭个铜钿银子怎么看得着，哪么又勿好哪，心里想想有点难过格（勿响）！做总管侬阿会得打算盘格？会得打打格！侬打起算盘来一只手打格还是二只手打格？我一只手打格！还有一只手空好拉勒浪做啥？（对呀我还有一只手勒浪做啥？作死嗳？我自家问自家做啥拉！张福生弄得糊里糊涂！想呒啥话头！格个短命官审冤子“细查百怪”呒不格样子审格）侬呀！侬还有一只手拿仔如意；一只手打算盘！侬张福生真正叫如意算盘！

这个，个！侬勿这个个那个个？我大老爷问侬？侬30岁为啥还勿讨老婆？这个。是勿是要姘姘看看，或者暂时勿想讨？还是呒不铜钿？我晓得个！侬铜钿是有两钿格？是勿是看中丫头秋露？（张福生想；我要拨勒大老爷逼煞哉）！溜又勿好溜！是该！是该！我确是看中秋露丫头！告诉侬张福生说鬼话侬也要动动脑筋格？我大老爷也要动动脑筋格！侬蛮聪明格！都推勒死人身上？！（此刻，两个当差来禀告老爷：丫头尸体头颅被人敲碎！头颈里还有明显痕迹！验尸结果不是自杀！是谋杀！知·晓·了！！）（张福生真正急煞）（陈乐天老爷说道）张福生，秋露死侬难过伐？我、我难过格（要有哭声的样子）！！！（陈乐天说）蛮好，侬张福生难过我来帮帮侬忙！拿凶手捉伊出来（老实讲，要捉凶手便当得极？！）

张福生？有！侬同我把陆阿二掮起来在厅堂之中“兜”三个圈子？（张福生急得不知所措！惊慌失措人不宁掮汗倒出来了）！这个！（唱）老爷叫我掮差当！叫我福生费疑猜！吓得我发抖口难开！秋露被杀露机关！方才验尸查得明！为啥捉凶犯定要掮当差！（短段）命狗官啥主意！掮当差一定有缘来！我七月初七活人掮！初八掮死人难道机关破！少爷丧命在书房间！莫非狗官已猜出！故而试探在今番！

正在格歇辰光外面来仔一个当差！说京邦又来之一帮人！手拿“密令”带仔公主已经跑勒？！

吴县知府想想真奇怪？怎能多出一路人马？有人来抢生意？感到事关重大？！想方家三更案暂时搁一搁！打道回府吧！（临走关照方家所有人不准离开苏州，若然随便出走！要当凶犯论处！说完带仔衙员三班回去府中！）填房顾娼娣同总管张福生总算也松口气！嗳！真正又惊又喜。二人想想高兴是少爷被害！少夫人被捉！方家家当迟到要到手！急的是三更案阿曾露啥马脚！这一对男盗女娼商量后还是听仔风声！夹夹苗头再作打算！

（七）青萍脱险

陈乐天知府回到衙门。（梁文卿小奸暴跳如雷）陈大人，拿捉钦犯事关重大！现今有人已经提走？你该当何罪？梁大人，你不必心急！我陈某看来肯定是情中有原的！？来人！（也是一个老公事，看监牢个朝头走过来）禀老爷！我且问你，刚才一帮人马取走公主有何凭证哪？禀老爷！一切都有格！手续硬得弯不转！有密令——金字密令1尺2分长，1分半宽，红底金字，外加上面有个密字）。有文书否？有格！拿手帕当仔，请伊老爷过目！（陈乐天接文书一看！确实有老奸魏忠贤大印）哪！哪！哪！梁大人你拿去看吧？哈，哈，哈！我看那是勿是老相爷不太信任于你！故而另派人马来提人哪？！（梁文卿接过文书看仔！果然有老相爷大印？真是懊恼万分）（唱）看文书，发了呆，相爷文书大印在分明对我不信任，两路人马到苏州来，只为我是梁家子，尤恐差错费疑猜，抢我功劳我倒霉，我要速速追赶莫宜迟，到丹阳吕庄阿好抢过来，水路到京城必经地，再把功劳抢过来？！

（小奸梁文卿主意想好带仔警衣卫准备走）！

（陈乐天说慢慢叫）梁大人？我陈乐天倒弄勿懂？侬梁大人亲自到来，为啥老相爷还要派人来？迭个是不是侬是梁员外伲子！（因为侬爹十年前救公主，出落侬个小辈不争气十年之后，今朝侬来捉公主！（讽刺地！！）可惜呀？梁大人？蛮大格功劳拨别人抢走？否则侬笃定升官发财！？现在这升官发财四个字呀，叫升字带脱，发字呒不，剩口棺材拨侬梁大人睏睏！！（梁文卿气呀！！陈乐天我们后会有期！伊带仔警衣卫火速去丹阳吕庄！准备去封锁江面拿钦犯再夺回来！

梁文卿走！陈知府送都勿送！心想自家好家小李代桃僵顶替公主到仔京城定是凶多吉少！恩爱夫妻难以碰头不禁万分悲伤！（唱毕）（陈乐天到后堂“密室”之中要准备去相救真公主——梁一娘）！公主殿下！想京中奸贼已把我夫人李代桃僵当做公主带走！殿下，你可以远走高飞了（梁一娘此时此心的感激）陈公。恩公呀！想恩公这样大义灭亲，姐姐如此舍己为人，我梁一娘有朝一日能见到朝中二位亲兄弟一定加封于恩公！如若被奸党所害，我只好来世变牛变马图报了！（唱毕）（吴县知府陈乐天安慰皇公主！万岁天启皇帝爱民如子深得民心！奸党叛乱朝纲不会得逞！关照皇公主保重身体，留得青山在，必报方家仇）（唱）公主殿下呀：京邦来了二路人，那为首小奸梁文卿，就是你义兄莫良心，他是你义父亲生子，还要到得方家门，私上察访查内情，他出卖爹娘真可恨，三更奇冤我初查审，一切由我来担承，娼娣福生真凶犯，我已布控巧安排，惜乎少爷被人害，为望殿下保重身，留得青山报仇恩　（陈公呀，多谢了！我方家事体拜托恩公了！

（陈乐天真是赤胆忠心！租仔一只船，让梁一娘坐船到丹阳去碰头伲子方喜官！拜见义父义母梁员外老夫妻暂避一时！然后再想方设法去京城碰头当今万岁！皇爷千岁两位同胞兄弟！

缩转身来我再关照丹阳吕庄有位相爷夫人叫秦宛儿，今年只有 24 岁。格位夫人要是坐勒不向，勿开口！格末还要帮帮！身段生得蛮俏，面孔又拿挡得出！要是一开口一讲张（豁边）有的说三勿四！有点十三点！勿大正中格！其实秦宛儿就是朝中老奸魏忠贤格三夫人。因夫人之间勿和，勾心斗角离开京城来到丹阳吕庄娘家已经整整七年工夫！现今接到老相爷书信要三夫人马上带仔伲子回京！伊想想还是老男人先来求我，我回到相府之中在又要在夫人之间高人一等！但勿安格是伲子小巧官因上月生病死脱！老相爷面上难以交账。（其实小巧官不是老奸所养！大约坏事做足，（害害言）忠良谋皇篡位！所以拨勒伊身上零件有毛病！大夫人，二夫人一个伲子不曾养！总算三夫人养个又翘辫子！其实也是人家帮忙格！就是小奸梁文卿所养！当时伊抗婚进京认得魏忠贤！老奸当伊好货带到屋里同三夫人寄托寄托了帮一帮忙！魏忠贤根本勿晓得！我自家所生！三夫人同梁文卿肚里蛮清爽！秦宛儿在老相爷枕头边讲梁文卿格人这样那样好，所以老奸掮仔“湿木梢”还要拨个官衔梁文卿做做——十三道监察御史——拨勒小奸便宜货“塌足”。

（现在三夫人蛮急，度船开来迎接哉！呒不办法喊丫头杏花来想想办法）呀！杏花！老相爷命我伲进京！现在我儿小巧官亡故！在相爷面前难以交待？你得帮我想个办法？（有哭的样子）嗳夫人呀，哭么勿哭！要哭坏身体格？嗳！阎罗王真正顶凶！我小丫头呒啥好办法？夫人侬再养一个吧？嗳！养不出了！啊夫人你年纪轻轻已经养不出了呀？不是格是老相爷他不来了呀？（杏花想，格种事体我杏花侪晓得格！小巧官也是人家帮忙的格！老相爷真正是只——！杏花想反正我是西家，夫人是东家！办法总归有格！还是我来劝劝夫人吧？（唱）夫人勿要么！太伤心！听我杏花来说分明，夫人七年么未回京，办法就在这里面，小官当时么只有一周岁，过仔七年难相认，倒不如买个小人做替身，相爷面上瞒得紧，迭个办法灵不灵，我杏花想得阿聪明？（三夫人一听丫头办法真正好！当时我出宫来吕庄我伲子只有1周岁？所以如果买一个8—9岁的小人一定瞒得过？三夫人吩咐杏花去办？丫头杏花聪明呀说夫人呀，在本地吕庄去买小人怕熟人多容易走路风声！倒不如还是到大地方无锡或者苏州去买一个人不知鬼不觉！人家不晓得！三夫人拍手称好！马上辞别爹娘，准备一切，走到老相爷派出一只大船里面。相爷派来格只大船真是布置得富丽堂皇。三夫人秦宛儿扮打得朱彩满头，身上绫罗绸缎，浓妆艳抹像花蝴蝶一只，吩咐船夫开船！让大船离丹阳调转船头去苏州买个小灵童！然后再返回无锡，过丹阳，到长江，直往京城而去！

缩转身来我关照上第七回我说过双儿丫环带仔梁一娘伲子方喜官半夜出走由张瞎子从中安排租只小船逃离苏州去丹阳外公外婆家暂避一时！船家勿是讲过一声，瞎子生意难做我摇到无锡算数！让这位小大姐同个小人另外租船去丹阳！（我当时种好一只根，将来要开花结果，现在我要派用场哉）双儿丫环同小喜官呒不办法只好付脱船钿另外租船去丹阳！两个人东看看，西望望，看着一只小租船停好格河边！双儿丫头上前去问哉！喂！船浪厢格客官哎？我伲两个人到丹阳租你只船，摇一趟阿好？格个船主客名字叫阿德，做生意勿大巴结，叫大途不摇！下雨勿摇！热风勿摇！勒浪懒睏觉！听见有人喊！懒洋洋张眼睛一看来仔一位小大姐一个小人！阿德看看格位姑娘一只漂亮面孔，生得标致！劲也来脱（解释难看面孔，我格个生意勿高兴做格！所以双方讲好价钿双儿同方喜官上船！阿德劲也来脱，解缆桨划开船！倒巧顺风小船摇出无锡直往丹阳！

倒说双儿坐格位置坐得勿好！伊背对船头，面对船艄！阿德一边摇一边看标致面孔！勿壳张各着吃力！摇一橹看一看标致面孔、摇一橹看一看标致面孔！心里勒浪想：迭个姑娘生得人介漂亮，昂得儿——呿呿呿呿！杏桃小口一只鹅蛋脸看得我有点混道道，昂得儿——呿呿呿呿！勿晓得伊阿曾配好男人勒，昂得儿——呿呿呿！解释不曾配脱我家主婆阿要好，昂得儿——呿呿呿呿！（阿德心里想：我现在单相思有啥用场？格种机会难得格？作兴伊倒也看得中我也讲勒海格？总归先要同伊攀谈谈格？侬位小大姐呀？我伲现在大家勿响也呒不劲，我伊来攀谈攀谈吧？我来唱支山歌拨侬小大姐听听呢！（唱—五更三点么天亮哉）到说小大姐格拉门角落里加眼里，说道郎呀郎，侬为啥勿来望望我呀？郎说道，要到正月梅花，二月杏花，三月桃花，六月荷花，八月菊花，待等那十二月里勒梅花开不晓得阿回转？郎在外头做生意苦？蛮好听呀？我再来只实在的？（问一声，小大姐，侬阿曾配仔小男人——唱毕后）——（我阿德还是一个人！爹娘老早死干净！跟我做家小阿答应？）哈——哈——！！（船里双儿丫头听仔火呀！懊劳租格只船！双儿到底年纪轻！伊勿考虑自己身板浪事体？少夫人关照也忘记？呒不涵养工夫哪末弄出事体来）要我嫁拨侬呀？侬勿拿面镜子照一照！侬阿有格点福气！！！（摇船格阿德听仔阿气门张？喊我那面镜子照照勒？镜子我一直照格？错呀？侬阿肯？侬休想？阿德那末动仔肝火哉？！格末我关照侬小大姐今朝侬答应也要答应！不答应侬也要答应！？侬不答应我阿德先拿你笃兄弟笃勒荡河里？伊勿笃勿是人！（阿德弄僵谈，船也呒不力道摇脱！伊进船舱预备动手！（船里格方喜官听仔吓得呒不办法逃到船头上一奔往淮河里一跳头——宣调(唱毕)

幸亏还好，好得只小船不勒河中心！方喜官到底拎得清！尽力往边浪跳！吃着几口水！立在水中在哭！

（八）神童认娘

我关照双儿丫头在小船里“那亨”我停歇讲清爽！我再讲三夫人秦宛儿格只大船离丹阳朝无锡方向在驶过来！三夫人正想里舱动脑筋，闭目养神！忽听得船外头姐姐姐、喳喳喳响声蛮大！不多歇杏花丫环到里舱禀告三夫人：夫人呀？真正巧哉！外头阿哥兄弟大家帮忙！河里厢救起一个小人，生得漂亮来！我问伊啥地方人？伊讲苏州人。（三夫人一听啥，救起一个小囝（外加苏州人，想天下有怎样巧格事体呀？关照杏花去喊小人进来？（杏花丫环答应一声到船头上对小人讲：侬勿怕！伊夫人要见侬！侬要交好运哉！（方喜官想幸亏大船上人救我！我自要去谢谢主人到西舱一看想格个夫人像花蝴蝶一只，同伊姆妈年纪差勿多？方喜官彬彬有礼——多谢夫人相救于我，晚辈有礼了！三夫人一看！眼睛门前“沙”一亮！想格个小囝真正生得阿要玲珑，阿要漂亮！想同我死脱个伲子呒不比哉！到底人家是正宗货色！我格是靠人家帮忙，到底勿上台尺？（方喜官我已经关照过人家谈 10 令神童，嗳，六岁已经吟诗作对，八岁会写一手好文章）阿哎！小官官你家住哪里，叫什么名字？今年几岁？为何你一人独自在外呀？？

（方喜官真正是神童！想我屋里格事体千万勿好讲，脑筋一动有哉！夫人听了：（唱）想晚辈姓施名小官，提及家事我心酸，想我本是苏州人，只为爹娘常争吵，撇下姐弟离家园，租船想到丹阳去，外公外婆搭去度生存，想不到船家起了不端心，我只好跳入河中求生路 // 闻言不觉泪双流，小官胜过我巧官，前年丧了亲生子，我是万分悲痛热泪流，倘然收下聪明孩，好冒名顶替把人瞒，我要收下施小官，相爷面前交待过。（三夫人想，倘然这小囝收下作为我伲子，我三夫人真是多少开心？不知阿肯答应？）小官官，想你的爹娘真是不该？抛下亲身儿子实是可悲？我想把你留下做我的儿子？保你吃好穿好你可答应呀？

（方喜官想，我格事体叫勿好讲嗳！娘关照第一桩要去见外公外婆告诉屋里事体！第二桩要到京城去见两个娘舅告禀一切！让我快点回头！）多谢夫人相救于我！我要告辞了！（三夫人想！伊倒勿答应拉？格是呒不这样顺（便当）？小官官，你若不应别怪我狠心！我要仍旧叫人把你投在河中！？（方喜官想；格个女人怎样勿讲道理？我人么小，倒蛮有礼貌）多谢夫人送我上岸放我回去吧？答应我吧？（看伊哭出乌拉）难道夫人没有儿子的吗？想我的儿郎前个月已经死了！取名叫巧官，活着已是八岁了！！（方喜官想，真是该死！取名取得勿好呀叫巧官。（翘辫子格翘）像我方喜官！虽然现在呒啥喜事，将来倒勿一定呢？（小神童想仔那倒豁边哉！不答应吧仍旧要投勒河里，答应吧，我格事体叫勿好讲清！事体大格吓煞人）（三夫人想，格个小囝倒勿响哉！让我快点劝劝伊）小官官呀？侬还是答应我吧！？做我伲子有啥勿好？真正是保你一生一世保你荣华富贵？！跟我一淘到北京，去见朝中老相爷魏忠贤！我丈夫真正势大权大侬可以要啥有啥呀？（方喜官一听朝中老相爷——魏忠贤三个字！呆脱！就是朝中奸党头目妄想谋皇串位！就是害伊姆妈格老贼！！（方喜官聪明啊！脑子一想？倒不如我将计就计随势做仔老奸格伲子！也是一条计策！！1）我已在目前处境合非常困难。2）一路到得京城路远迢迢可以太平无事！别人勿好碰我？！呀夫人，晚辈施小官应允了！？

三夫人听仔开心呀？想我到京城在众夫人面前浪真正堂而皇之？！呀这就对了，为娘会待你好的！从今后你要忘记住：叫巧官。8 岁。三夫人看小人一身湿衣裳！勿舍得来！马上叫杏花丫头带进内舱去更换衣裳！到内舱，方喜官一看地方宽敞、金碧辉煌、香气扑鼻到底是老相爷派来大船。气派！杏花拿出三只龙凤箱（子），刚刚剪刀口浪“下来格”新衣裳！勒浪替方喜官挑拣！方喜官趁杏花丫环勿注意“伯答”先拿只碧碧绿绿格翡翠小羊放在边上！杏花挑仔一歇选中一身粉红色格“绯彩绸缎”一身衣裳（新崭）叫方喜官从里厢换到外面！方喜官一面在换，一面在想心思等到要穿好快辰光！方喜官想快点格条潮格腰带拿过来想缚格身上！（因为里厢有样顶顶要紧格物事——一道血诏）

已经来不及哉！！！拨勒杏花丫环看见！“扎”一把夺过来！“阿哎哎？？小少爷呵！格条腰带湿脱哉！换一条吧！（方喜官阿急煞，事关重大）不！不！！不！！！姐姐！多谢你还给我吧！我要自己的腰带？！（杏花想仔感到奇怪，看小少爷急得这样！伸手一揪叫软酥酥硬挢挢，你这里面放的是啥东西？你说出来还给你！？你不说，我不还给你！？急得方喜官眼泪流出来（宣调）我惊慌失措无主张，多谢杏花姐姐发慈悲，拿条腰带还拨我，让我平平安安到京城，姐姐呀你大恩大德我记在心，这事关重大我勿好讲！（杏花看伊急得这样，安慰小少爷）小少爷？你放心想我也是好爹好娘养的？里面到底啥东西？

（方喜官格歇辰光也呒办法，看仔这位姐姐到的确像个好人！有得伊拆开来看还是让我先来讲明白）（反过来讲，幸亏格位杏花丫环到真格是个好人！世界上碰来碰去总归好人多？小丫头如果勿是好人，格本书也讲勿下去！）杏花姐姐你总要救我一命的？！快说呢，到底啥格大事体？想我乃是个朝廷钦犯呀？（杏花一听吓得要跳起来？想你小小年纪怎么会是个朝廷钦犯？？是的！想我娘亲就是朱青萍（皇公主）。我的大娘舅就是当今万岁。二娘舅就是王爷千岁！这腰带里面有一条"血诏"写得清楚！乖乖咙嘀咚！！！（杏花想原来格个小人"来头"吓煞人！幸亏碰着我？倘然此事被我家勿大正足格三夫人晓得定是凶多吉少！）快点关照小少爷尽管放心！我会想办法帮助你，从中保护你的？！多谢杏花姐姐！多谢姐姐（杏花对格位非同一般的神童刮目相看！心里由衷欢喜关心格位小少爷）格道血诏放在干格腰带里！束好！等衣裳全部换好！杏花领方喜官出来见三夫人。

孩儿巧官拜见娘亲！祝娘亲身体健康！万寿无疆！（三夫人秦宛儿开心得呒啥话头！？想我格个伲子衣裳一换好阿要神气，玲珑！嘴巴阿要甜！阿要讨人欢喜！）我儿跟为娘坐在一起？多谢娘亲！（方喜官想仔蛮滑稽，想刚巧做落水鬼，现在做小少爷）

众位听了！这位小孩从今后就是我的孩儿叫巧官，今年八岁！保守秘密不许声张！是！是！是！（大家是）！（然后三夫人关照大家见小少爷）大家都赶上风！异口同声：见小少爷！见小少爷！见小少爷！见小少爷！（方喜官到底是皇公主的伲子！鉴貌辨色！拎得清！有派头有花头有苗头！）众下人免了！统统起来领赏！（问三夫人！姆妈阿要拨伊拉几个铜钿！三夫人格歇开心得魂也勿浪身浪！我儿说多少就赏多少啊？）方喜官想格么我落得做仔好人！挑挑大家！每人赏十两纹银！（大家开心得勿得了！想伊夫人用起铜钿来勿当铜钿用！甩金如土！将来小少爷用起来也结滚！）

谢小少爷！谢小少爷！谢小少爷！（三夫人真正喜出望外，夜里还要大办宴席为伲子接风！三夫人只大船那么调转船头途经丹阳，到长江！乘风破浪直往京城而去！）（待续）

缩转身来我关照小船里格双儿丫头看见方喜官跳入河中！阿德个杀千刀又要逼近船舱！勿动好脑筋！所以急得双儿也顾勿得许多！"蓬"也跳到河里！

不过双儿呒不小人乖？方喜官尽量往河旁跳！双儿去往河当中跳！生命危险！船上个阿德想仔作孽哉！摇船看标致面孔！家主婆不曾弄着不算数还要出（弄出）人命来哉！做生意铜钿不曾寻着还是快点逃吧？！我再关照后面过来一只大船。

就是朝中奸党魏忠贤派出格第二路捉公主人马！警衣卫头目独龙将军在里舱蛮高兴！想此番蛮顺当！齐巧抢勒梁文卿前头，捉到公主抢走功劳！（想里厢个朝廷钦犯朱青萍不敢怠慢！我到仔京城升官发财在此一举？心里在想，如果皇公主想勿来寻仔死路梆硬笔挺格是伊回到京城也要笔挺梆硬？进去么又是男女有关，船上一个女没有？“照伊啥呢”“好拉”不曾苏州弄个女人在船上劝劝公主服侍服侍派仔用场？！真在格歇辰光，一个警衣卫来报——禀大将军：刚才船上救起一位姑娘！（警衣卫头目独龙将军想仔阿要开心！刚巧还在想苏州不曾弄个女人在船上陪陪皇公主，现在既然救起一位姑娘最好没有）快快叫姑娘前来见我？是。（警衣卫出去喊姑娘进来）小女子见大将军磕头！哈哈哈！可巧呀！起来吧！你是何方人士？小女子苏州人。几岁了？16岁。叫啥名字？双儿。好啊好啊！我们救了你的性命，你也该替我们做点事情！告诉你里边有个朝廷钦犯叫朱青萍！（只个）你到里边换好衣裳好生服侍公主？只要你服侍不出差错！小女子不要（干脆）不要去苏州了到仔京城做我老婆算格，哈哈哈！（最好用普通话）（双儿顾勿得伊瞎三话四！听说里面是个朝廷钦犯朱青萍。想就是少夫人？想格是马上见到！告诉事体经过！怪自家不曾看管好小少爷？想自家倒是跳到河中被人救上船！偶尔还碰着少夫人！（双儿上前）多谢大将军救我一命，小女子好生服侍公主便是了？！（蛮好！蛮好）双儿到里边一看跟前位夫人勿是自家格夫人？心里在想，难道有人冒名顶替！？双儿想眼前这一位夫人虽然不认得！可以肯定是位好人？！

再讲船里这位大家晓得就是吴县知府陈乐天（杨氏）陈夫人伊李代桃僵！舍己救人，为救忠良准备一死！看见进来一个姑娘！心想格帮奸党真正是“物事”！勿晓得啥事体拿个姑娘去沉沉湿！？（陈夫人想我到至京城反正一死！让我有机会救伊出去？看见这位姑娘衣裳湿脱！想我有衣裳让伊换一换？呀你这位姑娘我这里有衣裳，赶快来换吧！（待等双儿换好衣裳倒要问仔清爽？这位夫人叫什么名字？朱青萍。家住何方？姑苏虎丘梁庄。后来呢？嫁到山塘街方家！我夫叫方正清。那夫人身边的丫环叫什么名字呢？（杨氏陈夫人想格是相公倒不曾关照)这，这个？！（双儿想全本在瞎讲）夫人？你不是梁一娘？更不是朱青萍？夫人呀！（唱）看夫人是个厚道人！说话之中不真心！十句之中九句真！就错一句骗了人！真是扮了个假“冒”人！你不是梁一娘！更不是朱青萍！你骗了众奸人！你骗不了我落水人！还望夫人讲真情！相依为命结同心？！

（陈夫人想我是李代桃僵冒名顶替！

为啥眼前位姑娘对方家这样清楚）姑娘你到底是何许人呀？我不是别人！就是方家府中梁一娘少夫人身旁的贴身丫环叫双儿呀！哎喔——那么双方都和盘托出，讲清经过情况。然后陈夫人关照双儿在船间要处处当心！我反正一死！有办法到仔京城，我来相救于你！去寻着皇公主！方喜官下落！（双儿也慰陈夫人！行仔好心总有好报！巴望皇公主，小少爷能碰着当今万岁、王爷千岁）格只大船在路上倒也蛮顺利，行过丹阳到长江日行夜宿往京城而去！（待续）

缩转身来我关照当今万岁天启皇帝在众位忠良之辈提议与主持下把当面说好话，背后下毒手的奸党头目魏忠贤捉拿归案！午门斩首！魏忠贤私下派出两只大船（一只接三夫人，一只捉皇公主）两只大船回到皇城，由王爷千岁亲自坐阵统仔捉牢！前因后果统统查得水落石出！

方喜官开心呀！从腰带里拿出“血诏”交拨小娘舅——王爷千岁（正是娘舅外甥越看越像，勿是碰着就打！）再去碰头大娘舅当今万岁！万岁一道“甥子”，从丹阳吕庄接皇公主来京！姐弟团圆！母子团圆！皇公主梁一娘同杨氏陈夫人结为姐妹！杏花同双儿两个丫头也是有功之臣留在皇宫。

苏州方家三更案审清！张福生顾娼娣一对男盗女娼被杀！为方少爷、秋露丫环报仇雪恨！

同时加封吴县知府陈乐天为苏州府台！夫妻团圆！等到方喜官16岁，由于文才横溢由娘舅当今万岁提拔封为宁王千岁！为姑苏方家增光添彩。

苏州虎丘—苏州山塘街—无锡—丹阳—过长江—到京城

（修改）页

（阿德同双儿及喜官坐乘小船之戏）（(1) 先双儿什么我热面孔，碰着倷只冷面孔（冰冰瀴）阿德起身惊见标致面孔后讨好、表白、谈成生意开船）　((2) 阿德摇船姿态，唱(太要拉要快又稳调)((3) 出无锡（要阿德主动提出要讲闲话。要肉样的、讽刺些。如——喔，那位小大姐白来、嫩来，让我闻闻阿好？等等。）　((4) 对唱山歌。亦可唱小调（男）（台湾）十八的姑娘一朵花。五更三点末天—亮哉！八月桂花香又香）　((5) 正唱死皮赖脸婚求，双儿反唱）　((6) 激化矛盾。)（九九那个艳阳——天蓝呀！十八的姑娘想情郎——）

（细内容可翻阅本书全过程）

*（方家介绍）（老员外重病之危！命秋露丫头喊侃子方正清叮嘱家事）

*（张福生门外偷听！介绍张福生、张瞎子）（俚匆匆下楼寻着想好顾娼娣的房间急告）（顾娼娣心急如焚！促福生想办法）（福生计谋心算——要勒方正清身浪大做文章，叫俚笃夫妻反目，弄得方家

六缸水混！（附耳之意）（绝不要流露内情！）二人狂笑！

＊（到黄昏！顾娼娣端仔碗“莲心汤”放好仔迷魂药要热情而有轻浮之样到书房喊开门！伲子呀？——方老爷要老实巴交、呆板之样！）（顾娼娣要热情、（假）轻浮、飘眼、抚摸之样！）（方正清要做角！举动般地吃下有昏迷之样！娼娣见目的已达到！回自家房间等张福生）

＊（我再关照张福生身藏迷魂药！溜到仔小丫头秋露房间之中！看见梳妆台浪一把“小茶壶”！拿把“老鬼三”倒勒小茶壶里急忙溜出房间！（待等秋露服侍老员外完毕还房歇息）因天热嘴巴干小茶壶里喝点冷茶！只觉得头重脚轻！睏倒勒铺浪自家也勿晓得！）——（过仔勿多歇！张福生看仔辰光差勿多哉！东看看，西望望，呒不一个人，哈哈！（手拿一把扇子，贼头狗脑之样）走呀！（可三角板）夜头晚盖静消消，我轻轻走来细细想，福生我自从进仔方家门，搭夫人二人有私情，外加铜钿捞得木兴兴，方家被我搅得六缸水又混，秋露姑娘生得俏，日里动手勿便当，夜里一淘伊勿肯，浑水摸鱼拿迷魂药放，进仔丫头房间去看看清（宣二）——（喊声秋露嗳—秋露嗳——哈哈！）我张福生活到今年30岁！还勿曾晓得大姑娘是啥格味道！）——（自演自戏！）（完毕）（宣二）

＊（心满意足后，张福生再去碰头顾娼娣！喊开门！）（顾娼娣开仔房门后！肉麻地指责，或唱一番后！然后说明少爷方正清也吃仔“迷魂莲心汤”昏迷过去？）

（那么张福生速速进书房！顾娼娣一淘相帮！肩背少爷方正清！背到秋露房间！放勒一张铺浪！格个杀千刀还拿方正清的一只手放勒小丫头格“要紧场化”！然后复命告并夫人顾娼娣）（两个人再次碰头要开心兴奋、得意忘形之样！可唱！娼娣关照福生，明朝一早！二人要一搭一挡！一吹一唱之样！做场好戏拨勒大家看看！——1）气煞仔老猢狲。2）气得楼浪位少夫人心惊肉跳、夫妻勿和！）

＊（宣二）东方发白已天亮，一对奸夫淫妇出毒主张。）（顾娼娣先装模作样走到秋露房门跟首！（喊开门）——倷丫头勿服侍我！阿是我要服侍倷丫头！开门？）（里厢无音）（啥名堂？福生呀？一淘来帮帮忙呢！晓得！两个人对白动作之样！）（房门推开）

（两个人定要一搭一挡之样！要有腔！（女）大惊小怪地大家来看呢！方家出仔新闻脱呢！——（男）喔唷唷特呢，你大少爷搭丫头睏勒一只铺浪厢呢！赛过扒光只壳格两只扒光皮蛋格呢？——！（女）要气煞老员外脱呢！（男）大家来看呢，伊少爷只手还要放勒小丫头格要紧场化呢！（顾娼娣）好伲子呀？看倷平常勿声勿响，勿道是个隔壁头格先生呢？姆妈正加一点也看勿出！好伲子嗳！（唱毕）倷看看自家像格啥样子衣裳扎起来！）（戏！！两个丫头要叽叽咕咕！相对白！相猜伊之样）

＊（我关照少爷方正清弄得莫名其

妙！明明黄昏头勒书房读书，早晨头会得勒丫头铺浪厢！看秋露哭得伤心之极，无奈中亦是有口难辩！（宣二）只得逃出丫头房间门，上楼禀告娘子，并诉冤情。（见了娘子梁一娘后）委屈地唱了事情的经过！

（梁一娘必须痛责一番，冤家！唱内容可为平时看倷多老实！夫妻恩爱十几载！却原来不求上进学歪路！夫妻情份从此割）

（方正清见娘子不饶！必须要双膝下跪之样！哀求娘子一唱！其中：我如若与秋露有私情，何必做事到天明，夫妻相敬十几春，心心相印情意正，我正清是个清正人，如若娘子不相信，我活在世上难做人（让我去死了吧之样）

（梁一娘一把拖牢）（深情安慰劝道唱毕）心想，小官人一点勿错！十几年夫妻互敬互爱！（如果与秋露有私情何必到天明！弄得大家侪晓得？大少爷睏个把丫头容易得及！）所以反而相劝丈夫，为妻不信！！定是有人设下圈套！叫丈夫只管转头读书！一切有为妻安排！）

*（命双儿喊秋露问明经过）（秋露准备一死！如实相告前后经过！讲明失身之事，难以做人！梁一娘听仔恨痛在心！（当机立断）劝道秋露！我少夫人亲自做媒，嫁于我夫，以平风波！秋露感激万分）！（退）

*（少夫人胸有成竹，怀疑张福生所为，要得证据禀告公公以正家法！命贴身丫头双儿下楼喊张福生相盘问！）

（双儿东寻西找不见！到得后花园见张瞎子！（相谈1）（相猜2）（张福生到！惊知！老奸巨猾、镇静自若！跟随上楼）

*（福生相见，少夫人相问，（我且问你？少爷同秋露之事，你可知晓否？）福生圆滑其事相应！）

（少夫人实情相告！要其筹备婚事出力！福生自知计谋败露！笑脸相应！（下楼）

*（张福生回到帐房间独想对策！（到黄昏）（到老相好房门喊开门）；顾妱娣要笑脸相迎之样；（福生呀？我拿格桩事体原本告诉格只老乌龟、老猢狲，伊格毛病亦加重几分什么什么！——（张福生可用唱形式和盘托出少夫人之见）——（妱娣要大吃一惊之样）干脆！一不做二不休，我伲拿麻绳扼杀秋露！当伊上吊自尽？——杀秋露陷害方正清？我问倷？秋露马上要做新娘子哉？开心亦来不及？伊为啥要寻死？格个叫情理浪搭勿牢格？（我看还是叫丫头失踪！格个办法最好！看少夫人哪哈办？方家要搅得伊（宣二）勿太平——福生呀？哪哈叫丫头失踪？——拿伊马上卖到婊子堂里去！顺便亦好到手点铜钿！？——（顾妱娣开心之样）好呀！）

*（我关照一对奸夫淫妇商量定当。到半夜三更！窜入秋露房间口塞毛巾绳捆束绑，袋勒只麻绳袋里！弄仔一只船！（宣二）张福生一路摇出方家门，陷害秋露到婊子堂。）

（摇到半路，张福生得意忘形我要弄

得那方家六缸水混！看倷少夫人哪亨？拿麻绳解解开，搭秋露姑娘讲讲清——秋露呀？夫人(顾妱娣)心狠手辣要倷条性命？我福总管么真格叫塌仔倷便宜。总归有点良心！弄到仔婊子堂里（宣二）去过光阴。叫零碎男人行行尽。——（秋露是悲痛欲绝,咬牙切齿！唱毕！往淮河里“忽咙咚”（宣二）了却残生把烦恼丢，活在世上难做人——（张福生）嗳？嗳？嗳？倷自家要死？得我勿搭界！（我回转）(我顺便关照，好得一只捉鱼船拿秋露救起！）我拿俚笃开。

*（到明早，方家上下得知秋露失踪众说纷纭！（用两个丫头对白形式）1）我看秋露阿姐作仔格种勿要面孔事体蹲勿牢逃脱哉？2）对呀，妹子呀？那事体蛮清爽！叫一个人叫人不可貌相，海水勿可斗量！3）看伊勿声勿响，勿道是隔壁头格先生！4）我那，看我平常奇奇怪怪，倒是清清白白！身上一点灭生也呒不？（等等）

（我再关照格个老实头大少爷方正清晓得秋露失踪，对勿起格个忠心耿耿小丫头！一则来，那家小宽宏大量我已经感激不尽！就是秋露勿失踪要嫁拨我！叫我哪亨对得起那家小？人家三三两两讲法，叫我哪亨讲得清？老实头人想勿通？一不做，二不休，就伊离家出走。）

（少夫人梁一娘苦哉！丫头半夜失踪！丈夫么离家出走！（想秋露为啥要走脱？应该开心勒感激我）（想小官人为啥要离家出走？我亦不曾责怪倷）梁一娘蹲勒楼上心事重重，苦思冥想！）

*（那少夫人勒楼上心事重重！勿道是方家事体越弄越大！一桩大事体要弄到那少夫人身浪！！——北京来仔一道公文到苏州吴县衙门！明朝要来捉拿朝廷钦犯梁一娘！）

（卷文至到哀搭我必须要讲清爽！其实梁一娘就是当今万岁、天启皇帝格阿姐名字叫朱青萍！勒浪万历四十五年元月十五出皇宫！跟随奶妈避难到苏州！同年嫁于方家。勒浪十年前，东宫娘娘的囡圄就是梁一娘搭西宫（娘娘）格伲子姐妹俩勒浪花园之中弄刀舞剑白相！勿小心阿姐刺伤兄弟！西宫娘娘顿时暴跳如雷到老男人（就是梁一娘的爷——老皇帝）面前哭告一番！认为皇公主图谋不轨！老皇帝听信一面之言！大发雷霆！正宫娘娘见西宫无中生有，小题大做！为避免事端叫囡圄到苏州暂避一时）

（现在朝中老皇帝驾崩！西宫野心勃勃！勾结奸党张林甫妄想谋皇串位！叫自家伲子做皇帝！晓得那天启小皇帝只有 23 岁么啥从立足之本勒！龙庭还勿曾坐稳，认为有机可乘！首先要拿东宫格点皇亲国戚，自家人统统捉牢！据密探告发——天启皇帝的阿姐就是苏州方家媳妇梁一娘！所以一道公文到苏州吴县衙门！命陈乐天知县协助捉拿！知县陈乐天官职虽小！却是个一心报效朝廷，为民清官！为救皇亲国戚命当差陆阿二来到方家通风报讯！）

*（陆阿二 50 岁，老公事来到方家，

遇见张瞎子老江湖客套一番。后！事关重大要见少夫人）

（老当差面见少夫人梁一娘！和盘托出！少夫人感恩万千！目送陆阿二！）

（后门又碰着张瞎子；（其问根由？）（陆阿二反而叫张瞎子猜——堂堂正正进前门，鬼鬼祟祟出后门，通风报讯大贵人，小小当差仗义心）后话别！）

*（我要关照楼上少夫人梁一娘，（感情地）真所谓叫天不应！叫地不灵！悲痛万分！（家中公公重病在身，丈夫离家出走，丫头秋露失踪）屋里已经弄得鸡犬不宁！还要娘家（朝廷之中；老皇帝爹爹亡故，娘亲信息断之十年！）西宫娘娘（佘）野心勃勃（要带有哭声之唱调）要捉我到京——（刹车）！！少夫人想：现在里里外外格事体侪勒我身浪！现在我不能哭，亦勿好哭！辰光勿允许我哭！我一定要当机立断，头脑清醒！是死是活我无所谓！万一我伲子捉牢有个三长两短！叫我哪亨对得起公公、小官人！想定主意；只有恳求双儿阿能够帮帮忙！）

（喊双儿重托）（叫来喜官叮嘱话别（重戏）神童（介绍）临别含泪相劝娘亲——（斩断娘亲自杀之念！）

*1）双儿喜官后花园相见张瞎子 2）瞎子小船相送）3）关照船家阿财）

*张瞎子想那么，吭不事体，想回方家准备睏觉！勿道是知县官陈乐天格家小精忠报国，担心皇公主梁一娘是否脱身！所以夜半三更准备一顶轿子，衙员三班，以捉拿朝廷钦犯为名！到方家来救皇公主！（喊开门）

（集人——张福生听见声音！吓得惊慌失措！盈盈府浪人，统统侪喊起来！想肯定少夫人报的案！我张福生慌点啥？我笃定！我拿秋露卖到婊子堂虽然伊跳河自尽有啥人晓得？（只有我老相好晓得）应该主动去见知县大老爷？轧轧苗头！）

（张福生厅堂见知县官陈乐天！相对白之中亦可唱！）

（福生上楼告请相好顾娚娣，喊开门）

（1）秋露失踪讲勿晓得！要末搭我伲子私情败露难做人！2）大少爷离家出走要么亦是私情败露！格种叫家务事——（清官难断家务事！）娚娣问：大老爷为啥日里不来夜里来？——敲竹杠！夜里来竹杠敲得大点！那么铜钿银子用勒刀口浪！）

（娚娣下楼见知县官陈乐天）

*（陈乐天救皇公主出方家）（方家上下议论？）（进县衙门，大老爷见夫人如何相救？）

*（夫人相劝只能李代桃僵！）（妻劝夫，照顾好伲子，另娶淑女，一身正气清官）（夫劝妻，伲夫妻恩爱，恳求妻子另想办法！）

*（简单提表算数！！）（到明朝；朝中奸党张林甫派人捉捉“皇公主”！一只大船直往京城请功领赏！）

*（陈乐天强承悲痛目送爱妻进京！陈乐天备船救皇公主梁一娘去丹阳吕庄相见伲子！临行再三关照陈公顾全方家，审清三更案，以报大恩！）

*（轻头戏）（缩转身！我再关照方喜官由丫头双儿陪同乘坐张瞎子所租小船去丹阳吕庄接将到无锡——船家阿财见钱眼开与双儿为铜钿多少发生矛盾！行至中途无锡放生！）

（重头戏）（双儿与喜官只得无锡上岸，相互安慰另寻租船之样）

再租船；船家阿关；（路上出事！！）（诗情山歌欲动调情）（1）五更三点末，天亮哉！到说小大姐勒浪房间里厢揩眼泪——（2）十八的姑娘一朵花、一朵花！眉毛弯弯，眼睛大眼睛大，粉红的嘴唇雪白的牙，雪白的牙！留来留去，留来留去成冤家！嗳，嗳，嗳。姑娘十八一朵花，一朵花，一朵花！（更进一步调情之样了）（3）1）八月桂花香又香，倷姑娘今朝出远门嗳，得儿里格咙咚锵，得儿里格咙咚锵，今朝伊有缘来相会嗳— 2）自编：我阿关心肠真正好，倷姑娘情意如海洋，得儿里格咙咚锵，得儿里格咙咚锵，我阿关搭姑娘述衷肠。（4）九九那个艳阳，天那哎，十八岁的姑娘勒浪想情郎——）

（阿关想，格位姑娘亦蛮随意！不过格种侪是空劲头！船如果一到丹阳吕庄，姑娘付脱船钿一走头！！那么真格鸭吃砻糠空欢喜！机会难得！抓紧辰光！还是讲？（我阿关看中格位姑娘？作兴格位姑娘倒亦看中我亦讲勒海？姑娘？（一定要软声细气地）姑娘？倷看我阿关格人那亨？——促姻唱毕——双儿定要讽刺刻薄地回唱毕——倷勿答应！我阿关先拿倷个兄弟投勒荡河里？！——（双儿到底年纪轻！忘记自家身背浪大事体？）倷勿投勿是人？！——（那么弄僵！阿关船亦勿摇哉！进船舱预备动手！）船里格方喜官听仔吓得呒不办法逃到船头勒浪“忽咙格咚”一跳头！幸亏格只船勒浪河边浪，方喜官拎得清尽量往边浪跳！总算还好！吃仔几口水，立稳仔勒浪水里哭！）（双儿勒船里到底那亨我等歇再讲清爽）

*（缩转身我再关照丹阳吕庄一位三夫人！介绍三夫人：是奸党张林甫第三个家主婆；24 岁。（有点十三点）因夫人之间不和勾心斗角离京已七年工夫，蹲勒丹阳吕庄娘家！老奸张林甫该三个家主婆，大夫人二夫人侪养勿出伲子，独常三夫人肚皮争气！已今老奸想子心切，派来一只皇城大船准备接伲子、三夫人回京城）。

（碰着三夫人亦勿争气！伲子小巧官上个号头生病死脱！那么急煞三夫人）

（三夫人喊贴身丫头杏花商量定计；（1）叫三夫人再养一个——来勿及！老牌位 73 岁呒不用场哉！）（2）只要舍得铜钿买一个；横笃定勿穿帮！倷夫人当时出京来娘家吕庄，小官官只有一几岁勒？现今隔仔七年，只要买个 8、9 岁小人！老相爷肯定看勿出，冲得过！倷三夫人亦好在夫人间发发威！）(3)丹阳吕庄勿好买！老相爷如若上落一百个钞和得满，一百只嘴和勿满要穿帮？！）（4）只有到大地方无锡、苏州（买勿到）上海，最甩到龙津港——！）

（马上准备切！开船先往无锡方向）

*（途中；三夫人秦宛儿勒浪浪中舱

笋汤喝喝，闭目养神！忽听得船外头呀呀呀，嚓嚓嚓响声蛮大！救起方喜官后杏花进中舱禀告三夫人）

（神童认娘）三夫人开心呀！夜里大船浪大办宴席为寄伲子接风！大船那么调转船头经丹阳到长江，乘风破浪直往京城而去！

＊我再关照船浪阿关要硬缠哉！无奈双儿跳入河中！被张林甫派出捉拿皇公主大船救起！独龙将军戏言做我家主婆吧！命服侍皇公主！）

（双儿与陈夫人相见点破真相大白结为姐妹）

（陈夫人准备寻着机会相救双儿！同船进京）

＊缩转身来我要关照当今万岁——天启小皇帝在众多忠良之辈文武百官提议主持下；把当面说好话、背后下毒手格奸党头目张林甫捉拿归案！（午朝门斩首）！张林甫私下派出二只大船亦统统捉牢！前因后果查得水落石出！方喜官开心呀！从腰带里拿出一道血诏！翡翠小绵羊一只交拨小娘舅王爷千岁，再去碰头大娘舅当今万岁！外甥方喜官和盘托出！万岁一道旨词；接阿姐到京母子团聚。（方正清在外卖字为生，闻听喜讯到丹阳吕庄，碰头家小夫妻团圆，一同接到京城。）1）双儿同杏花两个丫头为救方喜官有功，留在皇宫，封为“丫王”。2）陈夫宁舍己救人，为国效力，赏黄金一千两；搭梁一娘结为姐妹。3）三夫人秦宛儿虽则是奸党张林甫第三个家主婆！但毕竟伊营救喜官有的功劳该！万岁开恩，免罪释放！）

（吴县知县陈乐天官职虽小，但为官清正！提升为苏州府台。临时上任今朝还有一桩公案要审清！——苏州老百姓侪来看热闹！当差陆阿二奉命拿张福生、顾娟娣一对男盗女娼准备带到堂上。）

（戏）（张福生）夫人呀？秋露丫头夜头失踪！只要我伊两家头一口咬定勿晓得！勿晓得！！亦呒凭呒证！拿伊么那亨！——（顾娟娣）阿来格，侪是倷个杀千刀心狠手辣！板要卖到伊婊子堂里去？福生呀？一旦露仔马脚我只好讲呢？！——（张福生）倷个女人阿有良心？我搭倷要好仔5年工夫！难道格点情亦呒不！夫人嗳（唱毕）横宁亦死哉，叫死呒对证？——（顾娟娣）（唱毕）

（戏）

（两个人到堂上；张福生见大老爷？——顾娟娣见大老爷——张福生、顾娟娣？秋露姑娘半夜失踪是你们所为！从一实一招一来！——勿晓得？（拉衣）勿晓得？（或顾娟娣唱毕）审理案情真勒为难当口！人堆里秋露丫头挺身到堂上！指责恶贼张福生、顾娟娣和盘托出怒唱毕！陈乐天结案。拿两犯押往京城。）

（方家三更案审清，贵府门庭从此——新大陆四句！宣二结束！）

7 新郎产子

人物简表

父——张荣（老头）50 岁，富豪人家之主　号称张百万

母——王氏（老太）50 岁，多疑多猜性格

子——张志文　18 岁，品貌端庄　一位读书公子

媳妇——李素珍　18 岁，品貌端正，漂亮非凡，三从四德　特别孝诚公公婆婆

李氏——李素珍之母　（李氏之伴亡故）

李文清——李氏之子　品貌端庄一位读书公子

相爷——沈国忠 为人善良　温和可亲

千金女——沈文琴　性格活泼　直爽　以开放型一位小姐

新郎产子

1 中秋赏月

2 别家上京

3 阿婆试探媳妇

4 媳妇回娘家

5 母向亲翁评理

6 子赶考，姐寻夫，姐弟上京

7 半途遇虎冲散，误认遇虎丧身，文清独自上京赶考

8 素珍凉亭遇救，相爷认子带回

9 相府之女文琴见爹讨夫，数月作媒许婚

10 吉日完婚，新郎产子

11 郎舅朝房会

12 奏明圣上，奉旨还乡祭祖

13 相爷家有二女欲招状元、探花为婚，完婚

14 张志文状元，同房夫妻相会

15 李文清欢乐同房

16 厅堂见岳父，两对夫妻回家乡扬州祭祖

17 李氏代留下二媳，带女张家评理

18 消除误会。和解，合家团圆

明朝嘉靖年间，在扬州府兴化县有一户富豪人家靠生意发迹，号称张百万，名字叫张荣，老夫妻叫王氏老太，都是五十开外年纪，勿曾养三男四女，只养一个独养儿子张志文。是（一位）品貌端庄，用功勤读的一位读书公子，娶一位妻子叫李素珍。漂亮非凡，品貌端正，特别对公公，婆婆非常孝顺，正是在娘家屋里受过闺门训，读过《女孝经》，是一位贤德聪明格张家好媳妇。媳妇孝敬公婆，三从四德，天经地义。

公公看重媳妇，既当儿媳，又当女儿看待（因为张荣老老没有囡囡）所以张

老老看重欢喜媳妇也是理所当然，人之常情——

今朝，张百万，张荣老老非常开心，一则来，今年是大比之年，想自己儿子张志文明日就要上京赶考，儿子争气争光，苦读文章，苦去甜来，将来我张家后继有人，有财有势，阿要开心。

二则来，今朝是八月十五中秋佳节，天气尚好。准备丰盛佳肴，想一家人团团圆圆，送子上京赶考，中秋节晚上饮酒赏月。

想我老老福气高　金榜提名有希望

百万家财喜眉梢　张家前世有积德

今日是八月十五中秋节　一代更比一代强

人逢喜事精神爽　有财有名又有势

喜庆儿郎上京去　锦上添花乐陶陶

哈哈哈——贤德媳妇照应好，方方面面顾全到

小夫妻虽然小离别　日后飞黄腾达多荣耀

老夫妻二人喜气洋洋，到了中秋晚上，客厅内摆好丰盛佳肴。

1）老夫妻俩满面春风双双朝南

2）儿郎张志文，媳妇李素珍一一拜谢二老，坐下——

3）娘亲关照儿子，明朝起程应考要带好行李，带足银两，路上小心，好好照应自己

4）席间，张老老无意中（挟）一只鸡腿给媳妇吃

（老太误认老老夹给自己吃，不好意思）

5）张老老离开座位，在媳妇脸上打蚊子（媳不好意思）

老太怪老老有失体态，不讲分寸，冷落自己。半途离席。

这顿中秋晚饭不欢而散。

明日，张志文要上京赶考，告别父母与妻子李素珍。（夫唱）（意！！！）李素珍安慰双老，并叮嘱自己小官人路上小心等（李唱）又最后临别李素珍对小官人伸出三只手指头。正是老老无心，老太、张志文领会。张荣老老似懂非懂。老太却（怀疑）有意。到了傍晚公公喜重媳妇，把八只（红富士）大苹果送往媳妇房中。这一一举动更引起老太的怀疑。（想自己老男人正是老不像，老糊涂，老发昏，勿想到自己老吃醋）向观众表明这“三只指头”的真正意思。

老头子该仔铜钿银子有歪心思①看不起我老太婆，言我老了！要花插插。②故而伲老头说分开睏好，侪家庆赏点，原来看中自家新媳，做勤谨人烧火不算数，还要退灰（扒灰）（选只老种生，老不像，老发昏，老糊涂［注：此段是补充］

所以老太爷不这样想，老太伊越想越气，干筋火，歪心思歪想——必歪做。（扎是）着仔老老的衣裳，戴（是）仔老老的帽子，扮作老老样子到三更时分去媳妇房中探其虚实（揪住自己的鼻头）模仿老老声音叫新妇开门（语言巧而自编）

素珍夜间在闺房内因自身怀孕三个

月，在灯前做小衣裳，听有人半夜三更（有人）敲门，便问是谁？一听是公公的声音心中又气又急（唱）公公你要自重，我是万万不能开门的，你快回去。你若不回我要禀告婆婆知道了。

吓得老太逃回自己房去，想想自己作死，闯出这样事体，蛮好一家人家叫我老太这么收场？

李素珍（娘娘）想想真伤心，越想越气，想老公公如此不端，行为如此不正。自己常常一人在房，小官人又不在身边，这种事情又不好对别人说，家丑不可外扬。怕公公还要来打扰。只有一法，一夜未睏，连夜逃往娘家（唱）走到娘家，天已大亮了。

素珍娘（李氏娘娘）正在厅堂，今朝很高兴，因自己儿子要上京赶考，所以满面春风。见儿李文清前来别娘要上京赶考；母亲大人在上，孩儿见母亲磕头母亲啊！

（唱）孩儿今日上京城　巴望得中振门庭
三年寒窗读文章　难得机会上京城
母亲恩比海洋深　母亲教诲牢记心
还望娘亲多保重　金榜题名会娘亲

（李氏大娘是一个欢喜寻开心的老太，自己老伴亡故，看到自己的儿子已长大成人，品貌端正，今日去京城求得功名，内心好不喜欢开心。（老太想儿子数月不见，娘开玩笑，逗着儿子玩地说：）我儿一人上京赶考，数月不能相见，抛下娘亲一人在家，寂寞冷清叫娘是何受得？李文清是一个孝子，想想自己幼年丧父，母亲含辛茹苦，一个妇道人家抚养我们姐弟二人，现姐姐已出嫁。

就急忙对母亲道：孩儿宁愿陪伴娘亲身边。

李氏老太哈哈大笑：傻孩儿，我的宝贝孩儿，母亲是逗着你玩的，寻寻开心，我娘知道今年是难得的大比之年（要隔三年后京城开考一次）

我娘亲难道要拖累我宝贝儿子的前程吗？快去准备行李，带足银两上京赶考吧，祝愿我儿菩萨保佑，金榜题名。多谢母亲！李文清吓着一身冷汗，幸亏母亲逗着玩的，好不高兴，速速回房准备行装。此间，李氏老太在房厅见女儿李素珍哭哭啼啼大清早来到娘家，面带愁容，赶忙问道：呀哎？我的女儿，你为何哭哭啼啼，一清早到来为了何事？女儿一时支支吾吾不好明讲！母亲追紧？！待会，素珍无奈，叫娘亲附耳过来。

（讲明真相）

李氏老太听了暴跳如雷，真是又气又恨，安慰素珍几句，满腔怒火，到张家评理去了。

李文清收拾行李定当后，回到厅堂，看见自家姐姐，问姐姐母亲到何此去了，其说到我夫家评理去了。为了何事？李素珍难以去口，但毕竟是自己的亲弟弟，说道，只道自己丈夫上京赶考去了，好端端的一家人家，想不到公公做事不正！（家丑不可外扬）

故要长住娘家一段时间，弟李文清

说，很巧，我今日也要（到京城去）上京赶考。素珍道，我本来不愿回家，在娘家长住也要被外人说三道四，说弟弟啊，是不是一同前往京城赶考，自己到得京都，也可好寻找我丈夫。李文清同情姐姐“遭遇”，一口答应。但想了想，一个女流之辈是不能去赶考的。后来，弟李文清想了一个办法，叫姐姐女扮男装，也装成一个读书公子。姐道，一个好办法，收拾停当，姐弟二人一同前往京城赶考去了。

再说，李氏老太满腔怒火，汗流满面赶到张家屋里，亲家公亲家婆非常客气，端来一杯糖汤茶，笑脸相迎。李氏老太怒火冲天，上前骂道，你，你，你这个老不像，老发昏呀（唱）你这老发昏来老不像，枉为张家一主人，猪狗不如的老牛精，媳妇面上也要动脑筋。

张荣老老莫名其妙，这，这，亲家婆这话从何说起：

(唱) 亲家婆说话太过分　无中生有是非生

莫名其妙瞎热昏　说出闲话无分寸

不白冤枉要弄清　勿弄清是非阿要伤脑筋

这种事情实在难为情　被别人晓得笑断肚肠根

我张荣正是那种人　看来你阿有点神经病

此时李氏老太火冒三丈，说道你只“老种生”自己做错了的事体倒还说我是神经病？好呀，我今叫你尝尝我神经毛病的厉害，说完上前拖住张荣老老（亲家公）揪牢亲家公一把胡子　（唱）我与你到外面去评理　这时张荣老老真个叫“秀才碰着兵　有理讲不清”　想想真是怨声载道　无地自容地对李氏亲切道　谢谢亲家婆轻声点　此事碰到我家媳妇总能弄清的。

这时，张荣老太面孔上红一阵，白一阵，自己由于老来变了个“老吃醋”多猜多疑，闯出这等大祸，但想想真“冲克”，为了面子又不好说明，难以启齿，看着自己的老头子这副样子，上前劝道，亲家婆，我个好亲家婆呀　（唱）自从素珍进张家门　我家好似登青云　别人家生了红眼病　编造谎言是非生　我家老头有志人　你亲家婆也是有道理人　素珍媳妇是贤德人　隔壁乡邻都赞成　里里外外想周全　我们老夫妻自然喜万分　媳妇囫囵又重看　桩桩件件照应全　哎呀好亲家平平气　自家人篱笆扎得紧　外面野狗钻不进。

李氏老太听了，哎呀，亲家婆没有口角，应客客气气的，就是这个老发昏的亲家公做出这种伤尽天良之事，这是我女儿亲自对我说的，亲家婆你此事不能责怪别人家，叫我看呀，自家篱笆扎不紧，外面野狗钻得进！

此事要是不弄清，叫我女儿怎能在你家过日，叫我女儿怎能做人啊！李氏老太道，素珍现今在我家里，我看你这个老发昏，你们张家出到你这个老扒灰，还要嘴上讲得好听，当着我女儿的面对证后，看你有啥闲话可说！

此时，张荣也别无他法，想自己没有做啥亏心事，当面对质啥要紧！两个亲

家来到李家（路上戏）

这时间，张老太急得哭笑不得，都怪我老来……

李氏叫女儿素珍出来，张荣理直气壮在等媳妇，李氏东寻西找不见女儿人影，其怕女儿一时想不开，丢人现眼，寻死了呢？李氏大哭大叫，无有主张，一把拖住张荣衣衫，叫老不像快去将李素珍寻来，如寻不到，有啥三长两短，我要状纸一张，告官府去！张荣只得应允，乱了方寸，吓得其逃回家去　（唱）想我张荣是富豪人家中事体称我心　平日里做人方面蛮热情　我究竟得罪哪个人　害我不明不白受冤情　吃是黄连不好对别人讲　若是我媳妇果真出意外　我张荣活在世上难做人。

李氏老太左邻右舍都寻遍，还不见素珍踪影，满脸悲愤到了儿子李文清房中一看，见台子上留有一张纸条，上面写道：母亲大人：由于赶考要紧，孩儿与姐姐一同前往京城。我们姐弟俩会相互照应，请勿挂念，母亲大人须保重身体，但等孩儿金榜归来　儿 李文清

李氏老太这时在松了口气。多谢菩萨保佑。

再说李文清同李素珍姐弟二人一同上京，日行夜宿，已行至山西锦州，此时已是中午时分，二人寻得一家饭馆吃了点心，继续向京城赶路，不料路过深山，只见一只猛虎，高叫慌逃，姐弟二人赶紧逃命，各奔西东，三湾九曲，奔逃失散。此时在这千钧一发之中，幸亏过来一名锦州侠士，其拿出镖箭，将虎射镖而死，侠士见猛虎已气绝，背上老虎而去了。姐弟二人失散后，都不敢走远又迷失了方向，过了半个时分，李文清见没有什么动静，在走回来的路上大声呼喊姐姐的名字。在这深山老林姐姐哪能听得弟弟李文清的喊声！文清一路走来寻找姐姐，突然看见路旁一片鲜血。前面还有一只鞋子，啊呀！姐姐，是我弟弟上京想不到害了姐姐，叫做回去如何向母亲交代。（如）如何向姐夫交代啊！（李文清哪里知道这一片鲜血是老虎被侠士用镖射中的老虎血，这一只鞋子是李素珍在遇虎时慌乱中逃脱的）

李文清手里揪仔姐姐的一只鞋子悲痛欲绝，失声痛哭！姐姐，姐姐啊！

（唱）姐姐遇害我心欲碎　姐弟从此两离分　幼年时常一起玩　姐姐是对我感情深如海　教导我读书须刻苦　遇事谦让我二三分　姐姐啊！　你心中的委屈真可怜　苦水倒流肚中咽　不明不白冤屈未能清　相遇猛虎赴黄泉。

李文清见悲局已无可挽回，谅必自己命苦的姐姐已被猛虎吞吃掉了。自己只得一人进京赶考要紧，怕耽误应试时间，待我到得京城，寻着姐夫禀告姐姐的不幸“遭遇”。

再提李素珍在青峰山石墩边哭哭啼啼，心中惊慌不安！过了些时间，见无有啥动向，寻弟弟李文清心切，沿原路过来，一面哭喊李文清的名字，但不见弟弟的人影。忽然见路边有一摊紫红的鲜血。素珍见此情景，顿时心中明白！自己的亲弟弟

一定被猛虎吞吃掉了，欲喊无声，此时的李素珍悲痛欲绝，心想，好兄弟啊，如果不是我姐姐拖累，也许可以避过灾难，我姐姐虽然女扮男装，但必竟行路缓慢，小脚伶仃，啊呀！好兄弟是我苦命的姐姐拖累于你，使你遇虎伤身！啊呀！弟弟啊叫我一个……如何是好？啊！真是要死死不了，要活活不成！

（此时李素珍心情痛苦真是难以言表，在这茫茫深山，生人生地，举目无亲，而自己又是一个女流之辈）真正是面容憔悴，心灰意乱，叫我这苦命的人儿怎怎么办啊！

（唱）晴天一声霹雳起　顷刻之间大河滥　弟弟不幸遭虎害　京城寻夫成泡影　想去家中之事心欲碎　公公做事心不正　害我素珍吃尽苦　人说世上黄连最最苦　我比黄连苦三分　别人家的苦情可表明　我的苦楚只能埋心底　夫君啊　看来夫妻相会不可能两条性命难活成。

李素珍拖着疲倦的身子，神志恍惚地向前行走，看到前面有一只凉亭，向前走去，坐定身躯，哭哭啼啼。

（船）

再说当朝沈国忠相爷奉皇帝之命到河南、山西二省查粮回京，齐巧路过此地，相爷在轿中听得凉亭有阵阵哭声，沈国忠相爷生性好奇，命当即停轿，相爷走出轿门，到得凉亭一看，不禁心里一震；原来是一位五官端正，眉清目秀的读书公子（沈相爷又不知道这位读书公子是一个女的，是女扮男装的）虽然看上去他满面愁容，哭哭啼啼，但看上去依旧是一位相貌堂堂的读书公子。不由心中一喜，对李素珍抱有好感和同情的心理，上前问过情由；你这位读书人为何孤单单一个人在此哭哭啼啼，究竟为了何事？

李素珍只得隐瞒实情，谎称自己是扬州兴化县一位读书人叫李文清。因家境贫穷，投亲借贷，但有不巧亲戚家中无人，故而投亲不成，现身无分文，无可回家读书之本，不能光宗耀祖，求取功名，辜负了老娘亲的一片养育之恩（李素珍索性鬼话连篇，想是不是获得这位做官大人的帮助）伯伯呀！　（唱）我家住扬州兴化县　小生名叫李文清　在家伴娘读经书　逢得今年开考期　奉母之命来投亲　借得银两应考去　吃尽千辛与万苦　路程千里（条条）行　投亲不成成泡影　辜负家中老娘亲　至今是举目无亲在凉亭　绝路之中身无文。

相爷沈国忠见李素珍如此品貌端正，又是斯斯文文的一位读书人士，将来必成大器，再一想自己家中只有一位千金，无有儿子。倒不如认一个干儿子作伴，让他在我府中求学，将来前程如锦XXX（啊呀，你这位读书公子生得尚好，你可愿到得我府中，求得学问，然后嘿，哈哈哈）

（旁一家奴道出其身份）李素珍在这山穷水尽的地步有啥闲话好讲，只能是带泥的萝卜洗一段吃一段，求之不得，走了第一步再说，因此感激不尽，强颜欢笑，改口相称（爹爹在上，孩儿有礼了）哈——哈——（相爷想，我真是摊着一个大便宜）

我儿请起，吩咐底下人备轿，带李素珍回府。

再说沈国忠相爷只有一位千金女儿叫②沈文琴，这位小姐能诗会画，生得漂亮，今17岁（但与其他姑娘小姐相比有所不同之处）其性格活泼，心直口快，有话就讲①　而且还能够弹洋琴唱戏文　今朝头，沈文琴这位千金小姐在自己闺房之中既不吟诗作对，又不弹琴唱戏，这几天不太高兴，心事重重，想自己爹爹只顾朝堂公事，为百姓办事，不顾自己女儿的婚姻大事。忽然自己的贴身丫环春香前来吩咐小姐，说相爷有请小姐下楼，告诉我家爹爹，说我身体不适（啊呀！小姐啊，老相爷请小姐下楼非为别事，听老夫人说，相爷昨日山西查粮回府在路上认得一位“过房儿子”是一位读书公子，生得品貌端正，皮肤白净，老相爷和这位读书公子已在厅堂等候，老夫人关照了小丫头，叫小姐下得楼头，兄，兄妹相认啊！沈文琴小姐一听，眼前顿觉一亮。春香丫环搀扶小姐下楼到厅堂，小姐见了父母（爹爹母亲在上女儿见爹爹母亲有礼了！完毕小姐对这位读书人用眼睛瞟了几眼）沈国忠相爷不禁哈哈大笑，说女儿啊，为父昨日山西查粮回府，在路上认得一位儿郎叫李文清，他比你大一岁，你们认识一下，就兄妹相称吧！

这时李素珍见得千金后，抢得主动（免得（“尷尬”））迈上一步道表妹，李文清表哥见表妹有礼了。

此时的沈文琴小姐真是目瞪口呆，喜出望外，见得这位读书公子这么漂亮，皮肉雪白，又是端庄文静，不禁小姐内心惊喜万分“心血来潮”，所以也慌乱地迈上一步道“表哥，沈文琴表妹见表哥有礼了。——

（今日的李素珍确是仪表堂堂，头戴方巾，身穿海青，脚上红颜白袜，腰里束好紫红玉带，这是老相爷老夫人吩咐行装的，李素珍只能强忍悲痛，只得应付）等到兄妹见过面相称相识后，李素珍告别沈国忠相爷老夫妻回书房只得假装读书去了。

这时，相爷的千金再也忍不住了，小姐本因是为心直口快之性格的人。沈文琴小姐对自己的爹爹说，爹爹，这位表哥品貌端正，斯斯文文的。而且是位文质彬彬的读书之人，女儿见了嘛！我要嫁于表哥，要请爹爹母亲从中帮忙。女儿感激不尽！相爷只该这么一位宝贝女儿，虽然女儿言中有失分寸，但老相爷深知女儿的性格，很任性。就安慰女儿，不要太性急，婚姻大事岂是儿戏，千金沈文琴此间哭哭啼啼，拿出千金的“嗲劲”扑到母亲怀中撒娇。母亲舍不得对相爷言道，依我看，干儿人品出众，又是读书之秀，老相爷我看就依了女儿的心愿吧。老相爷也安慰女儿道，婚姻大事不能草草了事，不要太急！老夫也早有此想法。但总要过段时间，寻得适当机会才是呀！沈文琴小姐此时真是心花怒放开心极了。说多谢爹爹母亲操心，女儿回房去了。

数月后（2—3个月），李素珍心急如焚，想自己已有5个月的身孕了，非常着

急 （唱）虽然相爷对待自己犹是亲生儿子一样 生活照顾周全 好饭好菜相待（优是人们之生活，要是我李素珍是个男郎倒也满足（开玩笑）但想想我的身世不能长期隐瞒得过去。李素珍心乱如麻，无有主意，照此这样等待下去，这还得了！倒不如只有寻找机会，只能把自己的身世和盘托出，求得干爹的谅解和帮助。再寻找自己的丈夫。不料次日，相爷来到李素珍书房，李素珍赶忙迎接干爹：爹爹在上，孩儿李文清有礼了！沈国忠哈哈大笑，看看其干儿一副用功勤读的样子，斯斯文文品貌端正的素珍说道：儿呀，不要累坏身体，今天是你天大地大的喜事。李素珍道什么喜事？老相爷道：老夫只有一位千金，老夫之意想招你为女婿？你意下如何？这时，李素珍顿时头脑轰的一响，无以对答？（唱）最后，李素珍只能推脱近日身体不适，当面回绝，说明真相，李素珍有没有这种勇气！看到相爷待我犹如亲生，又无从下口，所以这能对干爹言道，待儿身体好了再说。沈国忠非常开心，了却自己心头一桩大事，并叮嘱其好好保养身体。从此在相爷的安排下厨房里更加调理这位“公子”（戏）

又隔了一个月时间左右，小姐沈文琴再也按捺不住心中急切心情到爹爹面前携婚，禀告并父亲说，听我贴身丫环春香说，表哥看来没有什么身体不适，精神尚好，分明是推脱戏弄爹爹，相爷沈国忠也想，就时间来说，干儿身体不适也理应恢复了，便叫来服侍李素珍身边的书童问明情由，童儿 ×× 告诉相爷：如今看来，新姑爷身体很好，吃得胖鼓鼓的，好像肚子也吃大了些！

相爷叫女儿沈文琴回房，请放心，一切有爹爹做主。

沈国忠相爷这几天因公务在身（因今年是大比开考之年）朝廷推任沈国忠为主考大人，因而料理准备公务耽误了干儿、女儿的婚姻，所以今天相爷亲自到得李素珍书房，李见礼后，相爷亲自看到自己未来女婿确实身体很好，胖鼓鼓的！相爷想我的干儿，我的女婿阿要斯文文静。相爷对李素珍说，儿啊，老夫准备选一个黄道吉日，大办酒席，拜堂成亲。老夫今日是满面春风，既是你的干爹，又是你的大媒人，再是你的岳父大人。我儿允认了吧！此时李素珍完全乱了方寸，想自己已身怀八月之多的身孕，两个女子这能拜堂成亲，“拜拜堂来不要紧，同起房来出毛病”但又不能明说，李素珍只得硬着头皮回绝相爷说道：孩儿身体欠佳，精神不好，思念娘亲。沈国忠相爷听后非常生气。心想，既你已允认了婚事，现在身体已养好了，调养得胖鼓鼓的！你思念家中娘亲，岂非小事一桩，待老夫即日命人接来便是。这同你成亲有何瓜葛。老夫越想越生气，这半年来，老夫待你犹是亲生儿子，照料周全，你干儿理应恩将恩报！答应老夫才是？我的女儿，相府之千金难道配不上你嘛？说得李素珍连连摇手，哑口无言，合情合理。想想相爷对己恩重如山，要不然，恐怕早已不在人世！李素珍见状看来已推不掉，无有办法，只得硬着头皮先答应了再说，只能走一步来想一步！想小姐是个心直口快的人，是不是到了洞房之际将自己的身世和盘托出，以求得小姐的谅解和同情。

因此李素珍强颜欢笑，答应了干爹。相爷大喜。

到了成亲之日，沈府门上排场之大，高朋贵客前来贺喜都对沈府东床，这位新姑爷赞不绝口。

一拜天

二拜地

三拜老祖先

夫妻对拜后红颜千金，送入洞房“坐床撤帐”

送入洞房后，沈文琴小姐心怀喜悦，春风满面，想自己托爹爹之福嫁于这位称心如意的郎君？

所以按捺不住心中之喜携其李素珍安睡吧——官人，时间不早了，良辰美景之际，快安睡吧！

此间的新郎李素珍表面上假装看书，内心恐慌之极。因此，一慌一急，李素珍肚皮阵阵作痛！无有办法，只得乞求于沈文琴小姐！啊呀，小姐，我恐怕要临产了，多谢小姐请一个接生婆婆而来！这时，小姐沈文琴真是哭笑不得，不知所措。急忙禀告爹爹道：都是爹爹你干了一件难得稀奇的好事，快去叫接生婆来，那个新郎要养儿子了(就是这部卷名叫——新郎产子)。

相爷沈国忠老夫妻准备安息，听了此事不觉心里一怔！待叫来接生婆再说。不多一会，接生婆面带笑容道：恭喜老相爷，贺喜老相爷！沈府门庭积德！喜添一个白白胖胖的孙子！相爷急忙对接生婆说，轻声些些，不要声张！并在内堂关照接生婆，我赏你50两纹银，你不要在外面传播此事，要守口如瓶！接生婆婆急忙连连点头，请老相爷放心，我老太决不外传并感谢相爷重赏之意，接生婆高兴回家去了。

老相爷夫妻进得“囫囵”新房问明情由？此刻的李素珍满脸泪痕，对相爹道：都是我的不是，可我也是无有办法！相爷呀：（唱）民女扬州兴化人　凉亭相识相爷也知情　我本名叫李素珍　今年芳龄十九春　嫁到兴化张家门　丈夫是个读书人　夫君名叫张志文　夫妻二人感情深　我夫勤读想得功名　素珍我三从四德待双亲　难得迎来大比年　丈夫是进京赶考求前程　不料公公起了不端心　半夜敲我媳妇门　害我连夜逃往娘家去　可巧是我弟弟李文清　当日应考进京城　为了上京找夫君　我只得女扮男装成读书人　姐弟二人上京城　谁知半途起祸根　弟弟遇虎命丧身　我李素珍进退两难落了魄　谁知凉亭碰到大恩人。李素珍的一番哭诉，一番前后经过，相爷听了十分同情，老夫人也不禁落下眼泪。道：老相公，这位女子真是实在可怜，老相公呀，送佛要送到西天，摆渡要摆到江边，我看就收留了她吧！老相爷当然是一个心地善良之人　（唱）当即叫李素珍不要担心　尽管好好料理身子　既然到了这样地步　老夫我就多了一个女儿吧！　李素珍感激不尽，连连叩头。相爷并安慰其李素珍，待有机会，我在考场打听一下便是了。

这时，沈文琴这位小姐在一旁哭哭啼啼，说爹爹，这一桩空头婚事要是被别人知道了叫女儿如何做人啊！

双老发呆？李素珍说道，好妹妹，我丈夫京城赶考，如得中功名后，在官场之中同你妹妹物色一位有才有貌称心如意的郎君便是。我这个姐姐永远不忘你妹妹的大贤大德。相爷沈国忠夫妇听了也认为言之有理，另外再劝导自己的女儿，一定使女儿称心满意。这场风波就此平息，待后，李素珍、沈文琴姐妹相称。

再讲李素珍的丈夫张志文上京赶考因文章做得出众，经主考大人沈国忠的推选，皇上龙心大喜，看过文章，赞不绝口，准张志文得中头名状元，李文清才高学广也得中三名探花（头名——状元　二名——榜眼　三名——探花）官职也很大。（官场之中有这么一个规矩，大比之年中，凡是新考中的大小官员接榜后都要到状元府去参拜状元公。此日，李文清探花按规矩也然如此）想我今日去参拜新科状元的竟是自己的姐夫，心中好不欢喜，难过的是要是自己的姐姐还活在世间，那竟是锦上添花。

新科状元张志文在状元府真是威风凛凛，满面春风，头戴一字相吊双官帽，身穿大红状元袍，脚上扎的是粉底皂靴，迎候宾客，李文清知道状元公竟是自己的姐夫。满面笑容的上前拜见（状元公在上，下官李文清参拜状元公。张志文见前来参拜的竟是自己的舅弟（老），心中喜色万分！请起，请起！（郎舅交待一番后）李文清待后难过地把姐夫家里之事（由于你爹爹的非礼，李素珍无奈逃至娘家，姐姐怕在家再有节外生枝，我们姐弟二人同来京城，不料半路遇虎，我们姐弟二人逃散之中，姐姐被猛虎吞吃丧身了。张志文听了不禁当头一棒，悲痛万分（唱）张志文哭得死去活来！李文清劝导自己的姐夫，只怪我姐姐福浅命薄，而今，人死不能复生了！姐夫，还是保重身体要紧！

明天，我二人一同前往相府，去参拜恩师大人（主考大人）沈国忠老相爷，放过务任主考。此日，沈国忠老相爷在自家府上迎候状元、探花二位新科。（此间，相爷已早知这位新科状元就是寄女的丈夫张志文，因而相爷也心花怒放）。

多时，新科状元张志文和探花新科李文清前来拜见恩师大人，“行礼”，“送茶”，让座后；恩师见二位新科不但学问出众，而且品貌端正，真不愧是朝中栋梁之才。此间，张志文先自报家门：扬州府兴化人士，姓张叫张志文，门生今日特来拜见恩师大人，谢主龙恩。老相爷说道：状元公今年几岁？ 20 岁。你可有婚配？门生已有妻室，可也死于非命啊！

呀！状元公，既然如此，老夫今日为媒，将我长女嫁于状元公可好呀？多谢恩师大人厚爱，门生因怀念妻房恩情有无功德在身！门生故而不能答应！

沈国忠老相爷暗自敬佩这位新科状元的品行！相爷乘此机会戏弄新科状元一番，说道，你今虽是金榜题名新科状元，但你可知晓："朝中无人莫做官"这个道理？

这时，坐在一旁的李文清急忙劝说自己的姐夫。

好了，姐夫，不要过于固执，人死不能复生，姐姐在阴曹地府知道了也会相劝于你的！张志文才勉强答应。

相爷又问李文清：金榜探花今年几岁？ 18 岁。有无婚配？尚未婚配。沈国忠大喜，想这位新科品貌生得也不错，又是状元公的舅佬，真是亲中有亲，说道，这到有缘，我老夫还有次女千金一位，想招作女婿，你意下如何？

李文清想想真是一跤跌到青云里，三年寒窗苦读，至今真是双喜临门，家中老娘亲也可苦去甜来，享享清福了。

李文清急忙拜谢恩师大人。沈国忠真是春风得意，心花怒放，吩咐二位金榜题名香汤沐浴，当夜成亲！

老相爷喜出望外地到李素珍女儿闺房中道喜来了。（女儿今日真是你天大地大的喜事，我儿真是福星高照，我已把你嫁于一位新科状元，真是才貌出众有品有德的状元公啊）

李素珍说道：爹爹真是糊涂，女儿早有夫郎，哪有另配于人之理，，女儿这是决不答应的！不配？不配。不嫁？不嫁。哈哈哈——！我儿不知，那位新科头名状元真是你受尽委屈，吃尽千辛万苦，千里寻夫到京的真是你的丈夫张志文啊！素珍听后万分激动，双跪下拜（多谢爹爹，女儿永世不忘爹爹的大恩大德）。起来吧，赶快准备一下，当夜你们小夫妻即可见面了（走）　李素珍（唱）等待这一刻的到来！此间，老夫人同样到自己女儿房中道喜，你爹爹已把女儿寻得一位品貌端正的探花新科，命当夜成亲，女儿要做探花夫人了！沈文琴小姐听后兴高采烈，满心欢喜，想自己多年的愿望终于实现了。（女儿拜谢爹爹母亲）

（并沈文琴匆促准备做新娘）

到了新房之时，张志文因怀念李素珍，感情至深，方巾（张）也不挑，低头呆坐，无有半点精神。这时，李素珍正准备劝说，和盘托出之机，可巧，新床上突然有小孩的啼哭声。李素珍到小孩边去换尿布，喂奶！

此时的张志文不觉怒气冲天，原来这位女子是位水性杨花之下贱女子，怪不得这位恩师大人如此"巴结""急促"。

张志文立起身体，要去同恩师大人评理！

这时李素珍怀抱小孩，对自己的官人讲，我就是李素珍，是你的结发之妻，你看，这是你的亲生儿子（还未取名）。

张志文一看，正是自己朝思夜想的爱妻李素珍，不禁一呆，赶忙上前爱抚着妻子，这倒是怎么回事，怎么娘子在相府之中？

李素珍悲喜交加说道：自你上京赶考，因公公非礼，为妻吃尽千辛万苦，千里寻夫，官人啊！（唱）我是结婚三次！

此间，张志文惊喜万分！

安慰娘子李素珍，弟李文清也未仍遇害，金榜题名，得中探花，府中成亲，被相爷招为女婿。

李素珍好不称心，夫妻俩数尽衷肠！

再提李文清、沈文琴一对新婚夫妻送入洞房后，新郎新娘满面得意之情，挑下新娘方巾后，甜甜蜜蜜，娘子官人，官人娘子称个不停……

忽然，沈文琴小姐忧心重重（上次婚姻是假老（喜）戏）

说道小官人，我要摸摸你肚皮，如你肚皮稍大，又要养伲子了？文清问新娘为何要摸摸我肚皮？要么相府中成亲之喜有这么一个规矩！？

沈文琴道：我已经结过一次婚的啊！

李文清不禁一呆！低头不语的不高兴样子！

沈文琴道：官人你不要瞎吃醋，瞎着急，上次我结婚洞房期间，突然间，那个新郎肚皮痛，养伲子了，面带笑容，官人啊，你说稀奇不稀奇啊！

李文清越听越糊涂了！说娘子，此话怎讲？

沈文琴说道，让我慢慢把此事告禀官人听来？

（唱）之后，我父半年之前山西查粮回京半途凉亭救来一位读书公子，品貌端庄，后来爹爹把我的终身托付于她，招她为婿，谁知洞房花烛之夜，哪知她是一个女子，名叫李素珍，那个新郎竟养了一个小孩，后来问其详情，那知她因夫上京赶考，家中公公做事不端（说明事端）

李文清听了新娘一番，对沈文琴道：好极了！巧极了！她竟是我的姐姐。此时新娘也为自己小官人意外寻得姐姐而高兴！李文清更是喜出望外，新婚一对夫妻忍不住内心喜悦到姐夫姐姐边去道喜贺喜去了。

到了明天，状元夫妻和探花夫妻两对新婚小夫妻见过岳父岳母行礼请安后，新科状元新科探花张志文李文清说要奏明圣上回家要祭祖看望一番。

老相爷、岳父大人言道，说你们两对新婚燕尔只管回家祭祖、看望父母。圣上我奏本一章即可。

（沈文琴暗中着急，轻声对夫君言道，你家可有公公？已故。还好。要是有公公的话，我可不去！又要弄出什么扒灰之事情——一段穿插。

张志文、李文清谢别老相爷、恩师大人、岳父大人沈国忠（准备官船（一路顺风顺水，号炮连天））

一路上不便细说……！到了扬州，先到李家，李氏老太眉笑颜开，见自己的儿子得中功名，媳妇又是花容月貌相府一千金，女婿头名新科状元，女儿是状元夫人。心中真是说不出的高兴，李家亲戚朋友也同来庆祝一番。

到了明天，李老太同女婿女儿到张家一同去见亲家，相劝相劝评一评理由。到了张家，张老太一见儿子得中状元，媳妇也同回，真是又是欢喜又是不好意思，想自己老来由于疑神疑鬼，多猜多疑，弄出不该之事，好似心中总有块“千斤石头”压得张老太喘不过气来，张荣老头看见儿子儿媳功成名就也是开心的，但马上想起这桩冤枉之事，脸上不便悲伤起来！张志文想想当时妻子的苦诉又不得不信，再想想自己爹爹的为人有些怀疑。张志文打破僵局逼问爹爹，你个老糊涂，你做了这样的好事？

害得我的妻子，你的媳妇，受尽千辛万苦，半途险些丧命！张荣老头此间泪痕满脸，泣不成声！儿呀，这半年多时间来，我是吃不香、睡不眠，我也想不（出）明白到底我得罪了何人，蒙受此如的冤屈！如今，你亲生儿子也相信这桩事情！我张荣为有什么脸面做人？我的好媳妇受尽千辛万苦我是伤心的，可我这半年多来的时间像油煎一样难熬！老太婆还常常安慰我老头，老头子啊！家中有哪个人相信你干这种事？如今，儿子媳妇都回来了！你们还苦苦相逼！我是满身生嘴，你们也不信，我已无脸做人！（？）让我死了算了！此间，张老太看来真的要大祸临头了！只得红着脸，拖住自己的老伴！

讲明前后经过！当时儿郎上京赶考，临行时，媳妇对儿子边上伸出三只指头，只怪我老太一时糊涂，胡思乱想，只道是“三个指头”叫老头三更天去媳妇房中的暗号！儿啊！为娘不该如此草草行事，到了三更时分，我为娘就穿仔你爹爹的衣服闯出这样的大祸！大家听了，这才恍然大悟！李素珍是个聪明贤德的女子，本来这今天是天大地大的喜事，而且误会也消除了！李素珍上前主动对公公婆婆言道：公公婆婆息怒，媳妇做事也太粗毛，如果明说了倒没有此事发生，只怪我伸出三个指头没有言明真正的意思！媳妇错怪公公婆婆了！媳妇向公公赔礼了！（给张荣最大面子的安慰）这时，张老太抱过孙子！亲了又亲！算了！算了！只怪我的不是！

现在大家消除误会，张家李家功成名就！皆大欢喜！

——合家团圆——

99.6.24　稿完

补充

（官人你要叫我安睡么？慢！什么？我要叫你猜一只“妹妹子”（妹妹子即谜谜子，吴语将“谜语”读做“妹妹子”）如若猜得出来么好安睡？——叫；一二三月勿露形　四五六月成了人　七八九月出了门）〈猜呀？猜呀？〉

（张荣见媳妇手伸出三只指头！误当为新娘子巴望自己儿子“上京赶考连中三元”。所以好呀，好呀，连连点头；格个头点得侪故鸡勒浪吃谷！瞎和调！——其实么倷张荣弄错淡；新娘子个三只手指头指自家腹中怀孕三个月，叮嘱小官人早去早回）　（老太婆勒边浪看得莫名其妙；啥倷老头子连连点头啥个事体？）——（老相公，你晓得了什么事呀？——我就是晓得！就是勿告诉你呵！哈哈）　〈那么弄出大事体来，待等张荣街浪回转，格点小末字又领上楼台；那么老太婆浮想联翩。一只鸡大腿，三只手指头，格点小末字，终于怀疑阿公搭新媳！到这时讲清最适当！〉

8　玉蜻蜓

人物介绍

申贵生　18岁（小主大爷）（申大爷）

申大娘娘　16岁（娘娘）（雌老虎）（张国兴之千金）

元宰（申贵生之子）（过寄时八岁，认娘时解元公16岁）

王定（老总管）　周青（看门人）

文宣（申贵生贴身僮儿）

芳兰（大娘娘贴身丫头）　素琴（丫头）

张国兴（吏部天官）　老夫人（张大人势利）（儿子亡故，女儿张秀英）

徐上珍（老太师）（山东人士）（历任苏州知府之职）

老夫人　朱三姐　38岁　朱小几夫妻俩豆腐店

王智贞　15岁（三师太）（贞姑）（母姨）（年轻）当家师（贪铜钿）

老佛婆（简称老佛）（善良热情）

元宰未过寄娘娘之前称婶母　元宰未认三师太娘前称母姨

地址　明朝　苏州　南濠街

玉蜻蜓

一　定情

卷文出勒明朝年间。勒浪苏州虎丘山北侧有一个“法花庵”。菩萨灵得吓煞人！那么真的叫有求必应。名扬苏城！所以烧香客人真个叫来来往往，川流不息！人头挤挤热闹非凡！（倷如果呒不事体，到法花庵，勿进佛门，勒浪外面只要兜兜看看，回转。照样会得心情舒）畅，饭好吃三大碗。一忽，保险倷睏到出日头——菩萨保佑倷一日到夜笑口常开，乐呵呵！

今朝是三月初三清明节。法花庵烧香客人特别多。(喔唷老妹子呀？——(喔唷！老阿姐呀？倷亦来烧香呀？——勿是格！我是来还愿格？——（鞋。阿是毛病好哉？）——毛病叫勿算毛病！不过讲出来么叫有点难为情格！(难为情之样)——(喔唷！老姐妹淘里有啥难为呀？）——格搭法花庵里菩萨末实头灵格！看好伊老头子一块心病！哪！伲屋里个杀千刀哪，年纪轻个晨光哪！夫妻淘里要好得来！我老阿姐开心来！夜夜一横头！再那大热天！夜里总关睏勒一横头！还要肉枕头睏！我老阿姐么搓麻将勿喜欢！最喜欢格种事体！

搭煞最近一两年工夫！伲搭格老牌位勒浪变死！勿搭我一淘睏？讲啥大家适意点？我是气——来——“肝胃气就腻上腔！那么我老阿姐岁数亦勿大来！

——（老阿姐几岁？）——只有六十三四岁勒唷？人家讲，夫妻夫妻叫越老越甜！阿对？格种日脚叫我那哼过？呒不办法我瞒仔伲老头子！上个月来哀

（埃）搭法花庵求神祝祷！真个灵格！搭煞伲老头子赛过调脱一个人！拆铺并床亦是夜夜睏勒一横头勿算，还要睏睏肉枕头！比年纪轻个晨光还要闹猛！伲老头子外加着肉衣裳，连到短裤侪搭我汏笃！我是开心来！'肝胃气'毛病马上就好！所以今朝板要来还个愿！倷看两对香烛、一只蹄膀、二蒸甫糖糕、四个西瓜哪！谢谢菩萨。老妹子倷——（我是来烧香个！阿有啥得倷老阿姐一样！下转亦来谢谢菩萨还个愿！）——阿是搭我一样个格搭？——我是么啥个搭勒亦么啥毛病！伲老夫妻道里要好到现在！伲老男人待我是那么真正叫好格！说啥搭我买啥！说啥要我扎啥？说啥让我吃啥？几十年夫妻下来重闲话勿曾得话我一声！

我末老阿姐呀，欢喜看戏格，伲老男人总归陪我一淘看戏！我真正对勿起我格老男人！

自家末！真个亦是勿争气勒气勿争！到现在末还是——啥啥呀末啥啥！连到屁阿勿认得一个！

叫我那哼对得起自家个老男人！（难过之样）

所以末，今朝特地来烧烧香勒求求菩萨！

阿要相帮侬老男人养伊一个！呒不小人末讲闲话勿应该！——格末老妹子倷阿有几岁啦？——（岁数是勿大来！只有六十岁呀多得一岁来！）——（冷茄茄地）格是格的岁数真个勿大？要紧货是亦'搭浆'的！——（勿关呀！哀搭法花庵菩萨灵呀？叫有求必应！喔唷佛门开哉！快点走吧！）走捏！（六十一岁老太婆还要养儿子勒！）（热昏）

（缩转身来我要关照）（附近苏州南濠街。有一家洪门首富。万贯家财。家当大得吓煞人！单单典当米行、栈房钱庄、有三十三爿！当家人列任朝中，做到吏部尚书。可惜相爷夫人亡故。好得养好一个儿子，真所谓单丁独子，名叫申贵生，今年已经 17 岁。总算有人继承万贯家财！数年来靠王定老总管精心培育总算出人头第洪门秀才！生得仪表堂堂　满腹文才。（老总管看勒眼里，喜勒心浪！格种总管难末真格叫忠心耿耿！亦算对得起老相爷（临终嘱愿）

（王定想，我肩胛郎担子重海来，巴望小主人功名、婚姻两桩大事来！王定想今年是大比之年嗳！下半年小主人就要进京赶考！法花庵格点菩萨几花灵通！让小主人去烧烧香、菩萨保佑阿有啥得中功名。

主意打定嘛（宣二）王定老总管兴冲冲到得书房去，想请小主人去进香。（小主大爷，今年乃是大比之年。今日又是清明时节，听从老伯吩咐到法花庵进香蒙求菩萨保佑功成名就？——孩儿听从王定伯伯吩咐！（可唱）（那末老总管替小主人准备两大箱香烛！（格种香烛极浪扛，一对就（侪）要十八斤。该铜钿人家呀，有啥道理）（吩咐佣人扛仔大香大烛格箱子，带足雪白雪白格银子（申贵生头带方巾，身穿海青，脚上是红颜白袜，腰束金罗玉带，纸扇轻摇，扇子下头挂好一

只碧碧绿格玉蜻蜓）申贵生身坐轿子（宣二）就动身，出得家门勒路上行，众人相看申贵生富家之子有名声，派头大来吓煞人）

（到法花庵，停轿出轿）（格号炮三响）

（当家师、老佛婆、众位师太、尼姑、格种烧火老妈子个侪众众到山门前迎接！当家师最起劲！格个申贵生真个大香客，好比财神菩萨！想办法一定要马屁拍牢伲！（那哈拍法？）（对格！）（伲毕竟是小伙子，最好弄一个大姑娘陪陪）当家师一想叫我格第一个"大弟"三师太相陪！）

（我关照申府门庭格种底下头人扛扛两箱大香烛、格种金华火腿、水果糕点礼品搬进佛殿。然后申贵生进庵堂——（可宣二）唱）庄严佛殿显威严，五色长虹似彩云，观音大士居中坐（善财龙女）——略高两边分，今日特地到庵门，恳求菩萨献神灵，献神灵。）

（老佛婆喊）三——师——太！当家师关照格！快点出来相陪申大爷——）（来——了——（宣二）有请申大爷捻香吧？）——（多谢哉！（必须头慢慢叫转过来之样）申贵生一看呆脱：（可宣二）格只眼睛看得定洋洋，尤是美貌天仙下凡来。啥？格位尼姑生得真个貌如天仙，绝代佳人！真格门前一亮得来！

少一分太瘦，多一分太壮，看上去袅娜多姿，滑嫩圆光！漂亮！而且举止文静、稳重！

看得申贵生心里弄勿懂？为啥格种多少漂亮姑娘会得肯到庵堂里来做个光郎头！尼姑？！

倒要问问看？师太，小生有一事不明，想要请教？——有何动问？——请问师太，何故出家？——（必须先说白二句表表自家苦）大爷，一言难——尽——！唱）伤心啊！——恼恨老天降灾殃　（弄得家破人又亡——越想越心伤）——自小生长在虎丘旁，三口之家称小康，爹爹也是读书人，勤攻勤学读文章，那一年我父进京去赶考，不料身葬扬子江，恶信传来娘急死，却不料门房叔伯夺家当，说我是命里八败克爹娘，九岁逼我进庵堂，无有亲人来相助，我是一个苦命人，只有青灯黄卷了残生　（接唱）她凄凉身世实悲伤，无爹无娘无人帮，美貌女子落火坑，我热血男儿泪盈眶，想她孤苦一女子，风刀霜剑逞凶狂，逼进庵堂误青春，这么房好比是牢房，我定要救她出火坑　（必白）师太，让我赠你银两快快投亲去吧！赶快还俗奔离庵堂？——承蒙大爷一片好意！小女子孤孤单单！天地虽大！哪有我立足之地呵？）————

（〈白〉申贵生想想对格！一个孤单女子无爹无娘，无亲无眷！就是我拨伊铜钿，叫伊到啥地方去蹲身？实际上我亦是父丧母亡一个孤儿！怎能是空富贵！眼前亦可以讲是同命相怜一双人！一双人！一、双、人　？——（对格）要想真心相救！只有定下婚姻　夫妻相配？我末富！伊末穷，穷有的啥？生得多少？（要死格！格种婚姻大事叫我哪哈开得出口？一个读书人呀？申贵生到底聪明人哪！一想末——让我假借求佛来表示一下意思？看三师太阿有啥反应？

对！啊！师太？我还要求签拜佛！——我给你拿签筒来！））——（动作之样）

（唱）啊唷菩萨嗳——（弟子上香非为别——今朝特来游佛殿——小姐美貌称绝代——怎奈身困庵堂门）今．日．庵堂见———一——面——（两人相看！双方有难为情之样）　听了身世心相怜愿效双双结同心　永作比翼双飞燕　究竟婚姻有无望　为望菩萨赐灵签（两人相对！）〈男〉故意摇签筒！并故意揪出一个签子！）（白）啊！师太你来看呀？菩萨赐一根‘上上签’！我与你定能结成并蒂莲？——（智贞激动地！呀！）（唱）看他求签诉衷情，不由智贞动了心，世间难把知音寻，可惜我是苦命人，难道是相逢庵堂有缘分？难道是今朝碰到有情人？难道能跳出苦海出庵门？难道能与大爷结同心？（不！不可能！）这佛门更比牢门紧！——（呀哎贞姑呀？天塌大事，由我承担！你放心便了！〈从中拿出一只玉蜻蜓之样〉贞姑呀？这乃是我家之传家宝！我把这碧玉蜻蜓赠拨你作为信凭呀？）——（其时智贞又感激，又难为情，又不敢之样　申相劝智贞终于收下）——（申贵生见其收下！高兴之样）（可唱新大陆）传家之宝玉蜻蜓赠与智贞做信凭　此生不娶天仙女　唯求贞姑结同心　（宣二）（两人正勒浪）甜言蜜语话衷肠　当家师笑嘻嘻走进场。

（真勒浪该歇晨光，当家师进来！〔双手一合之样〕阿弥陀佛！申大爷来到庵堂么！嘿嘿嘿〔娘娘腔之样〕　真是佛殿生辉，功德无量呀？）

（申贵生哪哈勿晓得？捧捧我勒讨铜钿喂！我是该铜钿人家！看勒智贞三师太面浪，把脱点无所谓！勒浪助银簿上挥笔一题——〈申贵生助银三百两〉）（当家师是眯花眼笑，赛过接着个财神菩萨！——（　喔唷唷！申大爷如此相待菩萨么，保险伊大爷得中功名，大，大富大贵——）那么关照底下头准备丰盛佳肴留伊吃夜饭！（　看得出申大爷搭我格三徒弟有意思嗨　）菜水摆到三师太云房之中，叫伊相陪！好好叫服侍！申贵生是求之不得！开心呀！那么一对少男少女（宣二）未仍拜堂先洞房，申大爷三日两头来庵堂）

（三师太总管有点忧心忡忡！申贵生真情相告，我只要在老总管面上讲讲清！笃定！保险拿倷赎出庵堂，成亲拜堂）

二　出走

（缩转身来我再关照！姑苏阊门城外，一家官府之家：主人张国兴，吏部天官，六十开外年纪。老夫妻只养一个宝贝囡囝，今年 16 岁。真所谓百依百顺，宠爱得极！张天官想囡囝已是婷婷玉立，应该女大当嫁！总要门户相当？

今朝头，勒浪屋里费尽心机！思去想来只有南濠申府门庭，门户相当！虽则呒有双亲！家当大，房产多！而且小伙子亦是洪门秀才！只有一个老总管执掌家财！（要是亲事成功！可以好‘一把抓’！！）可惜，男方勿来求亲哪哈办？格末我女方阿要挨过去！哪哈挨法？（宣二）叫脑筋一动办法来　定要拿姻亲配拢来（吩咐二个家丁，准备一顶轿子！拿申家老总管王定请得来！）自家身坐厅堂！）

〈相问〉（申府老总管他来了没有？——回禀大人，来哉，勒浪门外！——速速有请？——〈是〉有——请——申府——总管伯伯！）（老奴王定叩见张老爷——免礼！一旁请坐？——老爷在上！那有老奴座位？——有事相商，哪有不坐之理？——谢坐。（二人坐定）

（老总管王定想；我只是一个老总管嗳？倷是一个吏部天官！一个洞公，一个相公哦！请我来啥格原因！？勿清爽？）——

不知张老爷喊我有何吩咐？——老总管！你可知晓张、申两家的关系嘛？——喔。记得，记得。当初，我家老爷在世之时，与张老爷既是同窗好友，又是同朝为官！——那你可否记得，张申二家指腹为婚之事？——（勒浪热昏哉！想我王定勒申家几十年，从来伲老爷勿曾提起过！申家么里里外外任何啥格事体我侪晓得！亦勿好顶撞！亦勿好讲倷阿有凭据！所以只好）这个……那个……！——如今两家儿女都已长大成人！怎吮不见我贤婿申贵生上门求婚呀？——（喔唷！那是硬缠哉！真格老面皮！勒浪硬装斧头柄！一定是看中申家万贯家财！）所以只好装糊涂！此时小主大爷可不知道呀？——（还拎勿清！逼！逼得倷答应！虽则倷是个总管，可是申家乃是全权代表嗨！）可你是知道的啊？！——这？——你速速回去告诉贵生，就说三天过后，老夫要亲自送女上门完婚！？——（推车撞壁！有啥办法？）老奴遵命！（宣二）王定总管匆匆走出张府门，格种事体真正笑坏肚肠根，做官人硬装斧头柄，要亲自送女完婚姻，肯定看中万贯家财申府大门庭，伊小主大爷现在还勿知情，叫我王定做难人）

（老总管回转，苦思冥想，张天官我王定得罪勿起！（思一思之样）不过再梗转一想么！小主人申贵生亦17岁哉，亦应男大当婚哉！讨一个家小进门，多一个人照管亦算减轻我王定负担！亦对得起老爷临终嘱托！那么进书房！见面小主人，和盘托出！加重语气，推说是倷爷临终之言！申贵生听之无可奈何！想我答应三师太已私情往来，如何如此——

但父母之命难以违反！只得勉强答应！）

三日过后，（可用宣二）申府门庭挂灯结彩，热闹非凡！格种亲戚！苏州格种豪门贵族都来行人情吃喜酒！独剩申贵生强颜欢笑，心不在焉！——

（我关照日脚蛮快！两个月已过！格对新婚夫妻叫（宣二）黄牛角勒水牛角两心不合各西东。

新娘娘认为自家是吏部千金，骄傲气凛冽，目空一切！

申贵生认为我是豪门贵族，洪门秀才！倷家小架子足，我亦勿是做女婿嗳？我来“阴干”倷！新婚两月从来不上楼台。）

（今朝申贵生勒浪书房里，思念起同智贞三师太相爱私情心中闷闷不乐！嗳！我好恨哪……——（文宣）大爷，我看倷一日到夜愁眉苦脸，闷闷不乐，要末到外面去散散心吧？到虎丘去看戏吧？——（申贵生）想蹲勒书房闷煞哉！文宣，一同前往！？——噢！去看戏哉！（主仆二人刚想走）

（（大娘娘）——慢——来——！我关照大娘娘自从嫁到申家，终日闺房相陪，独守空房！有闲话呒处讲，有气勿能出！忽听小官人又要出门？想我再亦熬勿牢哉！倷当我啥东西？我要开口哉？要搭倷评评道理？！官人。（生气地之样）到何处去？——（生硬地）虎丘看戏？——官人，我有话要讲？——（就听娘子训教？）——唱）自与郎君结成亲　光阴如箭似流水，总以为新婚夫妻如胶漆，却为何，常对你妻皱眉头——（贵生唱）人各有志莫强求，娘子贤惠我心受？——（娘接唱）莫不是　门不当来户不对　张氏难配你申门后？——谁不知，尊翁执掌吏部印　赫赫威名冠苏州——莫不是，嫌你妻子才貌丑，难与你郎君共枕欢？——娘子美貌与贤惠，亦算我，敲穿木鱼前世修？——既然是天作之合良缘配，为何新婚不上楼！）——（〈白〉这都是为了娘子您呀？——为我何来？——（唱）白衣人难配千金女，我欲想早日占鳌头，为此书房勤攻读，只得把新婚之乐丢脑后）

（此间，老总管禀告：张老爷驾到！）

（大娘娘开心呀；吩咐大开正门迎接）

（申贵生只得相陪岳父大人！）

〔（张国兴坐定；开口）老夫为贤婿而来！今科主考大人乃是我同窗好友，目下正在苏州，明日要来我府！所以特来请贤婿明日前去陪客！日后赶考也好有个照应！——（张大人一看女婿神色不正！囡囡么、有点眼苦莹莹？小夫妻就算有点矛盾！格是我丈人要拎得清点！要相劝囡囡适当？）——哼——哼，女儿呀？今年乃是大比之年，贤婿用功勤读，我儿理应百般照应呀？——（该歇辰光，大娘娘熬勿牢哉！（委屈之样）爹爹——呀？——（唱）（定要怒气之样）自从我嫁到申府门，我受尽委屈到如今，申贵生他太欺人，枉空官家书香第，勿像专心读诗文，为什么经常出家门，歪门邪道去看戏文，整夜不归啥原因，他新婚不进闺楼门，他究竟按的什么心　（傲横的语气连唱）爹——爹呀（白）我吏部千金懂理性，我吏部千金怎肯受欺凌，我吏部千金怎肯嫁于无情人，爹爹呀？今日当着申贵生，谁是谁非弄弄清，他若不娶张氏女，申府门庭冷清清，他若不娶张氏女，荣宗耀祖定然成泡影，他若不娶张氏女，哪有你威风凛凛申贵生，他若不娶张氏女，申府家财早抢尽，他若不娶张氏女，七八二房岂肯做伊人，张家恩典他不报，天地间少有这么坏良心？————（张大人想！囡囡格点闲话忒过分哉？不过，新结婚，女婿勿到囡圄房间里么——叫我丈人哪哈弄法？

还是乖点！相劝囡圄为妙！（那么拖仔个囡圄到女婿面前赔个礼！张大人想，小夫妻争争吵吵不足为奇！勿多问！勿多管！识相点！吃饭亦要省劲点！那么打轿回府！

（申贵生坐勒厅堂，一言不发，怒气在身！——（大娘娘）大娘娘想，刚才我闲话脱过分点哉！夫妻勿好再弄僵哉！先叫应一声吧！（官人，方才为妻言重了！为望官人原谅几分（吗）嘛？）——（申贵生看看望望之样）越看越惹气！倷勿是我家婆？是我格太婆？（假装亲热无比地）娘——子——（啪！一记耳光或一记台子。怒气地）唱）满身傲横毒蛇精，你竟从中搬是非，父女串通来演戏，强压制人使计毒，好似秦桧东窗害岳飞，我忘恩负义如群兽，亏待了你吏部千金不该应，申贵生怎配千金女，让我自知之明出家门　〈紧接宣二〉

（申贵生来到法花庵，当家师开心呀！赛过财神菩萨又来哉！热情相待——今朝鲜鲜鸡、白笃提膀！明朝，塞肉鲫鱼、金华火腿！大爷由智贞三师太相陪真格洋洋得意！（宣调）叫——光阴如箭三月过　未成拜堂先同房　家中妻房抛一旁　三师太早已有身孕　暗中夫妻情义长）

（申贵生蹲勒庵堂里日里看看书，夜里搭三师太情意绵绵倒蛮开心！阿晓得屋里申大娘娘急煞！三个月嗳！影息全无！派人四面打听呒不消息？后来书童文宣告诉大娘娘——说大爷经常到法花庵进进出出！那末申大娘娘马上亲自出马！带领老总管、众位丫头！以烧香为名！到法花庵查寻自家丈夫。）

（行路之样）众位丫头快走！（唱）假借烧香来庵堂，云房佛殿到处查，丈夫踪影无知晓，难道伊庵堂有欺巧！（宣二到庵）

（（老佛婆恐怖之样）喔唷勿好哉！勿好哉！那么急煞人哉！——唱）财迷心窍个当家师　勿该收留申大爷　豪门吏部千金女　威风凛凛来庵堂　如若寻出申大爷　伲大大小小格尼姑侪要活勿成　申大爷，豁边哉！倷笃家小领仔人来哉！（思一思之样）大爷呀？倷真正叫瓮头里捉死蟹！逃勿脱哉！——（这）——倷还是快点从窗口跳仔逃走吧！——老妈不必惊慌！待我前去面见伊！——申大爷，倷勿去得格，倷要是一出开！拨勒大娘娘看见仔，我俚庵堂里格点尼姑侪要活勿成哉！——（这！）——还是到我老妈睏间里盘一盘吧！——多谢了！（宣二）

缩转身来我关照申大娘娘带仔众丫头！到法花庵！家丁四边把守！当家师、老佛婆呒不办法！只得出接！大娘娘装得满面笑容到佛殿浪上香点烛！菩萨面前祝祷一番，唱毕——（内容自己身价，却是命苦人，数月不见丈夫归家心急如焚！求菩萨保佑，如找寻到丈夫重修庵堂佛装金什么什么——）

——（当家师哀辰光胆颤心惊！强颜欢笑请大娘娘到内堂吃素斋！（同时关

照三师太勿慌！勿露面倒要大娘娘怀疑！叫三师太送茶去见过一礼！！）

平姑智贞见过娘娘，请娘娘用茶！——师太免礼！（抬头一看一惊之样）呀——唱）眼前这位小尼姑，美貌绝顶世间少，身袅多姿行如柳，好似嫦娥下凡间，想我人称俏美女，在伊面前矮三分（突然惊觉之样）为何见她神色慌，满面愁容珠泪含，好像她有重重心事内中藏，莫非与我丈夫有欺巧，蛛丝马迹嫌疑大，我手中机关巧安排！〈说表后再白〉啊三师太！难得一见你容颜佳美！可惜好端端的一位姑娘入了空门（装有难过之样）真是苦命之人！想我娘娘虽是豪门之女、富贵千金！想不到新婚夫妻，丈夫出家数月至今未归，也是个苦命之人！所以我们初次相见，同病相怜！欲想与你结为姐妹！不知肯赏脸否？——（表白后再白）出家人命如黄连，只怕是高攀不上？——（想我逼煞倷！逼得倷肯）啊！师太，想我实意真心相待！难道苦命人相欺我苦命人嘛！（哭之样）

（难末当家师相劝！智贞三师太只能答应！大娘娘真格‘狠’格！既然倷三师太答应！我与你要结为同心！勿做假姐妹！口是心非！我搭倷姐妹两家头理应勒菩萨面前罚咒一番！）

贤妹呀？想我愚姐是个菩萨心肠！我们姐妹双双应在佛尊面前对天立誓！贤妹你看如何？——（难过之样）「是」贤妹呀（唱）〈最好二人二句左右对唱〉

皇天后土生鉴谅，下跪姐妹人一双，弟子申门张氏女（我法名智贞俗姓王）我若对你不真心，罚得我今生没有好下场（我若对你有假意，伐得我难以得道上西方！

（试探之样）唱）嗳，亲妹妹呀？——

你出家人只见虎丘景依旧，却不知多变的人心如浮萍，我虽豪门千金女，富贵荣华亦枉空，夫妻争吵是常事，想不到你姐夫太狠心，离家数月出了门，又谁知一场争吵竟变了心，不知道那只狐狸精，勾住了我丈夫乱私情，迷得我郎君失了魄，姐姐是呼天喊地哭断魄，谅来我是孤独命，那只小妖精太可恨，姐姐我愿同贤妹把道修　——（可白后）唱）姐姐呀——姐姐说出伤心事，不由我妹妹也泪满痕，我劝你修行二字莫出口，亦不必为了姐夫担忧愁，菩萨保佑你们一对好夫妻，肯然相会勿担心，常言道福人自有天相助，谅你们过了端阳会聚首，狮子回头望虎丘，姐夫怎会忍心不回头　——（贤妹，莫非你知道你姐夫下落？）——这……！（我怎会知道？）

（可独演，可表演）

（真勒浪该歇辰光，方兰丫头进来告诉娘娘——娘娘？我家大爷有着落哉！（搜出一本助银簿——申贵生助银三百两。）（试探地）贤妹！你的姐夫有下落了？——（惊慌）他在哪里？——（指着三师太云房！）(然后指着格本助银簿——在这里）申大娘娘想！日清日白！倷三师太房门锁好更加疑心！要伊开房门！姐妹淘里认认也在情理之中！（老佛婆勒边浪！想倷娘娘上当哉！我要说得倷进去！——喔唷！大娘娘呀？我俚出家人格内房么，有点小规矩格！叫早功课么夜来度！倷笃凡人身浪向么勿大干净格！刚刚俚笃阿姐妹子笃要进去我俚三师太勿好意思讲！大娘娘倷勿好动气格！俚笃姐妹道理么理应进去白相白相格！我去开门，我去开门格！

（大娘娘、众丫头进三师太云房东寻西找勿见申贵生！但还是疑心重重！呒不办法只得备轿回府！临走还客气一番！叫三师太有空，姐妹淘里走动走动！

（缩转身来我关照）（申贵生吓煞快！一身冷汗回到三师太云房之中！——想我堂堂一家之主，弄到如此介格地步！有情人难成眷属！坐勒浪，满面泪花！只觉得天昏地暗！一声勿响！闷心一气！）——

（三师太）三师太是满腹愁肠，尽力相劝申贵生。大爷？大爷？大爷呀！？（唱之内容）我伲情缘应抛一旁！门不当户不对！要成夫妻难上难！望你们夫妻恩爱渡光阴！我智贞也安心！快快回家说分明，待后婴儿生下来，庵堂难留私生子！要接进申府我安心，想必姐姐也领情！——（（吃力地接唱完毕）申贵生是悲痛欲绝！（表演）——我是不回去的！我是不回去的！就是死也要死在这里！（一定要咳咳之样！手拿手帕！口吐鲜血之样！三师太要哭喊大爷！）（立刻宣调）难末牙齿风毒格——申贵生一病不起在庵堂，病势沉重伤了心，心病难有良药医，数月大爷赴黄泉，三师太真是哭断了魄，今朝是二月十九好时辰，黄昏戌时生下遗腹子，可怜呀庵堂难留私生子。

（三师太）　（三师太手抱婴儿之样）三师太看到自家亲身骨肉！白胖胖个儿子难留样！喊到老佛相托！儿呀！「哭唱」〈儿呀！娘的心肝宝贝！〉可怜你，血迹未干就离亲娘，犹是万把钢刀刺娘心，常言道世上黄连最最苦，为娘比黄连苦三分，母子今朝分别后，再要相会在梦中，儿是娘的心头肉，母子连心心更痛，玉蜻蜓系在儿身上，年庚八字写端正　父姓母名内中藏，想必是娘娘见物会收养，我求托老妈好心肠，你定要送到申府大门墙　（要鼓声——咚咚之样）

忽听鼓声打二更 ——

刹间娇儿要离亲娘——

你要见有人将儿抱进门——老妈你方能回庵堂——（老佛婆）晓得哉！倷放心！咦！（宣二）老佛婆抱之小囝正要走当家师冷眉目对杀气腾腾走进来（我关照当家师见申大爷已死！格棵摇钱树‘啪搭’一来断脱！马上面孔两样！）

（老佛，侬抱着这‘孽根’到那里去呀？——（若无其事地）当家师呀？我抱到申家去呀？嘻嘻！——（啊！）倷还勿晓得？申大娘娘为人厉害！你！你竟敢引火烧身——当家师呀？人总要凭凭良心格！申大爷该歇辰光倷得着多少好处？小囝总勿能留勒庵堂里做个小和尚喂？——后园掘开三尺土！快把这孽根去埋葬！免得节外生枝大祸临头！万一在这孽根身上事体暴露！这弥天大罪谁来担当？——当家师呀？我看还是马马虎虎算哉！要是追究出来呀！倷肩胛浪格担子倒亦勿轻格？——搭我有啥相干？——（锣鼓么勿敲勿响！闲话么讲讲清爽！侬拔拔长耳朵听好仔！）（唱）申大爷去年清明来烧香，是倷将他留庵堂，侬到手银子几百两，侬就让三师太云房作洞房，申大娘寻夫到庵堂，倷又趁机敲竹杠，翻脸逼死申贵生，还瞒着娘娘勿报丧，我把小官交拨侬，生死由侬作主张！我拿玉蜻蜓到南濠去，全盘告诉申大娘，打官司，游街坊，烧尼姑，拆庵堂，冤有头来债有主 （要杀头呀？你当家师第一个上法场！（宣二）吓得当家师目瞪口呆，像只老瘟鸡双膝下跪连求饶。

（难末老佛婆抱仔小团，黑夜沉沉要想偷盘放勒南濠申府大门口！想勿到半路之中出仔事体！我先躲躲开！）（光阴如箭！事隔八年之后！我关照南濠申府门庭！大娘娘寻访小官人毫无影息！真是悲痛欲绝！今年 24 岁，倒说，掌管申府万贯家财。三十三爿大小店当！倒安排得有条有理！真是女中豪杰！势大滔天！）

三 过寄元宰

（宣调）我要提表路浪——一老一小来仔两个人，佬佬名叫徐上珍，历任苏州知府有名声，小团名叫徐元宰 今年刚巧八岁正，玲珑乖巧真可爱，父子双双要到申府门。

（徐上珍住勒山塘，老夫妻同庚六十六岁，勒浪苏州做过二任知府，现今落败在家！为仔黎民百姓受尽委屈，今朝要到申家来借铜钿！出门口，由老总管向请厅堂见娘娘！）（徐上珍）老夫见过娘娘？！——太老爷免礼！一旁请坐！——（坐定。叫儿子去见礼）元宰见过婶母娘娘！！——（惊叹之样！先长白后唱！呀？——）这小官面貌我吃一惊，为什么竟有这样巧事情，这样的相像世上少，与我夫面目不差半毫分，玲珑乖巧多喜爱不由我热血翻腾乱了心！

（太老爷？不知今日过府为了何事？——不瞒娘娘言讲，只因当年任苏州府职，连年兵荒，开仓放粮！亏空库银三千两！如今上司追讨限期归还！因此特来商借？——三千两么！数目不小呀？）

元宰拎得清呀！（表白之后，元宰）（还请婶母娘娘放心！常言道；“父产子得，父债子还”。我爹爹若然归还不起！还有我元宰在此？——（欢喜呀！真格人小志气高！）今年几岁？——回禀婶母娘娘，今年 8 岁！——呀太老爷？我从来吼不听说你有这样一个令郎呀？——（这？——！勿必讲清爽！我伲老夫妻同庚 66！儿子只有 8 岁！ 58 岁养儿子蛮难养格！推脱一声算数！）我是从小把他寄养在外的呀？娘娘！这借银之事末？——（定要表白之后）借银之事，区区小事！好说！不过，我想把令郎收为螟蛉寄子？不知你意下如何？——（这格么！……）喔唷！老太老爷想，阿是借着银子，笃脱个儿子！不过再梗转一想末，我现在是勿像过去格徐上珍哉！已经是贫穷败落哉！常言道树高千丈叶落归根！儿子总归是我徐家格小辈！落得做个好人情！申家家当几花大，今后儿子有个靠山！况且现在行格种寄伲子，寄囡囝，有些人格种亲眷要认到啥格寄阿婆、寄阿爹！弄勿清爽！那么徐老答应！叫儿子去叫一声！）

〈元宰〉（寄母大人在上，孩儿拜见寄母大人！——儿呀！心肝宝贝，快快请起！大娘娘开心呀！答应铜钿借拨徐上珍，相送而回！）（难是大娘娘大大起忙头！拣个黄道吉日九月初九过寄元宰要做大排场！哪哈闹猛！只有喊芳兰丫头好好叫商量商量！〈喊芳兰之样〉）

（嗳——！娘娘有啥吩咐？——芳兰呀？到九月初九！单单过寄元宰么格桩事体脱煞单调！勿够闹猛！搭我想想办法要闹猛点？——1）喔！娘娘赛过要闹猛点便当格！喊小官官金宝一道来！伊亦是倷寄伲子呀？况且单单嘴巴浪讲一声！亦勿认做啥关系几？——〈对！〉格小几丫头我欢喜！事体想得到叫一面打墙两面光！闹猛哉！不过芳兰呀？阿好再闹猛点？——2）喔！娘娘塞过用脱点铜钿无所谓？只要闹猛？〈再闹猛点么……！娘娘倷做寿喂？难末总关闹猛！——格小鬼丫头弄弄就要喇叭腔！我24岁哪哈好做寿？——噎娘娘呀？我问倷？伊笃老娘家今年几岁？——66岁——加起来娘娘倷算算看？——90岁——格个叫父女同庆90岁！连同闹一闹！多少闹猛！难末倷爹爹高官在身！格种亲眷，好朋友要多少？到格一日一淘到伊府浪来！轿子要停满格来？阿闹猛？——闹猛。格末芳兰呀？阿好再闹猛点？——3)(思一思之样）〈再要闹猛点么……！〉办法是有格！我去请一堂宣卷班子一道来闹一闹？——要好听的班子？——有格！八坼朱火生格个班子唱得人家讲蛮好听格！有位女同志蹲勒黎里格！叫啥忘记脱哉！格点唱功、手势、动作、面部表情呒不闲话讲！——（一定请格个班子）？晓得哉！——芳兰呀？想想办法阿好最闹猛点？——4）再要闹猛点么？娘娘呀！倷发请帖格当口！有个人倷勿要忘记！请伊一道来！保倷大大叫闹猛？——啥人？——法花庵智贞三师太喂！倷搭伊亦是结拜姐妹！娘娘呀？倷想！小少爷格只面孔几花像伲大爷？伊大爷么亦是到过法花庵烧过香！肯定想总关认得三师太！到格个一日三师太来！要是拨我小丫头搭牢！盘出伲大爷格消息！伲大爷回转来！难末真个叫闹猛哉！？——（听得娘娘心里酸个溜溜！亦是开心！）

（日脚蛮快！我关照今朝亦是九月初九！申家府上真所谓喜气洋洋，吞云吐雾，宾客盈门，热闹非凡！

王定老总管派仔两顶轿子拿两个寄伲子接得来！两个伢是一身新衣裳都是大娘娘担过去格！

格批客人看得摇头摆尾、赞不绝口！大家都捧场，娘娘夫妻笃！肚皮一点勿曾痛着！两个儿子倒“着杠”！

难末红毡毯铺好！门前放好两只靠背椅！落手大娘娘居中坐定。赛过个皇母娘娘）上手边浪放好一盆万年青，算代表大爷申贵生格！（元宰、金宝两个寄伲子上前下跪拜见大娘娘！（见面钿每人二百两银子！派头阿大！）（宣二）大娘娘今朝正是春风得意笑开言，欢声笑语震天响，亲眷客人齐称赞，犹是一对双胞胎（所有目光瑟！瑟！瑟！侪去盯牢徐元宰　误以为大爷已经回转来）

（（戏！可各唱一节！阿姐呀？——妹子呀！）唱内容都是赞扬元宰小少爷漂亮、伶俐、大度、活泼、讨人欢喜，面目像伲申大爷勿错半毫分，娘娘福分大，等等！（两个小官从今以后经常陪伴娘娘感到一种安慰！勿寂寞！请仔有名教书先生，教读文章！但是娘娘总管有‘偏心’！（金宝是个一点一划老实头！叫起大娘娘来呒不格——叫寄母）（元宰勿对哉！小滑头哉！伊勿叫寄母！叫娘勿算！下面还要加一个“亲”字勒海！娘亲）——娘娘听起来几化有面子！恩近勒着）肉！）所以同样一道吃饭！娘娘捡起小菜来就两样！捡拨元宰是筷鱼头浪绊来绊去！（片片是红烧肉)要勿壮　勿瘦,最好格种‘五花肉’！捡拨金宝是马马虎虎！“顿”一块‘奶脯肉’算数！上面还有两只奶奶头来！）（徐元宰自从过寄拨勒申大娘娘之后！有吃有用读书聪明！寄娘屋里蹲蹲！自家屋里跑跑！（宣调）叫光阴如箭过得快，一晃八年光景过，元宰已经16岁，满腹文才海海外，才高学广通四海，阿快？快格当口一定要快！亦要在场格观众听得懂！饭水蛮难吃格！（16岁格徐元宰已经高中一榜解元！勿但屋里爹勒娘开心！感激申家栽培！申大娘娘加二百般关爱！）

〈看龙船　发现蜻蜓〉

（缩转身来，我关照今天是五月初五端阳节）

我关照大娘娘今年已经32岁！还像花蝴蝶一只！今朝是五月初五端阳节！大家侪要去看龙船听戏文！

所以山塘河一带热闹非凡！芳兰丫头问娘娘阿要去看龙船！娘娘今朝心情蛮好，兴致亦蛮高，答应！（大娘娘看龙船用勿着外面去看！沿山塘有八间大房子，四楼四底！）方兰丫头陪伴娘娘上楼观看！对下头一望！只见人头挤挤，人山人海！

（（难过之样）娘娘是心潮起伏，看看人家夫妻对对双双（甜言蜜语）欢声笑语！想想自家虽则富贵荣华！有啥意思。十六年来孤孤单单，不竟触景生情——嗳——（唱）触景悲伤我孤单人，富贵荣华啥稀奇，看人家夫妻双双都恩爱，就是粗茶淡饭心也甜，甜言蜜语话衷肠，为什么我娘娘呒有这好福分，怨只怨爹爹贪家财，害得我月亮里点灯，空欢喜，丈夫抛妻离门庭，十六年来无音讯，可怜我人前不敢说真情，有了眼泪背人流，空对着端阳好景添愁闷，我关照大娘娘勒楼头似看非看！只看见下面人头济济！两个女人勒浪骂山门！）

（（或者两人各对了一个琴师之样。或者互骂（戏）之样）——倷个杀千刀！杀倷个千千刀！倷勿要假痴假呆！倷勒做啥？勒浪人家胸脯头揩法揩法！勿要倷格面孔！（唱）倷个杀千刀来么短寿命，贼

骨头欠欠勿是个好东西，倷镜子里去照一照，活猢面孔亦想搨便宜，倷哈巴狗想吃天鹅肉，要想我对到伊世里。（可还有一个唱毕）

（倒说有些男人浑水摸鱼！娘娘听得清爽！心里闷闷叫！格种男人勿是物事！想今朝我来做点好事！下头四间房子撇撇空！准备粽子、馒头、茶水！关照书童丫头，让大家进来看龙船！不过男人勿好进来！倒说等仔半日呒不一个人进来？娘娘关照两个丫头去拦拦生意看！）

（（两丫头喊叫拦生意之样）——喂？要看龙船么到里厢来看捏（口字旁，下同）？肚皮饿么有粽子、馒头捏？嘴巴干么还有茶勒？勿收铜钿捏？——（走来个老太婆之样）难得今朝想出来看看龙船看出一包气！格猢种勿要面孔！吃豆腐勿看看清爽！勒浪我老太婆胸脯头搭法搭法！老豆腐哉！该搭还有格啥名堂啦！——好婆呀？看龙船到里厢来看娘？肚皮饿还有馒头粽子勒？——阿是晓得今朝是端阳日脚伊笃开仔爿‘看龙船’店呀？——勿是格！勿要铜钿格女人好进来男人末勿好进来格？——格是我老太婆总归关是女人？格种便宜货勿搨猪头三哉！？

（无多片刻，四间房子轧得塌塌铺我关照（可宣二）一个要紧角色亦想进来！啥人？朱三姐。40开外年纪，上身青布短袄，下身青布竹裙，脚浪一双青布鞋子！一身青！好像只青花田鸡！手里揿好一把扇子，下面荡好一只玉蜻蜓（亦可宣二）（要难过情聚了）

大娘娘看得清清爽爽！想这传家宝落在别人手里！小官人肯定格凶多吉少！——官——人——呀「唱」〈急水贤〉一见蜻蜓双足蹬——丈夫定然命归阴，蜻蜓是我官人物——为何落在这妇人手——谅必她与我夫有私情！——（芳兰相辩）喔唷，娘娘呀？勿会格！伲大爷喜欢格种花拆拆格！勿会同格种女人格，外加岁数亦不相称？我看呀，亦不过穿针引线做个媒人！事体成功么伲大爷拿只玉蜻蜓作为‘谢媒之物’送拨伊！肯定近段还有一只狐狸精？娘娘倷勿哭？我去喊伊上来问一问就清爽哉！）

（大嫂快去见过我家娘娘）——（朱三姐一定要活泼之样）乡下人朱三姐见过娘娘——大嫂！你这只玉扇佩是从哪里来的？——（说表之后）是！是！是旧货店里买得来格！——（胡说！）你若不从实招来？将你送官究办？——啥？看看龙船亦要吃官司呀？——快讲！——（无所谓之样，动作手势要活泼！我讲，我讲。（唱）那一年，二月十九黄昏夜，我阿哥看仔夜戏回家，一路走到桐桥堍，看见一个老妈妈，她勿看见人倒还罢，看见仔人就将一只包裹抛地下，她掉转身来就拔腿跑，我阿哥从此拾到一个胖娃娃，玉蜻蜓结在他身上，还有件汗衫将他来包扎，我兄嫂从未养小囡，特地叫我去喂奶，我勿是偷来勿是抢 娘娘倷勿能冤枉我朱三姐——（大娘娘接唱）听她从头说根苗，郎君他在外定故亡，这孩儿定是我夫亲骨肉，怎会抛在桐桥下，看来丈夫已是水中月，我只有把孩子寻回家 （大嫂？这孩子现在哪里？）——（接唱）自从小囝到哥家，阿哥阿嫂心欢笑 想勿到有仔小囝晦气到，豆腐店生意做勿好，两间房子侪烧光，阿哥发痴呒收作，只好拿小囝买拨徐家做儿郎 （娘娘呀？伲阿哥叫朱小几，做生意开爿豆腐店生意倒蛮好！倒说自从小囝进仔门呀？赛过晦气来哉！生意清勿算数，连到豆腐店侪烧光！伲阿哥呒不办法养勿活去买拨勒一个姓徐格，做官行家;哪能卖法；拿个小囡放勒篮里秤！叫有斤得钿！小囡棉裤棉袄勿曾脱，连壳一道卖格！一称么正好六斤四两！刚巧一百两银子！）

（大娘娘听仔拿出100两银子送拨朱三姐！叫伊回转拿汗衫、血书到申家府上！（朱三姐当然答应，想勿到看看龙船看着银子100两！娘娘看到血书详勿出，看勿懂！那么去请寄儿子，一榜解元徐元宰去详看血书。

四　庵堂认母

（缩转身来我关照元宰看仔血书！方知晓得自家不是徐姓所养！原来亲娘勒法花庵叫王智贞！元宰想；十六年来我天天叫别人家娘？自家亲娘身寄庵堂，受尽苦难！我还像人啦？？（所以今朝元宰瞒仔家人）〈定要感情地宣调〉到庵堂之中去认亲娘，十六年来做了梦中人，我错把养娘当亲娘，寄母命我血书详，元宰并非徐姓养，我父姓申为秀才，我母智贞在庵堂上，娘呀娘，十六年来未见面，孩儿是睡里梦里想亲娘，母子分别十六年，我今朝定然要认到娘——

（注意！全部表演！）

（元宰到庵堂门口）待我叩门！开门来？——开门来？——（今朝么蛮巧！当家师搭老佛婆到城外人王庙去进香！所以智贞三师太一人在佛殿内！忽听有人碰门马上立起身来！）（开门动作后，一惊之样！）呀哎！三师太格个一吓非同小可！连退三步！误以为申贵生(起死回生)！！一样面孔，一样身材！（你是？（？）——（母姨！我是元宰呀？）——咦！解元公到来？（白）——（我先试上一试）母姨！（难过之样）我是来烧香拜佛格！求菩萨保佑我母子团圆呀？——怎么？难道解元公也是母子分离失散嘛？——是啊！想我自出娘胎就离了亲娘！母姨？我今一十六岁了！是二月十九黄昏戌时所生呀？——怎么？你也是二月十九所生的？（呀！——）〈(表达内心世界快些唱法)〉眼前这位解元公，犹是我的亲生儿，同年同月同时生，面貌与申郎多相似，也是二月十九降人世，世间竟有这巧事情，叫我智贞费猜疑 ——（元宰一看三师太神色，晓得就是我格生身母亲！想让我借这送子观音再来试探于她！对！）母姨？人世间，生儿育女难道都是这位送子观音送去的嘛？——正是！——（唱）嗳——骂一声，送子娘娘欠理性呀——你不该把我送进庵堂门——人家母子团圆聚——害得我母子要劈破莲蓬两离分，可——怜——我——小鸟——无依——草——无啊——

根——无娘的孩儿，苦万分，你若不还我亲生母，莫怪我拆了莲台打尊神——（动情地快唱）听他一番哭诉情，果是娇儿到庵门，待我上前将儿认，（二人紧紧配合！师太上前，又猛然觉醒之样！悲戚地继续唱！）「必须要慢」不！ 「落调」‘尼姑怎能有儿孙——’〈重新起调〉忽想起——我本佛门——修、道、人！恨只恨尼姑不准有儿孙，今天，我若、把、儿、认，大祸就要到来勒，法花庵顷刻要变灰尘，大小尼姑要活勿成，今天，我若、把儿认、我儿功名成泡影，毁了我儿好前程，今天、我若、把儿认、被左邻右舍笑煞人，尼姑庵里私生子，石沉海里无翻身，左思右想咬牙根 （我狠狠心肠不能认）——（失望地）母亲！娘呀？——（痛苦地）〈表白〉你是谁家的孩子！谁是你的母亲！谁是你的娘！这里是庵堂！这里是佛门！母姨是个尼姑！——（哀求之样地唱）元宰的哀求亲生娘，呒娘的孩儿多凄凉，十六年母子两离分，我错认他人当亲娘，见到血书知底细，才知晓娘亲在庵中修道行，赶到庵堂来寻母，我费尽心机劝亲娘，为什么母亲心肠冷如冰，都说到母子连心如骨肉，儿想娘亲十六年，难道母亲对孩儿无情长——（节奏要加快地唱）

母亲不必顾虑重 求娘快把孩儿认 荣华富贵我不要 怕什么害了孩儿好前程 我不要金榜之上题姓名 我不要站立朝堂做公卿 我情愿粗茶淡饭侍奉娘 求娘快把孩儿认——（三师太听好儿子肺腑之言，心如刀绞！想儿子呀？我娘亦想儿子想仔十六年哉！现在看儿子如此哀求么想我情愿做人活俚一日！再亦勿让儿子伤心（落泪）〈相认〉元宰——母亲（上前拥抱）儿呀——娘呀！（宣二毕）

五 定计 夺子 团圆

（母子相认后！难末三师太告诉元宰！倷格亲爷就是申府主人叫申贵生！那么元宰手捧灵牌到寄母大娘娘跟前和盘托出！）〈亦可宣二〉（大娘娘听之悲痛万分！想我同倷三师太枉为结拜姐妹！竟然害我丈夫！气得咬牙切齿！痛责元宰倷是一个吏部子之孙！勿应该去认一个尼姑作娘！有啥面孔！马上吩咐左右去拆庵堂！要拿三师太逐出庵堂，送官究办！（正是危急当口））

（宣调）张国兴吏部天官到来临，劝道囡囿勿鲁莽，面孔浪相笑盈盈。

心里已把毒计定，请外甥准备大轿去接娘亲，另备一顶大轿还要把徐家老太师请到申府门。

叙谈家常把复姓归宗讲讲明。

（张国兴真正是个脚色！叫面孔浪笑呵呵！心里向毒蛇窠！搭囡囿讲：虽则元宰现在是申家小辈！但现在只仅仅是个过房倪子！伊现在还有领爷领娘！还有庵堂里“光郎头”格娘！倷想想阿要麻烦！所以必须快刀斩乱绳！逼得元宰要心向申家，复姓归宗！大娘娘听仔么想！格个爷我真格该着！棘手棘脚！但总归为我囡囿着想，一口答应！）

（无多片刻！宣调）两顶轿子到来临，

先把徐老接到厅，后拿三师太请进内堂门，厅堂之上笑盈盈，暗藏杀机是非生。

（徐上珍到厅堂，张国兴笑脸相迎！）

老公祖请——张大人请——老公祖好呀？——张大人好呀？（两格人大笑一番）——老公祖，你令郎高中！定能连科捷报！前程如锦呀？——是呀？我儿能有今日！多蒙申府栽培呀？——是呀！元宰乃是申府之后！实是他家门之幸呀？？——（表白后，听勿懂）张大人！你说此话？不知什么意思呀？——（表白后）公祖心中自己明白！这！你这个儿子是你用100两银子买来格喔？——（这）……张大人！听你之言，我儿元宰是你申门之子了？不是我徐家的骨肉了么？——元宰本来就是我女婿申贵生的亲生骨肉！公祖如若不信！可当面问过元宰！

（格歇辰光！徐上珍气得胡须须亦翘！〈可唱一段〉（喊元宰之样）元宰，过来！——是！爹爹！——你到底姓徐还是姓申呀？——该歇元宰阿要左右为难！外加格外祖公叮嘱好！倷如果讲姓徐！亲娘要送官究办性命难保！看看眼睛门前格爷，白发苍苍老泪纵横！自家心如刀绞！（天呀！唱）外公他心肠太毒狠——逼我口出要姓申呀——假使我说了不姓申——我亲娘性命难保证——如若我说了不姓徐　要活活气煞老父亲　（快清板）（恨我年幼无主见）——（把娘亲迎进申府门）——（为保亲娘暂姓申）——（回家去再对爹爹讲分明）——爹爹！孩儿姓……？姓，？——（儿呀？你姓什么呀？期盼地）——爹爹！孩儿姓申！）

（徐上珍必须气怒欲昏之样！元宰要相劝之样！一把推开怒斥！）你！元宰！孽子！我从小把你抚养长大？谁知你一到申家就忘恩负义！你？你？你？你好狠的心哪——（慢、轻、恨、怒之唱）　你初上云梯就丧天良，欺贫爱富就骗爹娘，我平日爱你似珍宝，我把你当做亲生养，我不顾，三伏炎热，数九寒，深宵教你读文章，（高）实指望教子得成才，谁知我养虎反把自身伤，怒冲冲举杖把不孝打——（注意！要有怒气、有心痛复杂心理之样！）〈宣二〉徐上珍要想打儿又心痛，十六年来当珍宝——（该埃歇辰光！娘娘出面相劝！张国兴乘势揭徐上珍底牌！当初我囫囵毕竟救倷急格！借拨倷三千两银子！徐老听之加二气！想当初借这点铜钿，申家本来就呒不好心！所以举起手杖真格要打元宰！）

（三师太急忙上前！双膝下跪连连求饶；——老太爷呀！——（唱）哀求太爷好良心，我是元宰亲生娘，娇儿挨打娘心痛，为何这世道不公正，我今冒死来求情，元宰他多蒙你二老来抚养，怎能忘你养育恩，千灾万苦娘担承，还望太爷要开恩）

（徐上珍见元宰娘如此相求！泪痕满面！心肠软下来哉！（想事到如今！要苦么苦伲一对老夫妻吧！我好人有心做到底吧！保持我儿子格娘一条命！让伊笃母子团聚吧！）（唱）看儿娘亲来求情，字字句句血泪认，我儿如若不改姓，张国兴他岂是善心人，我还是舍子割下心头肉，成

全他母子乐天伦　（儿呀）十六年父子恩情今日断，愿苍天保佑你们得安宁　（说完！宣二）

怒气冲冲走出申府门　老夫妻回到侪东渡黄昏

（张国兴阿要开心！元宰要奔出去追！拨勒外公一把拖牢！说倷外甥已经搭徐家断绝关系！

然后马上准备文房四宝！办写好元宰复姓归宗之事！）

（格个三师太还勿识相！还要走到娘娘身边说元宰既是申家子孙！亦是徐家后代）

（该歇辰光！张国兴洋洋得意！想第一只棋子走得好！那么第二只棋子笃定走好！外甥好完完整整是申家小辈哉！（宣调）张国兴真是恶毒人，毒心毒肺毒肠根，走到三师太跟前立定身，眼睛弹出吓煞人，面孔一板毒计生——

三师太呀？倷阿晓得自家罪名，倷败坏佛殿清规，伤害贵生！本当将你送官究办！（叫看勒元宰面浪！我来做桩好事吧！（唱三角板）六尺白绫送与你，叫倷去得体面点，我张国兴乃是个道理人，倷要考虑元宰好前程，弄得城满风雨难为情，切莫忘记我的恩　（说完将六尺一条白绫笃拨三师太！倷自家去处理吧！）

（三师太一见白绫！心如刀绞，悲痛万分！想出家人真格勿是人！原以为认着儿子，母子团聚！想勿到张国兴顾全申家的面子逼我去死！叫我一个尼姑有啥办法！

（娘呀！孩儿与你一同相伴）为了儿子格前程！我要在唯一亲生跟前叮嘱一番！——母亲！不能去死！如若不允！孩儿与我亲娘相伴！——（母子要难舍难割拥抱悲戚之样）儿呀？王法条条！呒有我为娘立足之地！为娘临死之前在我亲儿面前叮咛几句！（唱）我儿元宰听娘言，为娘在临死之前话衷肠，今日再见儿一面，孩儿让娘安心，母子永别在今朝，今后想儿成泡影，愿儿呀保重身体记在心，你是申府独苗根，如若将来得功名，你亲爹九泉之下亦安心，为娘一桩事情你记在心，娘娘亦是苦命人，你要待她像亲娘，娘娘身旁无亲人，唯你膝下承孝心，你若为娘记她恨，我在地下难安心，　你若定要报娘恩，只要你清明莫忘上娘坟，实指望，走出佛门做新人，实指望有儿能救亲娘命，没想到留娘反误儿前程，　靠山山要倒，靠水水要浑，人世间，难容尼姑伴亲子，我只得地下相随申贵生——母亲！孩儿与你同死！（宣二）拨勒申府上下涌上前，拖住元宰保后根。

（三师太想，我死仔！元宰只有靠娘娘照顾！让我托求一番）姐姐呀？（唱）申郎临终曾托付，要我留下这条根，小妹临行劝我姐，看在结拜好情谊，你若有，姐妹半点情，就把元宰当亲生，莫说是小妹临终口眼闭，申郎他，地下也感娘娘恩）

（大娘娘听得悲痛欲绝！泪如雨下！想我伲两个女人！侪是同命人！同病相怜！而且亦是结拜姐妹？我不能听爹爹错上加错了！）〈略快些唱〉

贤妹呀？都怪我一时糊涂呀！贤妹说出断肠话，好似万支利箭穿我心，妹同是苦命人，都是申府一家人，互敬互爱度光阴，姐妹永结一条心，共同培育申府独苗根，我们的孩儿如若得功名，申家门庭有名声，我们姐妹双双传美名——多谢姐姐宽宏大量！）（宣二）

（难末真所谓一通百通！大娘娘关照王定老总管！将徐家一对老夫妻追回申府门庭！一起欢欢乐乐过度光阴！）

（大娘娘回过头来看看格个爷会得越看越触气！越望越触气！真个格个断命爷！贪财爷！节生爷！勿像爷！恶毒爷！弄得申家赛过请水缸里摆条老黑鱼！六缸水混！

（一定表演）

爹爹！——（清板宣调开始）——（手势相配手帕）

爹爹倷格勿像人，赛过一只老妖精，弄得伲申家勿安宁，幸亏倷囡囝脑筋清，倷拨脱囡囝泼出水，伲‘申家事体’倷管阿怕难为情　（同时角色张国兴）气得张国兴白眼翻，只得滚出申家格个大门口（新大陆结束）玉蜻蜓宝卷有才情，三位娘亲靠一条根，万贯家财申府门，荣华富贵万年春。

（完）

9 玉莲泪（兄妹成婚）

人物简介

陆阿通（玉莲大伯）（同庚）30 开外年纪（贪吃懒做，家事不通）（怕家婆）

家小（懒女人）（同庚）

（该两个伲子：一个 7 岁，一个 5 岁）

玉莲（陆阿通弟媳）28 岁（善良贤德）

小英（女儿）8 岁

金宝宝（阿通姘头）

许媒婆

张小生（木匠）30 岁 （勤恳善良之辈）

张小宝（伲子）10 岁

母亲（张老太）65 岁

王员外（王忠良）50 岁

（老家小）

（跷脚伲子）14 岁

地址 山东省济南府历城县（有个村庄）（陆家浜）

玉莲泪

故事发生在明朝嘉靖年间，在山东省济南府历城县有个小村庄叫陆家浜，村里厢家家人家都是勤勤恳恳勤俭持家，就是有一家人家男主人贪吃懒做，家主婆也是懒做贪吃懒女人，这户人家姓陆，主人（当家人）叫陆阿通。夫妻同庚 30 开外年纪。该两个伲子，一个七岁，一个五岁。由于夫妻两个贪吃懒做（家主婆“寻相骂”男人有仔铜钿吃懒酒）（有一千用一万），该四亩自田叫：种仔田不生谷，养养猪不生肉。（三日二头吃口粥）（养只把肉猪养到仔一周岁还是排骨猪。（一只）（陆阿通是怕家婆人）今朝头陆阿通合算水黄梅结束，四亩自田硬做拉拉拖拖算种好！人家是水黄梅结束，着仔纺绸裤、纺绸衫街上去去（有些囡囝叫种好黄秧，到娘家去望望爹娘）。

陆阿通屋里勿说上街上、望爷娘，柴米吼不哉！括“盘”底！家主婆拖拖鞋盘叫男人去借粮借柴（借借物事不曾还人家只借不还，阿借得着？）。陆阿通想来想去田种好哉！有底当哉！要么去卖脱几担“青米“吧！（啥格叫卖青米，现在年纪轻格人不晓得，穷得实在没有办法，借末借不着，自家田里还在青苗格辰光，就想动格块田脑筋，吃在前头，那末要杀穷鬼！该应寒天 20 块洋钿一担，卖青苗只有 11.2 块一担，一本正经勤勤恳恳有打算人家不肯卖青苗，只有陆阿通格种贪吃懒做人家卖青苗。（唱）想我陆阿通命不好来运不通，田里做做要头痛，家主婆睏觉睏到日头红都怪爹娘害了我，讨仔格种懒媳妇。（陆阿通只是贪吃懒做借铜钿，不必有买青米情景！！）

一世有啥好结果，种仔田不生谷，养仔猪猡不生肉，今日想拿青苗卖，没有一个来相信我。

陆阿通我借仔铜钿借不着，想卖脱几担青苗呒人相信我，只好哭出胡拉愁眉苦脸打仔穷结回转！有铜钿人格个结不叫穷结。叫啥？叫笼管结！（所以一个人穷末穷不得，有铜钿人借点钞票容易煞，X老板，格几日我手头蛮紧，上海宝钢我格50吨铝锭汇票还不曾汇来，借2万搓搓小麻将！阿够！拿5万去用仔！不过，陆阿通格穷是自家作出来格。贪吃懒做！债务累累！卖青苗没有人敢要！伊只好垂头丧气回家门——〔宣调〕一路走来一路想，有铜钿人家真不像人，该点白纸片看伊拉面，借仔铜钿推三托四都不肯。回到屋里拨勒家主婆又要骂几声，唉，阿有啥一蓬火，拿有铜钿人家火烧通通烧干净，让伊拉辛辛苦苦寻仔铜钿，到头来鸭吃笼糠空欢喜，同我陆阿通一样来做穷人。到仔屋里喊家主婆！（一段表白唱）阿通呀！铜钿阿曾借着的？埃，气煞！人穷不得格！借不着。碰着西村格大叔，我想要开口向伊借，还不曾开口！格只老甲鱼倒先开口哉？向我讨哉？讲侬借仔我点铜钿，米阿还哉！话我蛇皮引牵牵！唉！侬个杀千刀呀！跟仔侬个男人苦一世，这两个小瘪三瘦得像两只灯笼壳子！家主婆呀，倷那哈去动仔脑筋借借看呢？

（陆阿通家主婆左思右想只得硬硬头皮拿只“洋面袋”再到弟媳妇搭去借点米、铜钿）

（走在路上，要有懒女人能说会讲的腔调）到仔喊：妹妹呀！亲妹妹好妹妹呀。

〔速转身再讲陆阿通格弟媳妇叫玉莲。为人善良贤德，勤勤恳恳老老实实！开爿小小格饭店，本应安安稳稳过渡光阴！只因玉莲也是苦命之人（丈夫过世一年多），一个寡妇人家拖仔八岁一个囡囡叫小英，叫有苦说不出，叫寡妇门前是非多！生意也难做！没有男人多少苦！一个妇道人家饭店里里外外，挑水劈柴，招待顾客！（碰着一些油头光棍饭店里吃仔饭不给铜钿还要纠缠不清）真是眼泪倒流肚中咽！听见阿嫂到此马上笑脸相迎！嫂嫂请坐！好妹妹呀？水黄梅已结束！我是种得腰酸背痛！阿大爹（杀千刀）又不肯拢（洋）又不肯挑（洋）我忙得来！田种好哉我来望望侬！（饭店生意阿好！）二则来我嫂嫂也不怕难为情哉！屋里厢三顿不曾“开伙仓”哉！阿大爹又是财运不好，家运不通，跟仔格种男人真倒霉！年年卖青苗过日脚！呒不办法，只好到妹妹搭借点米，借点铜钿！到仔下半年稻田起势，我嫂嫂负责来回！（玉莲自言自语想）大伯零零碎碎借我铜钿记不清爽哉！想自家一个妇道之辈靠自家勤俭节约！娘囡囝两叫苦度光阴，现在嫂嫂来开口！只好自家勒紧裤子带省点出来〕！！

嫂嫂：我家虽不富裕，自家人开口让我省点出来借点给嫂嫂！不管多少？（谢谢好妹妹）（拿点零用（零）铜钿、喊斗米后）！！

嫂嫂我想同你商量一桩事体？啥事体，自家人只管开口？我这爿小小饭店自从小英他爹过世后！我一个妇道人家里里外外，担水劈柴确实忙不过来！本想请个零工？现听嫂嫂讲黄梅已毕！大伯如有空，同我这爿饭店里挑仔水、劈仔柴，做的体重生活！我想自家人只帮自家人！阿巴结点！工钿我不会少拨大伯的？！呀哎哎！妹妹呀！这件事体嫂嫂总归答应格！臂膊总归朝里弯！自家人不帮自家人啥叫自家人？想小叔去仔。

不晓得苦！（装同情流泪之样）苦仔妹妹、苦仔阿囡小英！巴望妹妹饭店生意好点，我嫂嫂借起来方便点！

多谢嫂嫂！叫大伯明朝就来相帮！

（阿通家小借之的铜钿、米，回家〔阿通见之相问〕

弟媳妇搭阿曾借着？杀千刀，借着格！当家人不像当家人！屋里厢格种借长借短偏要我格种女人去操心？！跟侬格种男人倒霉！好哉好哉！（还是我勤谨娘子面子大）→要油腔滑调！！勿油腔滑调哉，阿通呀；明朝到玉莲饭店里去相帮多做点生活、担挑仔水劈仔柴？白做呀？当然有工钿格！（情况略讲一遍）我在妹妹面前已答应哉？（贼头贼脑地）侬家主婆答应我明朝去寻铜钿啰！！开心得来，贼头贼脑样子！？陆阿通我关照侬！弟媳妇面前规规矩矩点哪！晓得。勿撩手搭脚！晓得哉！我阿通弟媳妇面上不干不净像啥人哉！兄弟面上阿对得住！侬家主婆面上阿对得住…………（靠自己临场发挥）。

穷阿穷得借点铜钿来过仔日脚！真格寻啥穷开点心！侬只“活猢弄弄看”！不会格！我阿通同你十几年夫妻年过下来要么穷点？格种事体不做格！要么搓搓麻将吃吃老酒！侬只杀千刀，我总归不大相信侬明朝去，早出夜归！？轮着生意忙，生活多呢？反正夜里忙也要回转！好！好！（保持贼头贼脑之样）。

一家四口人烧好夜饭吃好睏觉（格末借的米吃点粥哪。

到明朝，陆阿通到弟媳妇小饭店里上班！挑挑水、劈劈柴，看到弟媳妇玉莲生得漂亮，做去生活来有条有理、利索辟扎，阿通心里不禁异想天开！时间已过去十几天，阿通家主婆领至阿大、阿二两个伲子到娘家去白相！！陆阿通照常去饭店上班！今日历城县陆家浜秋闲七八月做草台花鼓戏，人山人海蛮闹猛，远近看戏人蛮多，因此玉莲格小小饭店今朝生意特别兴隆！玉莲忙里忙外招待顾客笑脸相迎！陆阿通跳水劈柴也算蛮气力，直到夜里七点敲过饭店才算冷清下来！三个人一起吃夜饭。

饭间，陆阿通（故意）挑逗玉莲：唉！一个人我看是命中注定啰！大伯什么事？弟媳妇呀！我想同样一个女人，想你家嫂嫂她是：肉骨头敲鼓荤咚咚，田里做做骨头松，屋里事体不会弄，睏觉要睏到日头红，爬起来要么寻相骂，侬看人家阿要穷。好妹妹呀，侬也是一个女人！！既生得漂亮又是聪明能干！我大伯如果同你妹妹成为一对夫妻，格末这家人家看伊上去？唉！大伯你说哪里话来！讲讲白相相！！唉！我兄弟去仔搭死人不搭界！苦仔我妹妹年纪轻轻，夜来冷静，有苦讲不出！作孽！叫天天不应，叫地地不灵，有苦讲不出（像是同情姿态）！我大伯也是有苦讲不出！大伯你是不是喝醉了，胡说八道！！该是格种懒女人、凶女人！

好妹妹 ！今后不论啥辰光有啥困难需要我大伯帮忙，侬只要豁个令子！一直一道在饭店里，除脱顾客来吃饭，又没有第三个人晓得！剩小英8岁不懂啥事体！“葛咾”叫自家人有难同当！！大伯你说些什么呀！好哉！好哉！妹妹呀，今朝夜里机会难得！陆家浜做“花鼓戏”！侬年纪轻轻，难得去散散心！活络活络开心点！你嫂嫂她们娘三个今朝去她娘家白相！夜里说不回转，我大伯难得同侬看饭店领小英！阿好！？

大伯，你我都是自家人，说话做事要一本正经！你还是回家去住，免得人家说三道四？古人说：“寡妇面前是非多呀！”妹妹有啥是非多是非少！怕啥？只要大伯同弟媳妇团结紧，野狗一只也钻不进！你若不回去，我也不去看戏了！好！好！我回去！

陆阿通格个杀千刀想：事体勿能弄僵，心勿能过份急！伊夜饭吃好动身回家！对玉莲讲，我回转，妹妹明朝会！今朝夜里难道机会！领小英一道去看花鼓戏！让陆阿通回转！（玉莲囡囝听老伯伯讲陆家浜夜里做戏，吵着要娘一淘去。俚想真正难得，所以收拾一下饭店，门锁好去看戏！陆阿通回到屋里不去看戏！巴望家主婆娘家不回来，（因讲好要娘拉白相一天！）现今到格歇时光未回陆阿通不竟心花怒放！雌老虎总算不曾回转！阿通这个不像人，挖心挖肺要想去同弟媳妇逍遥一番。趁花鼓夜戏散，伊坏脑筋想好，等看戏人都回转，到二更天左右夜深人静带好饭店“钥匙”，鬼鬼祟祟路上行——想我陆阿通虽是落苦人，寻花问柳男人个个都相信。（徐师傅侬阿相信）有人讲兔子不吃“窠”边草，弟媳妇总归是自家人，想不到亲兄弟是个短寿命（表白：好兄弟呀！侬勿小气哪）弟媳妇生得白是白来嫩是嫩，比我家主婆年纪轻，大伯弟媳妇关系如果搞得好，借点铜钿用用都方便。——陆阿通真是个不像人。

無多片刻已经到仔玉莲屋里饭店门口。取钥匙轻动动开门。碰门喊应弟媳妇（好妹妹）玉莲看戏回转还未睏着！一惊！（外面听有敲门声，心急）（奇怪）啊！你是哪一个竟敢夜半三更敲我房门？好妹妹勿“急”，我是侬大伯，今日夜里侬嫂嫂娘家去未回，我来陪陪侬！（玉莲一听是大伯，果不出所料！指责一番）哎，［妹妹呀 --- 越剧］ 听我大伯好言相劝！隔仔扇门阿听得清爽！！（唱起来故意轻一点！！观众下面言几句！！）

夜半三更末天亮快哉！我大伯来敲妹妹格门，弟媳妇侬勿要难为情，侬心里苦楚我知情，侬年纪轻轻守空房，有啥人来同侬谈谈心，只好一个人在门角落里揩眼泪，只有我大伯好良心，年纪轻呒不男人像是哑子吃黄连，只有自家人帮忙自家人！开门吧，勿搭界，这叫笼糠搓绳起头难，一次过后以后末就——！

（一番指责）（陆阿通仍死皮赖脸不走）（你再不走，待等明天我要告诉嫂嫂，让我死给你看）陆阿通一看苗头毫无指望，想如果伊告诉我家主婆，豁边哉，日脚难过！弄出人命事体来哉！陆阿通只好灰溜溜回家转，倒不晓得弟媳妇是个正经人，鞋子不着落个样——宣调

俚回到家里想想，蛮好太平日脚过过！弄出格种事体！明朝家主婆回转，弟媳妇来讲清怎么办？左思右想还是抢在前头，叫恶人先告状，坏主意想好，到明朝等家主婆回转！！（饭店里上班格，呒不面孔去哉）。明朝早上昼陆阿通家主婆回转到家，俚主动;“家主婆回转哉？（一定凶）！！侬个杀千刀！为啥不到妹妹饭店里去做生活？侬只懒猪猡！勿要凶哪！气煞我哉！家主婆呀，格个女人搭我陆阿通不好相帮做生活哉！无法讲哉！讲哪，啥事体？讲出来连到侬家主婆气煞！讲，啥事体！昨日我饭店里生活做好，同往常一样想回转！弟媳妇倒算咪花眼笑讲：大伯呀，今朝嫂嫂不在家，侬吃仔夜饭回转吧！我想倒也蛮好！弟媳妇伊准备仔好菜好酒，我心里真格过意不去！啥弟媳妇今朝待我怎样？吃好夜饭后我讲妹妹呀，明朝会！陆家浜今夜做花鼓戏，我要去看戏哉！（家主婆呀，侬猜猜看，弟媳妇那哼）怎样？“倒说”伊“扎”一把拖牢我只“臂膊”说道：今夜机会难得嫂嫂又不在家！叫我勿去看戏！咪花眼笑讲：格种花鼓戏有啥看头！（家主婆呀！我陆阿通总算明白过来，到底我不是阿木灵）。

弟媳妇意思就是叫我大伯夜里同伊一淘做戏！我当时气得闲话讲不出！真正叫我陆阿通坐得正立得稳！阿对得起自家亲兄弟！阿对得起侬家主婆！唉，真是我陆阿通家运不通！家风不正哪。阿通俚妻想：妹妹恐怕不是那种轻浮女子！侬个杀千刀，你骗人，怕是侬想伊吧！？啊呀！家主婆呀！我如果说同弟媳妇有格种事体，我为啥要告诉你呢？阿是我自家在作死啊！俚想想自家男人讲得也有道理！我倒要去问问这只货色！勿要去哉！家主婆呀！侬去也作兴讲不清爽！叫家丑不可外扬，越掏越臭，我倒有个好主意！出仔侬格气！啥？格种女人既然已有格种心思，难免要同其他男人搞七念三！开爿饭店人来人往格顾客，机会几化多！万一格种鸭屎臭事体传扬出去，我同你也呒面子！干脆卖脱伊算数（唱毕）长兄为父天下行，所以我劝你不必去问清爽讲清爽！落得客客气气，顺顺利利卖脱仔到手铜钿银子！得到弟媳妇家产饭店房子！哈哈！想不到我陆阿通在弟媳妇面上捞笔大油水！！家主婆听仔男人也喜形于色：阿大格爹这主意真好，真好！（这一对男盗女娼夫妻真是丧尽天良恶事做尽）。

到明朝，陆阿通关照家小，如果玉莲来侬要更加客气，随她讲啥？

自家一路匆匆要到许家庄，碰头媒婆要卖脱弟媳妇——。到仔许家庄打听问讯，喊开门！！（许妈妈）再讲许媒婆今年六十开外年纪，身体倒蛮好，经常跑村串户，寻点辛苦钿，六十余岁面孔倒还蛮

清秀勒健在，今朝准备要出门打听打听想做成一桩生意经，寻点苦铜钿，又替别人家做做好事。所以人家不论大小都叫我许妈妈、许婆婆，别转个背都叫我许媒婆！前村有个叫张小生做木匠格，30岁，人倒是勤谨、忠厚，可惜家小去年故世，屋里有老有小！呒不女人不像人家！伲子只有10岁。还有个年65岁娘。作孽！张木匠哭出胡拉！拨我30两银子，几年积下来想买个勤谨的女人，最好便宜点！格种老实头人不会讲也要货色好，也要便宜的！货得来！！听有人敲门。啥人？我是陆家浜格？（啥六家浜七家浜）开门！我是陆阿通？！嘛！喔！陆！阿！通！认得认得（对观众）原来是个落货坯！借铜钿不想还！卖卖青苗阿有啥事体？(对观众）我陆阿通地方上混混！也是老鬼！卖弟媳妇事体不提！如果主动先讲清，万一格只老太婆齐巧要货,要拨伊勒一刀做“冲头”杀穷鬼！〕事体呒不啥！水黄梅结束哉，我街上去路过来望望侬！〔(对观众）想格个落货坯阿是来借铜钿！〕勿脱俚多拌，阿通呀，下次来白相，今朝有点事体要出去！啥事体？我前村有个木匠师傅要托我买个女人！陆阿通听得进啊！许妈妈白相歇哪！烧点茶让我吃吃！放心！我不是同侬借铜钿格！？街浪去吧，同老太婆有啥白相头！王婆婆勿急勿急哪！侬要是价钿讲得来么，我格弟媳妇卖拨侬？〔(对观众）想格个落货坯倒老鬼！〕明明特地来卖脱弟媳妇，倒装得若无其事！到底侬老鬼还是我老太婆老鬼！〕人家张木匠做仔木匠又不是大老板！作孽！屋里有老有小想买个便宜的！要求倒高格，勤谨的，脱侬一样贪吃懒做不来格！喔育，许婆婆呀，我格弟媳妇勤谨格！外加生得漂亮！年纪又轻！格是人家卖去，侬保证不被牵头皮格！侬开开价呢？还是让我今朝到外面先去其他地方打听打听！〔(对观众）让我老太婆先点一点这只落货坯！〕张家张木匠拨我10两银子马马虎虎买个算哉！(陆阿通“扎”一把拖牢王许媒婆臂膊）许妈妈呀！（唱毕）侬是中间人，一只手搀两个人！啥货啥价钿！我弟媳妇人多少漂亮！年纪又轻只有28岁，多少勤谨！多少好看！一个女人照样开爿饭店！轻重生活样样都来（张木匠买去真正便宜货，拨伊勿要忒足)。

格末陆阿通我老太婆蛮爽气，一看在大家都认得，二看在侬弟媳妇年纪轻又勤谨！一句闲话算数！加侬10两，一共20两银子！

((陆阿通开心啊，想到底自家老鬼！不行给老太婆斩冲头！卖着好价钿，其实拨许媒婆赚脱10两银子！许媒婆倒是个好人，多下来10两准备还拨张木匠，自家寻点苦铜钿算了))陆阿通听仔20两一口答应。当场写好一张卖身文契，立据陆阿通,以兄长为父,愿将弟媳妇玉莲卖出！得银二十两！特此据为凭！决无悔改。兄长——陆阿通，年月日！卖身文契写好后交拨许媒婆！拿二十两点一点！陆阿通开心仔极！许媒婆关照陆阿通今朝初二，到初十来讨！到这天你夫妻俩张罗张罗！晓得！陆阿通准备动身，又对许媒婆讲（到此日我家主婆问起来，侬帮帮忙，只讲10两（不客气）还有10两末！晓得晓得，一言为定，当然算数！〔(路上宣调+（到仔街上难得做该铜钿人，吃酒+赌场后回家）

阿大爹回转哉，回转哉家主婆。阿郎碰着许媒婆？（事情简单讲清）拿卖脱弟媳妇10两银子交出！家主婆呀，10两银子还是小数目！等弟媳妇卖脱，伊田地房产饭店统统归我伲哉！哈——做发财人哉！嘻！嘻！拣好啥日脚！本月初十！剩七八天辰光了！（夫妻俩蛮开心）。

到仔初十这天，陆阿通夫妻俩老早起来，这一对男盗女娼商量停当。陆阿通叫家主婆先去弟媳玉莲饭店见机劝导！自己适时再到。玉莲这几天自从大伯这个不像人，妄想霸占招拒绝后，自家只好把委屈苦闷埋在心里！提心吊胆勉强支撑小饭店，母女两过渡光阴！虽说客人稀少，生意清淡，但也安稳！到中午时分，玉莲突然见嫂嫂来到，不禁眼泪夺眶而出，叫应一声嫂嫂！〔一个称呼妹妹！玉莲想把大伯之事讲清！阿通婆妄想反正今天要卖脱你了！也不必计较也含含糊糊指责丈夫〕。一番交谈后吃好中饭，嫂子对玉莲说：妹妹呀，侬年纪还轻，逢事想开点！只有二十八，没有男人吪依无靠！独守空房！唉，今后日脚怎么过呀（装同情、擦眼泪）。妹妹呀——（唱毕，中先不要唱露卖掉之意，又要有点意思）（玉莲自认命苦，只指望把女儿小英抚养成人）。陆阿通家小挑明真相！！妹妹呀你不必伤心，你年纪轻轻生得漂亮，只有二十八岁，没有男人相陪，独守空房，格种日脚怎能过呀！闲人最好总归是闲人！有啥人能体谅侬妹妹！只有我嫂嫂同侬大伯总归是肉上生肉自家人！帮妹妹嫁一家好人家！你说什么？嫂嫂！看在你们母女俩孤苦伶仃，年纪轻轻没有男人顾怜，今日把你嫁于张家村张木匠家中好好过生活去吧！啊！嫂嫂你，你们不该这样无情无义！我玉莲决不答应的！（哭）唉！妹妹如今公婆已故，长兄为父，我嫂嫂为母，谁敢违抗？（天呐！唱急水弧）好了！好了！妹妹嫁到张家后夫妻恩爱！日脚过得开开心心！到那时你妹妹谢我这个嫂嫂都来不及呢？正在此时！张家准备一顶花轿张木匠亲自来讨！前面是陆阿通、许媒婆！锣鼓加上小喇叭咪里麻拉来讨新娘。（宣调）1）陆阿通相劝被玉莲骂得无地自容，2）许媒婆相劝，3）再加上张木匠肺腑之言，讲明家境！娘子我会待你好的！把你的女儿当做我的亲生！（(玉莲左思右想事体到了格种地步！在封建社会中！再看看眼前这个陌生男人倒还忠厚善良！如若不允给杀千刀大伯拖拖背背也不像样子！只得硬仔头皮！听天由命！带仔小英哭哭啼啼准备上轿))。说明张小生家喜事景象。成亲拜堂形式。送入洞房张小生主动安慰开导娘子要有敬重婆婆内容之唱。玉莲也相称应心之唱。明日一早玉莲早早起身烧水做饭后先拜见婆婆！（(张老太看看新过门格媳妇蛮有规矩，倒有一份安心，但有些事让我也关照在先））罢了！还望你今后是我张家的贤媳再）！我的孙儿小宝他年幼任性！从小没有娘亲！你可要当做亲生一样看待？不要有两样心肠？

婆婆放心，媳妇一定牢记婆婆教诲！从今后玉莲到仔张家做媳妇真是里里外外屋里家务田里生活操办得有条有理！既照顾好一对子女，把小宝真正当做亲伲子一样看待！同时又孝敬婆婆张老太！日脚还算过得顺当！夫妻间确是互敬互爱。正像当初张木匠所对玉莲讲的“我会待你好的？！但是张老太并非这样想法，常常对孙子小宝叮嘱，怕的是新来的媳妇有两样看待！小宝在奶奶影响下于玉莲也避而远之！

今朝早头小宝学堂里放学回来，身上厢故意滚仔一身泥水回到屋里。只听见张老太喊自家宝贝孙子！奶奶，我放学了！看你身上一身泥水那像个学生，你格个小祖宗！待你娘亲田里回来交她洗洗！新姆妈不肯洗格，汰来不干净格？瞎说！小宝，奶奶这里有一包“酥糖”你快吃吧！不要让小英看见。（小宝边吃边唱出去）（ 世上只有奶奶好，有奶奶的孩子像个宝！后妈不是亲妈妈！要处处当心了！（重复）。〔必须要用普通话唱 ）。

（小宝蹦蹦跳跳边吃边出来正巧碰着小英）酥糖好吃来！甜得来！哥哥，哥哥让我也吃点？！奶奶是给我吃的！奶奶说我与你是不同的，什么？我小宝是张家的小祖宗喔！我呢？嘻嘻！（调皮地）（用扇子做一阵动作后）你是只拖油瓶喔！你是只拖油瓶！哥哥让我吃点呢？（大口大口地，做形式，我都吃完了呢？）小英哭声！

此间玉莲从田里做生活回转，见兄妹两个人在争吵——小英，什么事你又在哭哭闹闹了呀？母亲，哥哥在吃酥糖！哥哥他不给我吃！还说我是——！不要瞎说！待会给你们兄妹俩去买！别哭了呀！（玉莲看见小宝身上衣裳“恶浊”）小宝把你身上衣裳脱下来！妈妈给你洗洗？乖哪！！！我不要！我不要！（唱）世上只有奶奶好！新来的妈是后妈！新妈妈不是亲妈妈呀！衣裳洗不了！（此间张木匠做工回家，见小宝顽皮（动手要打）！（小宝哭哭啼啼，奶奶身边去告状！爹爹讨之新姆妈！当我小宝是路边草！不欢喜我伲子张小宝，拖油瓶妹妹当珍宝！我身上恶浊衣裳无人汰，奶奶面上去汰一汰！瞎三话四想想暗好笑）奶奶，奶奶！新姆妈不肯同我汰衣裳，爹爹回转还要打我！？张老太听孙子胡言乱语倒信以为真，安慰孙子小宝。

玉莲看到伲子哭到婆婆跟前，怕有误会，马上到衣柜里拿出一套干净衣裳，走到婆婆房里叫应一声婆婆！（再对小宝说）儿呀！快把身上恶浊衣裳换下来，穿上这套干净的衣裳！（小宝调皮）（我把）我不要！我不要！（张老太插话）媳妇呀，小宝是我的亲孙儿，也是你的伲子！他身上的穿着么媳妇你需多加操劳！免得人家说三道四！是。媳妇一定记住婆婆教诲！

（贴出一张安民告示）

到仔明朝，张木匠又要到历城县城去做木匠。张老太和玉莲婆媳两再三叮嘱要张木匠后天八月十五中秋节回家，难得一年一度中秋节合家团圆一起！张木匠答应出门做工。到了八月十五那天张家村像过年一样！家家户户杀鸡斩鸭喜气洋洋！张家屋里也同样如此！备好些小菜！小宝小英兄妹俩蹦蹦跳跳！玉莲也是满怀喜悦！专等官人到来！想自己自嫁到张家，虽婆婆有些固执，但丈夫对己也很体贴周到！自家想想也算心满意足。1

张小生（张木匠）今朝由于生活“尴尬”，到日落西山才算做好生活，东家看看生活做得蛮好！付脱工钿！张木匠谢仔东家后速速回家转——！！行之半途。张木匠感觉有些疲惫吃力！看见路边有块青石板！坐下想歇一歇再走！半山腰间凉风习习！到感到心旷神怡！片刻张木匠准备起身赶路时，忽然间在青石板地下盘好一条毒蛇（此蛇是山东地方最毒，一条叫竹叶青）。备好弓伸长颈经“嚓”一口咬在张木匠小膀上！（顿时张木匠痛得眼冒金星天昏地暗！）喔唷唷，欲喊无力！无奈此间也无有过路之人相助！张木匠只得强忍百般疼痛一步一瘸回到家里！（敲门。喊娘子）

玉莲见后惊慌失措扶到床上，然后喊来婆婆，自家则去请郎中先生！等到郎中请来已是半夜时分！待俚看了伤势后诊断，其一时间有所耽搁！其二竹叶青毒汁已经落肚！伤情难以挽回！张木匠看到郎中面孔上表情也知道难以挽回（宜到这里要喊玉莲，好娘子，母亲过来床边）娘子，母亲！孩儿的伤情不能得救了！娘子，看来我无有福分同娘子白头到老了！母亲！孩儿也不能尽到孝心抚养亲娘了！母亲，看在孩儿的份上，但望娘亲把好媳妇、苦命的玉莲当做亲生看待！！！玉莲，娘子呀！你总要看在百日夫妻情分上孝顺我母，抚养一对子女！把、把、把他们抚养成人！拜托了！讲完。气绝身亡！

1　玉莲的痛苦情景（说表）（唱调）

2　张老太的自苦诉说（ 说表唱调中带有败家精、扫帚星之意 ）

玉莲忍受委屈同婆婆一起料理后事后，真所谓玉莲虽是一个农村女子，但真是贤惠善良之辈，既要服侍年迈的婆婆，又要照看好一对子女，小宝在学堂读书！虽则吃苦耐劳任劳任怨！但还不能维持屋里生活！光阴如箭，三年已过！张家已是家道贫寒！

张老太因为思念伲子，又是年迈体弱！常年有病在床。屋里厢剩有的小铜钿，包括屋里的能值点铜钿物事都给张老太看病吃药吃光哉！！今朝，玉莲在家泪痕满面，可巧今日又是八月十五中秋节！想到丈夫临行前关照！要服侍好婆婆！眼看家中已经没有铜钿帮婆婆看病！也呒好亲眷可借！为了替婆婆看病！瞒起婆婆想只有去卖脱几担青苗（“卖青苗”简介一下）。到手的铜钿！玉莲到街上买点药（（买两个月饼（一个婆婆吃）+（一个小宝吃））。张老太看到媳妇三年来一桩桩一件件！长年累月精心服侍于我感激万分。说些佩服之言（好媳妇呀！以前都是我做婆婆的不是！婆婆错怪你了！）好媳妇呀，不要再为我操心了，好媳妇有这份心肠还是放在一对子女身上吧，这个月饼你吃吧！我和小英都吃过了！婆婆你吃吧！

这样凭玉莲照料和精心护理！一个月后婆婆毛病有所好转，但卖青苗的铜钿和药品都已用尽吃完！急得玉莲一点办法都没有！借都借过卖都卖过！随侬"下债"格媳妇也没有办法可想！又要主管一家四口人的基本生活！玉莲为了尽力想看好阿婆毛病！到底玉莲是忠孝善良之女，想出一个没有办法的一个办法！俚吃过简单夜饭后（煎好药汤让婆婆吃仔安顿好后，等伲子小宝睏好，然后到房间里叫自家囡囝小英过来？！小英？（带有哭样）母亲。奶奶的病还未完全好转！可家中已是没有铜钿替奶奶看病了！借的借了！卖的卖了！要是不替奶奶看病为娘不忍哪？母亲那怎么办呢？可又没有什么好办法？为娘真是做人难，难做人呀！又要被人指责为不忠不孝不贤的罪名，为娘只有同我的亲身骨肉，我的好女儿商量了！母亲什么事呀？小英儿呀——（唱调完毕）儿呀！为了奶奶看病！为娘没有办法！母亲，娘呀！母亲不要卖掉女儿，不要卖掉女儿。（低沉）要卖么，母亲卖掉哥哥，卖掉哥哥吧（恳求式）！！小英我的好女儿呀！哥哥怎么能卖掉，为娘要巴望我儿小宝将来光祖耀宗，继承张家门庭的呀？

母亲不要卖掉女儿，不要卖掉女儿嘛，女儿长大后也会待娘好的！！！女儿如若不应允为娘，我只得向我儿下跪了！！！

母亲不要这样！孩儿怎能担当得起！孩儿应允母亲便是了！！

（母女俩抱头痛哭）

到仔明朝，玉莲泪流满面，领仔小英，为了替婆婆看病到历城街坊去卖亲生——（调选）

母女二人到了街坊，兜抄曲折！路过一座叫安福桥，玉莲看看桥格三叉口，人来人往（蛮热闹）就硬硬头皮叫小英双膝下跪自家身边准备好一只"瓜瓜提"插在囡囝身上向过路人拜谢几下：叔叔伯伯婶婶妹妹，小女子叫玉莲！只因家中大伯横行！为霸占家产！将小女子卖到张家村做媳！小女子命苦，嫁到张家不到三年丈夫就命归黄泉！哪知婆婆常年有病！呒不铜钿尽孝医治婆婆之病！无奈只得将亲身女儿卖掉替婆婆治病！还望过路人行行好事，买了我的女儿！小女子好回家替我婆婆旨奉看病！

（一段苦戚唱腔）

来看格"人"里三层外三层蛮多！有些老伯伯讲，阿有啥人做仔好事，做好事将来有好报格——（人堆里）有两个油头小光棍也夹轧在喊看白相（两个宣卷人扮两个油头小光棍）拨勒两个善心老太婆听见仔就发"烹"大哉！（学老太婆口气——唔笃两个短寿命，杀千刀，人家苦阿苦煞！唔笃两只小乌龟还寻得落格种开心！雌狗头讨不着格！老太婆也无人跟侬格！杀坯。

玉莲母女两正在哭哭啼啼！过路人三三两两讲起，面前来仔一个王员外，刚从安福桥上走过来，到街上准备去买小菜。

王员外今朝神采飞扬笑颜开，宝贝伲子今朝做生日，至亲朋友来之交交关，王员外伲子今年15岁。

“麻皮正流传”左脚一跷一拐走路难。

自家伲子自宝贝，田地房屋该得多得来不能谈。

历城县里王员外也好摆海威，外加今朝请至八坼朱先生宣卷闹一番。

急匆匆准备到街上买小菜！

王员外一路过来，看见桥三叉口人山人海热闹非凡！抬头一看，见一个乡下小姑娘要卖脱！娘在旁哭哭啼啼！俚看看这个小姑娘倒生得玲珑、秀气，（对玉莲）你这位小娘子？好端端的一个女儿为何要卖掉？玉莲就一长二短三圆四方和盘托出！

作孽哉！想不到眼前这位女子如此孝顺婆婆！为了替婆婆看病！竟将亲生女儿卖掉！叫什么名字呀？小英。今年几岁呀？11岁。王员外想伲子今年15岁，伊11岁，生得倒蛮漂亮伶俐，想“讨讨便宜货”买回家暂做几年小养媳，过后同我伲子成龙一对！侬阿要卖多少铜钿？（大老爷，小女子实在没有办法？你可能给多少？）

喔，倒贪心，我不是啥大老爷，屋里马马虎虎，我姓王叫王忠良，真正忠厚良心好格！我肯出15两银子！必过看在小娘子苦恼加5两，一共20两纹银阿好！多谢王……老爷！（对观众）“实际上王员外也是小气鬼什么什么的”，写好卖身文契，安慰女儿娘会来看侬，玉莲拿仔20两纹银泪流汪汪，想想自家被大伯卖到张家做媳妇，今朝亲娘又卖脱亲生女儿到王家做小养媳，真是母女同是一窠生，两个都是苦命人！玉莲到仔药店替婆婆买好药匆匆回家。（宣调）到仔屋里，玉莲强忍悲痛瞒起卖脱自家囡囝事体走到婆婆房中：婆婆！媳妇你一早到哪里去了？（对观众——又不能直言告诉，怕婆婆伤心病上加病）婆婆，我到娘家走一趟！借点铜钿，又好能替婆婆看病吃药了！

玉莲真是三从四德善良好媳妇，既要照顾好伲子小宝读书，又是一日到夜精心服侍婆婆！请医送饭，煎汤熬药！眼看婆婆有所好转，自家精神上也得到一种安慰！婆婆在悲伤自己病情时，又是得到媳妇之深情安慰和精心照料！病体渐渐康复。

小英思念亲娘！茶饭不进。王忠良万分焦忧，探知实情，宽宏大量！领仔回张家，表白作为过房囡囝作罢！甘心让她们全家团聚，并愿继续资助她们！回家。玉莲感激万分。

（注：此后情节与前段有所不一致）

隔年张小生荣贵回家。因建造苏州拙政园有功！荣贵回家，夫妻团聚！张老太在儿跟前赞扬媳妇：全家更加溶合一体。

张小宝逐年懂事。对“后妈”玉莲的敬意深深埋在心底！加紧读书，将来想报答娘亲深情厚谊。

大比之年，张小宝进京赶考！得中头名状元。万岁当面许婚。张小宝勿允！假设家中父母已定姻亲。万岁隆恩浩荡。命状元公奉旨回家完婚。

张小宝谢主隆恩。（官船 · 气派 · 威风）到家。

状元公到家，先勿见祖母爹爹！先要紧见娘。双膝下跪！含泪请罪。（无故得罪过娘亲，欺负过妹妹！）并声称，没有亲娘关爱，无有孩儿荣光！并且一再恳求娘亲。把小英妹妹嫁于自己。

玉莲又感激又高兴。一口答应。（那末既是娘亲，又是丈母娘，真格弄勿清爽）合家欢乐。

后年，陆阿通一家得来饭店火烧光！穷得无地自容！一家四口讨饭度日。巧遇张家村“嫂嫂”认出玉莲哭诉一番！玉莲宽宏大肚！（状元公倒难平心头之恨，替娘出气，一顿生活，敲得陆阿通动弹不得）

后来陆阿通夫妻俩拿仔玉莲帮助的一百两银子回家，再开爿馄饨店。一顿家生！！陆阿通倒从此变得勤俭持家有方。

（补充）

陆阿通一家介绍（或者）唱腔完毕。看仔懒婆娘家小还未起床，自己在台子上弄天九牌白相。（空米天杠，地之九真来一四六，梅花捆勒一横头）。然后陆阿通家小出场一伸懒腰。打哈欠。阿通呀？淘米烧点心哉？晓得！俚拿之淘米箩去，喊米（括甏底之样）没有。无奈出来告知家小？俚骂陆阿通：杀千刀，讨饭坯，我是要吃要用嫁家公。一个装得凶，逼俚去外面借。一个装得怕，无可奈何之样（可对唱）（完毕。陆阿通手帕当米袋心中无把握出门借。）

附録 1　猛将宝卷

开宣刘神宝卷经　大众贤良公子听
一枝清香炉内焚　结成华盖请灵神
一枝上苍朝玉帝　一枝诉内请刘神
两边众圣宽怀坐　焚香读诵小官人
凡人只说刘猛将　旦劝凡人不可轻
夫人敕封官职大　上官君来下管民
武则天年遭荒乱　蝗虫无数蜜层层
若有人赶蝗虫退　敕令天下官良民
有缘得遇观音面　南朝门下我为尊
今日吉时宣宝卷　根由那晓啥乡村

且说上天王主神焚香礼拜家住松江府华亭县朝扬村村前正对万宝寺院后门相对落婆墩姓刘名员外有名百万家财祖父为官代代行善身受粮掌官官职母亲告命夫人所生一子取名三官年方一十八岁取妻包氏同庚完婚姻是也。

三官就像潘安玉　包氏娘娘像观音
休说夫妻多容貌　回文再宣大人身

且说包氏娘娘说便叫梅香走到书房吩咐去请相公出来饮酒商议便了

娘娘即便叫梅香　快叫梅香请夫行
三官听见娘娘说　走到书房内面存
娘娘一见观人到　出来近接夫君身
接得丈夫归房内　分宾坐定说元因

且说包氏夫人说与丈夫知道与你新春三十五岁哉并无亲生男女枉有家计成足老来靠托何人是也

倘有一日无常刻　无有披麻带孝人
四时羹饭啥人做　寒日清明要上坟
同天商议老龙计　丈夫心里若何能
三官一听其中意　心中几谋八九分

且说包氏夫人说丈夫你明日走到街坊市镇细细察访问明落乡有一只灵官庙应感神通求风有风求雨有雨求男生男求女生女刘三官听得速急回家走进房中说与贤妻知道是也

丈夫当下说元因　贤妻在上听分明
今日正遇天色晚　且刻明朝许愿心
一夜五更全不困　已到金鸡叫天明
玉兔渐渐番身转　金锣打散满天星
夫妻床上抽身起　梳装打扮换衣衿
素菜香烛多完备　夫妻两人就动身
安童捶子前头走　丫环使女后头跟
三官骑只高头马　夫人坐桥后头跟
行一里来遇一村　就如风送月边云
松江城内穿梭遇　看看相近庙堂门
夫妻同到灵官庙　香汤沐浴换衣衿
沐浴净身多完备　檀香香烛手中存
玉手拈香金炉内　多罗乡贯细通诚
夫妻两人来商议　跪在佛前许愿心

三官夫人来下拜　要求儿子管家门
就助铜钱三千外　与助香油担十斤
若得生子男和女　重新盖造庙堂门
正殿改高高三尺　两造楼子接清云
四面尽是沈香烛　天花板上尽装金
灵官圣像生金铸　十八尊罗汉装金
注禄判官添颜色　金童玉女尽换新
香炉尽是真金铸　一对花瓶是乌金
喜舍长幡当殿挂　每月香油一十斤
夫妻二人通诚祷　黄杨高筶手中存
若是刘家该嗣绝　三阳四圣不番身
夫妻见筶心欢喜　三抛吉筶为分明
二人同拜灵官像　拜罢诸佛要起身
夫妻双双山门出　欢欢喜喜转家门
路上行程多快乐　看看相近自家门
娘娘归到香房内　三官成旧到书房

且说夫妻二人日日在家同心念佛广行方便求德一子是也

夫妻二人来商议　未知真假若何能
万数家财无后代　愿来男女发慈心
见些百姓穷人苦　无人三两雪花银
夫妻发心行好事　上方玉帝早知闻

且说夫妻二人同心发善再说灵官感应刘家求子奏上问界玉皇大帝差太白君星有一尊罗汉下凡送下刘家为子下落云头便拿仙捶送到房中梦里一见吃下仙捶腹中有孕天明说你丈夫知道是也

今日夜间正好困　得其一梦正分明
梦内公公白发人　手托仙捶与我吞
太白金星归上界　脚踏祥云上天门
来朝天明抽身去　将言说你丈夫听

且说与丈夫知道昨日夜间得其一梦分明是也

夫妻二人分宾坐　分宾坐定说元因
见一公公年纪大　手托仙捶与我吞
接得仙捶吃下肚　梦内唬得汗淋身
三官听得心欢喜　必生贵子在肚中
若然腹内生贵子　必要灵前还愿心
不觉光阴容易过　再说包氏秀英身
自从吃了仙捶子　腹中有孕在其身
休说娘娘心中喜　且说怀胎十月临
娘受怀胎一月初　不知不觉过春秋
娘受怀胎二月来　未知腹内小婴孩
娘受怀胎三月临　夫妻快乐过光阴
娘受怀胎四月中　我娘日夜挂心中
五月怀胎生孔窍　早晚开言懒去身
六月怀胎孩儿动　满身焦叟少精神
娘受怀胎七个月　三餐茶饭不沾唇
八月怀胎娘心闷　愿生贵子降门庭
娘受怀胎九月来　懒去梳装靠镜台
十月怀胎将临满　大神腹内拣时辰

且说大神拣选卯年卯月十三日卯时生出只见毫光九宵云内万道紫气腾腾爷娘一看十分欢喜顶平额阔天仓以满两耳随肩面上珠砂红记后来必定贵人也

生下孩儿多欢喜　三相请酒闹音淫

诸亲好友多请到　抱出孩儿取小名
酒筵席上同开口　取出佛祖小官人
休赞众亲回家转　再讲生下小官人
一周二岁娘怀抱　三周四岁易长人
五头六岁能长大　七岁送进学堂门
前头二句先生教　后头不教自聪明
墙头上划龙龙出现　壁上划虎虎翻身
世间人不说凡间子　玉皇降下罗汉星
爹娘只望求入学　命中不得跳龙门
自从生下刘佛祖　亲娘病症不离身
母亲病体真真苦　孩儿眼泪落纷纷
母亲一日身有病　孩儿心内急杀人
高名郎中计一个　写张名帖请医生
看娘病症渐渐重　要救母亲病体轻
便差安童出外请　请个高明好郎中
安童走到医家府　郎中开言问一声
家住啥州并啥县　啥村啥乡啥地名
居住松江刘百万　我自刘家小使身
主翁就叫刘员外　包氏娘娘正夫人
当家娘娘身有病　特来请示活仙人
拿点行礼多端正　先生上马就动身
一路行程多得快　三官接便出来迎
先生下马墙门到　香茶一盏说元因
迎接先生研上坐　拜托先生手段精
只说妻身身有病　自然酬谢不非轻
医得我妻身康健　郎中不是活仙人
先生说你三官听　如今加重十来分
二人同到香房内　分宾坐定看虚真
便把香汤来净手　三官着急好伤心
七岁前头产后病　如今难救你妻身
郎中把脉来摇手　另请高明好先生

且说包氏娘娘此时寒热加重肚痛腿酸日轻夜重产后毛病难医请吕纯阳手内仙丹可以救得包氏娘娘病体好是也

三官着叫急先生　吾妻病体十来分
就拿花银来相送　奉谢郎中出墙门
郎中回转不必说　再会问筲求神详
烧钱化纸全无效　求神问卜总不灵
青草得病枯草死　那有仙人救我妻
产后病症则古重　看看难过恶时辰
父子二人毫啕哭　哭来哭去好伤心

且说包氏娘娘病体十分沉重就请公公婆婆进房吩咐公婆媳妇少福年老公公婆婆照顾孩儿佛祖我在阴司保佑公公婆婆说道后生有病不可烦恼悠愁须当护卫好公好婆媳妇说只好来世相逢也

嘱咐公婆双流泪　公婆哭进内房门
包氏娘娘身病重　香房内面喊夫君
拍拍床沿叫夫坐　听妻吩咐二三声
指望夫妻同到老　谁知半略两离分
求儿吃得千般苦　莫忘奴奴一点情
我身一命归阴府　丈夫照顾小儿身
想你年轻总■讨　必然■讨晚妻身
三十以后讨一个　二十岁前不可吞
若然讨只轻年纪　生男育女二条心
不信桃花接杨树　一树开花二样心
日间朝见同相会　夜间长挂孩儿心
倘若不挂亲生子　想着求天拜地人
你拿孩儿来轻贱　妻在阴司不用情
丈夫听得毫啕哭　再来吩咐小官人

就喊我儿刘佛祖　听娘吩咐二三声
把你养儿防身老　乳哺三年娘费心
煨湿换干娘辛苦　为你风寒病染身
求天拜地来养你　亲娘今日命归阴
我死一身就如可　冷汤冷饭自当心
你爹若讨晚娘后　差你生活就要行
晚娘差你不搭应　能个性命活不存
知寒知冷自知暖　未冷先要着绵衣
亲娘今年总要死　夏天着子冬天衣
三岁无娘刀无柄　四岁无爹树无根
刀若无柄将就用　小树无根活不存
把你后来成人日　莫忘亲娘养育恩
倘若后来家贫苦　学做经商买卖人
路上行人先作揖　路上见人叫应声
为人先要三分笑　忍耐生涯要公平
百样温和随时变　莫做心高欺硬人
吩咐上来吩咐下　孩儿些要听为亲
亲娘吩咐双流泪　合家啼哭好伤心
再喊乡邻叔伯到　多谢照顾小儿身
活在阳间分报德　死在阴司报还恩
吩咐罢时双流泪　房分叔伯尽伤心

且说刘佛祖听亲娘吩咐哀哀大哭佛祖祝诰天地我孩儿将身代替为亲佛祖慈悲亲娘一听如有刀割心肠包氏娘娘就亲夫再来吩咐孩儿年小豆一没要当心河边弄水早晨夜晚些要关心合家乡邻一听好不伤心个个传说惨伤是也

贤妻日夜哀哀哭　先不落亲儿丈夫身
做娘今日归阴府　前生烧之断豆香
前生前世分修到　今生夫妻不久长
吩咐完时闭了眼　合家一看好伤心
三魂渐渐归阴路　七魂悠悠不在身
一个无常来勾去　只留身体在床心
合家大小高声哭　三魂六魄奔前行
该儿啼哭把娘摸　一身白肉冷如冰
刘三官痛哭双流泪　哀哀痛哭叫妻身
条之亲夫真好苦　何年何月再相逢
香汤沐浴俱完备　归齐衣服着在身
沙纺棺材罗木盖　请僧超度我妻身
亡灵早早超身去　长幡挂在九宵云
刘佛祖便把肉身点　礼忏三天放水灯
道士就将灵位供　坟堂安葬我妻身
安葬完前回丧■　灵前羹饭不来吞
母亲葬在坟堂里　并无形迹我亲娘
日闻不见亲娘面　三更梦内见娘身
梦内见娘哀哀哭　觉来仍旧两分离
七七过了有数日　夜间梦内伴娘身
刘三官房内多辛苦　困到三更像水冰
三条绵被还不热　只想思良讨妻身
身身切切细有病　身体交还脚像冰
知寒知冷妻子好　未冷之时先备衣
前妻真正多贤惠　再比前妻胜几分
便叫佛祖来商议　孩儿听我说元因
自能亲娘身死后　衣衫褴褛不成浆
家中内事无人管　亲爹要讨晚妻身
佛祖一所爹爹说　线穿眼泪洛纷纷
我爹说话无道里　你今正做硬心人
做娘临死亲吩咐　叫爹没讨晚娘身
若讨晚娘家庭内　前妻晚母两条肠
不要晚娘照顾我　任可逢头赤脚行
爹爹不听佛祖话　一心要讨晚妻身
父子两人来争论　不过王婆进墙门

且说王婆见了三官人深深作揖主人万福王婆请坐快泡茶来王婆说道包氏娘娘过世以后■央分散家中无人照管无妇不成家啥不讨一个当家妻子刘三官一听万托王婆婆作伐王婆说道青龙巷口有一个朱氏娘娘十分贤惠之女也

青龙巷口朱娘娘　卯年卯月卯时生
今年青春三十六　正好当家立计人
不长不短生得好　好像南洋活观音
青丝细发生得好　眼像秋天露水清
身才生得观音样　面像桃花一样生
十指尖尖如嫩笋　绣鞋三寸好行程
粉不搽来花不插　花容月貌好精神
樱插小口生得好　正好同床合枕人
若讨家中做妻子窓　是有门窗户对人
刘三官听得心中意　心中欢喜十来分
只要人样生得好　不论茶礼共金银
请你王婆宽怀坐　吩咐厨房备酒吞
猪肉鲜鱼并海味　百味羊羔备完成
八仙台子当所摆　虎皮椅子两边分
开子三年陈黄酒　王婆吃得醉醺醺
连手吃子几杯酒　王婆作别就行程
路上行程来得快　不知亲事成不成
走到朱家墙门口　轻移细步叫开门
娘娘便问因和事　啥人来到我墙门
十指尖尖开门看　就是王婆一个人

且说王婆道娘娘万福多谢二人同到内房请坐朱家娘娘说道今朝到我此地有何贵干口称娘娘特来贺喜娘娘一听十分大怒我是单身孤霜有什么贺喜拳打脚跌打得王婆如像痴呆一般也

王婆痴呆想事情　再将二句说分明
别样事情多不讲　说起婚姻永不存
王婆说得迷迷笑　不是无名小姓人
松江城内列百万　他家豪富有金银
宅基方圆田万亩　四面围墙赛皇城
沓堂九进连带造　堂楼造得九宵云
松江城内多惠世　算来个个自家亲
珍珠宝贝无其数　米麦陈苍陈里陈
若是有福为夫妇　快乐安端过万春
刘三官况且无男女　金银无数只单身
只个人家不去嫁　一生一世守空房
如今不听王婆话　活在阳间做啥人
不是王婆来骗你　安然快乐过几春
要嫁夫人身将就　故啥亲儿金保身
王婆将言说元因　朱家娘娘放宽心
如今虽有朱金宝　同到男家过光阴
目下做媒真吃力　后来相谢不非轻
朱家娘娘只一听　十分不肯也容情
便叫王婆宽怀坐　就到厨房备酒吞
便烧四样并荤素　东西南北连乡邻
开出三年陈黄酒　王婆作代做媒人
连手吃子三四碗　王婆面孔像关君
面孔红来眼泪出　王婆醉得不像人
一个舌豆来吐出　东西南北不知因
行路有如脚写字　一跋跌倒地中心
撑子去来立不直　两手划划仰扛眠
眼睛急白真难看　朱家无子赫杀人
朱家娘娘心内想　今朝那哼做媒人
半拖半抱床上困　且到明朝天色明

王婆朝辰酒是醒 立刻年写庚分明
香茶吃子三四碗 王婆鲜渴用点心
点心用好庚帖写 要到刘家回信因
娘娘走到书房里 取其红帖写分明
上写年庚十六字 大吉利市上豆存
绣绂拿来就色好 年庚告代姓王人
王婆接了年庚帖 两脚慌忙一路行
路上行程来得快 看看来到刘家门
王婆走到刘家宅 上前拜见主人身
王婆坐定将言说 三官在上听元因
这位娘娘真难得 咬叮嚼铁不嫁人
二婚豆媒人真难做 闲费铜上几十千
付与庚帖三官看 摇头摆尾好开心
与我前妻同年纪 同年同月各时辰
夫妻本是前生定 前世姻缘又来因
帖子放在灶豆上 歇期半月就成亲
王婆一听将言说 上前三步叫官人
二婚亲事非可小 你不成来有别人
倘若有人说唠话 里断亲事不能成
三官一听真情话 立时立刻要成亲

且说刘三官人连忙拣日行盘吉日写帖邀诸亲百眷乡邻同来贺喜上下同吃喜酒是也

安排酒席高所上 宽待王婆请礼银
好酒珍杯多完备 满面添花喜十分
王婆吃得哈哈笑 点齐茶礼就动身
花银茶礼三十两 诸色百样尽完成
拣选八月初三日 夫妇团圆喜欢心
捶盘行礼成亲事 吉日迎亲要过门
两橹舟船行得快 青龙巷口取新人
乐土掌礼多完备 行官嗣侯乱纷纷
梅花灯点百十盏 花花轿子到墙门
点起梅香十几个 路上伏住小娘身
在路行程来得快 行到朱家大宅门
朱家娘娘来打扮 通身尽换好衣裳
内堂念经来作忏 娘娘假做哭三声
送佛灵亡灵完备 衬上法落做新人
收拾衣衫多归齐 立时立刻就动身

且说朱家娘娘连忙收拾箱子衣服归齐十分容貌轻移细步拜别堂前亲邻不觉孩儿一把扯住亲娘衣服母亲你要上天同走入地同行亲娘说孩儿你爹爹在日有旧愿未还我到庙中还愿为何十分打扮不是嫁人是也

韭菜连葱十样荤 爹爹死了重嫁婚
做娘一听心中怒 就骂无端小畜生
王婆听得心大怒 三天门里火一声
我到刘家说鬼话 并无男女小儿身
叫我今朝真无法 三官人肚里气昏昏
母亲搭我孩儿一同去 同娘上轿向前行
孩儿你过了三朝并五日 做娘同到刘家门
笙箫细乐前行路 唢呐悠悠不绝声
流星花炮多端正 路上闲人尽再存
一竟来到刘家宅 三灯火旺接新人
送亲回房皆完备 三官今日结成亲
先拜天来后拜地 又拜家堂灶介神
参拜天地多完备 同房花烛结成亲
一杯儿盏同无话 三杯四盏莫谈论
便叫小儿刘佛保 且到房中见母亲
快敬母亲三杯酒 深深下拜叫亲娘

朱氏娘娘一见心中怒　便骂王婆不是人
当初说道无男女　如今元有小儿身
三官上前将言说　娘娘今朝听我因
虽有小儿无照管　不要穿衣着■人
休说娘娘心不乐　再说亲友喜欢心
亲邻看见迷迷笑　好做当家立计人
前妻好像观音样　后妻又像活观音
佛圣听见亲邻话　线穿眼泪落纷纷
夫妇团圆不必说　再说狼心朱娘娘
过了三朝并五日　登如就起不良心
晚娘狼心真恶毒　恶心毒意杀夫身
要将孩儿身受苦　下本宣扬大众听
佛祖吃子身般苦　传流古迹到如今
吃子晚娘千般苦　方得今朝人上人
奉劝凡人心善好　善心善意好收成
穷穷苦苦要修行　亏得黄天又眼精
富富贵贵好修行　增福增寿保安宁
千恐万恐恐到底　修行念佛第一名
佛圣日日哀哀哭　要哭亲娘苦痛心
想着亲娘双流泪　知寒知冷娘当心
休说小儿哀哀哭　晚娘就起唠良心
想着亲儿朱金宝　万贯家财无一分
今朝想着不高兴　要领孩儿到家门
头不梳来面不沐　好像夜叉一般能
三官一见魂呆呆　朝辰心事在其身

且说娘娘道丈夫阿我妻到了你家不得称心后悔当初嫁了他家中怨恨听信王婆虚言便了

朱家娘娘日日恨　短头矮颈面无情
面上三条无情路　后来必定要丧身
过了三朝并五日　思想亲儿金保身
三餐茶饭无心吃　面带忧愁不称心
刘三官人心烦恼　再问娘娘若何能
莫非娘娘无服侍　莫非衣衫不称心
娘娘今朝不要闷　有话快说我夫听
娘娘便乃将言说　丈夫你且听元因
前夫生下朱金保　并无因信若何能
故此今朝心不乐　面带愁容不称心
丈夫当下将言说　我妻今且放宽心
家有南庄并北库　所生一子小儿身
我儿得子南庄库　你儿得子北庄银
就叫安童来吩咐　朱家去领小儿身
领了孩儿朱金保　改名刘姓进大门
三官一见朱金宝　好比亲儿胜几成
兄弟二儿无大小　好像亲生一样能
苦在心头不必说　独有晚娘两条心
金保吃子陈虎肉　前豆儿子吃黄梁
金保孩儿同娘困　佛保孩儿灶前登
几个朝晨无饭吃　几个黄昏无点心
饥寒食冷难得过　只得偷粥偷饭吞
晚娘看见又要打　只怨爹娘瞎眼睛
眼白洋洋真难过　面皮黄瘦不像人
脱开衣裳不爷看　告诉爷爷一个人
爷爷见儿从从话　丧心眼泪落纷纷
爷爷面前来告诉　谁知金保后豆听
声声所得哥哥告　叨叨学向阿娘听
从豆细细说到底　骂你亲娘不是人
一番说话添二声　雪上加霜一般能
见儿话说心焦躁　登时变子夜叉形
头上金钗来拔落　腰间解忒绣罗裙
布裙一条当胸束　赶到所前不绝声
就把丈夫来扯住　还我休出别嫁人

三官见了将言说　为啥今朝火直喷
吾进大门服侍你　为何骂我绞嫁精
骂我妖怪能派濑　骂我娘娘不是人

且说刘三官骂得登口无言娘娘等如面孔变起大怒冲天门窗户樘家伙什物一齐打唠丈夫唬得半像痴呆佛保大哭一场父子两人好不惨然也

娘娘今朝不容情　门窗户樘打完成
三眼灶头多打怀　灶君唬得无脚奔
丈夫见了心焦躁　再来解劝我妻身
摸摸佛圣多不好　看夫面上且容情
佛圣今朝我来打　打杀佛保小妖精
娘娘一听心欢喜　丈夫连叫二三声
就拿一根无情棍　将他传你丈夫身
又言何不早早说　万事全休打儿身
爹爹却是心肠硬　听妻就起唠良心
便叫一声刘佛圣　跪在娘前叫一声
哭一声来叫一声　铁人看见好伤心
眼白洋洋朝对我　今朝冤家叫舍魂
你若今朝不出去　打杀冤家小畜生

刘佛保被爹爹打骂一顿满身青肿鲜血淋淋晚娘爹爹心肠一样硬也要打骂好个苦呀

活在阳间无出处　死在阴司伴母亲
爹要打来娘要骂　打死残生骨见淋
娘在阳间爹有宝　娘死阴间无主张
千死万死总一死　弗如死子到清净

晚娘生条恶计明日八月十八潮豆生日我要领他去看潮娘唤佛圣今朝吾要去看潮你领路前行也

佛圣肚里心中想　不要晚娘巧计生
倍子丈夫后门出　拿个冤家离眼精
佛宝领路前豆走　晚娘就在后豆跟
在路行程行得快　走到江边立定身
领到午时三刻后　将身领到桥亭边
观看四方无人走　佛圣推入水中心
佛保小儿河中去　晚娘快乐转家门
行路有如风送快　看了来到自家门
三官一时来问去　孩儿不见在家庭
娘娘只做不晓得　你去寻寻小儿身
三官肚里只一想　想着前妻一段情
眼泪旺旺纷纷落　好个亲儿自丧身
亲爹回想悲啼哭　再说江心落难人

刘佛圣推在江心魂飞魄散一口怨气冲天惊动玉皇大帝差下河白水三官托去小儿巡海夜叉将尸首推到他家滩豆去便了

一十八里黄河水　三十六里外公门
包公正遇外豆走　看见死人水中存
一豆走来一豆骂　那家婆娘弗当心
便骂东邻并西舍　漂浪河中不去寻
走上前来仔细看　像杀南庄小外甥
若是南庄刘佛圣　水面河中打番身
佛圣听见外公话　连忙水内就番身
不顾衣衫河内跳　连忙救去小外甥
救去外甥掮上托　■东行走又三人
快拿三芭来合好　喉咙接气■生能
看尸首人无其数　又如看会一般能

午时三刻还魂转　外公心内笑十分
不谈佛生还阳转　再说晚娘恶毒心

且说一门三口金银无数米麦陈仓多是我孩儿受用快乐十分欢喜也

晚娘心想多快乐　再说包公一段情
外甥当下将言说　外公在上听元因
多谢外公来救我　又如枯木再逢春
倘若送我回家去　终久残生活不存
外公听得外甥话　两行眼泪落纷纷
外公开言不坊事　亲肉连连叫几声
晚娘手内难吃饭　住我家中过几春
快叫安童来服侍　服侍南庄小外甥
登在家中有数日　外公送进学堂门
刘家信息正无不　包公叹气二三声
且说官人学堂里　先生不教自聪明
五经不读尽知道　不比凡间世上人
却遇荒年遭大旱　树头烟出井生尘
前又三年遭大水　白浪滔滔怕杀人
武则天娘娘登天下　天下荒来无饭吞
连遭三年蝗虫难　蝗虫吃草尽完成
又只铜上无米籴　东村不又到西村
千二大上籴一斗　百念铜上籴一升
六畜鸡鹅多吃尽　无法思量人吃人
媳妇开言公公叫　到有闲饭养闲人
外甥不是亲生子　自己也有老夫亲
从小克娘由是可　又来克我一家门
一日吃子一升米　三石六斗又余零
就拿书包丢出去　大骂三声赶出门
佛圣思想寻死路　墙门撞见外公身
外公听说不想信　重新盘问小外甥
莫非先生来真打　莫非写字不成人
外公见问真情话　只得真情说你听

刘佛圣道不是浪荡怕读四书舅母不肯养吾丢出书包吾活在阳间无有出息要到河边投江而死了外公一把扯住吾又道理在此也

一日公甥细谈论　告言媳妇二三声
一日不吃十升米　多以南庄小外甥
目今元是吾做主　为何打骂小儿身
骂得佛圣投河死　骨肉之亲陌路人
媳妇见公来淘气　老不矣就骂二三声
自古养儿傍身老　那有外甥养老耄
又心搭你来淘气　今朝不许进墙门
既然要吃包家饭　做些生活度朝昏
外公说向媳妇道　年轻无处做营生
倘若后来成人日　总要报还娘近恩
此人若有成人日　东洋大海起蓬尘
既然年轻无■做　轻腰生活与他门
家中鹅鸭无人管　与作看鹅放牛人
赶好鹅鸭有饭吃　不赶鹅鸭无饭吞
听了媳妇回言出　吃苦立人人上人
鹅鸭上棚吃夜饭　明朝思想去游春
打从松江府前过　看见门前一段因
一众人家观占看　挂其皇榜上豆存
皇榜不写别件事　蝗虫慌乱写分明
蝗虫落在草屋上　屋茅吃得不留存
蝗虫歇在松坟上　松茅吃得竹竿■
蝗虫歇在稻田内　稻苗斩草尽除根
连遭三年蝗虫难　君皇无法救凡人
文武官员忙不住　遍行天下各州城
若有官员赶得退　官上加官职不轻

若有男人赶得退　封他官职不非轻
若有女人赶得退　封他御史正夫人
若有和尚赶得退　满堂诸佛尽装金
若有道士赶得退　合家共赏雪花银

且说皇上敕其号令不论大小官员不论贫穷富贵赶得退蝗虫安民治国大赦上粮刘佛圣一看皇榜揭取手中也

佛圣上前观占看　揭取皇榜不非轻
县官吓的惊呆了　看榜将军舌豆伸
看你年轻十二岁　有榜英雄揭榜文
耍弄朝廷非可小　九族全除斩满门
佛圣当下将言说　老爷在上听元因
看我年纪虽然小　神通广大不非轻
官员一众呵呵笑　五更三点奏朝廷
文武官员暗好笑　未知真假若何能

外公思想外甥不知那里去了外豆蝗虫慌乱不知饿死何处音信全无话过看佛圣手中拿皇榜外公一看过是外甥一无武艺惊■耍弄朝廷九族全除一门斩首连害亲邻好不伤心外公唬得冷汗一身是也

佛圣说向外公听　我有老龙巧计生
不害外公府上歇　暂借今夜歇安身
一夜五更全不困　声声只叫阿娘身
明朝早早抽身去　来到荒山见■亲
身穿一领黄金甲　手执青锋剑一根
头上金花插一朵　手拿青竹向前行
慌忙就到江南去　江北锣鼓不绝声
就拿竹竿二三赶　蝗虫飞去像乌云
蝗虫赶到钱塘港　有缘得遇有缘人
观音菩萨问知得　也来相救姓刘人
电闪雷公尽来助　尽助佛圣小官人
连忙落下大风雨　冰牌落得响铜铃
一个蝗虫落一块　蝗虫征杀密层层
赶退蝗虫尽征杀　观音菩萨驾祥云
佛圣听见观音说　收拾行李就动身
观音菩萨空中喊　快到东京讨封恩
在路行程来得快　京都就在面前存
将身走到君皇殿　正阳门下歇安身
进子正阳门一座　跪到金阶见帝君
三祝三呼称万岁　君皇称赞好刘钦

君皇问道小小孩儿通名道姓住在舍州舍县佛圣回言家住松江府华亭县落乡朝阳村上门前正对万宝寺院爹爹就叫刘员外母亲早丧

君皇殿上开金口　御手相搀叫爱乡
赶退蝗虫刘佛圣　便将御笔就封恩
金花一朵当豆插　御涵三杯赏他人
吃了晚娘千般苦　今得方为人上人

君皇敕封中天王神大神威风凛凛江南独步小天子御赐玉印一颗黄伞一顶龙袍一件职字一付金锣开道五■赫■好不称心快乐伏圣谢恩矣

欢欢喜喜出朝门　金锣开道望前行
逢州是有州来接　逢县是有县来迎
独步江南小天子　看看相近本州城
刘神逢庄来得快　一顶黄伞盖金身

喝道一声刘神到　城隍土地尽来迎
满门封赠刘佛圣　此时有■敕封恩
各州各县尽知道　人人尽赞小刘乡

君皇又乃重新敕旨封他包公员外松江府内钱粮尽赦包外公收纳三年不要到京也

回转京中不必说　仍旧原到外公门
将身走入包家府　撞见舅母对豆人
再骂冤家刘佛圣　拦桥枯木又来临
赶退蝗虫官来做　如非东海起蓬尘
佛圣欲要来开口　便骂无情舅母身
回来看见外公面　深深只拜外公身
外公当下将言说　外甥连叫二三声
赶退蝗虫京都去　封他官职若何能
如今仍旧回家去　那■今朝见亲朋
又不舅母来谈话　外公到做对豆人
佛圣当下将言说　外公在上听元因
且歇三朝并五日　看他信息若何能
外公说向外甥道　此句之言假内真
外甥正真高官做　欢天喜地好官人
包公此■多快乐　一场喜事到来临
未满三朝并五日　赦书一到道来临
不赦边邦长短字　独赦包家一满门

奉旨敕赦钱粮三年包家收纳又封官职后四年钱粮自造粮船亲身解到京中重重赏赐包公一看报条呵呵大笑立提叫张老师务李老师务速急打船拣选好日六月念三日动工七月念八日造好九月初七日粮船下水大吉利市各赏花银

赏他酒肉多完备　又赏馒头当点心
每人赏上一百个　作头又赏雪花银
午时三刻船下水　又加赏赐众多人
朝晨拔到黄昏后　舟船不动半毫分
包公一看心焦躁　作豆骂得不做声
掌赐言轻重新赏　再加十两雪花银
作豆当下将言说　包大爷在上听元因
小将那敢做魔怪　稀奇一事听分明

包公书主又赏馒豆无人再加大■一百文众人呵呵大笑包公一看不见外甥请他赶来要拔船下水也

佛圣此时将言说　外公在上听元因
馒豆一对无我分　众人吃得好开心
枉费上财馒豆做　只要我们一个人
外公一听心欢喜　走到船边叫一声
佛圣吩咐老龙道　我们弗到弗动身
落脚屋里来困告　不受舟船下水行
包公当下将言说　想着刘家小外甥
连叫三声不搭应　怠慢刘家小外甥

且说外公落脚屋内寻着多谢看我面上忙备酒席款待吃喝开言叫道听吾道来快些祭献老龙轻■下水也

外公吩咐备酒祭　登时完备尽完成
三样荤来三样素　端端正正尽完成
香烛素恭多完备　掇到船头上面存
便叫外甥来出外　要到船边细通成

刘佛圣就到船边一齐素恭摆好代我通诚乡

贯焚香拈烛佛圣开言奉请上方玉皇大帝南洋观音大士四大将军船豆土地护法尊神一齐召到拍拍老龙下水去了佛圣心急慌忙望前一克克在内梁眉上克破之额角豆鲜血淋淋快取汗巾包好外公请佛圣坐在所上第一位吃酒人人欢喜是也

众人吃酒赞一声　故然法力十来分
上方宝剑手内捏　鲜血淋淋挂满身
汗巾拿来头上扎　传流古迹到如今
匆匆一路归上界　亲见玉皇大帝尊
玉皇大帝开金口　敕封中天王护国神
下界封赠刘猛将　天曹二字上豆存
遍行天下刘猛将　要到下方管一巡
爷娘养我无报答　外公救我一段情
佛宝外公来养大　送到天宫拜经文
亲娘养我无报答　子孙堂内受香烟
爷娘养我吃了苦　再封监生正夫人
吃了晚娘千万苦　罚做猪婆吃苦辛
吃了娘近多少气　罚在网船做儿孙
夜间无不床来困　上岸蓬头赤脚行
臭街臭衖来行坐　口喊鲜鱼无数声
身上衣衫多褴褛　脚上蒲鞋无不跟
青布兜豆扎一块　腰裙百块有余■
眼看鲜鱼肚皮烂　夜间饿得肚皮疼
前生欺贫多重富　善恶分明尽见清
晚娘带来朱金保　罚在拔舌地狱门
学唇学嘴真回话　今生今世不过身
一切冤家多来报　自己要去做大神
众位大神同相会　南朝门下独为尊
人人称赞刘猛将　家家户户把香焚
敬了刘神多降福　禾苗青秀又收成
宝卷宣完增福寿　一年四季保太平
诸尊菩萨摩诃萨　摩诃般若波罗蜜

太岁丁亥年榴月吉日　黄佩村沐手敬上一书

註

首都图书馆所藏，旧抄本，1 册，黄佩村诵，民国 36 年，岁次丁亥，夏季吉日，抄立

附録２　猛将传

宝香一枝炉内焚　启请刘公三殿神
要知猛将出身处　就在堂前细唱明
家住松江上海县　青龙港内是家门
父亲名唤刘三舍　祖宗时代有金银
娘是前庄包氏女　外公粮长有名人
三舍与妻成婚配　夫妻一对正青春
长岁修桥并砌路　斋僧布施看经银
夫妻同年三十岁　无男无女冷青诸
刘三舍与其妻说　伏惟娘子听元因
有钱无子非为贵　有子无钱不算贫
不孝有三无后大　接代还当有子孙
我今意欲求男女　贤妻意下若何能
包氏当下回言答　丈夫听我说元因
夫妻俱各年三十　并无男女在家门
夫君若要求男女　不知布施广斋僧
修桥补路行方便　舍衣舍食救贫人
官人看见如此说　终朝布施不存停
包氏夜间得一梦　梦见天边五色云
云中一个金甲将　逢头赤脚下天门
是从得了希奇梦　腹中不觉有重身
看匕相近十个月　良时吉日要临盆
正月十三来生下　眉青目秀貌超群
面方额阔多端正　地淘朝天像贵人
诸亲百眷来庆贺　邻房朋友出人请
三舍好不心欢喜　终朝作乐饮杯巡
不觉又是周岁到　帕逢关东避家星
将来过继观音佛　取名刘伕小官人
一意要求添福寿　一口长斋不吃荤
三周四岁能乖巧　言端清正最聪明
五岁六岁多伶俐　口中长月读书文
七岁送到学堂内　读书写字费精神
九岁十岁能聪俊　爱怜为同掌上珍
不觉年登十二岁　母亲包氏病缠身
也是刘伕当磨难　一病之时不起身
睡在床中六个月　求神服药总无灵
看匕病重身难好　思量对伕泪分匕
只有刘佛去不下　我身死亦不甘心
刘三见说双流泪　我妻你且放宽心
若是你身亡去世　不做忘思负义人
又叫刘佛来分付　孩儿听我说元因
我今性命熬不出　抛撇孩儿是怎生
我儿若有成人日　报我生身养育恩
刘伕见说哀匕哭　口叫亲娘不住停
留得亲娘长在界　看官孩儿长大身
又叫丈夫来分付　我病今朝不得生
指望百年同到老　谁知今日我先行
后来娶了谁家女　休将刘伕当间人
说罢之时双流泪　香花功德度亡灵
七日七夜梁王忏　说伕行香及放灯
不觉又逢七断了　有个媒人来说亲
朱氏娘子生得好　如今守寡在家门
若将八家来推算　一对夫妻便配成
刘三依了媒人说　不须算命去排星
安排财礼来送去　选其吉日就成亲
谁知娶了朱家女　带来一个滑油瓶
小名叫做朱金宝　改名刘胜小官人
从此继母来家内　刘伕终朝哭不停
一心只想生身母　晚母看看不喜忻

带来儿子如珍宝　看其刘佚眼中钉
同檯同橙来吃饭　晚娘就有两般心
前娘儿子芦花絮　晚娘儿子锦缠身
衣衫上下多褴褛　鞋穿袜破不成人
刘佛思娘贞个苦　私房告诉父亲听
亲娘在日如珍宝　亲娘死后脚边尘
如今把我来凌贱　三饥二饿过光阴
朝迟暮打难存命　要寻死路一条绳
爹爹看我亲娘面　莫将刘佛当闲人
刘三见说双流泪　我儿不必若伤心
我将晚母来埋怨　必然回转自回心
刘三走进房中去　你要听我说元音
当初我因无儿子　前妻包氏广斋僧
念佛看经并布施　修桥砌路不曾停
生得此是名刘佚　爱惜如同掌上珍
不幸前妻身早丧　单留刘佛已孤身
我今娶你来看管　如何凌贱不成人
不要三心并两意　要同自养一般能
若把他人来凌贱　你要将心比自心
若然不肯采改性　一顷拳头打出门
朱氏见说无言答　点点无言不出声
刘三明日南京走　收拾金银就起身
使叫朱氏来吩付　好生看待我儿身
我去一年并半载　做紫生意就回呈
又叫刘佛来吩付　孩儿听我说元音
我今要到南京去　一年半载就回呈
要听母亲来教训　莫做心高气硬人
当时父子来分别　铁人见了也酸心
流泪眼看流泪眼　断肠人送断肠人
不说刘三南京去　回家再说晚娘身
爹爹面前来学嘴　是非般得许多因
受尽你爹多少气　千般百样怒生嗔
今朝好匕从头说　万事全体总不论
刘佛见说心中怕　母亲在上听元音
爹爹见我身褴褛　故此说与父亲听
并非是儿来学舌　母亲不必怪儿身
晚娘见说心中气　当时发起夜义心
手执皮鞭来拿起　一双眼定骂高声
刘佛听说心中怕　连忙走去大墙门
晚娘脚后来追打　绊在离边赤豆藤
一跌跌来真个重　头开额破血淋匕
门房闺女齐来看　晚娘真个两般心
刘佛思量真个苦　这条惟命实难存
走到青龙桥上去　哀哀大哭告天边
过往神明听告禀　日月三光作正明
受尽晚娘多少气　今朝打得血淋淋
欲寻上天匕无路　思量下地地无门
不为跳在江心死　黄泉路上伴娘坟
怕脑路脚哀哀哭　口叫亲娘不住停
东看西望无人见　将身跳在水中心
一道怒气冲上界　惊动四方大白心
太白金心来下降　化作凡间一道人
将身走到河边看　善哉连叫两三声
金星使动神仙法　刘佛浮起水中心
金星取粒仙丹药　放在刘佛口中存
叫起土地来驾送　一程送到外公门
外婆见好吃一吓　尤如天打被雷惊
忙忙走到墙门外　看见尸灵岸上存
外婆抱定哀哀哭　口中叫屈不曾停
着肉衣衫多不湿　容颜不改半毫分
外公口称真奇怪　想必神仙送上门
只使禁香忙祝告　求拜虚空过往神
刘佛不谈阳寿绝　阴空扶助就还魂
对天祝告方才罢　狂风一阵好惊人

忽然刘伕开眼看　番身坐起地中心
外公外婆心欢喜　谢天谢地谢龙神
刘伕当时忙告诉　一头痛哭说元音
爹爹昨日南京去　晚娘打骂一曾停
思良难受千般若　将身投水赴阴君
水中看见天神将　仙丹一粒口中存
幸喜今朝重相见　死中得或谢天神
外婆又奈将言闻　为何头上血淋淋
刘佛见门双流泪　晚娘真个没人情
手执皮鞭来追赶　将神逃出外墙门
绊了豆藤只一跌　当时磕得血淋淋
外婆见说心中怒　连骂妖娆泼贱人
忙帕红袖来扎头　换下衣衫件件新
不说刘佛还魂转　家中且说晚娘身
看看天色已昏暗　不见刘佛占家门
心中也觉慌张了　使叫家人各处寻
东庄寻到西庄去　南庄寻到北庄存
几个庄村多寻到　并无踪迹半毫分
忽又一人来说到　小官跳入水中心
幸有天神来救援　如今淌到外公门
说罢之时人不见　两个家人听占惊
慌忙走到家中去　一一从头说自因
朱氏见说三魂落　不觉心头或或能
等到五更天明亮　忙换家人去探情
两个家人忙忙走　日高三丈转家门
外公上坐听堂上　家人跪到地中心
小人到府无别自　来寻刘佛小官人
昨日淘米身落水　闻知淌到外公门
持地今朝来探恂　未知真假若何能
外公当下将言说　你们两个听元因
昨日外孙来淌到　求天谢地得还魂
可恨妖娆能无礼　终朝打骂为何因
使叫刘佛来走出　家人看见泪汾汾
外公分咐家人道　你们回家赶正径
且等主人回家日　我当日送到家门
家人看见真难得　欢天喜地占家门
刘佛年登十四岁　外公家内读书文
自从吃了仙丹药　聪明伶俐长精神
或时皮鞭来作法　有时赤脚走时云
有时夜间来做卖　许多天将与天兵
阴空教受神通法　手中常抱剑来轮
看看刘佛十五岁　父亲京内占回呈
晚娘诸事多知道　早起先来见丈人
岳父岳母多相见　抱头大哭泪分匕
刘三见说心中恼　把这妖娆赶出门
便叫刘佛来相见　抱头大哭泪分匕
只因我去为坐意　抛撇孩儿受苦心
我把妖娆来赶出　我儿回占自家门
刘佛说与爹匕道　不关晚娘半毫分
这是孩儿该受苦　不须赶出晚外身
家园田产多不要　一心只是要修行
若还修得成正果　亲朋九族尽超升
刘三见说心中怒　便骂无知小畜生
我有家财过北海　单生一子不成人
外公上前来解劝　三官不心怒生嗔
待我劝他回心转　依然送到你家门
安排酒饭来官待　刘三气间转家门
刘佛年登十七岁　思良亲母泪分匕
三年乳哺多辛苦　移干就湿枉劳心
一日吃娘三等乳　费娘多少好精神
如今不见亲娘面　难报生身养育恩
将身走到甲中去　掘泥妆塑母亲身
不掘之时尤是可　掘起之时吃一惊
滔滔红光能耀眼　方方一厘土中存

第III部 宝卷篇

刘佛只忙开一看 两般宝物故然精
一件锁子黄金中 一把青降宝剑精
刘佛看见心欢喜 上天赐与我当身
脱下海青忙包果 盖了泥潭就起身
将来放在书箱内 外人一个不知闻
真到晚间黄昏没 开了房门走进身
使将金甲来披挂 手中使把剑来轮
不着之时尤是可 着起之时骨也轻
再将宝剑空中舞 看匕足下要腾云
刘佛此时心慌了 连忙放下地中心
依然放在书箱内 上床直睡到天明
自从得了黄金甲 多少神通手段能
刘佛年登二十岁 身长九尺像天神
正逢外公当粮长 粮船一夕造完成
良时吉日来下水 村庄换了百余人
各人两碗香甜酒 馒头几个口中吞
刘佛当时来思想 要使神通吓众人
将身走到船边看 隐在船仓礼面存
先把船头只一指 又对船稍喝一声
众人用力来拖扯 全然不动半毫分
匠人口叫真作怪 外公肚内细思情
刘佛时常来作怪 必是刘佛戏弄人
外公当下将言叫 如何不见外甥身
四处八面无寻处 便叫家人仓内寻
见他披头仓中坐 呵呵吟 不曾停
外公见了心中气 如何总弄许君人
刘佛当下将言说 外公今且听元因
外公须把天神祭 立时就下水中心
若还不把天神祭 推到明年不动身
馒头要做三尺大 缸豆红糖拌馅心
豆付丐中须洁净 汤献三巡要至诚
再烧六块金黄纸 炒牙香酒一瓶
将来摆在船头上 外公礼谢敬天神
只道天神来承受 谁知刘佛自来吞
先把馒头来吃了 三盘素菜不留存
众人见了多吃唬 自何神道附其身
莫非小官痴米了 如此东西胡乱吞
刘佛见说微匕咳 快把金银大上焚
口中念动真言咒 船头一拍便行呈
不必众人来动手 粮船淌在水中心
外公看见心欢喜 果然难得外甥身
大诵粮船来下水 再言刘佛小官人
仁宗皇帝祭龙位 天下军民不太平
大旱连年天不雨 蝗虫潦乱吃苗心
田中秋稻多吃尽 竹菓松柏不见存
米粮一斗参两银 天下饥荒人吃人
四处蝗虫无其数 仁宗皇帝吃虚京
便将皇榜天下挂 各州各府尽知闻
有人收得蝗虫净 官上加官职不轻
刘佛闻知心欢喜 梠其皇榜救军民
又有几位英雄漢 前来扶助姓刘人
先锋一个华亭县 后锋一个秀伍人
二人各自神通广 三人结义一同行
刘佛又乃将言说 二位将军听自因
等我穿了黄金甲 三人即刻要行呈
外公见悦心惊怕 连忙拦住分甥身
倘若蝗虫收不尽 九族全除罪不轻
刘佛道言不防得 是有神通救万民
将身走到书房内 逢头赤脚一番新
便将金甲来披挂 手执青锋剑一根
连忙走出墙门内 人人看见失三魂
当时使动青锋剑 首首足下要滕云
刃了先锋来看见 果然不枉姓刘人

三人念动神通咒　敛剑滕云去不停
当时到了东京内　东华门内见明君
仁宗天子开金口　伏惟皇上听元因
家住松江上海县　积利刘家世代人
如今天下蝗虫乱　臣来扶助圣明君
君王见奏龙颜喜　命点王军助你行
刘佛手执青锋剑　逢头赤脚就只呈
刃个先锋来助阵　节锣擂鼓　天谣
东京赶到西京去　南京赶到北京城
天下蝗虫多赶尽　赶到东洋大海潮
无万蝗虫落水死　普天万姓喜欢心
仁宗皇帝封官职　刘公猛将职非轻
刃个先锋多总管　尽是天曹上界神
各处人民灵米谢　身骑白马上天门
夜管天曹阴府事　日管阳间世上人
回此方方多感吉　家匕供养姓刘人
后来父子升天去　祖宗九代尽超升
外公外公多超度　晚娘也带上天庭
正月十三神生日　仰与胜会到如今
金甲伸将来脱世　十磨九难得成神
二十四　升天界　传留胜迹到如今
世人恭敬刘王圣　百件如心乐太平
诗　寿香一柱炉内烧　寿烛光中放彩毫
曰　寿此南山松柏父　福乃东海浪滔滔

註

北京图书馆所藏，旧抄本，1 册

編著者紹介

佐藤仁史（さとう・よしふみ）

生年：1971年　　専門：中国近現代社会史

最終学歴：慶應義塾大学大学院文学研究科後期博士課程修了、博士（史学）

現在の身分：一橋大学大学院社会学研究科准教授

代表著作：『太湖流域社会の歴史学的研究――地方文献と現地調査からのアプローチ』（共編著、汲古書院、2007年）、『中国農村の信仰と生活――太湖流域社会史口述記録集』共編著、汲古書院、2008年）、「フィールドワークと近現代江南農村――太湖流域社会史調査に即して」高田幸男・大澤肇編『新史料からみる中国現代史――口述・電子化・地方文献』（東方書店、2010年）。

太田　出（おおた・いずる）

生年：1965年　　専門：中国近世・近現代史

最終学歴：大阪大学大学院文学研究科博士後期課程修了、博士（文学）

現在の身分：広島大学大学院文学研究科准教授

代表著作：『太湖流域社会の歴史学的研究』（共編著、汲古書院、2007年）、『中国農村の信仰と生活』（共編著、汲古書院、2008年）、「中国太湖流域漁民と内水面漁業――権利関係のあり方をめぐる試論」室田武編著『グローバル時代のローカル・コモンズ』（環境ガバナンス叢書、第3巻、ミネルヴァ書房、2009年）。

藤野真子（ふじの・なおこ）

生年：1968年　　専門：中国演劇

最終学歴：大阪市立大学大学院文学研究科後期博士課程単位取得退学、文学修士

現在の身分：関西学院大学商学部准教授

代表著作：「柳亜子と『春柳集』」（『中国都市芸能研究』第 7 輯、2008 年）、「馮子和と『血涙碑』」（『言語と文化』第 12 号、2009 年）、「民国期における上海京劇の成立と発展」小南一郎他編『中国近世文芸論——農村祭祀から都市芸能へ』（東方書店、2009 年）。

緒方賢一（おがた・けんいち）

生年：1965 年　　　専門：中国近世思想史

最終学歴：大阪市立大学大学院文学研究科後期博士課程終了、博士（文学）

現在の身分：立命館大学言語教育センター講師

代表著作：「家訓に見る宋代士人の日常倫理」『宋代人の認識 —相互性と日常空間——宋代史研究会研究報告第七集』（汲古書院、2001 年）、「陰徳の観念史」（『文藝論叢』第 68 号、大谷大学文芸学会、2007 年）、「『編集』という名の思想——劉清之の『戒子通録』をめぐって」（『立命館言語文化研究』第 21 巻 3 号、立命館大学国際言語文化研究所、2010 年）。

朱　火生（Zhu Huosheng）

生年：1948 年

中国江蘇省呉江市在住の宣巻藝人。本書第Ⅲ部宝巻篇に収録された 9 種の宝巻をはじめとする 30 数種の宝巻を執筆した。

Folk Performance in Rural China :Interviews with Precious Scrolls Performers of the Taihu Lake(太湖) Area

中国農村の民間藝能
——太湖流域社会史口述記録集 2

2011 年（平成 23）6 月 30 日　発行

編著者　佐藤仁史
太田　出
藤野真子
緒方賢一
朱　火生

発行者　石坂叡志
印　刷　富士リプロ㈱
発行所　汲古書院
〒 102-0072 東京都千代田区飯田橋 2-5-4
電話 03 (3265) 9764 FAX03 (3222) 1845
ISBN978 - 4 - 7629 - 2964 - 9 C3322
SATO Yoshifumi・OTA Izuru・FUJINO Naoko・
OGATA Kenichi・Zhu Huosheng

KYUKO-SHOIN, Co., Ltd. Tokyo.